Enzo Ferrari
THE MAN, THE CARS, THE RACES

恩佐·法拉利

〔美〕布洛克·耶茨 / 著
(Brock Yates)

中国上海法拉利俱乐部 / 译

国际文化出版公司
·北京·

图书在版编目（CIP）数据

恩佐·法拉利 /（美）布洛克·耶茨著；中国上海法拉利俱乐部译 .
——北京：国际文化出版公司，2017.1
ISBN 978-7-5125-0905-4

I. ①恩⋯ II. ①布⋯ ②上⋯ III. ①法拉利（1898-1988）
—传记 IV. ① K835.465.38

中国版本图书馆 CIP 数据核字（2016）第 257034 号

ENZO FERRARI: THE CARS, THE RACES, THE MACHINE By BROCK YATES
Copyright:© 1991 by Brock Yates
This edition arranged with CAROL MANN AGENCY
Through BIG APPLE AGENCY, INC., LABUAN, MALAYSIA.
Simplified Chinese edition copyright: 2017 JIC Bookstore Investment Co., Ltd.
All rights reserved.

著作权合同登记号　01-2016-8352

恩佐·法拉利

著　　者	[美] 布洛克·耶茨
译　　者	中国上海法拉利俱乐部
特约编辑	黄　艳　赵　芳
责任编辑	戴　婕
封面设计	宋　涛
出　　版	国际文化出版公司
发　　行	建投书店投资有限公司
经　　销	北京联合天畅发行公司
印　　刷	北京中科印刷有限公司
开　　本	710 毫米 ×1000 毫米　　16 开 34 印张　　　　　　　　409 千字
版　　次	2017 年 1 月第 1 版 2017 年 1 月第 1 次印刷
书　　号	ISBN 978-7-5125-0905-4
定　　价	118.00 元

国际文化出版公司
北京朝阳区东土城路乙 9 号　　　　邮编：100013
总编室：(010) 64271551　　　　　传真：(010) 64271578
销售热线：(010) 64271187　　　　 传真：(010) 64271187-800
E-mail：icpc@95777.sina.net
http://www.sinoread.com

恩佐·法拉利的出生地，意大利北部城市摩德纳卡姆利街85号（如今已经改名为保罗·法拉利街）。一层是恩佐·法拉利父亲的家庭小工厂，楼上是全家人的居所。（图源：作者）

1921年7月24日，刚刚在穆杰罗环道获得第二名的恩佐·法拉利，左边上坐着的是和他一样疲惫不堪的米切尔·康迪。（图源：Wide World）

恩佐·法拉利正在蒙扎赛道对著名的阿尔法·罗密欧P2进行测试（请留意车上没有任何数字，也没有代表阿尔法的"四叶草"标识，说明车子还没有准备就绪）。恩佐·法拉利从未驾驶这个著名的车子参加过任何正式比赛。（图源：贝特曼档案）

法拉利第一款成功的客户车——著名的166MM Barchetta（小船）。车子体型微小，车身是由图林车身厂打造的，1949年路易吉·希奈蒂开着这款车，赢得了勒芒耐力赛——这是法拉利车队首次在国际跑车比赛中获胜。（图源：《人车志》）

恩佐·法拉利和著名的设计师及工程师奥雷利奥·兰普雷迪。（图源：R. 美兰德、卡尔·路德维格森）

恩佐·法拉利和格兰特活塞环公司总裁格里·格兰特一起查看准备参加 1952 年印第安纳波利斯 500 英里比赛的法拉利赛车的发动机缸体。（图源：R. 美兰德、卡尔·路德维格森）

1953年6月，恩佐·法拉利和路易吉·维洛雷西及阿尔伯托·阿斯卡里在蒙扎赛道。（图源：R.美兰德、卡尔·路德维格森）

1953年9月，恩佐·法拉利（罕见地在公众场合戴着老花镜）正在愉快地阅读意大利大奖赛的赛事新闻。（图源：R.美兰德、卡尔·路德维格森）

1953年，恩佐·法拉利在公司盛装接待《汽车评论》(*Automobile Review*)的编辑罗伯特·布伦斯维克。（图源：R. 美兰德、卡尔·路德维格森）

1957年春，马拉内罗工厂门口，恩佐·法拉利和彼得·科林斯开车去阿贝托公路进行测试。这是一辆315S跑车，即将参加一千英里耐力赛。（图源：克莱曼塔斯奇）

1957年在马拉内罗的一次试驾前,赛车手彼得·科林斯正在和恩佐·法拉利讨论换挡相关的问题。这辆车是科林斯参加1957年一千英里耐力赛的315S运动赛车。(图源:克莱曼塔斯奇)

一个寒冷的早晨,在蒙扎赛车道上的一次测试中,让·贝拉、阿玛罗蒂、恩佐·法拉利和罗莫洛·塔沃尼(左起)似乎对1959年的246型意大利大奖赛车的情况感到迷惑。(图源:彼得·科尔特林)

恩佐·法拉利和老友、车身制造商宾尼法里纳正在蒙扎讨论一款原型赛车的细节。（图源：彼得·科尔特林）

1963年9月，满头白发的恩佐·法拉利现身意大利大奖赛的练习日，身边一如既往地围满了追随者。（图源：彼得·科尔特林）

这是在摩德纳赛车场上一次典型的测试，恩佐·法拉利（中间偏左穿黑色套装）和两个机械师正在察看约翰·苏尔特斯的F1赛车，周围聚集着车队成员、朋友、记者及热切的围观者。（图源：彼得·科尔特林）

1964年3月，恩佐·法拉利（右起第三位，戴着贝雷帽）在摩德纳赛车场。前面左边是洛伦佐·班迪尼，他的左手边是队友尼诺·瓦卡雷拉和班迪尼的妻子玛格丽塔；恩佐·法拉左手边是洛多维科·斯卡尔菲奥蒂以及他最忠实的司机佩皮诺·维德利。（图源：彼得·科尔特林）

1964年，约翰·苏尔特斯和恩佐·法拉利在蒙扎。这是两人关系最好的时候，之后车队的形势发生变化，苏尔斯特在两年后离开了车队。（图源：Wide World）

1967年，恩佐·法拉利正在和他的三位明星赛车手交谈，从左至右分别是路易吉·穆索、埃乌杰尼奥·卡斯特罗蒂和彼得·科林斯。（图源：克莱曼塔斯奇）

一款法拉利的经典跑车，20世纪60年代的Superamerica，搭载了宾尼法里纳车身。4L的V12发动机能达到时速160英里。1961—1964年期间，法拉利公司大约生产了45台样车，每一辆都不相同。（图源：《人车志》）

法拉利经典的路跑车型——出色的GTO，排量为3L，全球共有39辆这种漂亮的汽车，位列全球价值最高的汽车。其中7辆的售价超过了每辆1000万美元。（图源：《人车志》）

法拉利车总能引来围观人群。这一幕发生在1965年的纽约大街上，中置发动机的250 LM运动赛车体积小、动力足，吸引了不少眼球。这个车型全球共有35辆。（图源:《人车志》）

恩佐·法拉利为了纪念死去的儿子迪诺，1969—1974年期间推出了迪诺246。这款小型车使用的是V6发动机，而不是经典的V12发动机，也没有跃马标志，所以有人觉得这不是真正意义上的法拉利车。公司至少生产了4000辆这种灵巧的小型路跑车。（图源:《人车志》）

著名作家、赛车手丹·格尼驾驶着365GTB/4（一般被称为"戴托纳"），获得了第二届Cannonball纪念杯赛的冠军。车子的最高时速达到了170英里，也是第一辆在36小时内横穿美国大陆（从纽约到洛杉矶）的汽车。（图源：《人车志》）

1975年底，尼基·劳达和克雷·里加佐尼在年度新车展上和新车合影。这是一辆312T2，也是现代法拉利最具美感的大奖赛车型之一。在1976年赛季的比赛中，车辆取消了前轮的制动管和挡泥板，致车毁人亡。（图源：《人车志》）

恩佐·法拉利和车队的老工程师维托里奥·贝伦塔尼在费奥拉诺试车道上，身后是1976年312T2大奖赛车。（图源：彼得·科尔特林）

1981年10月的年度新闻发布会上，恩佐·法拉利看上去苍老而疲惫，他身边的两人分别是马可·皮奇尼尼（左）和皮耶罗·拉迪·法拉利。（图源：彼得·科尔特林）

在1981年的新闻发布会上，恩佐·法拉利正在宣读提前准备好的讲稿。（图源：Wide World）

1983年恩佐·法拉利在私人办公室接受独家采访。空旷的房间，光秃秃的墙壁，侧面是弗朗西斯科·巴拉卡的照片，对面的墙上挂着纪念迪诺的照片（图中看不到）。（图源：拉里·格里芬）

1987年，恩佐·法拉利正在马拉内罗侃侃而谈。照片左边是恩佐·法拉利的长期助理弗朗哥·戈齐，中间穿黑色西服的是摩德纳的食品和酒店业老板乔治·菲尼。

1987年摄于费奥拉诺，恩佐·法拉利在固特异电视广告的拍摄现场。

恩佐·法拉利在摩德纳加里波第广场上的巨宅。（图源：作者）

法拉利家族在摩德纳圣卡塔尔多的墓地。

"世间的至臻杰作永远是下一台法拉利。"

Enzo Ferrari

目 录

序　　001
前言　　005

第 一 章　伟人辞世　　001
第 二 章　童年时光、初遇赛车　　007
第 三 章　法拉利和阿尔法·罗密欧　　019
第 四 章　组建车队　　045
第 五 章　初为人父、初尝成功　　065
第 六 章　赛车场和车间里的战役　　089
第 七 章　和阿尔法·罗密欧说再见　　117
第 八 章　战火中的新公司　　139
第 九 章　红色法拉利跑车开上赛道　　155
第 十 章　进军北美、扬名赛车场　　191
第十一章　赛车和女人　　215
第十二章　法拉利和玛莎拉蒂　　229

第十三章	痛失爱子	259
第十四章	车和车手，他更爱哪个？	281
第十五章	死亡阴影	309
第十六章	崛起的竞争对手们	353
第十七章	妻子劳拉	389
第十八章	死亡和重生	417

备注　453

资料来源和推荐读物　505

致谢　513

序

  翻开案头的《恩佐·法拉利》，记忆像奔腾的波涛，一霎间涌满我的胸膛，历历往事在我眼前不断地旋转着，来回晃动着……

  2005年5月上海法拉利俱乐部创建之初，我国法拉利车主和车迷的人数寥若晨星，可现在已拥有近万名法拉利车主，车迷队伍亦在不断壮大，他们不仅能与全球同步欣赏到最新的法拉利车型，还可以领略世界一流赛车手的翩翩英姿。得益于赛道日及其他的相关活动，欧洲的赛车文化在中国日益深入人心，体现"法拉利文化和精神"的地中海生活方式也开始为广大法拉利车迷所熟知并接受。恩佐·法拉利——法拉利品牌的创立者、"法拉利神话"的缔造者、国际汽车界的巨人，在中国也因此拥有了越来越多的拥趸和崇拜者。

  作为一位初心不改的法拉利车主，我永远也忘不了20年前自己第一次手握法拉利方向盘那一刻，内心按捺不住的激动和狂乱的兴奋。我从里到外细细观察着车子的每一个部分：红漆、内饰、轮胎纹路、仪表盘……每一处都折射出其浑然天成的优雅和精致。当时我在想，到底是怎样的一个伟大设计者，才能使其焕发出如此耀眼的光芒？

  这一切源自一个不同凡响的名字——恩佐·法拉利。他是汽车工业历史上的传奇，是全球闻名的法拉利汽车公司的创始人，是名符其实的"赛车之父"。他的传奇经历曾多次被搬上银幕，他的传记也一版再版。但是在大部分的书籍和电影里，我们认识的是一个被精心"包装"过的法拉利，而我则更希望全方位地了解那个褪去光环的普通老人，了解他的传奇人生，了解他的汽车帝国，了解他的家人和朋友，了解他为实现自己的梦想而作出的孜孜不倦的努力。人们崇拜他绚丽夺目的跑车，更欣赏法拉利永不消退的激情和锲而不舍的追求。正是由于有了这种坚持不懈、奋勇向前的精神，他的汽车才得以流芳百世。

遗憾的是，囿于语言的隔阂和文化的差异，关于恩佐·法拉利的中文作品寥寥可数，图书市场上也找不到有关他完整的人物传记，这使得这位神奇的"伟人"在中国平添了几分神秘感。家境平凡的法拉利究竟有着怎样的过人之处，在物质匮乏的年代他如何打造出令人惊叹不已的高性能汽车？法拉利赛车手们在那么多年里独霸赛车场，恩佐·法拉利在其中发挥了什么样的作用？还有他那神秘的家庭，帮助他达到成功巅峰的那个"背后的女人"，第一、二次世界大战期间的艰难岁月，公司多次出现的财政危机，他本人对赛车的痴狂……这一个又一个的谜有待我们找到答案。

为撰著《恩佐·法拉利》，作者历时数年，采访了一百多位曾经和法拉利工作过的人，挖掘出大量翔实的生活细节，不仅全方位为我们展示了这位汽车伟人飞扬的神采，也为我们解析了成就他伟大人生的许多重要事件，为我们还原了一个最真实、最鲜活的法拉利。

感谢建投书店投资有限公司将《恩佐·法拉利》引进中国并使我们中国上海法拉利俱乐部有机会将它翻译成中文版！感谢法拉利集团的Dr. Giovanni Perfetti！同时特别感谢上海外国语大学张世华教授对该版的

支持和帮助。现在让我们跟随作者耶茨的笔触，一起去探访马拉内罗的那一抹炫目的法拉利红。

中国上海法拉利俱乐部主席 朱裕华

2016 年 8 月　上海

前 言

　　大多数时候，恩佐·法拉利都展现出完美无缺的公众形象，经过精心设计的包装大大提升了这位伟人的形象。他很强势，也有很强大的掌控能力，不管是蜂拥而至的虔诚的消费者、热切的供应商、时不时挑衅的记者还是好奇的粉丝，他都有十足的把握一一应对。随着年龄的增长，他常常被称作"北方的教皇"，虽然他越来越少出现在人们的视野中，但他的"出世"却使得他愈加高贵。毫无疑问，在全球众多忠实的追随者中，这位来自摩德纳的简单男人已经树立了近乎超人般的形象，同时，其经营了近60年的商业帝国也为摩德纳带来了数不清的好处。

　　我私底下见过恩佐·法拉利一次，那是在1975年夏末，我和美国著名赛车手菲尔·希尔（Phil Hill）当时都在马拉内罗（Maranello）。1961年希尔为法拉利赢得了国际锦标赛，但在此之前，他的主要竞争对手也是其队友——沃尔夫冈·冯·特里普斯伯爵（Count Wolfgang von Trips）刚在蒙扎（Monza）的一起重大赛车事故中丧生。希尔是一个敏感而思虑颇多的男人，事情发生一年后他便在众多流言蜚语中离开了法拉利车队。我和他一同来到蒙扎进行一部纪录片的拍摄，而当时他已经离开法拉利车队13年了。没有任何征兆，希尔被叫到了法拉利昏暗的、有着蓝色墙壁的办公室。我也被邀请一同前往，原因我至今无从知晓，彼时我只是一个普通的美国记者，和希尔或者法拉利工厂都没有任何正式的联系，我的出现应该是完全没有必要的。

恩佐·法拉利本人比我想象的要高大威武，身高将近一米九，比希尔高半个头，而希尔看上去就像很多专业车手一样，并不十分健壮。而他的前雇主，那时候已经77岁了，带着意大利成功人士的从容径直向我们走来，标志性的下巴朝前突出，昂首挺胸，双臂伸展，大大的手掌摊开着，让人不自觉地想要靠近。全白的头发、帝王般的罗马鼻子和浅褐色的西装都是法拉利的标志，这些都并未使我感到惊讶。在公共场合时他喜欢戴着墨镜，给他平添几分黑社会老大的感觉，而此时他并没有戴墨镜，而是用明亮坚定的眼神注视着我们。令我真正感到惊讶的是他的嗓音——温柔而响亮，我曾想象过他的声音，也许是洪亮有力、高昂且充满了上位者的优势的，抑或是像最新上映的《教父》里面的白兰度（Marlon Brando）那般含糊不清。令我始料未及的是，从安静房间里传来的却是天鹅绒般的声音。传说中他会咆哮着突然发怒，但这一天是缔造和平的一天，他看上去温和而自制。

他绕过空荡荡的大桌子，搂住了希尔，我站在边上，感觉希尔这个加利福尼亚男人快要被他搂得窒息了。这个姗姗来迟的重聚紧张而艰难，而我仅仅是个尴尬的旁观者。那时候我对意大利人知之甚少，但是通过交谈我能感受到，这次交流正式而拘谨，陈年旧伤并没有因此愈合。（随着年岁的增长，两人之间的裂缝渐渐弥合，希尔也经常到马拉内罗看望法拉利。）这次简短的会面以另一个拥抱结束，法拉利还送了我们他的非正式回忆录《红书》（The Red Book）。很显然那个时候我根本不知道有一天，我会承担起为这个强大而矛盾的男人写传记这一非凡的使命。

讽刺的是，法拉利留下的书面材料非常有限，只在1962年至20世纪80年代间零星出版过一些自传，但这些非正式的自传也都经过了精心的编排，而他的私人信件则大都仅限于商务事宜。

我很快就发现，其实有两个版本的恩佐·法拉利：一个是私下生活中的法拉利，而另一个是出现在公众视野中被精心包装过的法拉利。我的初衷就是想要尽量准确、客观地为大家展示一个真实的法拉利，而现实世界中的他其实是两个版本的混合体。

对于众多的法拉利追随者来说，我对法拉利的最终刻画可能会引起他们的不满，因为在他们心中法拉利是神一般的存在，是一位以一己之力用一点钢材和铝材就可以造出神车的天才。但是很遗憾，事实并非如此。在剖析这个神话的过程中，毫无疑问，肯定会有人抨击我是流氓记者、修正主义者。

事实并非公众所看到的那样。

我在开始本书的写作之前对法拉利并不存在任何成见。但各位读者请注意，已经去世的恩佐·法拉利已经不再是一个普通人，他在很大程度上成了一个微产业，围绕着法拉利神话已经建立起了一个庞大的商务组织，比如品牌持有人菲亚特公司乃至整个意大利工业体系，它们都依赖着法拉利神话来推进其先进技术的口碑。同时，在公司创立人过世之后，一股收集法拉利绝世名车的热潮也汹涌而至。在大笔巨款的推动下，法拉利最普通的车型也被炒作成艺术巨作，制造这些机器的伟人的光环被沦为商业炒作。（有很多忧心忡忡的法拉利车主问我，这本书的问世会不会对他们的车辆价值有负面的影响。）

除了这些在金钱上和法拉利神话息息相关的各方，全世界还有无数的单纯爱好者，他们赞助法拉利车队，搜集车队的大事记，在产品上获得无上的荣耀感，总之就是极力宣扬法拉利理念。粉丝对恩佐·法拉利有着盲目的崇拜，这种崇拜出现在去世多年的猫王身上，也出现在詹姆斯·迪恩或玛丽莲·梦露那样的电影明星身上。如果我的书惹恼了相关投资者或者其他人士，那也不可避免。

从几年前开始准备这本书以来，我得到了很多人的帮助，他们协助我做各种调查，无私地向我公开各种背景材料和私人收藏，我无比感激。我尤其感谢我的编辑大卫·格奈特（David Gernet）先生，他思维敏捷，第一个想到给法拉利写传记；其次，我还要感谢我的秘书盖尔·杨（Gayle Young）一次又一次耐心地帮我录入手稿。最后，也是最重要的，我要感谢我的妻子帕梅拉，是她辛苦地陪伴我往来于欧洲和美洲之间，帮我翻译文献寻找资料，她是我随时随地最好的伙伴和最佳顾问。

在本书写作中向我提供帮助的各位、为了缔造法拉利帝国和法拉利神话而做出贡献的先生和女士，请接受我诚挚的谢意。

布洛克·耶茨

怀俄明，纽约

1990 年

第一章

01 伟人辞世

通往博讷（Beaune）的高速公路，沥青的道路如墨迹般向前伸展。在他身后，里昂的点点灯光在后视镜上闪烁，大大的雷诺轿车以125英里的时速稳稳前行。黎明时分，他将抵达巴黎。

他是一名车手，尽管已是82岁高龄，他依然对车子有着绝对的、不容置疑的掌控力，这曾让他三次斩获勒芒赛道（Le Mans）上的冠军。24小时，夜以继日，赛车令他与众不同。

他从来不以短时速度取胜，在竞争残酷无情的单座汽车大奖赛中，他的速度并不是特别快。但如果给他一辆全封闭的阿尔法·罗密欧或者法拉利跑车，他就会像马拉松选手那样，一小时连一小时，一千米又一千米，用决然的勇气和瓦匠般结实的身体里蕴藏的肌肉的耐力碾压对手。

他看了看手表，时针指向1988年8月14日凌晨3点，这是一段他走过上百次的路——从摩德纳到巴黎，此刻，车子在有如镜面般平坦的高速公路上极速前行。40年来他的使命始终如一，中心就是汽车——那些伏在地上的野兽，让他痛并快乐着。在高速公路上起起伏伏，像疯狂的旅行者那样来回越过阿尔卑斯山山脊，来回奔波在浩渺的大西洋上，只为了一个单纯的目的——传奇跑车"恩佐·法拉利"，有如一枚诞生于摩德纳和马拉内罗的红色火流星，是当今世界最出色、最强大、最让人蠢蠢欲动的巅峰与集大成之作。

法拉利这个名字，曾经连续几个月，甚至是好几年，他都宁愿自己从来没听说过，但却用了太多的时间去遗忘它。70年了，他沉思着。他从1918年就认识这个不可思议的男人了，那时候他们都还是年轻的退役军人，在米兰和都灵的战后汽车业中游荡。法拉利带给路易吉·希奈蒂（Luigi Chinetti）财富，他本人则更加富有。法拉利身价倍增，受人仰慕，名播寰宇，被虚荣之辈和暴发户视作神灵，不惜倾家荡产也想要拥有一辆法拉利的车。

所有这一切都像是情感和自尊之间战争的疯狂表演，如今他已厌倦了一切。他们纠缠得太久，如果非要宣布谁是赢家，那无疑是法拉利了。难道法拉利不总是获胜吗？难道他不总是占上风，即使有时在反复血腥的重拳施以致命一击时暂时落败？他们多次争斗过、拥抱过，而法拉利总是成绩斐然，但现在一切都结束了，两个年迈的战士干完了最后一仗。再不会有对抗，再不会有怨言，再不会有争吵，也再不会有诉讼、威胁、愤然离席或恶意辱骂，一切都已被原谅，或被遗忘。尽管如此，法拉利仍将他的生命推向了最高点，赋予其目标和意义。因此他知道，一切疯狂都是值得的。是的，法拉利总是处在一切的最中心。

法拉利和希奈蒂都是冷酷无情而又倔强的典型意大利人，很容易将两人的关系演变成吹嘘膨胀、恶意攻击及厚颜无耻的诋毁。他认识法拉利这么多年，商务谈判对他来说就像精心排练过的戏剧，暂停协议、动辄得咎、破产威胁、社交混乱、家庭丑闻、不治绝症以及暴力死亡等情节一个都不落。在这拜占庭式的氛围中，法拉利获得了荣耀，而像希奈蒂这样的人要么认清现实，要么被彻底打倒。对法拉利来说，一切交易的核心就是钱——最好是瑞士法郎或者美元。他沉迷于赢得各种赛车比赛，当然只是那些奖金丰厚的比赛。

经过精心包装的恩佐·法拉利在全球声名鹊起，但是希奈蒂和其他从战前就围绕在法拉利身边的人却没有因此沾光。法拉利没有跟任何人分享荣光，包括那些帮他拓宽汽车市场并带给他难以想象的财富的人。希奈蒂和其他人一样懂得疯狂的、戏剧般的政治，在无数次造访马拉内罗期间，他学会了何时奉承、何时威胁、何时假笑、何时发怒，以及何时夸饰并满足那个闻名整个意大利、可与教皇媲美的男人极度膨胀的自我。

这对老战士极爱争论的友情常常濒临决裂，尽管其纽带从未断开。希奈蒂实在太了解法拉利了，了解他变色龙般的公众形象，了解他应付媒体和公众游刃有余的能力，他精心巧妙地为观众量身打造定位的能力，他前一分钟还在扮演可爱弱势且穷困潦倒的族长、下一分钟立马变成残忍自私的暴君的能力。他见过公众场合的法拉利——高贵体面的老绅士；也见过私底下的法拉利——粗俗、打嗝、放屁、诅咒、吹牛、威吓，典型的"马拉内罗同胞"，下层社会的背景就像前额上的刺字一样清晰可见。他知晓这个男人作为完美操控者的一面，尤其是在他生命的最后30年里，当法拉利车队的赛车手开着红色跑车比赛时，他就独自坐在遥远的马拉内罗，通过电话、电报和电视监控车队的成败，却一场赛车比赛都不再参加。

毫无疑问，法拉利在人群中会很不自在，随着年纪的增长，他越来越少现身公众场合，仅限于一些精心安排的新闻发布会，无奈应对变化无常、喋喋不休的意大利体育媒体。他真正的朋友屈指可数，包括一些长期合作的绝对忠诚的商业伙伴。除此之外，对于众多有求于他的人、溜须拍马的人、客户、狂热的粉丝和赛车手，他都抱以极大的冷漠，从看不见的宝座上施以小惠、提出警告、实施惩罚或解决争端。

法拉利的另一个亲密伙伴曾经谈到，与公共场合的表现相反，法拉利很少关心他的赛车手，实际上他同制造车间里的机械师关系更密切。当被问及对这一言论有何意见时，希奈蒂稍作停顿，而后回答说："我想，他谁都不曾喜欢过。"

现在他正驶离艾米利亚那个被巨人占据的地方，他莫名地感觉到自己也许再也不会跟巨人见面了。他向前飞驰，调动起体内残存的耐力，自从他以超常速度驾车以来，耐力一直是他的强项。

不知道在这无尽长路上开了多久，猛然，一阵尖锐的爆破声震颤地传遍他的雷诺车，方向盘震动不已，他猛地坐直了身体。他放缓车速查看光线昏暗的仪表盘，想找到可能引起爆破的原因，刚才那声响就像车子突然被雷击中了一样。他试着寻找原因，可车子似乎一切正常，没有任何异响或震动，也没有电线燃烧、机油沸腾或者油漆烧焦的怪味。他小心翼翼地把车开到高速公路边停下，走下车。四周一片寂静，连月光也没有，只有远处车辆的嘶鸣声侵扰着这片格外静谧的地方。他拖着僵硬的双腿，绕着车子走了一圈：实在开得太久了。他察看了一下车底，然后打开发动机盖，但一无所获，找不到一丝可能引起杂音的线索，更别说找到那刺破夜空、震耳欲聋的爆破声的来源了。

虽然困惑不已，但好在车子没有损坏，他回到车里继续他的旅程。破晓时分，他抵达了巴黎南郊，车流量逐渐增多。巴黎人在马路上的无序是出了名的，他不得不因此慢了下来。他打开收音机，里面正在播报一则新闻。

一则头条新闻。一个冷漠淡定的声音播报着，当天凌晨，恩佐·法拉利在其意大利摩德纳的家中去世。

法拉利。死了。虽在意料之中，他仍震惊不已。这个年岁已高的战士，这个性情乖张的家伙，这个技高一筹的掌控者，这个不知疲倦的竞争者，这个气势夺人的存在者，这个并不完美却永远让人着迷的男人，终究还是走了。一个个闪念铺天盖地地涌入他的脑海：制造厂会怎样？赛事呢？他的儿子皮耶罗（Piero）呢？他的情人莱娜（Lina）呢？法拉利汽车业的光环会不会随着其生命力源泉的离开而消失？菲亚特的技术官僚会不会泯灭掉这家公司的个性？这个老人倾其一生精心构建起来的赛车王国又将如何？哪些会延续下去而哪些又会灰飞烟灭？万千思绪在他脑海中翻腾，但理不出头绪。

他突然惊觉，难以置信地看了看手表。不，不可能！他是一个理性的人，但这件事让他惊魂不定——高速公路上的爆破、雷诺车上的巨响。如果这条广播是真的……是的，如果广播里说的恩佐·法拉利的死亡时间是准确的……那么，那阵不祥的爆破声几乎是在他咽气的瞬间出现的！当然，这两者之间没有什么联系……

02

第二章
童年时光、初遇赛车

1898年2月,严冬笼罩着意大利北部。18日那天,来自阿尔卑斯山的严寒袭击了波河流域,贸易小城摩德纳的积雪足有一英尺厚。受恶劣天气的影响,阿尔弗雷多·法拉利(Alfredo Ferrari)两天以后才清扫出道路,去市政厅给他的第二个儿子恩佐·安赛姆(Enzo Anselmo)上报户口,这个孩子的法定年龄也因此比实际年龄要小两天。在意大利,各种档案记录工作都很随意,这种情况也并不令人惊讶。意大利人从来不像谨慎的德国人或英国人那样,在各地的天主教堂记录详细的公民档案。自19世纪以来,除了贵族,意大利人的官方档案都是潦草粗略的,恩佐·法拉利的情况也一样,记录得并不准确。

阿尔弗雷多·法拉利1859年出生于摩德纳北部约18公里的农业小镇卡尔皮(Carpi),家族曾是小食品商人;他的母亲原名阿达尔吉萨·比比妮(Adalgisa Bisbini),出生于艾米利亚古道东南60公里处罗马涅(Romagna)地区的小城弗利(Forli)。这条笔直壮阔的罗马大道建成于公元前3世纪,一直都是当地居民赖以生存的道路。自从退役的罗马军团得以因服役25年而被允许在本地定居繁衍以来,数个世纪期间发展起来的小有产者与地主阶层中即有这两个家族。那些早期的退役军人排干沼泽，在波河平原上建立起农场和葡萄庄园。也是从他们开始，艾米利亚人始终以怀疑态度审视权威和外来者。

摩德纳，罗马人称其为摩提娜（Mutina），公元前43年的一件事让它变得声名狼藉。在凯撒大帝遇刺后，马克·安东尼（Marc Antony）追捕一个名叫德西墨斯·布鲁托斯（Decimus Brutus）的人到了这个地方，这个布鲁托斯仅是刺杀的同谋之一，而非传说中给了凯撒致命一击的马库斯·布鲁托斯（Marcus Junius Brutus）。在短暂的战斗之后，这个城市陷入了长达千年的停滞期，直到成为伦巴第联盟（Lombard League）的一员，才开始逐渐恢复生机。17世纪时，强大的埃斯特（Este）家族将摩德纳发展成为首屈一指的制造和贸易中心，但随着法国和奥地利的不断入侵，摩德纳又渐渐变得萧条。

恩佐·法拉利出生时，摩德纳只是一个有着5万人口的普通小城，夏天闷热潮湿、蚊虫肆虐，冬天则阴冷多雾，这比当地的蓝布鲁斯科葡萄酒或特色食品zampone（一种辣的猪脚香肠）更加出名。这里的人寡言而勤奋（按意大利的标准），拥有传奇般的手工技能，尤其在各类金属的铸造、塑型、切割、成型、塑模和制造方面令人叹为观止。就是在这样一个小城里，恩佐·法拉利开创了其无与伦比的辉煌。

这个地区生活着许多法拉利家族，他的家族只不过是其中一个。直到今天，"法拉利"这个名字在摩德纳的电话簿上依旧很常见，就像美国中等城市里的史密斯或琼斯：一共有超过900个"法拉利"。如果恩佐·法拉利身上流着贵族的血液，那要么是他自己没有意识到，要么是他谦逊地隐瞒了。

在自己创业之前，阿尔弗雷多·法拉利曾在金属加工行业工作过，他在摩德纳的瑞泽铸造厂（Rizzi Foundry）担任高级技术顾问多年。他的教育背景不太清楚，但在恩佐和哥哥的成长过程中，他有很多机会同教师、当地的大学教授、办事员及其他工程师打交道。

法拉利后来回忆说他的父亲就是一个贫苦工人,为意大利国家铁路系统打工讨生活。他曾写到,他和长两岁的哥哥(也叫阿尔弗雷多)"一起住在车间上面的一间房子里,每天早晨被锤子的击打声吵醒。我的父亲,根据工作量的大小,雇用了15—30个工人,为国家铁路供应舷梯和遮棚。父亲不仅是公司的经理,同时也是设计师、销售员和打字员"。

法拉利的家位于小镇北部市郊的卡姆利街(如今已经改名叫保罗·法拉利街)264号(如今为85号),他们的房子与铁路相连,铁路也是法拉利父亲公司的主要业务来源。他父亲的公司名叫阿尔弗雷多·法拉利机械公司(Promiata of Ficina Meccanica Alfredo Ferrari),那是一栋狭长的砖房,里面分布着大大小小的机械修理店,而法拉利一家则住在相对宽敞舒适的最西边的楼上。作为摩德纳最著名的名人故居,这栋房子至今依旧完好,几乎没有什么变化。它离街面有点儿距离,装着百叶窗,也没有任何标志,看起来毫不起眼。阿尔弗雷多·法拉利并不是一个富有的实业家,但恩佐·法拉利曾透露他父亲的生意赚了挺多钱,让他们过上了富裕的生活。1903年,家里买了第一辆车,是一辆昂贵的单缸德·迪昂·布通(De Dion Bouton)——当时摩德纳仅有的27辆私家车之一;之后他们又买了两辆车,家里还请了人专门负责汽车养护并兼任司机。在孩童时期,恩佐和他的哥哥阿尔弗雷多(大多数时候被称为"迪诺")拥有当时最先进的FN三速自行车及鸽棚,他们也互相竞赛。在房子前面宽阔的空地上,法拉利常常和朋友们进行百米赛跑,但很快法拉利发现,他的体魄不够强健,无法赢过他的朋友们,因此他的兴趣又转向了射击。据他自己说他很快便成了双向飞碟射击的高手,并经常射杀在屋后河岸上出没的老鼠。他还曾在当地的体育馆上过击剑课。所有的这一切——汽车、自行车、各种快活的童年游戏,都不是一个出身贫寒的孩子可以拥有的。

事实上，从法拉利偶尔的回忆可以看出，他有一个快乐的童年，虽然他也曾因爱犬大丹被一块骨头呛死而悲伤，但是他早年的生活中，无论是健康还是家庭秩序，都跟所谓的"创伤"大相径庭。不过他承认他确实讨厌学校，而他的哥哥迪诺却是一个好学生，所以他常常因为成绩太差遭到父亲的毒打。父亲坚持要让他接受技术培训，取得工程师的学位，而他说他只想成为一名"工人"，仅此而已。

比较合理的推测是，恩佐成长于一个很普通的意大利家庭。父亲在家里拥有至高无上的地位，要求孩子对他绝对尊重，要求沉默谦恭的妻子阿达尔吉萨绝对服从。在阿尔弗雷多·法拉利那个年代，家庭对于意大利男人来说是非常神圣的，而在这个范围内，男人却有着相当大的自由——可以随意和女性调情、任意挥霍、无视教堂的信条，反过来却要求自己的孩子低眉顺目、妻子圣洁忠诚。他爱自己的孩子，对妻子的要求是无性伴侣，因为他以自己的母亲——这个任何时候都是完美的女性——为榜样。他崇拜母亲、包容妻子，其他女人对他来说则是嘲笑或肉欲的对象——或者两者兼而有之。对于阿尔弗雷多·法拉利那样的男人及他们的父辈来说，女人可以简单分为两类：一类是纯洁的，孕育了他们；另一类则是贪婪下贱的娼妓，他们从中选择情妇和小妾。

在阿尔弗雷多·法拉利那个年代的男人（以及他们的儿子）中，对女人都有愚蠢的双重标准，这种标准在两性关系上比其他文明种族更为明显。比如，在意大利，除非是重大丑闻，否则男子的通奸是不会受到惩罚的，但女人则要面临牢狱之灾。对于一个男人而言，拥有多个女人是男子气概的体现。这一点当然也会产生矛盾和混乱，最终产生诸多的不信任。意大利著名记者、历史学家路易吉·巴兹尼（Luigi Barzini）在他关于国人的开创性巨著《意大利人》中是这么描述的：他们（男人）大多怀有隐秘的怀疑和恐惧，突然有一刻他们意识到，他们风流韵事中的女主角往往是别人的妻子，所以本质上，既然所有的妻子都是不忠的，那么不可能全意大利的男人都有着忠诚的婚姻。于是不可避免地，每天都有很大一部分意大利男人，这些善妒多疑、傲慢自大的男人被戴上了绿帽子，成为嘲笑和愚弄的对象。

这种观念显然也在恩佐·法拉利身上根深蒂固，他逐渐将自己塑造成为一个典型的意大利男人：自大、专横、沉溺美色，十足的"大爷"，对自己和儿子们没有任何要求，却要求他的女人人前表现出幸福得像圣母一样完美，人后又对他低眉顺目予取予求。

直到生命临终，法拉利都受到他19世纪末20世纪初传统观念的禁锢，依然用老式意大利浮华的风格交际，或奉承或鄙视地拐弯抹角，从不直截了当传达自己的真实感受。

法拉利第一次接触赛车是在1908年9月6日，父亲带着十岁的他和迪诺去博洛尼亚看赛车。他们经由艾米利亚古道前往博洛尼亚，见到了两位当时世界顶级车手——菲利斯·纳扎罗（Felice Nazarro）和文森佐·蓝旗亚（Vincenzo Lancia），一睹他们驾驶菲亚特驰骋的风采。赛道长53公里，由长而平坦的城外公路组成，也包括艾米利亚古道。当时蓝旗亚已经成立了以自己名字命名的公司，但仍然是菲亚特车队的一员，他以每小时84英里的圈速狂暴地驾驶着赛车，在波河平原上的时速超过了100英里。但最终纳扎罗以更加惊人的每小时74.1英里的速度赢得了那场比赛。

第二年，幼小的法拉利跋涉两英里穿越农田，看了他人生中的第二场赛车比赛。这是一场小型赛事，在古老的摩德纳—费拉拉（Ferrara）省道的纳维赛洛（Navicello）直线跑道上举行。法拉利回忆说，车子开过去后，为了保持地面的平整，围观的摩德纳汽车协会志愿者会向赛道一桶一桶地洒水。最后有一个叫达·扎拉（Da Zara）的车手以惊人的时速87英里的平均速度赢得了比赛。这些刺激的比赛，给童年的法拉利留下了非常深刻的印象。

但是相比其他兴趣，年轻的法拉利对汽车和赛车的热情并不突出。他对摩德纳足球队一直保持着孩童般的热情，甚至曾想从事体育新闻写作相关的职业。他17岁时给意大利当时全国最具影响力的汽车报纸——《米兰体育报》（*Gazzetta dello Sport*）投过好几次稿，展示出了不俗的戏剧天赋及散文写作潜力。

多年以后法拉利坦言，在孩童时期他曾梦想过做三件事：写体育新闻、唱歌剧及赛车。讽刺的是，虽然他出色的文字技巧和直言不讳的特点很有可能让他在意大利新闻界取得成功，但是最后他并没做成。至于唱歌剧，他曾公开承认自己是一个音盲，就算喝再多的红酒也不敢开口独唱。他曾兴奋地回忆起他和一个叫卜赛提（Bussetii）的男高音在家里的小餐厅一起吃饭，此人曾是大都会歌剧院合唱团的技师。在饭后的即兴表演中，卜赛提嘹亮的高音C让整个小屋都颤抖了，用法拉利的说法是"当时连灯都震灭了"。

法拉利和同时代的其他人一样在罗马天主教堂的庇护下长大，但他从来都不是虔诚的教徒，后来也曾哀叹："虽然我是受洗的天主教徒，但并没有被赐予信仰的恩典，我很羡慕那些在信仰中得到救赎的人。"他觉得教理问答非常"讨厌"，而他对教理表现出来的索然兴趣曾公开惹恼了圣卡泰里娜教堂（Santa Caterina）的老牧师。他也承认，他第一次也是最后一次忏悔发生在他第一次领圣餐的时候，尽管曾有那么多年，他和迪诺都被迫穿上适合他们的蓝色水手服，扔上车赶去参加教堂活动。

纵观法拉利的年少时期，包括他自己的回忆中，都没有发现他有任何过人的才能，也没有闪闪发光的天赋等待发掘，后来在他生命中开花结果的领导能力和组织能力此时也没有任何萌芽的迹象。在人生最初20年里，恩佐·法拉利只是一个喜欢自行车、赛车和足球的普通意大利男孩。直到1914年6月28日早晨，加夫里洛·普林西普

（Gavrilo Princip）朝萨拉热窝开了两枪，从此整个欧洲陷入了残酷的战争旋涡，恩佐也被卷入其中。

萨拉热窝事件发生之后，整个世界都经历了人类历史上最残酷无情的大屠杀。尽管意大利在一年以后的5月才会以同盟军身份参战，但恩佐·法拉利同时代的所有男性都受到了影响，他们的使命非常明确。意大利沦陷区集中在哈布斯堡王朝统治的亚得里亚海（Adriatic）沿岸地区及特伦蒂诺（Trentino）地区。当时意大利的人口密度和法国差不多，是所谓的列强中最穷的国家，南部还是中世纪农耕社会，北部也仅勉强维持初级阶段的工业经济，更糟糕的是，意大利的政治最为羸弱，对战区和各省的统一还不到50年。

当时意大利的年轻人，尤其是北方那些天生仇视奥地利人的年轻人都一股脑儿地涌去参军。这种致命的天真与法国、英国及其他同盟国的年轻人如出一辙。最初，迪诺将家里的迪亚托（Diatto）作为救护车，负责运送阿尔卑斯前线的伤员到波河平原的医院去。满19岁后，他加入了意大利空军，这一决定阴错阳差地对恩佐产生了深远的影响并一直持续到战争结束。迪诺随后成为空军91a中队地勤部队的一员，这支部队的徽章是空军的翅膀加一匹马——一只腾跃而起的马。当时部队最出名的飞行英雄是开着双翼Spad S13飞机的弗朗西斯科·巴拉卡（Francesco Baracca）（击落34架敌机），他在前线坠毁之前飞机两侧一直佩着这个徽章。

1916年2月，恩佐·法拉利的父亲因肺炎去世，这是他第一次直面死亡，在那以后的生命中，死亡也一直如影随形。父亲去世后，摩德纳的小工厂陷入困境，毫无经验的法拉利对金属加工生意兴趣索然，便离开家四处打工过活。

他先是在消防部门当了一段时间的学徒，然后在一个车床加工学校学习，一段时间后又到一家炮壳小工厂当实习生。这段时间法拉利极度迷惘。父亲死了，社会又因战乱动荡不安，加上没有明确的工作目标，恩佐在整个青年时期都毫无目标地游荡着，等待着被征入伍。

突然有一天，如晴天霹雳一般，迪诺也死了，据说死于"在部队服役期间染上的恶疾"，有可能是流感、伤寒或者任何一种一战期间流行的疾病。迪诺在松德里奥的所特纳（Sortenna di Sondrio）疗养院治疗了一段时间，不久便撒手人寰。父亲和哥哥的相继去世令法拉利备受打击，脆弱不堪。

迪诺是自愿参军，而恩佐则是两年后满19岁时应征入伍的。那个时候意大利步兵深陷残酷的山间绝境，在威尼斯东北的伊松佐河（Isonzo）流域、多洛米蒂山脉（Dolomites）陡峭的阿尔卑斯山以及西部的特伦蒂诺地区迎战奥地利军队。法拉利被分配到第三山区炮兵部队，正值战线从瓦尔赛里亚纳山脉（Val Seriana）一直到延伸到贝加莫（Bergamo）北部。由于拥有机械师的背景，法拉利原本期待自己被派去意大利控制的高地上看守一成排的布雷达榴弹炮。来自皮埃蒙特地区（Piedmontese）的第二中尉却派他去给雇来在崎岖山间拉炮的骡子钉掌。当时军队中比较好的职位，包括整个军官高层，都留给了贵族阶级；来自落后小城市艾米利亚的法拉利由于人生地不熟，很快便被派去干与其出身相衬的最艰苦的工作。三个月后，他染上了一种重病，几乎丧命，想来应该是得了胸膜炎。于是他被从前线撤下，送到布雷西亚（Brescia）的一家战地医院做了两次手术。如果诊断正确，当时的治疗很可能是帮他清除了肺部的积液。不管疾病和治疗结果如何，他又被送往了博洛尼亚附近的收容所，一个简陋破旧的临时营房。他回忆说自己被关在一栋楼房的二楼，房间里面阴暗寒冷，他能非常清楚地听到传来的棺材盖上盖时锤子钉板的声音。法拉利在那里经受了最简陋的治疗、忍受了极大的痛苦，以及漫长的休养，终于重获自由。尽管身心都受到了重创，然而，比起千千万万在战争中埋骨青山的年轻人来说，他无疑还是幸运的。

1918年整个欧洲喘了一口气，牺牲的3000万生命也得到确认，法拉利此时退伍了。法拉利在回忆录中从未提起过这一点，也没有学者找到其中的原因，他似乎是在这个时期有了某些顿悟，决定将汽车作为自己追求的事业。在法拉利不寻常的人生中，这是一段引人深思的空白期。不知是某个神秘的人，还是某件特别的事，使法拉利在1917年入伍到一年后退伍的这段时间内做出了这样的决定。

在回忆录中，法拉利是这么描述的：战前一个温暖的夏日晚上，他和一位名叫佩皮诺（Pepino）的朋友坐在家门口，在汽油灯下看拉尔夫·德·帕尔马（Ralph De Palma）的照片。帕尔马是一个天赋惊人的意大利人，他1893年移居美国，1916年赢得了印第安纳波利斯500英里大赛和范德比尔特杯（Vanderbilt Cup）的胜利，在当时被认为是全世界最伟大的赛车手。法拉利表示，就是那个时候，他对佩皮诺（摩德纳一个进口食品商的儿子）说，"我会成为一个赛车手"。此外，他也多次说起他选择在自己生产的车上搭载V12发动机的灵感，源于他在一战末期看到的美军使用的大型帕卡德（Packard）V12指挥车。这些可能是真的，也可能是假的，因为法拉利为了达到自己的目的曾公开编造历史。但是我们可以从中发现某些事实的线索，他的说法其实暗示了他对汽车的兴趣是在战争末期渐渐显露的，也是为了汽车，在战后离开了故乡。

战后，法拉利在都灵游荡，希望在菲亚特公司找到一份工作。和他的家乡不同，都灵是意大利制造业的中心，由于战争的原因，这座波河边上的城市繁荣而拥挤。1918—1919年冬天，法拉利刚来这个城市的时候，整个意大利北部都混乱不堪。第一次世界大战没有解决任何问题，各个城市都在高唱社会主义、马克思主义和民族主义。意大利不仅财政状况堪忧,北部的工业化和南部的落后更形成强烈的反差,薄弱的政治纽带也几乎被摧毁,整个社会动荡不安。加布里埃尔·邓南遮(Gabriele D'Annunzi)——传说中的战争英雄、诗人和狂热的民族主义者,希望集合那些心灰意冷的老兵,组成一队人马占领《凡尔赛条约》没有分给意大利的达尔马提亚(Dalmatian)。米兰一个激进的左翼记者贝尼托·墨索里尼(Benito Mussolini)则从理想社会主义者巧妙地转变为政治投机主义者。他当时是《意大利人民报》的主编,创建了一个臭名昭著的法西斯组织,奇迹般地吸引了大批左翼人士以及右翼中对现实不满和沮丧的人。此后不久,命运向这个臃肿、荒谬、虚伪的罗马涅人露出了微笑,他的黑衫党控制了整个意大利,并通过虚假的繁荣维持了一段时间的统治,但最终还是走向耻辱和失败。

这些席卷整个意大利的社会政治风潮并没有对法拉利产生什么影响,他去都灵的目的非常明确——他要在迅速扩张的菲亚特工厂谋一份差事。菲亚特公司由布里凯拉西奥的乔瓦尼·阿涅利(Giovanni Agnelli di Bricherasio)和鲁菲亚的卡罗·比斯卡雷蒂伯爵(Count Carlo Biscaretti di Ruffia)在1899年联合创立,1907年正式命名为FIAT(Fabbrica Italiana Automobili Torino,菲亚特汽车公司)。阿涅利家族掌控该企业后,企业名称简化为Fiat SpA。这是菲亚特发展史上的里程碑,公司正式从一个小的地区汽车制造企业发展为行业巨人,产品不仅有汽车,也包括卡车、轴承、飞行器及船舶发动机、军用飞机、铁路机车、机车车辆甚至完整的货运船。当恩佐·法拉利来到位于都灵但丁街(Corso Dante)的菲亚特总部时,公司正在对1.5L Tipo 501轿车的量产做最终的完善。这个车型技术先进、价格低廉,很多年里都是菲亚特主打产品之一。当然,恩佐更看重的是菲亚特一直以来对赛车事业的兴趣。他们有一个小的精英团队,由设计师、机械师、车手等人组成,专门和梅赛德斯、标志(Peugeot)、巴洛克天使（Ballot）以及新兴的美国汽车公司杜森博格（Duesenberg）等公司进行赛车比赛。当时的团队以工程师古伊多·福尔纳卡（Guido Fornaca）为首，下有杰出的年轻设计师——来自皮埃蒙特的维托里奥·加诺（Vittorio Jano）以及一些受过良好大学教育、经验丰富的工程师。在那个野蛮生长的时代，大家对于冶金、内燃机科学、悬架几何学、空气力学等决定汽车速度和耐久性的关键学科都知之甚少，而菲亚特在新技术领域则是公认的领导者。因此意大利当局曾自豪地宣称"菲亚特从不抄袭，它先创造，然后又教会别人"。

在这种特别的氛围中，法拉利在1918年冬天来到了这里。一个没怎么读过书、身体还没康复、毫无资历的退伍军人，怀里揣着他所在团的陆军上校的推荐信走进了菲亚特公司。信的内容我们无从知晓，也许并没有什么实质内容，只是对法拉利在给骡蹄子钉掌时展现出来的粗略技能做了大概的描述。这些都淹没在历史长河中了。但无论写了什么，这样的信都是没用的。战后的人才市场到处都是退伍军人，法拉利在走进工程师迭戈·索里亚（Diego Soria）装饰着红木的办公室时，结果就已经注定了。根据法拉利的描述，索里亚体格健壮，头发灰白，他礼貌而坚定地对法拉利说："到都灵找工作的退伍军人成千上万，菲亚特公司的规模没法一一吸收。"然而对法拉利来说更糟糕的是，仅有的住地兵舍也被本地居民占据，他突然间流离失所了。

法拉利在回忆这段经历的时候充满了心酸。冬日昏暗的天空下，他走出菲亚特的办公楼，穿过繁华的街道，游荡到波河沿岸的瓦伦蒂诺公园（Valentino Park）。在巨大的瓦伦蒂诺公园城堡的阴影下，他拨开长凳上的积雪，坐了下来。"我很孤单，父亲和哥哥都不在了，我被孤独和绝望打败，我哭了。"

菲亚特在法拉利心中埋下了小小的仇恨种子，随着时间的流逝，种子在恩佐·法拉利的血液中奔涌，复仇在他心中永远排在第一位。如果按尼采说的那样，延迟复仇的能力是高贵的象征，那么法拉利无疑是个中翘楚。无论要花多长时间，他都要让阿涅利家族及菲亚特公司的爪牙们尝到相同的滋味。

03 / 第三章
法拉利和阿尔法·罗密欧

到都灵后没多久,法拉利就开始展现出与生俱来的圆滑机智和强大的说服力,这些都成为了日后他的显著标志。随着菲亚特公司的崛起,大量与之相关的组织纷纷成立,诸如汽车制造厂、车手、机械师及促销员团体等。法拉利一头扎进这些组织当中,还经常造访维托里奥·艾曼努埃尔二世大道(Corso Vittorio Emanuele II)沿途的酒吧和餐馆,因为当时的赛车冠军菲利斯·纳扎罗和同样著名的车手彼得罗·勃迪诺(Pietro Bordino)都喜欢在那里喝酒吃饭。21岁的法拉利也开始在那里结交朋友,其中大多数都是和他一样的狂热分子,就像他小时候在艾米利亚看赛车时遇到的那些人。

北部酒吧(del Nord)是各种赛车消息和交易的聚集中心,它位于占地宽广的新港口火车站(Porto Nuova)附近,法拉利就是在这里"勾搭"上了一位名叫乔瓦尼的博洛尼亚汽车经销商,后者当场就看中了热切的法拉利,并雇用了他。乔瓦尼低价买入战后过剩的意大利军用卡车——主要是蓝旗亚(Lancia Zeta)小型卡车,拆掉底盘运到米兰的一家车身制造商那里,装上轿车的车身后再高价卖给战后对汽车如饥似渴的车手们。

法拉利在乔瓦尼的公司干一些普通的杂务,他帮忙把卡车的车厢和驾驶室拆掉，然后将光秃秃的车架开车送到一百多英里外的米兰。没人知道他是什么时候学会开车的，在军队给骡子钉掌时学会的可能性也不是很大，但是到都灵时他至少已经掌握了一些基本驾车技能，能够驾驶当时那些粗糙笨重的轿车和卡车了。此后法拉利持有的是编号为 1363 的意大利驾照，说明他在退伍前就已经会开车了，是这个国家最早的驾驶员之一。

且不管他的驾照何时获得，法拉利如今都已驾车在波河流域崎岖的公路上跋涉，将只剩个空架子的军用卡车运往先锋合资公司（Carrozzeria Italio-Argentina）。这家小公司位于米兰那开阔脏乱、工业与政治的温床的中心地带。法拉利一心向往在菲亚特公司这样的大型精英公司上班，目前这个差事连正经工作都算不上。他并不满足于此，所以经常在维托里奥·艾曼努埃尔（Vittorio Emanuele）等米兰赛车手和汽车运动员爱去的酒吧寻找机会。不出所料，在那里他遇到了未来辉煌事业的一个贵人——乌戈·西沃其（Ugo Sivocci）。

乌戈·西沃其是一个傲慢的、留着大胡子的前自行车赛车手，后来投身于汽车行业。他最开始在米兰一家小公司德维奇（De Vecchi）工作，之后成为新兴汽车公司 CMN（Costruzioni Meccaniche Nazionalia）的首席试车员。CMN 公司在战时便开始生产搭载伊索塔·弗拉西尼（Isotta Fraschini）发动机的四轮牵引车用来运送大炮。此时，位于瓦拉泽（Vallazze）的 CMN 公司正全力以赴，准备生产高性能跑车。那时大多数的赛车工厂也可以参加赛车、山地赛等比赛，以展示自己车辆的出色性能。带着仅有的驾照，当然还有数不清的恭维，法拉利幸运地成为西沃其的助手，迈出了辉煌生涯的第一步。

他们接到的第一单任务是驾驶后勤保障车为当时著名的摩托车赛车手马科·贾雷利（Marco Garelli）提供支持，马科·贾雷利和他的车队要参加从米兰到那不勒斯的南北耐力赛（Raid Nord-Sud）。西沃其和他的新搭档带着备用的燃油、轮胎和配件，随时准备在赛事期间为贾雷利的两缸二冲程摩托车提供支援，虽不是什么风光的任务，但也令恩佐·法拉利初尝赛车比赛的滋味。

1919年10月5日，法拉利和CMN小赛车队第一次参加有组织的正规赛事——布尔切托的帕尔马-波吉奥（Parma-Poggio di Berceto）爬坡赛。这是一个开放的地区性公路比赛，终点设在亚平宁山脉，总距离53公里。法拉利开的是2.3L Tipo 12/20 CMN双座旅行车，车身只是一个加了发动机的空壳，两个备胎挂在后轮的木条上。法拉利带着在帕尔马指定的随车机械师沿着皮安托尼亚（Piantonia）的蜿蜒山路行驶，最终获得级别第五名，但团队总体排名就不怎么样了。法拉利的首秀并没有多么耀眼，但鉴于他开的是性能非常落后的车辆，又是新手，所以能排得上名次已经很不错了。西沃其队则获得了团体第二名的好成绩。

1919年11月法拉利再次参加比赛，他和西沃其加入了CMN车队，一同参加塔格·弗洛里奥（Targa Florio，最古老的汽车赛事之一）大赛。该大赛由文森佐·弗洛里奥（Vincenzo Florio）组织，是西西里岛上的公路赛事，弗洛里奥是强大的西西里部落的后裔，这个部落有大量的土地和船队，在整个岛屿拥有巨大的影响力。

当时很多赛车都并非比赛专用，而是普通轿车去掉车身，加上大功率的发动机简单改造而成。CMN用的也是这种改装车，不像参加过大陆大奖赛，以及与比赛道不同的印第安纳州印第安纳波利斯赛道比赛的菲亚特、标志、巴洛克天使、杜森博格及日光（Sunbeams）等汽车精英公司，这些公司的汽车是专为比赛打造的，经过反复测试，代表着当时的最高技术，且具有高度的创造性，经受过严酷战争的考验。比如当时最先进的冶金技术、发动机设计和燃油配方技术等，都诞生于战时努力为前线提供更快的飞机、更结实的卡车和坦克的过程中，如今则被运用在了赛车制造上。

　　CMN无法像大公司车队那样，能把比赛用车运到西西里岛去，所以法拉利和西沃其接到比赛任务后，要自己开着车去参赛。然而，穿山越岭可不轻松，法拉利回忆说，当他们开到阿布鲁齐山（Abruzzi）时遭遇了强烈的暴风雪，还遭到了狼群的围攻，法拉利不得不拿出一直放在座位底下的手枪驱散了狼群。两个人一路颠簸着南下到那不勒斯，勉强赶上了锡拉库萨城（Citta di Siracusa）弗洛里奥的轮渡，连夜赶往巴勒莫。这次旅行留给法拉利的印象就是"波涛汹涌的大海和各种蚊虫的叮咬"。

　　塔格·弗洛里奥大赛始于1906年，是一个正式的赛事。长长的赛道分布在西西里岛乡下，道路崎岖不平、乱石丛生并且常有土匪出没（幸好弗洛里奥家族有足够的影响力和名望，要求整个大赛期间不准出现武器，所以没有选手受到生命威胁）。和其他菲亚特或标志的进口车——包括一辆由著名车手安德烈·拜洛（André Baillot）驾驶的华丽的战前L25标志大奖赛车——相比，法拉利粗糙的CMN车看上去就像玩具车。当法拉利和他的机械师米歇尔·康迪（Michele Conti）停在起点时，迎接他们的是4圈长达108公里（大约64英里）的赛道，和其他赛车相比，他们几乎没有胜算。

　　尽管赛车经验非常有限，法拉利还是怀着极大的勇气驾驶着他的CMN汽车。车子在泥泞的石子路上起伏抖动，齿轮不断摩擦着。比赛刚开始不久，坑坑洼洼的道路就把油箱震松了，法拉利和康迪花了40分钟才把它装回原位。之后，当他沿着巴勒莫东部海边的道路呼啸前行时，又遭遇了意大利宪兵封路——意大利总理维托里奥·埃曼努尔·奥兰多（Vittorio Emanuele Orlando）正在发表演说，在演说结束前都禁止通行（似乎也只有意大利人会把赛车活动和政治演说安排在同一时间同一地点）。无论法拉利怎么强烈要求通行，都被警察严词拒绝。倒霉的法拉利和康迪无助地坐在未熄火的车里等待，直到总理结束演讲。最后总算被允许前进了，但还是被迫跟在总理巨大的德·迪昂·布通轿车后面缓慢前行，直到对方驶离大路。

道路总算没有障碍了，法拉利开足马力，全速前行。车子摇晃着穿过乱石遍布的弯道，整个比赛竟然安排经过很多日晒雨淋的小村庄。法拉利驾驶着原始粗狂、弹簧性能和牛车差不多的车子在村子里横冲直撞，开放的排气管怒吼着直接喷到他的脸上，整个车子就像一匹未被驯服的野马，仿佛随时都会将法拉利甩到遥远的乡野。法拉利屏住呼吸，丝毫不减速地从崎岖的盘山公路转下来，朝着位于巴勒莫边上的终点呼啸冲去。

那时拜洛已经赢得了比赛，尽管他撞死了一个在终点处晃悠的观众。当法拉利开到终点时，天几乎黑了，场地上冷冷清清，只有一个警察拿着个时钟在为还没到的选手统计时间。法拉利下车追上弗洛里奥，抱怨自己遇到了总理演讲封路，受到了不公平的待遇，两人大吵了一架。"你有什么好抱怨的？"弗洛里奥质问他，"你迟到了，没有冒什么风险，我们却还把你列入排名，已经是送了你一份大礼。"就这样，法拉利作为赛车手的第二次尝试，被"赠予"总体排名第九，在他的车辆级别里排名第三。对此，法拉利后来说："尽管排名不佳，但也意味着成功。"

很快，法拉利离开CMN，去意大利其他汽车王国碰运气，继续他作为赛车手的职业生涯。他的具体行踪不为人知，尽管有记载他开着一辆战前7.2L的Tipo 1M伊索塔·弗拉西尼，参加了1920年5月的布尔切托的帕尔马－波吉奥爬坡赛，这种车型他早在1914年参加印第安纳波利斯500（那次他的一个车轮爆了导致翻车，并引起多车相撞的事故）的时候也开过，大双座汽车很引人注目，四轮都配备了刹车。那时，由于线束操控系统的复杂性，加上设计者力求停车前后部分保持平衡，大多数车只在前轮安装刹车。从这个角度来说，这辆130马力的伊索塔是很先进的，而法拉利是如何，以及从谁那里获得的购车资金就无从知晓了。

但对于这个阶段的结果我们还是了解的。在布尔切托的帕尔马 – 波吉奥爬坡赛中，法拉利开着伊索塔·弗拉西尼，带着机械师古列尔莫·卡拉罗利（Guglielmo Carraroli）获得了总体第三、6.0L以上级别第二的成绩。同年6月举行的两场小赛事中，法拉利由于机械师生病而退赛。没过多久，这辆伊索塔就废弃消失了，法拉利则开始了跟阿尔法·罗密欧长达20年的合作。

阿尔法·罗密欧公司成立于1909年，创立者乌戈·斯特拉（Ugo Stella）曾经是法国达拉克（Darracq）汽车厂在意大利分公司的经理。他从不曾把自己的公司比肩菲亚特、通用汽车那样的大公司，抑或称自己是法国和英国的汽车巨人之一。由于当时位于米兰市郊波特罗（Portello）的达拉克公司濒临破产，斯特拉就接手了达拉克的设施并开始以ALFA（Anomma Lombardo Fabbrica Automobili，伦巴蒂汽车制造公司）的名义生产一系列纯意大利乘用车。1910年，一位叫朱塞佩·莫洛斯（Giuseppe Merosi）的皮亚琴察人（Piacenza）设计了一批阿尔法牌汽车，公司正式投产。朱塞佩在比安奇（Bianchi）有工程方面的背景，他本人也是受训过的测量员。四年以后，公司便能成功派出参加大奖赛的4.5L比赛用车了。

意大利参战后，阿尔法开始生产炮壳和履带式军用卡车，那时公司为一个名叫尼古拉·罗密欧（Nicola Romeo）的杰出实业家和政治家所有。他是那不勒斯人，从商之前是米兰的一名数学教授。罗密欧还是一个极具说服力的演说家，后来在意大利参议院获得了"警报"的名号。他把自己的新公司改名为阿尔法·罗密欧。

恩佐·法拉利和阿尔法·罗密欧最初接触的细节我们无从知晓，只知道法拉利当时买了车，还有一个叫乔治·瑞米尼（Giorgio Rimini）的年轻出色的工程师。乔治·瑞米尼是一个精明的卡塔尼亚人，在法拉利的回忆中，此人随时随地都叨着烟。法拉利见到瑞米尼的时候，后者在阿尔法是一个万事通，也是赛车队和试车部门的领头人，还是销售总经理。法拉利和他联系上的原因不太清楚，也许是凭着他之前在CMN有限的经验应聘了阿尔法的试车员，或者是他从瑞米尼那里买了车。不管怎么样，法拉利购买的6L G.1.阿尔法旅行车或多或少都起到了一定的作用。

法拉利曾经自我调侃，他从莫洛斯那里买G.1.车的时候，合同里面严格规定说车子会"尽快甚至更快交付"，但后来交车日期遥遥无期。当法拉利向瑞米尼提出抗议时，这一条款居然变成了尽快"生产"。法拉利就此得到了一个教训，如他自己所说，从此以后合同里的每一个字都要看得清清楚楚。但那是在1920年，法拉利买这辆G.1.阿尔法·罗密欧车时才22岁，当时阿尔法是非常昂贵的豪华车[相对美国的皮尔斯·箭头（Pierce Arrow）]——至少从生产工艺角度来说是这样——对于很多年轻人来说都是买不起的，尤其是自称家境贫寒的人。这是法拉利的第二辆豪车，很明显他早就是个有些手段的男人，也许来自他的家族遗传，也许来自他在CMN经历过的各种事情，抑或是他有限的赛车经历——更有可能是三者的结合。

毫无疑问，此时的法拉利已经是一个引人注目的销售员，也是米兰—都灵一带汽车业的操控者了。他一米九的身高已超过大多数同龄人，他的脸上占据主要位置的是大大的鹰钩鼻子和松垮有眼袋的眼睛，休息时看上去像个爬行动物，浓密的黑发往后梳成蓬松的波浪。很明显，先天因素决定了他是一个容易发胖的人，并且和他的父亲一样，很早就花白了头发。

尽管他出色的说服力和鲜明的个性帮助他进入了阿尔法·罗密欧

试验部门的核心，但来自下层阶级的乡巴佬形象仍然如影随形。在这一点上他也曾哀叹"我觉得自己很土，很艾米利亚"。但是正因为这样，他反而更加市井圆滑，在跟社会和专业人士打交道时体现出来的老道远超同龄人。瑞米尼当然也发现了他的这些才能，把法拉利收入了阿尔法团队——尽管铁定是比较初级的位置。我们不知道法拉利的 G.1. 是在此之前还是之后买的，但有一点可以肯定，1920 年 10 月 20 日的塔格·弗洛里奥大赛上，法拉利开的是战前的阿尔法·罗密欧 Tipo 40-60，他是车队三人之一，领头人是车队时年 28 岁的朱塞佩·康派瑞（Giuseppe Campari），这个身材强壮、生活奢靡的兼职歌剧演唱者在那之后成为法拉利的密友和伙伴。

多年来"大奖赛"（Grand Prix）这个词一直被误解和误用。1906 年，在这个词被用于赛车比赛之前，曾经在几十年的时间里被用于各种赛事，如产品和艺术作品竞赛等。随着 1895 年法国汽车俱乐部（ACF）的成立，从 19 世纪 90 年代中叶开始形成了有组织的汽车运动。法国汽车俱乐部在其后 60 年的时间里对国际汽车运动起着主导作用，同时也主导着规则的制定。在最开始，赛车比赛是以"自由方程式"的形式进行的，也就是说，对于参赛车辆的发动机和底盘的规格没有详细要求。但随着这个产业的不断发展，人们发现，无论是为了保持竞争的公平性，还是为了推动技术的进步，都需要有详细的比赛规则（制定规则这一点法国人很擅长）。在新世纪最开始的五年，无数重量级国际赛事在欧洲和美国举行。这些赛事的赞助人诸如 W. K. 范德比尔特、报业巨头戈登·贝内特（Gordon Bennett），以及前面提到过的文森佐·弗洛里奥都为胜利者带去了奖杯、奖品及国际声望，但他们的规则却各不相同甚至常常互相矛盾。1906 年 ACF 组织了法国大奖赛，也为今后的国际汽车运动打下了基础。从那之后，正规的"大奖赛"就是指对车辆规格、比赛距离和比赛规则都有详细规定的赛车比赛。20 世纪 20 年代早期在欧洲举行的很多大奖赛都是根据 ACF 规则开展的。"大奖赛"一词经常被滥用和误用，但从传统意义上来说，它指的是根据一套严格和高度复杂的汽车规范开展的一系列国际比赛。最开始，大奖赛中使用的车辆和普通的乘用车还有些微类似之处，但是到了第一次世界大战结束时，比赛用车已经变成开轮式的流线型汽车。这些轻便灵活、动力强劲的汽车在原速度和做工方面都远超量产车。

之前已经提到过，塔格·弗洛里奥大赛不是按照大奖赛的规则来进行的，更像是自由方程式比赛，因此康派瑞用的是纯大奖赛车，法拉利开的则是更普通的车。但是这次，法拉利要幸运得多。总长 108 公里的赛道到处泥泞不堪，他车上的挡泥板就像小飞象的耳朵一样厚重，这样一来他和机械师米歇尔·康迪反而受到了保护，最终他获得了总体排名第二的成绩。虽然当时有很多比他快的赛车退出了比赛，包括他的队友康派瑞，但这次的成绩还是让他激动万分，无疑更加坚定了他未来要成为赛车手的决心。

但阿尔法·罗密欧在汽车业毕竟只是家小规模的公司，就算拥有像康派瑞那样出色的车手，在主要赛事中击败诸如菲亚特、梅赛德斯、日光、巴洛克天使那样的巨头却也是想都不敢想的。但是法拉利充满热情地全身心投入了工作，1921 年初他成功说服了乌戈·西沃其从 CMN 跳槽到阿尔法的测试部门。乌戈·西沃其对赛道和高速公路都很有研究，瑞米尼很快任命他为部门领导。

20 世纪 20 年代初，法拉利为了工作常常往返于米兰和都灵之间，做着各种各样的业务——买卖车辆、采购零件、对菲亚特进行商业间谍活动、搜集八卦、向客户交车以及赛车等等。虽然几年之后他只待在摩德纳和马拉内罗，但这段时期他仍四处奔波，包括去英国和法国以及在意大利北部和瑞士之间频繁穿梭。在一次去都灵的旅途中，他在都灵中央的北部港口火车站附近遇到了一个 21 岁的金发女孩，名叫劳拉·多米尼卡·加略罗（Laura Domenica Garello），来自都灵南部 20 英里处的拉克尼吉村（Racconigi）。她的继父叫安德里亚·加略罗（Andrea Garello），生父则是德尔菲纳·帕奇提（Delfina Parchetti）。两个父亲都是最纯朴的农民，也没有任何资料显示劳拉·加略罗来自富裕的地主家庭或者出身名门。劳拉身材健壮，有着深褐色的眼睛和轻快明媚的笑容，浓重的乡下方言证明了劳拉的普通身份。两人相遇的细节并不清楚，一个跟他们比较熟的人曾经说，劳拉当时在咖啡厅当舞女，有时也在酒吧当妓女，经常和赛车手厮混。不管怎样，法拉利对她一见倾心，把握住了这段感情，将劳拉纳入了自己的生活轨道。两人一同旅行，劳拉开始经常出现在法拉利参加的各种赛车活动中。1922 年，劳拉已经被外界称为法拉利太太，虽然事实上他们当时并没有结婚；而且法拉利在写给劳拉的信中，也称呼她为恩佐·法拉利太太。但直到 1923 年，他们才正式完婚。

造成这种情况有几个方面的原因。首先，法拉利一直和母亲保持着密切温和的关系，所以他有可能是考虑到母亲的感受。另一方面，上层社会对情妇的态度是模糊而暧昧的，因此对于法拉利这个下层阶级的男人来说，他不可能吹嘘这种关系。再者，尽管年纪不大，但是他很努力地适应着阿尔法·罗密欧公司的政治氛围，所以他可能觉得，相比于拥有一个背景不光鲜的女朋友，一个妻子的身份更有利于他的前途。

尽管有西沃其的加入，车队里原本还有康派瑞和超级年轻的安东尼奥·阿斯卡里（Antonio Ascari），阿尔法·罗密欧公司也远远没到全盛时期。之前已经说过，公司的首席设计师朱塞佩·莫洛斯是一名受训过的测量师，大多数时间都被称作"验船师"，他最亲密的伙伴安东尼奥·圣东尼（Antonio Santoni）则是一名药剂师。这样的背景使得阿尔法·罗密欧根本无法和拥有众多科班出身的工程师与技师的菲亚特、奔驰等行业大佬竞争。莫洛斯设计的汽车更像普通人开的旅行车，可以改造成赛车，其装备就像恩佐·法拉利早期使用的后备车辆。1921年法拉利作为康派瑞和公司的后备车手参加了5次比赛，这种车辆的竞争力非常有限，在塔格·弗洛里奥大赛和穆杰罗（Mugello）比赛中仅获得了第五名。尽管车队第一阵营的成绩也好不了多少（康派瑞获得了塔格比赛的第三），但毫无疑问，当时的法拉利从未被看作与阿斯卡里、康派瑞和西沃其同等水平的赛车手。然而他在赛道之外的组织中体现出来的能力最终远远超过其他人，对阿尔法·罗密欧甚至整个意大利汽车业都价值斐然。

当法拉利沉浸在阿尔法·罗密欧公司的内部政治中时，意大利进入了疯狂的混乱和动荡期。1919年，贝尼托·墨索里尼成为一个主要的政治推手，他凭着出色的演讲和煽动性的语言建立了法西斯党派。为了博取公众支持，法西斯声势浩大地给每个人诱以各种不现实的承诺。为了吸引富裕的工商阶层，墨索里尼从一个社会主义者，突然转变为狂热的反布尔什维克主义者。这位曾经的政治皮条客，对木讷的鲍格才（Borghese）家族承诺，一定会恢复法律和秩序，又打着为了意大利荣耀的名义，以涨工资和自由劳动合同来诱惑工人。1922年10月，在黑衫军的支持下，墨索里尼组织了著名的"进军罗马"（amarch on Rome）（他让随从们冒雨从米兰过去，自己则晚一天坐火车抵达），令本已名誉扫地、摇摇欲坠的路易吉·法克塔（Luigi Facta）政府彻底倒台，软弱的国王维克多·艾曼纽二世（King Victor Emmanuel II）授予他完全的独裁权。

但法拉利似乎并没有受到这些事件的影响，依旧全身心地投入汽车运动的世界，沉浸在阿尔法·罗密欧的内部政治斗争中。1922年他回到摩德纳，成立了艾米利亚车身公司（Carrozzeria Emilia），恩佐·法拉利和公司就挤在老城门东部一公里处的艾米利亚古道上一个租来的小车库里。法拉利选用"carrozzeria"一词作为公司名一直让人费解。"carrozzeria"的本义是"车身",但公司从来没有生产过任何客户需要的汽车车身,也没有任何证据显示法拉利的小公司是售卖阿尔法和二手运动汽车的小店铺。然而在他深爱的家乡故土上,"艾米利亚车身公司"着实为他打下了商业基础,虽然他依旧频繁地去米兰和都灵。

法拉利的销售政策卓有成效,他成了阿尔法·罗密欧汽车在整个艾米利亚地区的独家销售代理。法拉利还利用不断提升的赛车手知名度,提升了阿尔法在当地富人客户群中的形象。

但凡事皆有利弊,随着他在汽车事业上财富的增加,他的赛车手职业生涯则一路下滑。1922年瑞米尼让他参加了三个比赛,虽然其中两次都是开同一辆老旧的阿尔法·罗密欧20-30ES。7月他没用公司提供的车,而是开了一辆澳大利亚制造的六缸Steyr-Puch跑车,参加了一个从奥斯塔(Aosta)城到阿尔卑斯圣伯纳山口的小型山地赛。冠军得主是一个名叫乔凡·宾尼·法里纳(Giovan "Pinin" Farina)的瘦小都灵人,他来自著名的车身生产家族。

1922年,在米兰郊区皇家别墅公园开建的大型蒙扎赛道吸引了法拉利的注意。多年以来,意大利的汽车运动领导人一直想建一个赛道用来举行与法国赛事匹敌的世界级大奖赛。当时赛车比赛和车辆测试都已有了一些固定的、特别设计的超级赛道,例如英国的布鲁克兰(Brooklands)赛道和美国的印第安纳波利斯赛道。此外,巴黎郊外的利纳斯-蒙莱利(Linas-Montlhery)和科隆市郊的大型赛道建设工作也在热烈讨论中。[传说中的纽博格林(Nurburgring)赛道最终建在艾费尔区,但那是1927年的事情,而蒙莱利赛道是在1924年建成的。]

在即将来临的岁月中，蒙扎那巨大的、有时还不太吉利的赛道将不断进入恩佐·法拉利的人生。所有的胜利和折磨人的悲剧都将在这里为他展开，但讽刺的是，他本人却从未在这个地面平整、绿荫覆盖的赛道上狂暴驾驶过。20世纪二三十年代，法拉利在这里测试了太多阿尔法·罗密欧的汽车，肯定也在战后开着自己的汽车跑过很多圈，但他确实从未在这个著名的赛道上参加过任何比赛。尽管他为成功时刻做了各种努力，而蒙扎也成为意大利大联盟赛的主要场地，但在这里恩佐·法拉利注定只是观众。

无论法拉利的赛车手职业生涯经历了多少沮丧时刻，他依旧在1923年迎来了自己在世界汽车运动领域的巨大飞跃。他和日内瓦汽车制造商及工程师阿尔伯特·斯密特（Albert Schmidt）博士初步建立了合作，成为日内瓦汽车在意大利的代理。他和包括瑞米尼在内的阿尔法·罗密欧公司高层一起参加了1923年的巴黎车展，去英国参观了韦布里奇（Weybridge）附近巨大崭新的布鲁克兰超级赛道，还见到了倍耐力（Pirelli）轮胎的英国代表马里奥·隆巴蒂（Mario Lombardi）。按法拉利的说法，隆巴蒂是一个"对我的人生和想法都影响巨大的男人"。这一年法拉利只参加了4次比赛，但是他作为组织者和领导人的地位却上升到了一个意想不到的高度，主要是因为他提升了阿尔法·罗密欧车队的能力，并帮助将车队推上了汽车运动的顶峰。法拉利是6月份开始转运的，他的新车阿尔法·罗密欧 Tipo RL/TF 在塔格·弗洛里奥和穆杰罗的比赛中都坏了，所以他参加拉文纳（Ravenna）城外的萨维奥环道赛（Circuito del Savio）时热情不高，他的随车机械师是韦德·康派瑞的侄子——朱利奥·兰博尼（Giulio Ramponi），后者一直都是安东尼奥·阿斯卡里的私人机械师和驾驶伙伴。兰博尼在阿尔法车队中好胜又能干，之后也一直是法拉利神话中的重要角色。

这一次法拉利的命运改变了，在总里程共25圈359公里的比赛中，法拉利和兰博尼最终从众多业余和半职业选手中脱颖而出，获得了胜利。这次比赛对法拉利有着深远影响，因而被他多次讲述，但每次讲述多少都有些夸大和扭曲，导致事实的真相无从得知。我们听听法拉利自己是怎么说的。

"1923年赢得了萨维奥环道赛后，我结识了恩瑞克·巴拉卡伯爵（Count Enrico Baracca）"——他的儿子是意大利最伟大的空战英雄弗朗西斯科·巴拉卡（Francesco Baracca），在一战中消灭了34架德国飞机后被击落——"这次会面后我认识了英雄的母亲鲍琳娜（Paolina Baracca）伯爵夫人，她有一天对我说：'法拉利，何不将我儿子的跃马标志用到你的车上呢？它肯定会给你带来好运的。'我现在还存有巴拉卡的照片，带着他父母的爱，他们将跃马授权给我。他的马将一直是黑色的，但我增加了金色的部分，因为这是摩德纳的颜色。"

这是卡瓦利诺（Cavallino）传奇的法拉利版本，法拉利跃马由此成为了20世纪最有名的商标之一。当然他的故事是改编和删减过的。首先，跃马的徽章并非巴拉卡私人所有，而是属于他所在的91a中队（甚至在二战后，空军4a中队还在使用这个徽章，所以不太可能由巴拉卡的母亲送出）。前面已经提到过，法拉利的哥哥阿尔弗雷多曾是这个中队地勤部队的一员，所以可能是伯爵夫人提议，为了纪念他哥哥而采用盾牌形状的标志。还有一个比较可信的说法是，巴拉卡1916年11月在托尔梅佐（Tolmezzo）上空击落了一架德国飞机后采用了这个跃马标识，当时德国人驾驶的飞机是来自斯图加特（Stuttgant）的Albatoss BII，而飞机的侧面印着这个城市的标志——也是一匹跃马。所以很有可能法拉利迷们无比崇拜的跃马标志其实有着德国血统，而且这个标识的含义与其后法拉利的主要竞争对手——来自斯图加特的保时捷，有着直接的联系，仔细观察两者的标识会发现它们惊人地相似。如果伯爵夫人是因为这个标识能带来"好运"而将其送给法拉利的话，那么她儿子的遭遇又该如何解释呢？

更为讽刺的是，法拉利对这份厚礼和背后的故事无比伤感，在长达九年的时间里都把它尘封抽屉，直到1932年7月9—10日，在比利时斯帕（Spa）举行的二十四小时耐力赛中，法拉利才将它放到了其中一辆参赛车的引擎盖上。

意大利汽车历史学家路易吉·欧司尼（Luigi Orsini）在一本讲述法拉利车队历史的著作中指出，法拉利其实是在20世纪30年代，也即在斯帕耐力赛之前才得到这个标识的，但在法拉利的自传中，他一直都表示"跃马"是他取得拉文纳大赛胜利后得到的礼物。

正如这个标识的来源一样，"跃马"到底出现在1923年还是1932年仍是个谜，但由于斯图加特坚持对这个动物标识拥有专属权，法拉利在其后几年里一度无法使用这个商标。

在同居了至少两年后，恩佐·法拉利和劳拉·加略罗终于在1923年4月28日完婚了，婚礼在都灵工人阶级社区的一个小天主教堂举行，靠近菲亚特的林格托（Lingotto）工厂。劳拉的父母一直反对两人的结合，法拉利则称他们是"出身贫贱的辛劳夫妇"。参加婚礼的客人不多，主要来自劳拉家。可以想象，一小拨黝黑的男人和女人都穿着粗糙的黑色衣服，和新娘闪闪发光的白色礼服形成鲜明的对比。他们木然地笑着，从教堂周围昏暗的街区走到曚昽的阳光下。当然，主持婚礼的神父阿尔伯托·克莱里西（Alberto Clerici）可能已经见过一百对这样的夫妇，现在这对新人也跟其他意大利下层社会的人一样，不过是走一遍单调而程式化的程序罢了。他不知道眼前这个高大强壮、远远注视着他的男人其实胸怀大志，理想将带领他走得很远，不管地域距离还是成功之路。法拉利送给劳拉的礼物是一个小小的金色钱包。

令人惊讶的是，对于婚礼的一切法拉利并不十分在意。"我很年轻的时候就结婚了，大概是在1920年，我不知道把结婚证放哪里了，所以具体哪一年我记不得了,"然后他又以第三人称补充道,"那个年轻人宣称除了爱,此外的所有都不重要,但是后来我意识到,其他的其实很重要,非常重要。"

毫不夸张地说,法拉利的婚姻很快便沦为法律上的一纸婚书,仅仅在20世纪20年代有很多他们夫妻俩的照片,他和他的新婚妻子一起出现在各种赛车活动中。法拉利很快就变成了一个传统的意大利男人——他们征服异性并不是为了欢愉,而是为了自我满足。在恩佐·法拉利的大半人生中,他一直沉迷于女色,很可能在婚后短短几个月中,他对劳拉的婚礼誓言便已经烟消云散了。多年以后他对资深的赛车经理、他亲密的私人伙伴罗莫洛·塔沃尼(Romolo Tavoni)说:"男人任何时候都应该有两个妻子。"

具有讽刺意味的是,法拉利的商业命运被一次他并未出席的活动改变了。1923年6月,法国大奖赛已经以巡回赛的形式开展,强大的菲亚特车队发生了一场争执,30岁的技术专家、发动机调试员路易吉·巴兹(Luigi Bazzi)和工厂的首席工程师古伊多·福尔纳卡大吵了一架。回到意大利以后,作为朋友的法拉利给巴兹出了个主意,建议他离开态度不友好的菲亚特,到都灵的阿尔法·罗密欧公司赛车部门谋职。那个时候莫洛斯和公司正处在对新的2L级涡轮增压技术的大奖赛车型GPR——也叫"P1"——的最后开发阶段,这个车型将于9月9日在蒙扎举行的欧洲大奖赛上正式引入。法拉利凭着三寸不烂之舌,成功鼓动安静沉稳、性格坚强的诺瓦腊人(Novara)巴兹跳槽到了阿尔法·罗密欧公司。从此以后,两人在汽车领域开始了一段长达60年的友谊。

莫洛斯的新赛车很有潜力,GPR,也即其后被人熟知的P1,是一辆精心打造的双座跑车(根据当时的规则仍然可以带一个随车机械师)。当时阿斯卡里也完全恢复了健康,可以再次和康派瑞以及西沃其并肩作战，阿尔法·罗密欧似乎对大奖赛的好名次志在必得，但是车队的希望却被悲剧摧毁了。

在蒙扎欧洲大奖赛举行的前一天，所有参赛的车辆——菲亚特、日光、布加迪（Bugatti）、阿尔法等，都进入了高速练习赛道，当时美国印第安纳波利斯大赛的冠军吉米·墨菲（Jimmy Murphy）也参加了，他开了一辆速度很快且技术非常先进的米勒（Miller）直列八缸汽车。试车过后所有的车都安全回到了维修区，除了乌戈·西沃其，他开着新阿尔法 P1 从蒙扎超快速的弯道上飞了出去，当场身亡。西沃其走了，那个将法拉利带进这项运动并给了他第一次驾驶机会的男人死了。他是法拉利最初的几个朋友之一，却成了赛车运动的受害者。西沃其的死亡，加上新车 P1 的速度依旧无法和最快速的车辆竞争这一事实，使得阿尔法车队最后退出了比赛。最终菲亚特 805 傲视群雄夺得冠军，墨菲驾驶米勒汽车获得了第三。

回到波特罗之后，阿尔法车队的情况更是一团糟，他们不仅失去了王牌车手，也失去了亲密战友，但 P1 还需要一系列的调整和再设计。巴兹提议，菲亚特团队里有一个特别出色的工程师维托里奥·加诺，或许可以想办法挖过来。阿尔法·罗密欧团队当然都知道那位 33 岁的都灵人，而且通过他们和菲亚特的接触（很多是由法拉利开展的）了解到，在日益占据赛车界主导的发动机增压技术上，那个人是一个真正的天才。

维托里奥·加诺出生在一个技术背景深厚的家庭，他父亲是都灵一个重要军工厂的头儿，加诺毕业于都灵工程技术学院（Istituto Professional Operaio di Torino），两年内获得了学位（并不是一个完整的工程师学位，更类似于技术员），18 岁时他加入了著名的菲亚特工程部门。

说服加诺从菲亚特跳槽到阿尔法·罗密欧，总被视为恩佐·法拉利的功劳。但 1964 年加诺去世前，著名的汽车历史学家格里菲斯·博格森（Griffith Borgeson）曾经对他进行了详细的访谈，他们的对话为我们提供了最精确的版本。加诺表示，1923 年夏末，是瑞米尼出马说服了加诺，而不是法拉利。

因为法拉利很熟悉都灵汽车界的情况，而且他自己也有一辆阿尔法的车，所以瑞米尼派他去都灵处理加诺的事情也是合情合理的。这段路法拉利已经开过几百次了，他不费吹灰之力就找到了加诺位于圣马斯莫（San Massimo）一座三层公寓的家。他回忆说当时接待他的是加诺的妻子罗丝娜，她表示，要让自己的丈夫离开家乡是绝对不可能的。之后加诺回来了，法拉利说"我们谈了一下，我告诉他加入阿尔法的好处，第二天他就签约了"，法拉利又一次编造了故事。

加诺告诉博格森，法拉利跟他谈跳槽的时候非常冷淡，他说如果阿尔法真的很想让他过去的话，肯定会有更高层的领导来谈判。法拉利向米兰方面报告了加诺的拒绝，瑞米尼或者尼古拉·罗密欧本人才出面力邀加诺。加诺告诉博格森他的工资也从每月 1800 法郎涨到了 3500 法郎，为了进一步吸引他去米兰，他们还给了他一套公寓。

维托里奥·加诺的工作非常高效，几个月后他就将莫洛斯的 P1 改造成了最出色的跑车之一。他的 P2 是一项杰作，即使很多衍生的工作是他在菲亚特最新的赛车上完成的。他知道菲亚特赛车的缺陷：气门弹簧和发动机缸体比较弱，受热时会变形。他也知道如何改造，他的 P2 搭载八缸十六门的 2L 发动机，装有罗茨式增压器，可以达到 135 马力。这辆车还使用了刹车液，有点类似两年前杜森博格导入的技术，同时还首次配备了新型的"气球"式轮胎，就像在印第安纳波利斯大赛上使用的那种轮胎。

改造后的车迅速取得成功，安东尼奥·阿斯卡里重新回到巅峰状态，足以匹敌行业最顶尖的车手，他和巴兹组队最终赢得了克雷莫纳

（Cremona）大赛的冠军。在长达 6 英里的直道上，P2 的速度达到了每小时 121.1 英里，在公路赛道将圈速刷新至每小时 100.8 英里。一位新成员突然出现在人潮涌动的大奖赛场，阿尔法的管理团队建立了一个强大的车队，除了原有的阿斯卡里和康派瑞，还加入了 42 岁的法国老将路易斯·瓦格纳（Louis Wagner）。瓦格纳夸耀自己的赛车生涯可以追溯到 1906 年，那时他在长岛赢得了范德比尔特杯的胜利。法拉利也在这个车队里，当然他更像是替补车手。

法拉利从工厂买了一辆 Tipo RLSS 跑车且取得了可喜的成绩，不仅赢得了一公里竞速赛（Chilometro Lanciato）的冠军，还在拉文纳大赛中获得了连胜。继而他又在罗维戈（Rovigo）赢得了波来西环道赛（Circuito del Polesine）的头名，最后在托里塞利大赛（Corse delle Torricelle）获得了第二。法拉利作为赛车手的最辉煌时刻是在 1924 年 7 月，当时他和康派瑞一起代表阿尔法车队参加了在亚得里亚海沿岸的佩斯卡拉（Pescara）举行的比赛。康派瑞开的是一辆大奖赛专用的 P2，而他开的是 3.6L Tipo RL/TF 跑车，这款灵活度较差的笨重车型由莫洛斯的团队设计，旨在成为加诺设计的更快更新车型的后备车。

但康派瑞的变速箱在比赛开始不久就出现了故障，法拉利领先了，远远超过了开着奔驰车的业余选手马塞蒂伯爵（Count Masetti）和邦马蒂尼伯爵（Count Bonmartini）。这次比赛的赛道是个大三角，总长度为 15.8 英里，由一些四英里左右的直道和一系列危险的穿过小村落的蛇形弯道组成。康派瑞机智地将自己的车停到路边的树丛里，让竞争对手以为他还在某个地方跑着。大赛根据蒂托·阿赛博（Tito Acerbo）上校的名字命名，被称为阿赛博杯（Coppa Acerbo）。他的兄弟贾科莫·阿赛博（Giacomo Acerbo）是墨索里尼的内阁成员和重要同盟，就在这一年，他通过贿赂众议院，将三分之二的席位给了法西斯，将国家拱手让给了墨索里尼和他的党派。这个阿赛博杯是为了纪念在一战中死去的上校而举办的，胜利者将被授予骑士称号（Cavaliere della Corona d'Italia）。很多法拉利的追随者对此大做文章，但其实毫无意义。骑士奖在意大利是非常常见的，19世纪昂伯托国王（King Umberto）曾经嘲讽地说："雪茄和十字勋章——从来不拒绝任何人。"路易吉·巴兹尼在作品《意大利人》中如此描述这个民族对名号的痴迷："人们总喜欢把学术或者其他称号和你的名字放在一起，仿佛要证明你担得起这些名号，若没获得就太不切实际。"一个中产阶级往往年轻时被称为博士，到40多岁的时候变成"指挥官"或"骑士指挥官"。普通信件中的称呼也经常是"杰出的""著名的""有名的""尊贵的"或直接就是N.H.（高贵的人）。所以，年轻的法拉利被授勋单纯只是对比赛获胜者的形式奖励，对一个崇尚吹捧和虚名的民族来说，这并没有什么特殊意义。

但是在佩斯卡拉的成功确实为法拉利带来了莫大的好处，他高超的驾驶技术以及取得的成绩赢得了阿尔法·罗密欧公司大佬们的关注，受他们支持全程参加即将在法国里昂崎岖的公路上举行的欧洲大奖赛。也就是说，法拉利将同阿斯卡里、康派瑞及瓦格纳参加当时整个欧洲赛车界最有名、竞争最激烈的赛事。对法拉利盲目崇拜的传记作者又要对此大做文章了，但实际上，恩佐·法拉利这次只是作为朱利奥·马塞蒂伯爵的替补参赛，而马塞蒂自己也只是一个二流车手，在车队里属于初级成员。不管怎么样，这一次入选确实将法拉利的赛车手生涯推到了一个新高度，给了他在出色的队友面前展示才能的机会，更不用说参赛的还有来自菲亚特的伟大车手彼得罗·勃迪诺，来自日光公司的亨利·西格雷夫爵士（Sir Henry Segrave）和达里奥·雷斯塔（Dario Resta），以及来自法国德拉赫（Delages）的罗伯特·伯努瓦（Robert Benoist）和勒内·托马斯（René Thomas），等等。

然而这些并没有发生，各种原因众说纷纭。法拉利和阿尔法车队一起出现在里昂,但只是在路况极差的 14 英里的公路赛道上简单练习了一下,而后居然毫无征兆地坐火车回意大利去了。法拉利在回忆录中对此解释说:"那年我不太舒服,虚弱得太厉害,我不得不停下来,我几乎放弃了赛车。从那时开始,健康问题一直困扰着我。"这种严重的疾病是什么?有些人说是神经衰弱,有些说是战时疾病导致的心脏问题。还有一些人则模糊地暗示他有可能染上了梅毒——无论现实还是谣言,一直都缠绕着他。

20 世纪二三十年代意大利赛车记者的老前辈乔瓦尼·卡涅斯特里尼(Giovanni Canestrini)曾坦率地说,法拉利是因为害怕才退赛的。当时这个来自摩德纳的年轻人才 26 岁,参加过的比赛不过 27 场,他被这次比赛的级别以及里昂艰险、充满了盲丘的赛道吓坏了,所以就落荒而逃了。卡涅斯特里尼这个公开的评论惹怒了主人公,法拉利一直不肯原谅他,直到 35 年之后才得以平息!法拉利的多年好友吉诺·兰卡蒂(Gino Rancati)在 1977 年公开发行的自传中,对法拉利的驾驶技术有一些隐晦的说明:"作为一个赛车手,他的驾驶能力有一定的局限,他对配给他的车过度依赖,而且他的胆子可能不够大。"

不管真正的原因是什么,里昂的失败断送了法拉利在大奖赛队伍里进一步发展的机会,他回到摩德纳开始专心自己的汽车生意,果断停止了之前零星参加的赛车比赛。

而阿尔法·罗密欧团队并没有因为法拉利的退赛受到任何影响。康派瑞最终赢得了比赛,尽管阿斯卡里在第三圈大幅领先,但赛事后半程他的发动机故障,所以日光汽车的亨利·西格雷夫得了第二。曾经辉煌的菲亚特车队则一败涂地,导致都灵分公司此后都没有再正式参赛过。几年以后菲亚特也曾尝试着派车参加大奖赛,但是意大利赛车运动的荣耀火炬已经在 1924 年那个温暖的八月被声名日盛的阿尔法·罗密欧公司夺得。尽管法拉利并没有在赛场上为击败菲亚特做出什么贡献，但他为巴兹和加诺的跳槽所做出的努力却是至关重要的。这两个人去了米兰之后，曾经不可一世的菲亚特赛车部门就被摧毁了，更糟糕的是，另一位优秀的工程师文森特·波特里恩（Vincent Bertarione）也已在1923年跳到了日光公司。所以在加诺离职的时候，菲亚特的技术团队已经岌岌可危了。人才的流失，加上内部政策的改变，促使菲亚特在1924年赛季后便淡出了赛车界。几年后它曾经有过一次短暂的回归，但出于各种目的和原因，它最后还是彻底离开了赛车运动。鉴于法拉利骨子里流露的荣誉感和复仇心理，当这个六年前拒绝他的公司开始没落时，他的喜悦之情可想而知。

  法拉利坚持说自己对政治没有兴趣，纵观他对罗马的态度以及对天主教堂的一贯漠视——要知道那时天主教堂在意大利政治中可是一个重要角色——我们对这一点毋庸置疑。但是法拉利确实也结交了很多法西斯官员，这些人有权有势，和当时意大利的汽车产业有着密切的关联。恩佐·法拉利正学着成为一个卓越的政治人物，但出发点只是为了对自己的生意有所帮助，而不是什么特别的意识形态。他只在1924年见过墨索里尼一次，当时正值墨索里尼人气最高的时候，他在一次从罗马到米兰的旅途中在摩德纳停留，去见几个著名的法西斯分子及其支持者，修补一些信息闭塞地区如摩德纳的政治围栏。他和一个著名的法西斯参议员一起吃饭会谈。这是一顿传统的意大利餐，非常冗长。在整个统治过程中，墨索里尼都是阿尔法·罗密欧的忠实客户——也许出于阿尔法的车是在他发迹的城市生产的缘故，那天他到摩德纳开的就是一辆三座跑车。作为当地最能代表阿尔法品牌的人，同时也是这个城市最出名的赛车运动人物，法拉利被选中护送元首出城。在雨后湿滑的鹅卵石道路上，法拉利小心翼翼地驾驶，但是仍然保持了较高的车速，使得驾驶经验不足的墨索里尼跟不上他的车。在这个虽骄傲但技术笨拙的领导人连续几次严重侧滑之后，法拉利才控制住了节奏，又开了几公里结束了护送。

讽刺的是，阿尔法·罗密欧公司也跟着菲亚特公司渐渐退出了赛车运动。1925年7月26日，阿尔法的明星车手安东尼奥·阿斯卡里在法国领跑利纳斯－蒙莱利大奖赛时突然丧命。

最受欢迎的车手阿斯卡里之死从核心上动摇了阿尔法车队，某种程度上，事件浇灭了所有参与者的好胜心，从幸存的车手到最底层的机械师，无一例外。年轻的路易吉·希奈蒂（Luigi Chinetti）作为车队的机械师之一也去了里昂，之后再没有返回米兰。他对日益增长的法西斯好斗氛围感到不舒服，反而被法国的悠闲所吸引，战后的繁荣让这个国家在20世纪20年代充满活力。希奈蒂擅长汽车轴承制造，偶尔也开开赛车，他搬到巴黎，计划开一间高级汽车维修店。

那次赛事后不久，阿尔法·罗密欧公司就宣布，为了悼念他们逝去的英雄，公司将永远不再参加任何汽车赛事。但其实除了悲伤之外，还有其他原因。格里菲斯·博格森认为，这个决定是迫于当时低迷的经济以及意大利政府的干涉。当年早些时候，法西斯就开始将阿尔法·罗密欧纳入其新成立的IRI（Istituto di Ricostruzione Industrial，工业复兴公司）。这个庞大的政府官僚机构主要负责资助陷入困境的商业，保持政党的商务能力。很有可能IRI的官员给阿尔法施加了压力，迫使它不再参加昂贵危险的赛车比赛。

随着阿尔法·罗密欧公司在赛车界的没落，恩佐·法拉利则专心发展他的汽车零售业务。他已经获得了阿尔法·罗密欧在艾米利亚、罗马涅和马尔凯（Marche）地区的特许经营权，1925年4月，他将位于艾米利亚古道上的两层楼改造成专卖店和服务中心。之前他和劳拉一直住在附近餐厅一个狭小的二楼公寓中，现在他们打算搬到新房子里去。在那个狭小昏暗的空间里，生活一点也不平静。他和劳拉经常吵架。更糟糕的是，劳拉和他的母亲互相看不对眼，法拉利经常要为激烈琐碎的家庭争执充当和事佬。他忙于汽车事业，经常要去米兰——在那里他依旧必须和阿尔法·罗密欧的高层保持联系——或者去博洛尼亚，他在万特佳大道（Via Montegrappa）开了一家阿尔法分店。在摩德纳，他的生活重心在当地嘈杂的酒吧和餐厅，那里的赛车运动爱好者一天到晚讨论这项他们热爱的运动。在博洛尼亚，独立大道（Via Indipendenza）沿街的圣彼得咖啡店（Café San Pietro）或佛利亚（Folia）酒吧里，贵族和平民一样大口喝酒，大碗吃面，滔滔不绝地谈论着他们共同的爱好。在这群人中，法拉利是个名人，毕竟他是阿赛博杯的冠军，并且曾在阿尔法·罗密欧的大奖赛车队里待过，尽管时间很短，也没有什么出色的业绩。但是这些足以让当地人对他印象深刻，他也借此极大地提升了阿尔法的销量。他待在博洛尼亚的时间越来越长，并曾公开表示想要抛弃自己的妻子。离婚在意大利是完全不可能的，但这时的他从来没想过要当一个忠诚的丈夫。在摩德纳和博洛尼亚，法拉利对女色的沉迷已经到了一个疯狂的程度。尽管并不是个英俊的男人，但他的女人缘还是很好的，这得益于他日益高涨的自信心以及不断增长的说服力。当时他猎艳的主要对象是跟赛车人群厮混的妓女和放荡的女子，随着名声越来越大，他对女人的品位也越来越高。

而作为汽车记者他则一直比较失意，在米兰和阿尔法团队的技术精英与机械师们联系密切的时候，他曾为几份汽车报纸写过评论。加诺正在设计一些新的轻型跑车，这些车辆拥有更小体型、更高转速的六缸发动机，法拉利向朋友们保证，这些车无论是在高速公路还是在意大利北部或法国南部小型赛事的环道上都将占据优势。

正是这些全新的跑车为公司那些老赛车手注入了热情，也让法拉利这样的人没有转投其他品牌。同时，加诺和巴兹也渐渐远离那些专门为大奖赛开发的车型，转而投向那些更加有利可图、可以批量生产且市场热度比较高的双座跑车。

从这个意义上来说，阿尔法·罗密欧并没有离开赛场，只是转变了方向：以前把重点放在大型的比赛上，开发单纯为了比赛的大奖赛车辆，现在则转到更加适合在实际道路上行驶的真正车辆。全新的 6C-1500SS 跑车拥有全新的 Zagato 车身，它参加了 1925 年 4 月的米兰车展，但是直到两年后才真正投产。（看看像摩德纳这样的地方汽车业有多么落后：直到 1925 年才有了第一次"正式的车展"，而像法拉利那样的经销商要被迫在当地马场的一个大棚里展出他们的商品。）

尽管还在和神秘的疾病做斗争，但 20 世纪 20 年代中期仍是法拉利事业的重要巩固时期。他断断续续的赛车生涯还在继续，1926 年他虽然和这项运动还保持着密切联系，但是并没有再参加任何实质性的比赛。他成功地在摩德纳和博洛尼亚扩展了自己的汽车事业，当然这主要得益于他的人格魅力以及加诺设计的一系列新车。

1927 年初他的竞赛之火被再次点燃，回归赛场。他开着老款阿尔法·罗密欧 RLSS 参加了亚历山德里亚环道赛（Circuito di Alessandria），一个小型的 160 公里赛事，他赢得了 GT（gran turismo）级别的冠军。一个月后他在家乡摩德纳开着一辆大功率的 6C-1500SS 双座车，带着阿尔法·罗密欧的机械师和老伙伴朱利奥·兰博尼再次获胜。法拉利开着整场赛事中最快的车轻松完成了 360 公里的比赛，在全长 12 公里的环道上将圈速刷新到了每小时 113 公里。

当时在欧洲的中等城市，各种汽车俱乐部举行了数百场地区赛事，这次比赛也是其中之一，在一流的赛车比赛中完全排不上号，但这次比赛却让法拉利汽车经销店的销量直线上涨，进而提升了他在当地作为汽车业新兴企业家的名声。

1928 年在法拉利 30 岁生日的时候，傀儡国王维克多·艾曼纽三世统治下的意大利政府授予他"骑士指挥官"的称号，表彰其在商业上的成功以及作为赛车手的不断努力。这个称号完全是名誉上的，大概类似于美国的"肯德基上校"。1928 年他的赛车事业再次加速。他重回亚历山德里亚并获得了一个级别冠军，之后在摩德纳获得全胜，然后在穆杰罗又获得了第三——这几次比赛他驾驶的都是 1927 年的阿尔法·罗密欧。在摩德纳获得第二次胜利的比赛中，他的随车机械师是佩皮诺·维德利（Pepino Verdelli），在随后的 50 年里，他将作为"副驾驶"在法拉利身边来来去去。

04 / 第四章
组建车队

20 年代一晃而过，恩佐·法拉利惊讶地发现自己的处境居然还不错。他已经在摩德纳和博洛尼亚有所建树，管理着一家阿尔法·罗密欧的经销店，且拥有艾米利亚、罗马涅和马尔凯地区的独家代理权，所有这一切都在墨索里尼的法西斯统治下欣欣向荣。他的赛车手职业生涯并没有那么光辉，但是作为阿尔法·罗密欧车队曾经的一员——即使只是二流车手——他也有机会和一些伟大的车手比如康派瑞和阿斯卡里接触，所以他在独立大道那些对赛车很狂热的酒吧和食肆里成了名人。对于那些出身名门、风度翩翩的运动员客户来说，他现在有足够的自信能吸引和影响他们。这些人对车速无比沉迷，他们十分珍视与法拉利这样的名人接触的机会，因为他们觉得法拉利在汽车方面的成就远远高于他们，又能够开上最新的阿尔法汽车。法拉利非常了解他们的这种心态，并将此用到极致，这不仅提升了阿尔法·罗密欧的销量，也拓展了自己的社会关系。

如果非要说说法拉利当时遇到的挫折，那么最主要的还是他频发的健康问题——战争和风雨飘摇的赛车手生涯带来的疾病困扰，使得他后来只能偶尔参加一些小的比赛和爬坡赛。还有一个就是和劳拉的关系持续恶化。他们的关系沦为典型的意大利式婚姻，法拉利在家是个暴君，偶尔才会造访他们一起居住的小公寓，他的性伴侣是大批浮华空洞、被赛车的刺激和荣耀深深吸引的女人。他越来越喜欢到圣彼得咖啡馆那样的地方寻找慰藉和陪伴，在那里男人们彻夜谈论快速车辆以及如何更快地得到女人，直到晨光微露，静谧的早晨来临。

法拉利也是费鲁乔·泰斯蒂（Ferruccio Testi）家庭午夜欢场的常客。泰斯蒂是个兽医及兼职的矿泉水制造商，摩德纳的赛车活动他场场必到，他对赛车有着狂热的爱好，也对摄影有着独到的眼光。现在看来，泰斯蒂的照片完全就是意大利赛车运动的一个完美记录。

在家里，劳拉和他母亲不断发酵的紧张关系也让法拉利颇感压力。婆媳二人几乎在第一次见面的时候就互相看不对眼，法拉利被夹在中间左右为难。和大多数意大利男人一样，法拉利是个孝顺的儿子，在摩德纳他尽了最大的努力支持母亲（事实上他后来也一直是这么做的），尽可能让母亲和妻子分开。对于这些冲突他不可能公开谈论，但在好多年里，两个女人之间的紧张关系让他感到非常压抑，这无疑也是促使他寻求其他女性陪伴的因素之一。

尽管家庭生活吵吵闹闹，在赛车场上也没有什么大成就，但在这十年结束时，对于这个31岁、日益发福的艾米利亚男人来说，生活还是充满了各种机遇。

与贝尼托·墨索里尼留下的滑稽传奇相比，意大利却发展得很好，至少在1929年10月华尔街崩盘、金融海啸席卷全球经济之前是不错的。人们通常认为墨索里尼的成就仅在于排干了彭甸沼泽、平原沼泽以及固定了铁路的运行日程，这未免有失偏颇。在1922年到1930年期间，墨索里尼政府开展了超过5000个大型公共项目的建设，包括建造了第一条四车道公路。到20年代末期，意大利已经拥有320英里的超高速公路，在道路和隧道建设方面的技术遥遥领先。此外，墨索里尼政府在消除文盲方面也做了很多努力，意大利在战前的文盲率高达 40%，到 1930 年，这个令人羞愧的比率已经降低了一半。但其他的一些努力，比如消除西西里岛黑手党的行动就没那么成功，尽管早在 1931 年，巴勒莫区长官切萨雷·莫里（Cesare Mori）就宣布，经过四年的打击，西西里岛上的匪徒已被全部清除。

墨索里尼还解决了蒂罗尔（Tirol）地区历史性的领土争端问题，和罗马教廷签订了"拉特兰协议"（Lateran Treaty），反过来也解决了"罗马问题"——这个被他称为"国家肉中刺"的大问题。大概与此同时，法西斯政府认为意大利当时 4100 万的人口太少了，跟"大国"地位不符，于是设定了 6000 万人口的发展目标，采取了一系列激进的社会措施，包括禁卖避孕药、限制移民、增收单身汉税收等，意大利的法定结婚年龄也降低到男性 16 岁，女性 14 岁。1932 年新婚夫妇去罗马的火车票折扣高达 80%。为了进一步鼓励生育，1933 年意大利第一次将圣诞前夜设为"母亲节"。不知道法拉利第一个，也是唯一一个孩子在 1932 年的出生跟这些政策有没有关系。这一系列项目确实影响了整个国家，到 1934 年时，意大利的人口已经增长了 1500 万，不过后来受到大萧条的影响，生育率又回到了十几年前的水平。

20 世纪 30 年代早期，好战的意大利嚷嚷着要占领落后的奴隶贸易国埃塞俄比亚，一雪军队 1896 年在埃德华（Adowa）被一群赤足上阵的阿比西尼亚（Abyssinian）部落土著人击败的耻辱。虽然人们一直认为入侵非洲、虚假的法西斯繁荣以及扩大军工生产都是在经济低迷中笼络民心的行为，但这不是事实。1934—1935 年国际联盟的国际经济调查显示，意大利的繁荣程度（或者是繁荣缺乏程度）和其他受到大萧条影响的发达国家水平相当。到了后期，墨索里尼确实用浮夸空洞的军国主义欺骗大众欺骗自己，但在著名的"罗马进军"后的最初十年，他和社会主义的诡异联盟以及自由主义的经济政策确实带来了意想不到的好处。

1930年，意大利汽车进口关税的翻倍基本上将法国、德国和美国汽车制造商拒之门外，除了亨利·福特。福特和墨索里尼以及后来的阿道夫·希特勒关系都不错（这一点也是有据可循的），所以福特迅速在米兰成立了分公司。该关税政策让菲亚特垄断了意大利的量产乘用车市场，而这个优势一直持续至今。阿尔法·罗密欧和其他一些小公司依旧只是为上层阶级提供赛车和豪华车辆。在意大利军备不断增加的同时，阿尔法公司也渐渐将重心放在了生产卡车、勘察车和飞机引擎上。

恩佐·法拉利经历着国家的这些动荡，而他的眼光却仍放在汽车的小世界以及整个民族对赛车的狂热上。世界上没有任何国家像意大利这样对赛车如此热衷，就算是最小的城市也不断冒出各种汽车俱乐部，组织各种各样的赛车活动、爬坡赛和公路赛，旨在为所在地区带来荣耀和名誉。与此相反，富有企业家精神的美国，赛车活动一般是在半英里或一英里的肮脏的露天马场举行，这样便于收取入场费。在这里，观众大多数是劳动阶级的机械师或者其他匠人。在英国，保守的爱德华七世禁止在公共道路上赛车，比赛只能在一些特别的赛道上举行，那里只有少数富人聚集（"观众合宜而不拥挤"）。

但是在意大利，汽车完全突破了各种社会界限，狂热程度可以和足球以及自行车运动媲美。尽管赛车中心还是在工业化的北部，但赛事却吸引了举国的关注，如前面提到过的在贫穷肮脏的西西里岛举行的塔格·弗洛里奥大赛，还有在南部农村、位于靴子脚尖部分举行的斯拉杯赛（Coppa Sila）。伟人或接近伟人的人也都和该运动保持着密切的联系，墨索里尼本人也为赛车比赛提供经济上的奖励，以确保阿尔法·罗密欧在国际汽车大奖赛中取得好成绩，为意大利赢得荣耀。他的女婿，声名显赫的加莱阿佐·齐亚诺伯爵（Count Galeazzo Ciano）——意大利外交部长，温莎公爵夫人的前任情人——就曾以他自己的名义在里窝那（Livorno）举行过赛事。虽然许多贵族将驾驶赛车视为自己荣耀的勋章，但是和他们一同在起跑线上的还有许多平民，法拉利就是其中一个。这种无限包容的热爱为赛车运动注入了在意大利其他事情上所没有的平等精神。

讽刺的是，另一个汽车厂商的好运促使法拉利创立以自己名字命名的车队，并开始在国际上声名鹊起。博洛尼亚是玛莎拉蒂兄弟（Maserati Brothers）的故乡，他们兄弟五人都是汽车的狂热爱好者，年长的两个哥哥阿尔菲耶里（Alfieri）和欧内斯托（Ernesto），从1907年就已经开始玩赛车了。1926年他们开始生产自己的赛车，到1929年他们已经造出了十六缸的自由方程式车，搭载两个并列的八缸发动机（九年前杜森博格兄弟首次尝试了这种布局方式）。

虽然操控原始，但是他们的车有着强大出色的直线速度。1929年9月28日，长着一张娃娃脸的车手巴克宁·博扎齐尼（Baconin Borzacchini）开着一辆玛莎拉蒂，在克雷莫纳郊外的直行道上将平均速度提到了每小时154英里。博扎齐尼是意大利著名赛车手之一，也是一个很有名的英雄，他的名字来源于苏联著名的革命家米哈伊尔·巴枯宁（Mikhail Bakunin），后来他把名字改成了反法西斯的马里奥·翁伯托（Mario Umberto）。在1929年，每小时154英里的终端速度是非常惊人的。两年前，加利福尼亚人弗兰克·洛克哈特（Frank Lockhart）开着一辆发动机大小只有玛莎拉蒂一半、增压中冷的米勒车，在穆罗克干湖（Muroc Ory Lake）高速行驶的速度达到了每小时171英里，在卡尔弗（Culver）城的椭圆形赛道上圈速达到了每小时144.2英里。提到这个只是为了简单证明一下，在成为各类游乐设施和小玩意儿的奴隶之前，美国的汽车工程师也曾经是技术的先锋。

不用说，洛克哈特的成就早就被博扎齐尼的光环所掩盖了。这个事件的影响巨大，博洛尼亚汽车俱乐部举行了盛大的宴会表彰车手和造车的当地男孩们。恩佐·法拉利作为赛车场上的常客，也高调出席了宴会，不知道是故意还是巧合，座位的安排对他的未来起到了决定性的作用。

宴会上坐在他两边的是当地两个最狂热的赛车爱好者。阿尔弗雷多·卡尼阿托（Alfredo Caniato）来自费拉拉（Ferrara）一个经营纺织和大麻的著名家族，他经常在交易日和哥哥奥古斯托（Augusto）去博洛尼亚。几个星期之前，他刚刚从法拉利的经销店用现金购买了一辆1.5L的六缸阿尔法·罗密欧赛车。尽管赛车经验非常有限，他还是开着他的阿尔法参加了三省环道赛（Circuito delle Tre Province），出人意料地获得了第六名。第三名是一个在贝加莫（Bergamo）有着良好出身、长居博洛尼亚的马里奥·塔蒂尼（Mario Tadini）。在距离长、路况差的公路赛事中取得好成绩激发了他俩的热情。当他俩在宴会上坐在法拉利两边的时候，他们急切地想知道如何才能让自己刚刚起步的赛车事业获得腾飞。

法拉利是应付这种场合的高手，无论在赛车界还是在阿尔法·罗密欧的工程和销售团队中，他都说得上话。显然这次的谈话由法拉利主导，核心主题只有一个：用他们的钱和法拉利的关系及赛车能力，集思广益成立一个赛车队，共同推进他们在赛车界的目标。交易非常简单：他们将成立一个股份有限公司（società anonima），共同出资买车、赛车，也许有一天还会制造高性能赛车。在酒精的刺激下和庆典良好的氛围中，这个"多赢车队"的想法迅速丰满起来。法拉利向卡尼阿托和塔蒂尼保证，凭着他和阿尔法波特罗总部的良好关系，未来将能以优惠的价格轻松买到阿尔法的最新车辆。同时，他在汽车关联行业也有关系，能从倍耐力轮胎、壳牌石油（Shell Oil）和博世点火系统（Bosch ignition system）公司那里获得额外的赞助。更妙的是，这个车队还能利用法拉利在赛车高层的名声，吸引顶尖车手参加全欧洲的赛事以获得更多的荣耀，为刚刚起步的公司带来更多的收入。

组队协议起草于 1929 年 11 月 15 日，官方文件则于 29 日提交给政府存档。项目总投资为 20 万里拉（在大萧条前的价值大概是 10 万），其中卡尼阿托兄弟和塔蒂尼出资 13 万，法拉利自己也真金白银地出资 5 万，费鲁乔·泰斯蒂小小出资 5000，阿尔法·罗密欧出资 1 万，倍耐力轮胎也出资 5000 里拉。12 月 1 日，最终协议在法拉利的摩德纳律师恩佐·利维（Enzo Levi）的办公室签署，斯库德里亚·法拉利有限责任公司[1]（Società Anonima Scuderia Ferrari）正式成立。利维给法拉利当了很多年的律师，根据法拉利的回忆，利维的名言是："与其一人得利，不如众人共赢。"法拉利还说："一开始我觉得这个想法在犹太人中并不常见，我一直认为他们是一个非常有智慧的种族，却也是天生的异类，直到后来我才领悟到了他处世哲学中的智慧。"

讽刺的是，几乎在法拉利车队成立的同一时间，一些老的意大利汽车公司开始卷入财务危机，当年便停业了。大萧条的幸存者是赛瑞诺（Ceirano）、埃塔拉（Itala）、齐里比里（Chiribiri）和迪亚托（Diatto），这些都是法拉利初学驾驶时接触过的。

虽然很多有钱人都曾做过类似的事情来推动他们的赛车事业，法拉利的车队却是独一无二的。车队用了法拉利的名字，而不是其他合伙人的。恩佐·法拉利出资不是最多，也不是最重要的成员，但在这么重要的事情上，骄傲富有的卡尼阿托兄弟却甘居平凡的恩佐·法拉利之后，无疑显示出法拉利在公司取得成功的过程中起到的关键作用。在任命阿尔弗雷多·卡尼阿托为公司总裁时，他们曾经为他举行过一个酒会，但很显然他只是法拉利的附庸。此外，以他的名字命名公司后，法拉利保证无论将来大家的合作如何，心生嫌隙或分道扬镳，他们的公司都将是同行中最好的。

---

[1] 为方便读者的阅读与理解，原文后面出现的 Scuderia，均译为"法拉利车队"。

额外的资金来自三个外部资源。首先是赞助，通过阿尔法·罗密欧的安排，法拉利公司很快就获得了各方的赞助（主要是低成本的赛车车辆和零件，以及技术支持）：德国点火系统厂商博世、梅米尼（Memini）化油器、冠军（Champion）火花塞、著名意大利轮胎厂商倍耐力以及壳牌石油。法拉利亲自联络得到了这些资助——几年以后，当法拉利车队处于顶峰时期，这些赞助加起来的金额达到每年上百万美元。其次，他们为车队的额外成员提供赛车相关的服务以获得资金。一些富裕的汽车运动员被邀请参加各种比赛，他们使用的车辆——大多数是阿尔法·罗密欧——会由法拉利车队负责前期的准备工作，并运送到比赛场地。客户只要前往比赛场地，戴上护目镜，扭动钥匙即可。再次，他们雇了一小批职业车手，参加意大利也许还有法国和德国的主要公路赛和爬坡赛。

那时候欧洲的汽车赛事除了精心准备的奖杯和荣誉，奖金非常有限，大多数时候，现金奖励只有"启动费"——有时候被称为"出场费"。举办方会用这笔钱雇一些出名的车队或者车手来参加比赛，以吸引更多的观众，主办方就能借此获得更多的入场费和门票收入。在美国，体系则完全不同，启动费闻所未闻，车手的报酬和他们在比赛中的成绩直接挂钩。对于法拉利车队来说，获得启动费的机会很高，因为新老板能够吸引很多名人参赛，而阿尔法也能帮助提供一系列公司最好的车。

阿尔法·罗密欧对参加此类赛事很感兴趣。大萧条的影响加上法西斯政府的施压，使得公司不得不向军备生产方向转型，在售卖昂贵的赛车方面步履维艰。所以，如果新成立的法拉利车队能作为公司的半官方代表参加一些赛事，公司的官方车队把主要精力放在国际大奖赛上，那么公司就能以相对较低的成本树立其在赛车界的形象。恩佐·法拉利是值得信赖的代理商，凭借他近十年的忠诚服务，将优秀的车手配上精良的赛车并不是一件难事。但新成立的法拉利车队还缺乏成功的最后一个关键因素。

车队还需要一个明星。业余爱好者卡尼阿托和塔蒂尼难以引来大笔的启动费，而法拉利自己作为赛车界的退伍老兵，也缺乏必要的资质来获取足够的收入。朱塞佩·康派瑞，这个黝黑健硕（绰号叫"Il Negher"）、咋咋呼呼的前歌剧男高音，如今已经是意大利赛车界的顶级车手，但显然，阿尔法·罗密欧忽冷忽热、毫无方向的参赛项目让他很是沮丧。法拉利很清楚他的想法，便说服他加入法拉利车队（当然还是开阿尔法车）。

在今天赛车运动的环境中，大奖赛车手都被惯坏了，一本正经的技术偏执狂朱塞佩·康派瑞就像站在教堂里的马戏团小丑。他是个大块头，无节制的饮食使他至少超重50磅，在车手和公众面前都非常有名。他非常热爱歌剧，20世纪20年代贝加莫剧院演出《茶花女》时，他曾被邀请出演阿尔弗雷多一角。尽管充满热情，他的声带却无法胜任，他的高音清晰有力，低音却虚弱飘浮。当康派瑞努力唱下去的时候，一个愤怒的观众站起来大叫着让他赶紧回到赛车场去。康派瑞停了下来，转向人群。"我赛车的时候他们叫我去唱歌，现在我唱歌了他们又叫我去赛车，我到底该做什么？"

法拉利很喜欢讲康派瑞的故事。他回忆说，1928年当他们飞驰在亚平宁山脉的拉提科萨（Raticosa）山口准备第二次一千英里耐力赛（Mille Miglia）时，他感觉到有温暖的液体飞溅到脸上，他对康派瑞说，冷却管坏了，他们应该马上停下来，可是康派瑞完全没有理会他，继续往前冲。随后法拉利留意到，神秘液体的源头是康派瑞工装裤的裤管。他们在尘土飞扬的弯路上，像驾驶着四轮马车一样摇摇晃晃前进，但法拉利还是说出了自己的疑惑。

康派瑞承认是自己的问题，却依然在排气管的轰鸣声和呼啸的风声中大叫着解释:"喂,你难道想让我在试跑的时候停下来吗?你在练习时也会尿到裤子上的,就这样!"

最终,在康派瑞位于米兰的贵族区圣西罗(San Siro)家里举办了一个热闹的宴会,康派瑞终于加入了法拉利车队。法拉利回忆起那个夜晚时非常开心,他说康派瑞的厨艺非常好,那天他煮了一种叫作酱排骨(riccioline al sugo)的当地面食,穿了一身在意大利人看来有点老旧的条纹睡衣。宴会结束时康派瑞和妻子还唱了歌剧,依旧是《茶花女》的第一幕。最重要的是,现在法拉利车队有了一个明星,这个明星会在即将到来的1930年赛季从各类赛事组织者那里为车队赢得数目可观的启动费。

从一开始我们就知道,法拉利的生意是从家乡摩德纳开始的。因此,他的四处奔波,他在摩德纳和博洛尼亚表现出的各种兴趣,都是为了能在那个闷热、蚊虫肆虐的小城市——他的出生地摩德纳安定下来。除了战后在都灵和米兰打拼的那几年,法拉利从来没有完全离开过摩德纳。法拉利车队的建立被他视作一次衣锦还乡的机会——在那里还有一些赛车爱好者忽视他的存在。"我回摩德纳其实是一种精神上的反抗,"法拉利后来写道,"当我离开时,我只是一个小有名气、热衷于汽车和赛车的怪异青年,没什么特别的能力。20年后我回到摩德纳,想要从赛车手和车队组织者转变为小企业家,这不仅是一次生命的巡回,也代表着我要向自己和他人证明,在阿尔法·罗密欧的20年里,我的名声并不都是二手的,并不都是靠着他人的努力和技能得来的。对于我来说,现在是证明我凭着自己的努力可以走多远的时候了。"

恩佐·法拉利在艾米利亚大道上的加蒂机械厂(Gatti)设立了临时的总部,显然他对此并不满意。在摩德纳赢了几次比赛之后,复仇便成为他生活的一个主题:再小的仇也要报,任何对他的欺凌都要付出相应的代价。在这种思想主导下，荣誉就超越了所有的现实需求。在最后的时光里，法拉利对自己的家乡是又爱又恨的，尽管家乡人给了他无数的荣誉，并将他的地位抬到了神一般的高度，但他仍像孩子一样怀疑并不是所有人都欣赏他，而人们对年少时的他的视若无睹也一直让他耿耿于怀。这种拒绝遗忘的性格，使得他在长达50年即半个世纪的时间里一直记恨着菲亚特在1918年曾经拒绝录用过他。

他回到出生地的最重要原因当然是为了炫耀自己在摩德纳的成功。但还有其他更加实际的动机，如摩德纳有经验丰富的冶金工人、制造商、机械师以及法拉利心中最好的当地供应商。摩德纳地处波河平原边缘，位于艾米利亚古道两边，是意大利北部赛车场地的中心，从这里开车或者坐火车去都灵和米兰都不会超过一天时间。

车队利用塔蒂尼和卡尼阿托雄厚的财力，采购了三辆六缸的6C-1750作为比赛用车。这些出色的轻型增压跑车由维托里奥·加诺设计，一直以来都是最出色的高性能车。此外，车队还拥有一系列来自阿尔法·罗密欧的边角余料、一些机床和小器械工具以及一辆坚固的雪铁龙厢式货车，在参加各种比赛时运送必要的燃油、轮胎、备用件等。（在车队能负担起大卡车运输费用之前，参赛车辆都是直接开到比赛场地去的。）

法拉利雇用了一些当地的机械师，包括瘦小的摩德纳人佩皮诺·维德利，早在1928年他就已经是法拉利的随车机械师了，而后他毕生都在法拉利车队工作，晚年更成为法拉利的司机，对法拉利日益复杂的私人关系了如指掌。受雇之后，他就和法拉利一起为意大利最重要的公路赛事——一千英里耐力赛准备了三辆全新的阿尔法。这项史诗般的赛事由布雷西亚（Brescia）汽车俱乐部组织并于1927年春天首次举行，比赛长度为1000英里（罗马人用英里而非千米来衡量距离，该大赛因此而得名）。比赛从布雷西亚开始，沿着亚得里亚海一路南下，穿过亚平宁山脉到达罗马,然后向北再次穿越亚平宁山脉,穿过佛罗伦萨和博洛尼亚,回到布雷西亚的终点。出发时是阴雨绵绵或阳光灿烂的早春,穿越海拔较高的亚平宁山脉时却有可能受到下雪或冰雹的威胁,在佩斯卡拉北部的海边直道和波河平原上,车速可以高达每小时140英里。大马力汽车呼啸着穿过小村庄和大城市,刺激惊险的过程完全迎合了意大利人的胃口,于是这项赛事迅速声名鹊起。

1928年和1929年的耐力赛冠军都是代表阿尔法·罗密欧参赛的康派瑞,根据公司的安排,他会继续代表阿尔法官方车队参赛。相较而言,法拉利车队的则是三名业余选手——塔蒂尼、阿尔弗雷多·卡尼阿托以及著名的法西斯政客路易吉·斯卡尔菲奥蒂(Luigi Scarfiotti)。面对其他车队的顶尖专业车手,他们根本不可能取得什么团队胜利。

第四届一千英里耐力赛于1930年4月12—13日举行,法拉利在博洛尼亚南部的一个加油站指导车队——一如随后许多年那样——通过电话,从沿途的观察员和赛事官员那里接收本队车辆的行进信息。这次耐力赛他作为车队组织者和战略员的能力完全没有发挥的机会。因为落后太多,车队的三辆车早早就退出了比赛。最终,塔基奥·努瓦拉里(Tazio Nuvolari)在与阿齐里·瓦兹(Achille Varzi)展开激烈的争夺战后夺得冠军。这一直为赛车界所津津乐道。据说努瓦拉里算计了当时处于领先地位的瓦兹,在黎明前的黑暗中熄灭大灯引诱对手放慢速度,到最后时刻反超瓦兹打亮车灯,呼啸着获得了胜利。尽管史学家认为其中有夸大的成分,但这次比赛连同努瓦拉里众多的其他比赛,都使得他成为人们心目中永远最伟大的赛车手。

两周以后,历经磨难的法拉利车队去亚历山德里亚参加在城市赛道上举行的博迪诺环道赛(Circuito Bordino)。比赛名称是为了纪念前菲亚特车队队长彼得罗·博迪诺(Pietro Bordino),他1929年在一次比赛中驾车坠入塔纳罗河(Tanaro River)身亡。比赛开始前,所有参赛选手，包括法拉利和阿尔弗雷多·卡尼阿托，都在事故现场的纪念碑前献花。卡尼阿托再次拔得头筹，法拉利最终也稳稳地开着他的阿尔法·罗密欧1750SS/TF获得了第三名。

康派瑞在阿尔法车队中的使命已经完成，现在他可以自由加入法拉利车队了，他和塔蒂尼搭档，开着1750参加了一系列小型赛事——成绩并不怎么样。第二次，在皇家大奖赛（Reale Premio）[在罗马的三喷泉（Tre Fontane）赛道举行]中，他们见到了当时最精良的车辆和最出色的车手，努瓦拉里和瓦兹开的是全新改造后的阿尔法·罗密欧P2——维托里奥·加诺已经对这款1924年的大奖赛车型进行了全面改进和革新。法拉利车队开着连挡泥板都没有的车，与那些专门为比赛设计的车展开竞争，结果可想而知。最终康派瑞得了第五，而塔蒂尼得了第七，这样的成绩对于一个业余选手来说已经很不错了。

如果说恩佐·法拉利对于车队建设有什么参考模型的话，那就是传说中位于阿尔萨斯－洛林（Alsace-Lorraine）地区摩尔塞姆（Molsheim）的埃多尔·布加迪（Ettore Bugatti）了。布加迪集艺术家、工程师、企业家和雕塑家于一身，从1910年开始就在位于斯特拉斯堡（Strasbourg）以西几公里处的小村子里建立了汽车王国并取得了无比辉煌的成就。布加迪的产业包括一个供宾客和顾客休闲的优雅小酒店、一个纯种马场以及一家工厂。工厂里的景观似花园一般，其间坐落着一些低矮的建筑，有蜿蜒的小溪从工厂的设备间潺潺流过。

埃多尔·布加迪出身于米兰的艺术家庭，据说这位大佬做生意的时候常常穿着马裤、靴子、一件红色的马甲和黄色的外套。他当时的作品（后来的也一样）是工业美学和珠宝艺术的完美结合，某种程度上来说就像是可移动的法贝热（Faberge）彩蛋。法拉利车队当时所拥有的35和51车型并不是最先进的，但制造精良，完美可靠。（布加迪很晚之后才使用刹车液，在那之前他一直比较偏爱线束操控的机械刹车，对于这一点他曾经风趣地解释道："我造的车是为了跑，而不是为了停。"）

放荡风流的贵族、寻欢作乐的花花公子、怀揣梦想的普通人、冷眼旁观的自大狂……在20世纪30年代欧洲赛车运动领域形形色色的人中，埃多尔·布加迪只是其中的一个。当然在生活方式上他是超群的：他的车数量不多，只卖给他认为的有钱人，围绕着他生产的汽车已经建立起了一个王国。而当时恩佐·法拉利还只是一介平民，在意大利污浊的环境中，在他的小车库里忙碌着。

但是布加迪的成功被法拉利看在眼里，这个在法德争端地区获得成功的外乡人，显然是值得复制的。布加迪只为少数富人生产汽车，他的车队由专业车手及富有的业余选手组成，此外还有大批觊觎高位者、梦想家、兼职者、过气者以及业余爱好者纷纷涌向摩尔塞姆，争取在赛事前能买到大师布加迪造的赛车，以期能在欧洲随处可见的各种小型赛事和公路赛中获得一些小小的成功。可以肯定的是，既然布加迪能以这种方式获得成功，法拉利车队也可以借鉴这种更接地气的方式来经营。

虽然康派瑞加入法拉利车队时非常愉快，宴会上还有美味的面食和美妙的歌声，但双方的结合并不长久。阿尔法·罗密欧和法拉利车队之间有一个非正式的约定——车和车手都是可以根据需要自由流通的。在重要的赛事中，最好的车和顶尖的车手都将代表正式的官方车队参赛，但在一些公司不打算参赛的项目中，他们会将设备和人员送往东部位于摩德纳的法拉利车队。

1930年初夏的一笔交易让康派瑞离开法拉利车队回到了米兰，作为回报，法拉利从工厂那里获得了一辆强劲的P2大奖赛车，这辆车和在1924年赛季中获得冠军的车属于同一车型。为了能和更加现代的布加迪、玛莎拉蒂以及梅赛德斯-奔驰等统治主要赛事的车型匹敌，维托里奥·加诺对其进行了大规模的更新和改进。法拉利车队这辆全新的P2刚从南美大改造运回来，足以和一些正规赛车队的车辆抗衡了。

但是，该由谁来驾驶这辆新车呢？显然车队里面的常规队员，包括法拉利自己都不行，虽然他拥有操控动力十足的八缸175马力车型的能力（大概是1750的两倍马力）。幸运的是，有一位明星已经蓄势待发了，他甚至可能会比刚刚离开的康派瑞更优秀。塔基奥·努瓦拉里即将成为意大利的民族英雄，他驾驶车辆时的狂野度、创造力以及精湛的技艺简直可以被称为汽车界的尼克洛·帕格尼尼（Niccolo Paganini）。努瓦拉里是那个时代最耀眼的人物——身高不足五尺四寸[1]，有突出的下巴和眼睛、黑脸颊以及高颧骨。他开车时像个疯子，经常横冲直撞，像对待难以驯服的动物一般抽打着车子。按当时的说法，他就是个典型的Garabaldino——勇猛的、为了成功不顾一切的车手。传说他这种不要命的开法是中了死亡魔咒，或者是像帕格尼尼一样，和恶魔做了交易。

努瓦拉里在20世纪20年代早期曾是摩托车赛车手，到了20年代中叶他转行为全职的汽车赛车手。1925年，阿尔法·罗密欧公司在意大利大奖赛之前请他试驾他们引以为豪的P2。据说还没开到半圈，变速箱就报废了，车子从路上翻了出去。努瓦拉里的一条腿断了，被告知要打上石膏卧床一个月。但仅仅10天以后，他就在别人的帮助下跨上了他的比安奇摩托，以超高速度赢得了蒙扎摩托车大奖赛的冠军。

努瓦拉里和法拉利都是以自我为中心的人，两人的关系很不好。他们是在1924年6月的一次比赛中认识的，法拉利认为这个小个头男人尖酸刻薄极度自大，努瓦拉里经常嘲笑法拉利，觉得他作为车队管理所做的很多决定并不正确。有一次法拉利安排他代表车队参加1932

---

[1] 此处"五尺四寸"为五英尺四英寸，约163厘米。

年的塔格·弗洛里奥大赛时，给了他一张往返西西里岛的车票。努瓦拉里看着车票讥讽道："很多人说你是个好管理者，我看不是这样啊。你应该给我买一张单程票，因为任何一个出发去参加赛车的人都已经做好了装在棺材里被运回的心理准备。"

顺便提一下，在这次比赛中，努瓦拉里带了一个年轻的随车机械师。他警告这个年轻人，转弯时太快的话他会大叫，那时年轻人就赶紧躲到整流罩下面，躲避即将来临的碰撞。比赛结束时（在这次比赛中，努瓦拉里创下的纪录一直保持了 20 年），有人问这个名叫帕里德·曼柏立（Paride Mambelli）的年轻人，坐冠军的车子是什么感受，他耸耸肩回答说："努瓦拉里在第一个弯道就开始大叫，一直持续到比赛结束。整场比赛我一直躲在整流罩后面，什么也没看到！"

在维托里奥·加诺看来，努瓦拉里是个异类，是个一心想要毁灭自己和赛车的疯子。他利用自己在公司的影响力，一直拒绝让努瓦拉里加入公司的赛车队，虽然大家都承认努瓦拉里非常有才华。努瓦拉里当时已经三十多岁了，加诺仍称努瓦拉里为"那小子"，甚至在后者赛车生涯如日中天的时候都还在用。被阿尔法·罗密欧拒绝的努瓦拉里只能勉强地和阿奇里·瓦兹联盟。瓦兹是一个冷漠、不合群的富二代，家族是米兰附近做纺织生意的商人，他的赛车生涯也是从摩托车赛车开始的。瓦兹是个井然有序的人，无论是在赛场上还是场外，和火爆的努瓦拉里截然不同。

努瓦拉里开车的装束比较奔放，经常穿着短裤搭配菱形图案的及膝袜，上身是黄色的短袖 T 恤，胸口绣着他名字的首字母，领口还挂着代表好运的龟壳形状的胸针，这是加布里埃·邓南遮送的。瓦兹则相反，开车时永远穿着完美的亚麻工装裤，不苟言笑的嘴上却总是潇洒地叼着烟。

两人的驾车风格更是大相径庭。努瓦拉里总是把油门加到最大，气门全开，全速推进；他还是所谓的"四轮漂移"技巧的创始人，这种巧妙的平衡漂移方法后来被全世界的赛车手广泛采用。和他相反，瓦兹似乎从来不会出错，他的车总是稳稳地行驶在车道上，不越雷池半步，和车手的风格完全一致。

如此对比鲜明的两个人，同时迅速成为了闻名意大利赛车界的出色车手，他们让公众疯狂不已，自己也名声大噪。努瓦拉里因为更意大利范儿，所以更受欢迎；而瓦兹，因为更接近米兰人的性情，所以在米兰附近受到更多的追捧。1928年时两人并肩战斗，但这种情况只持续了两年，二人就水火不容了。1930年，他们再次加入阿尔法·罗密欧官方车队，两人之间的火药味越来越浓。

也许正是这种剑拔弩张的状态，使得努瓦拉里被拿来交换康派瑞。无疑这一次法拉利车队占了便宜。两个车手都是38岁，但朱塞佩·康派瑞显得更加力不从心。他虽然1914年就开始从事赛车运动，但由于体重问题以及歌剧对他精力的分散，他的训练强度远不及1927年才开始从事全职汽车赛事的努瓦拉里。

与此同时，为了扩展车队的事业，恩佐·法拉利和恩佐·利维去摩德纳的圣杰米尼亚诺银行（Bank of San Geminiano），申请了100万里拉的贷款（当时的里拉已大大贬值，相当于现在的10万里拉）。他用这笔钱在特伦托与的里雅斯特大道（Viale Trento e Trieste）11号的加里波第广场角落，买了一个两层的车库和店面作为车队的总部。恩佐和劳拉·法拉利的家也搬到了这里，占据二楼的一个小套间。后来他们在这里住了将近30年。

突然之间，幸运女神眷顾了法拉利车队。新店里停放着阿尔法·罗密欧P2，将要驾驶这辆车的会是意大利最闪亮的赛车明星，努瓦拉里的表现太出色了。他的第一次比赛是在的里雅斯特–奥皮奇纳（Trieste-Opicina）举行的爬坡赛，他获得了冠军并刷新了纪录，为车队带来了第一次巨大的成功。紧接着他又赢得了库尼奥－科莱（Cuneo-Colle della Mad-dalena）爬坡赛的冠军，几个星期后又在维托里奥·威尼托－康西利奥（Vittorio Veneto-Cansiglio）爬坡赛中摘得桂冠。3次比赛，3次冠军！突然之间，法拉利车队所向披靡。

很快，"吉吉昂尼"·阿坎格利（"Gigione" Arcangeli）和巴克宁·博扎齐尼两位也加入了车队，参加齐亚诺杯。这个被吹嘘的比赛在里窝那附近长达13.98英里的快速、多山的蒙特内罗（Montenero）环道举行。两位新成员开的是阿尔法1750，努瓦拉里还是P2。毫无疑问，法拉利非常清楚，他们将迎战同样开着1750的康派瑞和P2的瓦兹。

和预想的一样，努瓦拉里和瓦兹展开了激烈的角逐，两辆P2在他们的蹂躏下最后都报废了。但对于尼瓦拉（有时候别人这么称呼努瓦拉里）来说，他又在自己的赛车技艺清单上添了浓墨重彩的一笔。在某个路段，他呼啸着向山坡上的一个急转弯冲过去，那里有一个加油站。当时他的车速明显已经快到极致，不可能用传统的方式通过那个急转弯了，但努瓦拉里拒绝减速，他开着巨大的阿尔法朝油站和油泵之间的狭小通道冲去。车子挤了过去，富余的空间不过几厘米。更不可思议的是，第2圈他居然还是那么干的！

赛车手总是对自己的处境不满，永远在寻找完美的车辆，瓦兹和阿坎格利也不例外，在齐亚诺杯之后他们就放弃了阿尔法车队，加入了竞争对手玛莎拉蒂车队。因为即将在佩斯卡拉举行的阿赛博杯非常重要，所以法拉利自己代替了阿坎格利，阿坎格利则在赛后回到了法拉利车队。瓦兹则一直坚持留在玛莎拉蒂，在努瓦拉里因P2的火花塞故障退赛后，他的八缸26M最终获得了胜利。法拉利开的是一辆6C-1750，没什么竞争力，最终也没能完成整个比赛。（几个星期前他参加了一个相对较小的赛事——三省环道赛，一个在博洛尼亚、皮斯托亚（Pistoia）和摩德纳之间的宽阔道路上展开的比赛，他也退赛了。这些活动，加上之前的亚历山德里亚大赛，就是 1930 年法拉利亲自参加的为数不多的几个赛事。)

这个赛季法拉利车队参加的最后一次重要比赛是 9 月 2 日在蒙扎举行的大赛，瓦兹轻松击败了开 P2 的努瓦拉里、博扎齐尼和康派瑞（如今他又回到了法拉利的保护伞下，他总是被公司作为实现各种目的的牺牲品）。

11 月 8 日法拉利车队结束了整个赛季的比赛，在摩德纳的圣卡罗酒店举行了庆功会，相关的重要人物都出席了，包括老车手巴兹（他很快会加入法拉利车队）以及兰博尼。同法拉利坐在一起的还有塔蒂尼和卡尼阿托，他们一起庆祝法拉利车队良好的开端。车队一共参加了 22 次场地赛和爬坡赛，赢了 8 次。虽然不得不承认有一些胜利和成绩只是战胜了小联盟得来的，但无论如何车队都站在赢家的行列了。阿尔法的管理团队当然很高兴，法拉利由此获得了阿尔法以及其他赞助商的持续支持。随着车队不断获得数量和质量上的胜利，1750 车型的销量很不错，并将蒸蒸日上。这一切的美好都已经触手可及，因为这边庆功宴到了深夜还在继续，那边严谨孤独的天才维托里奥·加诺仍在米兰埋头苦干，为代号为 8C-2300 的新跑车修改最后的细节。

最重要的是，法拉利在两星期之前已经和努瓦拉里签署了正式加入车队的协议，协议期限始于 10 月 20 日并将持续整个 1931 年赛季。协议条款非常简单：30% 的奖金、来自轮胎、石油、火花塞等厂家的赞助费以及赛车主办方支付的启动费都将归努瓦拉里所有；与比赛、试车相关的差旅费均由车队支付，同时他还将获得 5 万里拉的意外保险。

虽然法拉利在利益相关方面从来不是一个慷慨的人，但这协议在当时算是非常慷慨了。事实上，随着车队名声渐涨，他变成了一个十足的铁公鸡。但在 1930 年即将过去的时候，对于能够将塔基奥·努瓦拉里这样出色的车手吸收进车队的机会，他还是很珍惜的，因此在金钱上并没有太在意。但是请注意，狡猾的法拉利并没有向努瓦拉里保证"薪水"。除了差旅费之外，其他的收入都按百分比计算，也就是说，如果努瓦拉里没有获得奖金，赞助费和启动费用完之后，他就拿不到什么钱了。法拉利对其他的职业车手也沿用了这种体系。对于其他的业余选手来说，他们很清楚加入车队是一种消费，而不是收入来源。为了加入车队他们需要付费，作为回报，他们将获得技术支持，并且在参加特定的比赛时，车队会为他们的车做好准备工作并运送到比赛现场。通过这种方式，法拉利获得了巨额的利润，他也充分认识到，对于那些暴发户来说，只要能和专业车手扯上关系，付多少钱都是无所谓的。

有了努瓦拉里和博扎齐尼，加上在重要赛事中还有康派瑞和阿坎格利助阵，法拉利已经拥有了全意大利顶级的专业车手名单，后备力量还有塔蒂尼、卡尼阿托兄弟以及斯卡尔菲奥蒂，仅仅为了能沾点明星的光，他们就非常乐意出钱。

所有这一切的背后都站着恩佐·法拉利，他的掌控能力日益强大，那些顽固吵闹的人如提线木偶般各司其职。

05 / 第五章
初为人父、初尝成功

昏沉沉雾蒙蒙的冬天过去了，艾米利亚人迎来了 1931 年的早春，恩佐·法拉利有足够的理由相信，车队已经度过了艰难的新生儿期，正在走向成功，虽然这一切很大程度上还要依赖加诺和阿尔法·罗密欧的赛车部门。如果新的 8C 真如测试显示的那么厉害，那么他们获胜只是迟早的事情。然而，墨索里尼政府给阿尔法施加的压力一天比一天大，要求他们在军用车辆的设计开发上投入更多的资金和人力，这对已经受到全球经济危机严重影响的汽车业来说，无疑是雪上加霜。

法拉利车队一如既往地远离现实的残酷面，把所有的精力都放在赛车上。法拉利每天都在工厂一楼的主车间里开始新的一天。烟雾缭绕、脏兮兮的小车间里放着一排排的车床、磨床和铣床，驱动它们的皮带连着钢轴，悬挂在天花板上。他还经常奔波，游走在米兰阿尔法公司的内部，为车队获取备件和技术支持，同时游说阿尔法高层给他一辆据说超级厉害的新 8C。

好消息终于传来，阿尔法公司决定在即将到来的一千英里耐力赛中为法拉利车队提供两辆 8C-2300 跑车。对法拉利来说这是一个重要的转折点，能够获得这款强大跑车的首发资格让他觉得异常荣幸，但阿尔法的管理层做出这个决策可不仅仅是出于慷慨。车辆的装备非常匆忙，加诺也不认为车子已经准备好了可以去比赛。因此，如果以法拉利车队的名义首发的话，任何令人尴尬的失败都可以把责任全部推给他们，位于波特罗的阿尔法赛车部门就可以置身事外了。

法拉利当然做好了承担风险的准备，两辆新 8C 将由努瓦拉里和阿坎格利驾驶，同时还会有不少于八辆其他旧车型护航，包括由康派瑞、博扎齐尼和塔蒂尼驾驶的成熟车型 1750。他们面临的竞争对手有驾驶着庞大增压 7L 梅赛德斯 - 奔驰 SSKL 的鲁迪·卡拉乔拉（Rudi Caracciola）以及驾驶狂野的 5L 布加迪的瓦兹。如预料的那样，未经测试的阿尔法 8C 很快便因轮胎问题而退出了比赛，不过瓦兹也很早就退赛了，只剩下康派瑞还在追赶卡拉乔拉。最终后者获得冠军并刷新了纪录，成为赢得这个艰难赛事桂冠的三个非意大利人之一。比赛结束时康派瑞也疲惫不堪，他落后于来自德国的冠军 11 分钟，获得了亚军。

法拉利车队此后持续经历了一系列差结果和小灾难，直到 5 月 24 日，全新的 8C 正式在蒙扎大奖赛上再次亮相。改造后的 8C 是一辆窄身单座开轮式的赛车，整个车子闪闪发亮。比赛将持续十个小时，努瓦拉里和康派瑞搭档开其中一辆，博扎齐尼和南多·米诺亚（Nando Minoia）开另外一辆。还有一辆怪兽车型双引擎阿尔法 Tipo A 也将参赛，这是一辆改装车，搭载了两个并排的 1750 发动机，可以输出 230 马力。这三辆强大的车型都将代表阿尔法公司参赛，整个法拉利车队则沦为观众。练习的时候法拉利就站在一边，阿坎格利欢乐地爬上 Tipo A 准备试跑。阿坎格利因不羁爱笑而出名，不信宗教的他行为总有些不按常理，但是那天大家都没有开玩笑。"吉吉昂尼"·阿坎格利在蒙扎位于绿树覆盖的莱斯莫（Lesmo）的弯道上转圈时，从 Tipo A 车里面飞了出去，当场死亡。虽然他并没有代表法拉利车队比赛，但作为备受尊敬的竞争对手，他也被法拉利车队视作团队一员，他的死让队员们沉浸在长久的哀伤中。尽管赛车场上的死亡对法拉利来说并不陌生，他事业上的第一个导师西沃其的死就令他难以忘怀，还有安东尼奥·阿斯卡里在法国的突然死亡，以及1928年在蒙扎，富有的意大利运动员埃米利奥·马特拉斯（Emilio Materassi）开的1.5L Talbot 在主直道上失控冲进人群，导致车手和23名观众的死亡，那次他也在现场。但是车队曾经的一员，在未来的赛季中炙手可热的阿坎格利的死却最能击中法拉利的内心。

虽然损失了一员大将，阿尔法·罗密欧依旧竭尽全力在周末的比赛中斩获了胜利。快速可靠的 8C 获得了长距离赛的冠亚军，因此获得了"蒙扎"的昵称，这款车型也启发了众多车辆的改型。

随着赛季的推进和公司军事任务的增加，法拉利车队参与到了越来越多的赛车项目中去。事实上，车队的老板也再次参赛了。1931年6月，法拉利开着一辆特制 Zagato 型 8C-2300 的一千英里耐力赛车，在博比奥 - 蒙特·佩尼斯（Bobbio-Monte Penice）爬坡赛13公里的比赛中，获得了他戛然而止、碌碌无为的赛车生涯中最后一次胜利。

而在他的家乡，有更重要的消息等着他。劳拉怀孕了。显然法拉利并没有增加家庭成员的打算，他和劳拉已经结婚十年了，但一直没有要孩子的想法。那个时候，法西斯政府正大肆鼓励生育，堕胎的可行性几乎为零，所以对于这个位于工厂楼上的小小两口之家来说，唯一的选择只有接受一个小法拉利的到来。

一切都还在继续，需要继续参加赛车，需要继续准备车辆，还需要继续提升客户满意度。公司的运营逐渐走上正轨，已经有了自己的政策和车辆。车队的机械师们开始对阿尔法进行一些特别的改造，当然他们还没有能力真正生产一些零件来替代米兰工厂生产的部分。但是这个时候，法拉利公司车辆的发动机、底盘以及传动系统的关键零部件上，都已刻上了 SF（Scuderia Ferrari）标识和序列号。这样能使装配变得更简便，同时也让在摩德纳准备的车辆具有一定的识别度。当时车队还拥有了两辆卡车，可以将重要的比赛用车运到比赛场地。一辆是蓝旗亚 Model 254，另外一辆是赛瑞诺 Model 45，两辆车搭载了艾米利亚车身厂生产的封闭式车身，都可以长距离运输两辆整车及一些备件。在卡车鲜红的车身两侧则印上了一些赞助商的名称，比如倍耐力轮胎就占据了最显著的车门位置。

恩佐·法拉利后来又尝试了一次赛车，结果让他确信他的未来在办公室而不是震颤的方向盘前。这次是三省环道赛，之前法拉利也曾参加过两次这个地区性赛事，但是都没有成功。赛道是 79 英里的单圈赛道，从亚平宁山脉到西南的博洛尼亚，其间要穿越 4000 英尺的阿贝托内（Abetone）山口，起点和终点均设在小城波列塔（Porretta）。这一次法拉利车队没有什么强劲的对手，博扎齐尼开了一辆大型 8C-2300 跑车，努瓦拉里开的则是小型 1750。

这次比赛再次证明，无论情况对努瓦拉里来说多么不利，想要打败他依旧相当困难。直到最后一分钟努瓦拉里都不确定他是否要参加这么小的比赛，他对他的专用机械师，有时也是他的随从德赛莫·康帕诺尼（Decimo Compagnoni）说，他对这个比赛一无所知，可是他的老板已经参加过两次了，情况对他十分不利。但在比赛当天早晨，他还是让德赛莫准备了车辆。

当他和德赛莫来到起点线时，法拉利和博扎齐尼都已经出发了（和一千英里耐力赛一样，比赛成绩是按实际用时来计算的）。在人群喧闹的鼓动下，努瓦拉里开始奋力追赶。崎岖的道路有一小段是和火车轨道平行，然后在一个路口穿过铁路。当阿尔法车辆高速通过铁轨的时候，因为速度太快，车飞到了低轨上，德赛莫赶紧拉住驾驶室里的一对拉手（那个时候没有人系安全带），可是碰撞太激烈，拉手脱落了，可怜的机械师被甩到了车子尾部，差点就跌出车外。努瓦拉里停下来查看车子的受损情况,油门连杆坏了,悬架也弯曲了。

德赛莫急中生智用他的皮带充当了临时连杆,两人合力驾驶阿尔法再次出发,努瓦拉里控制着刹车和变速箱,德赛莫则一手拉着改造后的气门连杆,一手固定住自己。因为把手已经坏了,所以他必须把手伸到车外抓住什么东西稳定自己。但这样一来,飞驰的车辆带起来的沙砾和石子不断地打在他手上。在坚持了很长一段时间后,他只好痛苦地用手帕把伤口包扎起来。

3英里之后他们看到博扎齐尼的车子停在路边,现在他们只需要打败法拉利就赢定了。德赛莫表示要追上他是不可能的了,但这样一来努瓦拉里反而开得更快。他们沿着阿贝托内山口蜿蜒而下,在毫无遮挡的悬崖边车子差一点失控坠崖。在赛斯托拉(Sestola)检查点,他们被告知法拉利有40秒的优势。当时他们距离终点波列塔还有22英里,在这么短的时间内要超越一辆比他们更大的车子几乎是不可能的,但努瓦拉里气势汹汹地全速通过弯道,德赛莫将皮带拉到了极限,完美开完最后一段路程。当他们冲过终点线的时候,法拉利呆若木鸡、懊恼无比,眼睁睁看着冠军在几秒钟之内就被别人夺走。在这之后,虽然法拉利依旧将意大利赛车俱乐部的赛车执照(编号为16)保留了几年,但这大概是法拉利作为赛车手参加的最后一场比赛了。他解释说他退役是因为儿子的出生,不过这值得怀疑。几年以后他这样写道:"1932年1月,我的儿子迪诺出生以后,我决定不再和任何人竞争。在这之前我参加的最后一次赛事是前一年7月14日的博比奥-蒙特·佩尼斯爬坡赛。在皮亚琴察的高山上,我开着首次亮相的阿尔法·罗密欧2300,这辆加诺设计的赛车为我带来了胜利。那天我对自己说,如果我有了儿子,我就停止赛车,全身心投入到汽车的组织工作和赛事中。我没有食言……

"我也不能说我是一个伟大的车手。现在,我已经很确定,在赛车这件事上我是有障碍的。我非常尊重我开的车子，但如果想要取得非凡的成绩则必须学会虐待（车辆）……总的来说，我无法忍受对车子的蹂躏。这种对车子的爱，在潜意识里和我对异性的爱一样热烈，这大概就是为什么这么多年来我没有再去看赛车的原因。因为在赛车比赛中，大多数时候车子都在走向死亡，就算胜利了也一样。这对我来说是难以忍受的。"这是典型的法拉利式的华丽抒情，和事实相去甚远。没有什么证据显示他对任何车子都充满了爱，对他自己的车就更不在乎了。从一开始，汽车的存在就只是为了实现他自我满足的需要罢了。他和埃多尔·布加迪截然不同，布加迪深深沉迷于汽车的包豪斯美学（Bauhaus aesthetics）中，法拉利则丝毫没有这些情感，他只是找个借口来掩盖自己输给努瓦拉里那样的赛车手的耻辱。汽车就是工具，仅此而已，让法拉利的名字在欧洲赛场上闪耀荣光。他自己除了小轿车之外并没有其他的车，而当他的赛车过时了之后，他也是毫不犹豫将其报废。

他退役的决定可能来自事业发展的新要求，也有可能是他意识到自己作为一个车手的天赋非常有限，但和他对幼子的付出绝对无关。当然，这一次被开着破旧落后车子的努瓦拉里打败也向他传递了一个信息，他的精力与其花在赛车上，还不如花在车队运营上。

因此，11月21日在摩德纳博宁塞加（Boninsega）餐厅举行的年会，被认为是法拉利结束赛车生涯的宣告会，与会的车队成员、阿尔法员工和其他众多相关人士也都清楚其中的意义。不过这并不重要。倍耐力轮胎刚刚在蒙扎完成了大范围的测试，大部分的驾驶都由努瓦拉里进行。这次测试进一步奠定了法拉利车队作为顶级赛车组织的地位，车队同时还获得了由著名意大利公司生产的顶级轮胎。

年会晚宴后来成为了法拉利公司的传统。这次宴会上，餐厅为宾客准备了特别的菜单，还有大量蓝布鲁斯科红酒为餐会助兴。主持人法拉利感情充沛地向大家介绍赛车手，在他冗长而戏剧般的介绍之后，赛车手获得一条刻有他们名字的金项链。在为车队机械师颁发银质袖扣和奖金支票前，宴会还对他们逝去的同伴——"吉吉昂尼"·阿坎格利进行了短暂却非常有感染力的悼念。法拉利还分发给参会人员他的第一本记录车队发展进程的个人回忆录——这本季度总结由简练扼要的语言写就，有些地方还带着神秘色彩。法拉利在之后的岁月里将它修改了多次，能得到这本书的人则越来越少。这本纪念册名叫《赛车两年》，里面还配上了泰斯蒂拍摄的照片。泰斯蒂是车队的一个小投资人，后来成为了一个热情又有才华的业余摄影师。他对车队早期活动的记录，为历史学家了解那个时期提供了非常可靠的材料。

根据法拉利的表述，车队在第二个赛季获得了小小的胜利。在赛车大战中，车队进一步巩固了阿尔法·罗密欧的可靠合作伙伴这一地位，获得了公司提供的最好车辆和技术。更棒的是，意大利很多著名车手都加入了法拉利车队，加之充裕的资金，法拉利在1932年对未来充满了希望。

次年，车队的名单里又多了一个新名字，同时参赛范围也进一步扩大。皮耶罗·塔鲁菲（Piero Taruffi）是一个26岁摩托车赛车冠军，有着令人惊艳的背景：拥有工业工程博士学位（就算在头衔横行的意大利，这也是一个了不起的学位），还是高水平业余网球选手、滑雪选手及划艇运动员和雪橇运动员。在1931年，塔鲁菲曾代表法拉利车队赢得了两个小的赛事，之后几年他计划将职业发展从摩托车转向了汽车。这使得法拉利车队又增加了一个小的摩托车赛车队伍。讽刺的是，这一次法拉利越来越膨胀的沙文主义靠边站了，他购进了少量英国诺顿和拉奇500-cc大奖赛用摩托车。那时候意大利产的摩托车远远比不上英国的，所以公司决定从国外采购。摩托车赛车的尝试持续了1932—1934年三个赛季，最终湮没在历史的尘埃中。1932年4月14日，塔鲁菲驾驶诺顿 500 获得了欧洲大奖赛的冠军，而以乔兰多·阿尔德里杰蒂（Giorando Aldrighetti）和古列尔莫·桑德里（Guglielmo Sandri）为首的其他车手则赢得了意大利北部的一些地区性赛事。总的来说，相比日益专业而严肃的汽车赛事，法拉利摩托车车队很少被人记得。

1932 年冬天，随着车队越来越专业化，车队最初的创立者塔蒂尼和卡尼阿托兄弟都渐渐退出了。塔蒂尼将股份卖给了阿尔弗雷多·卡尼阿托，后者又卖给了富裕的皮埃蒙特贵族卡罗·菲利斯·特罗斯伯爵（Count Carlo Felice Trossi）。特罗斯是一个独特的男人，长着一个长鼻子，常年叼着烟，眼神迷离，黑色的头发梳成大背头。他通过金融业和土地积累了巨额财富，对汽车和赛车运动非常感兴趣。他世袭的城堡位于比耶拉（Biella）附近的格利亚尼科（Galianico），在那里他有自己的赛车店，靠吊桥出入。伯爵常常在店里戴着白色的亚麻手套和机械师们一起工作，大家都称他为"迪迪"·特罗斯。他替代卡尼阿托成了车队的名誉总裁，车队的运营实际上还掌握在恩佐·法拉利手里，他只是资金的来源，但在小型赛事中稳定的表现也使他成为重要赛事中的后备队员。

1932 年 1 月 19 日，劳拉生下了法拉利的第一个孩子。这个男孩的眼睑有点下垂，这点随他父亲，略微向下弯曲的鼻子则像母亲。孩子叫阿尔弗雷多，随恩佐已故兄长的名字，他很快有了一个小名叫迪诺。打从出生开始，他就体弱多病。法拉利的确从车队繁忙的日常工作中抽出了很多时间来庆祝孩子的降临，但在繁忙紧张的车队发展时期，恩佐·法拉利显然不可能在儿子身上投入太多时间，他也自称是一个不合格的丈夫和不称职的家长。

当时公司的繁忙还包括为即将到来的米勒·米格耐力赛准备最新的阿尔法·罗密欧 8CM 车辆。最初和梅米尼化油器公司的合作已经结束，公司和爱德华多·韦伯（Eduardo Weber）的博洛尼亚公司取得了联系，这个合作催生了韦伯公司独特的双喉设计，给双方都带来了巨大的回报。在20世纪80年代燃油喷射技术取代化油器之前，法拉利车队一直使用韦伯的化油器，车辆扭矩产生的强大马力很大程度上要归功于韦伯的出色设计。在1932年前期，法拉利和韦伯公司、壳牌石油联合进行了一个调查项目，研究燃油、感应器和燃烧室之间的关系，这一项目为三方都带来了持久的回报。

这时的一千英里耐力赛已经从一个简单的赛车运动发展成为举国的盛事。每次比赛都有数以万计的观众观赛，现场有大批黑衫军、民兵和宪兵维持秩序，就算比赛地点位于偏远山区也阻挡不了观众的热情。名誉和财富正在向胜利者和制造冠军车辆的厂家招手。在一年前屈败德国选手之前，阿尔法·罗密欧都是该赛事的绝对主导，这一次，一雪前耻的重担落在了恩佐·法拉利的肩上。

再一次，阿尔法·罗密欧管理团队将努瓦拉里、博扎齐尼和康派瑞召回官方车队，而法拉利在车辆方面则获得了公司的大力支持，增加了五辆以特罗斯领衔驾驶的8C，还有卡尼阿托兄弟驾驶的三辆1750和一辆1500。比赛于清晨在布雷西亚开始，起点和终点设在同一个地方，比赛总时长几乎有15个小时。在这段时间内，全意大利的民众不是热切关注广播里的消息，就是挤在赛道上听发动机的轰鸣声，看着尘土飞扬、乱石狂飞的赛道上飞速经过的汽车。最终获胜的是博扎齐尼，他打破了一年前由卡拉乔拉创下的纪录，一雪先前梅赛德斯-奔驰夺冠的耻辱。特罗斯获得第二，副驾驶和领航员是他的朋友、贵族邻居马奎斯·安东尼奥·布里维奥·斯福尔扎（Marquis Antonio Brivio Sforza）。

暮春的暖意渐渐在波河平原扩散，法拉利车队在意大利四处参加活动，车队成员不断参加大大小小、长长短短的赛事，但是他们所有的努力都没能把阿尔法·罗密欧拉下头把交椅。努瓦拉里和博扎齐尼期待着加诺的最新设计——名为 Tipo B 的单座大奖赛专用车,很快便被称为 P3。这款精简轻盈、拥有 215 马力的双机械增压赛车即将成为时代的里程碑。6 月 5 日,塔基奥·努瓦拉里驾驶着这辆车获得了它的首胜,但这次令人激动的胜利果实却属于阿尔法公司,法拉利车队并没有参与其中。新的 P3 为阿尔法公司专有,然而公司在财务上和名义上都对墨索里尼政府负债累累。当恩佐·法拉利和"迪迪"·特罗斯近距离看到这辆新车时,他们也像蒙扎维修点的观众一样惊叹不已。

当阿尔法·罗密欧在欧洲联盟大奖赛上与玛莎拉蒂和布加迪展开持续竞争的时候,法拉利则在组建公司的"乡巴佬"车队。他的车是过时的 8C 和 1750,车手也主要是心切的业余赛车手以及致力于赛车的前机械师。这段时间法拉利非常沮丧,就在前一年,他的车队几乎要成为阿尔法公司的正式赛车队了。阿尔法公司对赛车的态度反复无常,P3 的巨大潜力又让公司积极起来,而法拉利唯一能做的就是回到自己的位子上,耐心管理自己的二流团队,尽可能赢得更多小型赛事的胜利。

1932 年世界上最有名的耐力赛依旧是勒芒二十四小时耐力赛。在比利时阿登森林(Ardennes Forest)中举行的斯帕-弗朗科尔尚环道赛(Spa-Francorchamps circuit)的主办方一直想办一个能够与勒芒耐力赛匹敌的赛事,7 月他们邀请法拉利车队参加他们组织的二十四小时耐力赛。在初尝 P3 的胜利滋味之后,阿尔法公司加强了对意大利三大赛车手(如今又多了一个叫鲁迪·卡拉乔拉的德国人)参赛的控制,却拨给摩德纳"分公司"两辆搭配轻型 Zagoto 车身的 8C-2300 跑车。其中一辆由塔鲁菲和新来的古伊多·依波利多(Guido D'Ippolito)驾驶,另一辆则由布里维奥和埃乌杰尼奥·西耶那(Eugenio Siena,如今已是车队的首席试车员)驾驶。这个赛事之所以引人注目并不是因为法拉利车队包揽了这个小赛事的冠亚军,而是因为,跃马盾形图案首次出现在法拉利车辆的引擎盖上。我们前面提到过，这个标识具体的来源并不清楚，但人们一致认为它是在斯帕大赛时第一次出现在公众面前的。至于法拉利为何要在远离家乡的小国举行的一个并不著名的赛事上引入这个标识，依旧不得而知。但确实从那以后，法拉利车队的车辆都配备上了这个标识，而阿尔法官方车队引擎盖上的图案通常都是四叶草，两者截然不同。有可能恩佐·法拉利开始意识到，全新 P3 的成功会让阿尔法公司重拾赛车场上的热情，而把法拉利车队一脚蹬开，所以他决定通过独特的标识为自己的公司树立更强大更独立的形象。法拉利车队的车身是较深的酒红色，而不是一般的意大利赛车红，这一点也跟阿尔法公司的车辆不同。另外，二者大灯的构造也有一定的区别，这进一步加大了法拉利车队和阿尔法官方车辆的差异性。

然而，两个公司间车辆和车手来回交换的游戏还在继续。车队从比利时回国，刚见到法拉利（他并没有去比赛现场）的时候就被告知，一辆全新的 Tipo B P3 正从波特罗运过来，指定的车手是努瓦拉里。很可能，法拉利强大的政治活动能力又起到了关键作用。作为赢得斯帕比赛的回报，公司给了法拉利车队一辆全新的车，这辆新车将参加即将到来的阿赛博杯。努瓦拉里不费吹灰之力便获得了冠军。不过赛事一开始，塔鲁菲为了追赶布里维奥导致了激烈的碰撞。两人的争夺非常激烈，最终在一个小村庄外的快速弯道上，塔鲁菲的车子由于引擎过热退出了比赛。法拉利对这事一度非常生气，因为他唯一能容忍的只有努瓦拉里的野蛮驾驶。令人欣慰的是，塔鲁菲并没有被车队开除。而讽刺的是，最开始大家都认为在这种情况下布里维奥会怒砸赛车，但他很快恢复冷静完成了赛事，尽管落后很多。

虽然车队到处参加各种疯狂的比赛，但在特伦托与的里雅斯特大道上也有欢乐的闲暇时光。公司员工都是带着休闲的意式步调工作的，他们花大量的时间开玩笑，午饭在附近的饮食店吃得很久，对街上走过的女人挤眉弄眼，凑在艾米利亚古道的开阔地带一起高速赛车，在老板不在或看不见的时候掷骰子。巴兹依旧隶属于阿尔法公司，而兰博尼则在摩德纳和米兰之间走动，运送零件和最新的技术。车间里摆满了各种汽车工具，充斥着打气的嘶嘶声和锤子的击打声，还弥漫着燃油、重油脂以及用于清洁零件的汽油、油漆和稀释剂的味道。机械师的手永远是脏兮兮的，这可能是因为他们一直使用灯烟来测试垫片密封性。

法拉利的小办公室里经常挤满一堆访客和阿尔法公司的代表，让他没有时间在打字机上写信。他的信总是用紫色墨水签名，据他自己说，使用这种特别的颜色是为了纪念他的父亲，因为在正式文件上签字的时候，他的父亲总是用一支不可擦的铅笔，在复写纸上留下紫色的印记。他一辈子都使用这种颜色。楼上则是生活的另一面：劳拉和儿子迪诺，一直在楼下产生的各种噪音和混乱中生活。

运营这一切的男人逐渐养成了他保持到晚年的独特性格。虽然只有三十多岁，法拉利已经牢牢控制了公司的一切，也有了如夏日暴风雨般的火爆脾气。放错地方的香烟、做错的零件或者迟到的工人都能让他瞬间大发雷霆，再厉害的人碰到他发火都想赶紧找东西挡着。在必要的时候，比如有贵族或者法西斯政府的人光临，或者有钱的客户想要多花点钱买特别车型的阿尔法时，他又会变成端庄得体的典范和彬彬有礼的绅士。他也在学着掌控车队的车手：随便一个小建议，随便一句话或一件不经意的小事都可以让车手更卖力地开车。恩佐·法拉利渐渐在人员管理方面变得游刃有余。他管理的可不是一般软弱温顺的男人，而是一群骄傲自大、竞争激烈、极度自我的人，他们的生计甚至生活的意义都取决于赛车这项最苛刻无情的运动。要说有谁最了解这些被希腊人称为 hubris[1] 之人的弱点，那无疑是法拉利了。

又一个赛季结束了，处于第二梯队的法拉利车队获得了一些小型赛事和爬坡赛的胜利。11 月 19 日，公司又一次在博宁塞加餐厅举行了年会。年会依旧由"长官"法拉利主持，主要是演讲和颁奖，还发了一本名为《赛车第三年》（*The Third Year of Racing*）的小册子，里面有法拉利对这个赛季的总结。法拉利汽车和摩托车赛车队一共参加了 50 场比赛，获得了至少 26 场的冠军。但清单也一目了然地反映出：没有大奖赛，没有国际性赛车比赛，也没有欧洲著名的爬坡赛，有的只是一些小型俱乐部赛事，地点通常在摩德纳，行程不超过一天。这与法拉利组队时的想法相去甚远。也许 1933 年他们有希望从地区性的小型赛事中走出来，冲向欧洲大陆著名的赛车活动，但前景究竟如何呢？

从米兰传来的噩讯导致整个新年毫无喜庆感。几个月前法拉利就听说阿尔法·罗密欧公司即将退出大奖赛。墨索里尼政府的非洲扩张计划愈演愈烈，埃塞俄比亚是首要的目标，如今阿尔法公司的重点已经从工程方面稳步转向战争物资的生产。更糟糕的是，大萧条的来临导致高性能跑车的需求大幅下降，使得提升车队国际形象的努力显得收效甚微。在一个艾米利亚昏暗的冬日里，阿尔法·罗密欧的官方车队宣布解散，所向披靡的单座 P3 车辆也被锁在波特罗的车库里永久退役。如今那六辆华丽的汽车被罩在防水布下，没人理也没人用。法拉利多次跑到阿尔法工厂卑躬屈膝想要拿到这些车辆。虽然他很擅长说服别人，也是阿尔法公司毋庸置疑的忠臣，但还是被无情地拒绝了。公司宣布，这些车辆永远也不会外流，法拉利已经拥有了 11 辆 8C 和两辆机械增压的 1750 跑车，应该知足了。

---

[1] 悲剧用语，指狂妄野心最终导致毁灭。

带着些许愤怒，法拉利和特罗斯转而考虑采购两辆强大的玛莎拉蒂8CM大奖赛车以及三辆英国制造的MG K3马涅特（Magnetle）——这种小型路跑车主导着小排量跑车赛事。同时，"迪迪"·特罗斯还通过冠军火花塞公司在欧洲代理的关系得到了一辆双人型的印第安纳波利斯赛车，车子的标牌是杜森博格。但实则这辆车子是由米勒公司的前工程师斯基尼·克莱蒙斯（Skinny Clemons）和著名的弗莱德·杜森博格（Fred Duesenberg）的弟弟奥古斯特·杜森博格（August Dusenberg）设计的，后者已经和家族企业没有什么联系了。去年8月，弗莱德·杜森博格开着他华丽的跑车，在宾夕法尼亚的约翰斯顿（Johnstown）开下利戈尼尔山（Ligonier Mountain）时出车祸身亡。特罗斯的这辆单座跑车基于早期（1920—1927）的杜森博格A型轿车的动力系统，装载了单置顶凸轮轴发动机。这辆"一次性"的车子并没有取得大的成功，不过在该赛季随后震惊意大利的重大悲剧中却发挥了一些作用。

马里奥·塔蒂尼已然成为这类赛事的初级专家，赛季刚开始他就在法国维埃拉举行的杜尔比（Turbie）爬坡赛中获胜。而法拉利赛车队第一次真正意义上的外出参加比赛，依旧是一千英里耐力赛。努瓦拉里和他忠心耿耿的德赛莫在博扎齐尼的8C-2300的发动机故障后轻松获得了胜利。车队还获得了2L和1.5L级别的冠军。

但老旧的阿尔法8C的局限也非常明显。两周以后，一个迄今还在开展的伟大赛事摩纳哥大奖赛举行，赛道穿越蜿蜒曲折、风景如画的街道，法拉利派了四辆车参赛。瓦兹开了一辆精心准备的Type 51布加迪，他的死对头努瓦拉里则领衔法拉利车队，开了一辆承担了巨大压力的2.6L 8C蒙扎。两大高手的对决在地中海沿岸的酷热中持续了三个小时。在99圈的交锋中，两人你追我赶，最后一圈努瓦拉里因车长的优势领先，但最终他老旧的阿尔法在距离终点不到一英里的地方坏掉了,将冠军拱手让给了瓦兹。虽然博扎齐尼获得了第二,为法拉利车队挽回了一些颜面,但也于事无补。没有如今躺在波特罗工厂车库里最新的 P3,伟大的努瓦拉里也无法在接下来的大奖赛中与更加强大的布加迪和玛莎拉蒂竞争。

在亚历山德里亚,法拉利车队获得了完胜,努瓦拉里、特罗斯和布里维奥分别摘得冠军、亚军和季军,法拉利车队由此跨过了被意大利人戏称为"我们的海"(Mare Nostrum)的地中海。在利比亚的领地的黎波里城外,重建后的梅拉哈环形赛道(Mellaha Circuit)上演了一次重要的比赛。这个绝佳的赛道总长 8.14 英里,距离地中海海岸不过几英里,被塔格拉(Tagiura)热气腾腾的沙漠绿洲所环绕。它是世界闻名的最快的天然赛道,直道速度通常接近每小时两百英里。

但 1939 年的黎波里比赛引起热议的不是车速有多快,而是国际赛车历史上一次具有闹剧色彩的插曲至今仍常常在官方历史中被掩盖。当时,乔瓦尼·卡涅斯特里尼是《米兰体育报》(*Gazzetta dello Sport*)的编辑,也是当时意大利最有名的体育记者。他针对新赛道的黎波里大奖赛,想出了一种被称为"百万彩票"的全民彩票模式。这个想法得到了殖民地时任长官伊塔洛·巴尔博(Italo Balbo)的大力支持。巴尔博曾负责建设那条有着巨型屋顶看台、正规花园及大片石艺装饰景观的梅拉哈赛道,可能是墨索里尼队伍中最有才能的人了。他是一战的飞行员,还是著名的"进军罗马"的组织者之一,被任命为日益壮大的意大利空军中将。到 20 世纪 30 年代早期,他从政府获得了超过 1250 架先进的战斗机和轰炸机。1933 年 7 月,他组织了一支由 24 架水上飞机组成的飞行队,穿越太平洋去参加芝加哥世界博览会,并为此被视为意大利的英雄。然而,墨索里尼认为此人可能会威胁到他的领导地位,所以将他"驱逐"到了利比亚殖民地。这位曾经的空军中将发牢骚说:"他一旦看到我们身上笼罩了太多的光芒,就会关掉开关。"巴尔博是一个十足的赛车爱好者，这促使他在的黎波里建造了梅拉哈赛道。他对意大利的国际地位认知非常现实，他充分认识到，由于缺乏自然资源和坚固的工业基础，意大利很难在大战中取胜。法拉利曾回忆到，当他问巴尔博意大利能否和列强开战时，对方的回答是："我们拿什么去打仗？花生吗？"

卡涅斯特里尼的彩票方案也获得了法西斯政党秘书、又一个赛车狂热分子奥古斯多·图拉提（Augusto Turati）的热情支持。他的计划非常简单：在全国售卖价格为12里拉的彩票，其中有30人获得去的黎波里赛事现场的机会。每一张彩票对应一个参赛车手，持有获胜车辆彩票的人最终可以获得大约50万的奖金。但卡涅斯特里尼不喜欢把战线拉得这么长。据说，他直接和印有阿齐里·瓦兹名字的那张彩票的主人——一个叫恩里科·里维奥（Enrico Rivio）的木材商人取得了联系，并向他提出了一个计划。（有其他版本说是里维奥主动联系了卡涅斯特里尼，不管哪种情况，结果都是一样的。）如果瓦兹确实获胜了，他和里维奥可以获得一半的钱，剩余的一半平分给其他参赛的车手——也就是说，瓦兹、卡涅斯特里尼和所有的竞争者，包括努瓦拉里、博扎齐尼、朱塞佩·康派瑞（代表玛莎拉蒂参赛）以及来自蒙特卡洛（Monte Cartlo）的王牌选手路易斯·齐隆（Louis Chiron）都可以分到这笔奖金。

交易达成了，这个计划非常完美。比赛初期先安排了几场假跑，等最终决赛时瓦兹会将他的布加迪开到领先的位置。他们选择瓦兹很可能有两个原因，首先他的Type 51非常有潜力，无论设不设局，他获胜的可能性都很大；其次，法国车获胜，可以让对此事一无所知的巴尔博打消疑虑。法拉利很有可能也参与了这个阴谋，至少偷偷地参与了，因为他车队的所有车手都参加了比赛。当然这并没有切实的证据。我们所知道的是，有一个叫提姆·伯金（Tim Birkin）的英国选手没有参与其中，也许是因为他对此事一无所知，或者是因为高尚的品德。作为一名骑士，以及有钱的著名运动员，亨利·提姆·伯金爵士也许不被看好或者他当候选人的意向不高，所以就被蒙在了鼓里。

这起事件对于所有参与者来说都是一次大灾难。康派瑞在比赛之初略微领先，之后被狂热的伯金超越，伯金选择了比其他不想影响既定冠军的选手都更有活力的驾驶节奏。瓦兹落到了三四名的位置，所以努瓦拉里和博扎齐尼被迫追赶英国赛车手伯金。伯金在练习的时候速度很快，所以组织者采取了一个晚时规则来阻碍他。这个荒唐的规则导致一个机械师只能服务一辆车。因为玛莎拉蒂长期以来都只派一个机械师同时服务伯金的和康派瑞的8C，所以伯金在比赛开始前才发现自己没有维修人员。他从当地的维修厂找人协助，但只找来一个没用的醉鬼，整场比赛都在棕榈树下打盹儿。

然后闹剧就上演了。康派瑞开进维修点停下来加油，花费的时间足够为萨维奥-马尔凯帝（Savioa-Marchetti）的SM-81的三马达战斗机加满油了。博扎齐尼闲庭信步般走进了维修点，他的车已经驶离了赛道。他使劲儿敲打着油桶，说他的老旧阿尔法坏了无法继续比赛。他离开时天真无邪的脸上挂着大大的笑容，留下一堆观众盯着他的破车。

这时努瓦拉里处于领先位置，但伯金带着爱德华七世时代英国人的决心还在继续追赶。不过倒霉的英国人被迫停下来加油，并换掉已经被沙子磨平的轮胎。他独自换轮胎加油，不幸的是在他完成一切回到车上准备再次出发时，他的手臂碰到了炙热的排气管，此时他已经远远落后，没什么可争的了。努瓦拉里继续领跑，瓦兹位列第二。但是当布加迪经过巨大的看台时，成千上万的观众都竖起了耳朵！有异响！从布加迪的排气管传来了可怕的抖动声，发动机熄火了。如果瓦兹无法完成比赛，那么所有的计划就全完了。

努瓦拉里赶紧开进维修点加油，加油时，德赛莫慢吞吞的动作就像陷进沙堆里一样。康派瑞也来了，他的机械师在检查前悬挂，前悬挂完好无损。看台上回荡着一片嘘声，并且像事先计划好的一样有越来越多的人加入。努瓦拉里冲出维修点，尽量让自己显得很认真的样子。之后工作人员示意他已经领先原地打转的瓦兹 20 秒。为了达到预期的结果，塔基奥开始傻傻地超低速开着 8C 过了转弯口。瓦兹的布加迪还在附近的赛道上晃动着，努瓦拉里努力让自己更慢，终于缩短了和瓦兹的距离。终于，努瓦拉里结束了装腔作势，跟在瓦兹后面，在无数的嘲笑声中开过了终点线。

巴尔博愤怒了。他专门成立一个委员会调查这一丑闻，瓦兹、努瓦拉里、康派瑞、博扎齐尼及摩纳哥的齐隆都被终身禁止在的黎波里参赛。卡涅斯特里尼和图拉提躲过了巴尔博的怒火。讽刺的是，付出最惨痛代价的却是最无辜的那个人——提姆·伯金，他因为烫伤染上了败血症，三周后去世。

一年以后，类似的彩票方案再次实施，部署得更加精妙（也更成功）。在巴尔博坚持采取保安措施的情况下，瓦兹再次夺冠，但这次赛事之后彩票就被彻底杜绝了，这也是唯一一次大奖赛舞弊行为。有人说，只有内在充满了荒诞意识的意大利人才会尝试将高雅的喜剧和善意的舞弊结合在一起。不言而喻，那些违规者的"终身禁赛"也不过说说而已，一年后他们就再次出现在的黎波里的赛场上了。

的黎波里发生的这一切是否对法拉利车队的运营产生了影响不得而知，但那时的法拉利车队确实举步维艰。努瓦里拉和博扎齐尼开着慢速的 8C 去德国柏林参加阿瓦斯（Avus）环道赛，赛道由四车道高速公路上的两段六千米路段连接而成，两端都有 180 度的转弯。30 年代末的平均圈速已经达到了每小时 170 英里，在这种情况下，相比布加迪和玛莎拉蒂那些先进强大的车型，老旧的阿尔法根本没有胜利的可能。两个车手带着沮丧和愤怒的心情回到了摩德纳。另一方面,为了从阿尔法公司弄到那两辆库存的 P3,法拉利无所不用其极,威胁、善意劝说、发脾气、亲自拜访、拍马屁、假装决裂以及公开乞求。没有 P3,车队就会面临解散的现实对车队产生了很大的影响,原本安静的公司里到处充斥着不安和争论。

虽然努瓦拉里凭借着其过人的意志力和不可思议的天赋赢了几次比赛,但到了赛季中期他还是决定和法拉利摊牌,无论是否续签。在比利时斯帕大奖赛前一周,他和欧内斯托·玛莎拉蒂(Ernesto Maserati)签了一个秘密协议,他将驾驶着强劲的玛莎拉蒂 8C 参加比赛,尽管法拉利已经派了一辆阿尔法给他。这是一起严重的事件。明星车手的背叛气得法拉利满脸通红,而努瓦拉里这个狂热的车手却大声指出他的离开是因为落后的阿尔法·罗密欧根本无法在比赛中获胜。最后双方为了面子达成妥协,努瓦拉里开的玛莎拉蒂(最终取得了压倒性的胜利)代表法拉利车队参赛。不过这也只是表面功夫而已,因为最终努瓦拉里根本没在车上任何地方放上跃马标识。努瓦拉里离开了,博扎齐尼也跟着走了,之后塔鲁菲也走了。突然之间法拉利失去了所有顶尖的车手。当体育界把这件事传得沸沸扬扬的时候,法拉利迅速做出回应,他雇了康派瑞——当时普遍认为他已经过了巅峰期——同时还聘用了一个名叫路易吉·法吉奥利(Luigi Fagioli)的车手,阿布鲁齐(Abruzzi)人,留着大胡子,非常活泼。35 岁的法吉奥利是一个老赛车手,成绩不错。有人说他是会计,也有人说他是面条商人,事实上他是一个任性难以相处的人,可以预见,他和他的老板很快就会变得水火不容。

努瓦拉里和博扎齐尼的叛变终于引起了米兰方面的注意,阿尔法·罗密欧公司回应了法拉利的诉求。6 月末的一天,一辆满载的卡车停在法拉利车队的门前,车上装着六辆迷人的 Tipo B P3 单座跑车以及堆成山的备件。更棒的是,路易吉·巴兹被调到发动机开发部门,他把实验部门首脑的位置让给了加诺。此外,调到摩德纳的还有可爱的机械师阿蒂利奥·马里诺尼(Attilio Marinoni),他曾是阿尔法的首席试车员,来到法拉利车队后也承担类似的任务。维托里奥·加诺还在米兰,他接到了为意大利空军开发一系列飞机引擎的任务,以便墨索里尼可以吹嘘他们的发动机虽然不是全世界最好的,但却是全世界最多的。

转瞬间,法拉利车队就从一个失败者华丽丽地变成了潜力巨大的公司,天赐良机挽救了车队的命运,这种天降好运以后还会多次改变法拉利和车队的前途。

新车在手,法吉奥利在佩斯卡拉的阿赛博杯和一个在法国科曼日(Comminges)地区举行的小型大奖赛中获得了胜利,而新加入的路易斯·齐隆也在马赛附近的米拉玛斯获胜。车队终于又回到阔别已久的胜者之列。这也为9月第二个周末在蒙扎举行的两项关键赛事拉开了序幕。10号早晨,意大利大奖赛在公路和高速路混合的6.2英里赛道上举行,阿尔法和玛莎拉蒂车队展开了激烈的争夺,法吉奥利艰难地打败了努瓦里拉夺冠,后者被迫在接近终点的维修站里更换了轮胎。这个结果令努瓦拉里非常沮丧,因为第二名总是被人遗忘的。

和意大利大奖赛不同,蒙扎大奖赛是在一个位于公路赛道内被称为高速轨道(Pista di Velocità)的椭圆形高速赛道上举行的。这个巨型的印第安纳波利斯风格的椭圆形赛道有两个非常快速的半封闭转角。那天非常冷,沉寂的公路上随时会大雨倾盆。蒙扎大奖赛主要是三个短途冲刺,之前的赛事很多车手都没有参赛,包括努瓦拉里和法吉奥利。在第一场预赛中,来自波兰的富有的业余选手沙尔科夫斯基伯爵(Count Czaykowski)开着巨大的4.9L布加迪Type 53获胜。唯一值得关注的事件是特罗斯的杜森博格因发动机故障而早早退赛,据说还在危险的南弯道中央留下了一摊燃油。

第二场预赛时,康派瑞开了法拉利车队的 P3,博扎齐尼开了一辆玛莎拉蒂,两人从起点线开了出去(当时比赛还设定了起点),肩并肩冲进了昏暗的赛道。结果他俩就再也没有回来。七个选手中只有三个稍后不久通过了维修点。康派瑞和博扎齐尼,连同另外两个车手南多·巴比耶里(Nando Barbieri)和卡斯特巴尔卡伯爵(Count Castelbarco)则失踪了。维修点很快传来消息,说在南弯道发生了严重的车祸。事实确实如此。康派瑞和博扎齐尼因为速度太快飞出了赛道。两个车手被甩到了人行道上,他们的车子则重重地撞击在内场栅栏上。博扎齐尼的车子停下来时,看上去完好无损,他却受了重伤,几个小时后便不幸离世。康派瑞,这位深受大家喜爱的"佩皮诺"则当场死亡。其他两位车手的车子也飞了出去,所幸人只受了点轻伤。

听到这个消息的时候,恩佐·法拉利正站在阴暗潮湿的维修点前。突然之间,他深爱的这项原始野蛮的运动给了他巨大的打击,几乎要把他撕碎了。两个人都是他的老朋友,现在却像没有生命的布娃娃一样凋零地躺在泥泞的地上。这一切都是他亲手造成的,他知道这些车很脆弱,经常像西部野马一样把人甩下来。他早就知道这很危险,早就做好了心理准备,但康派瑞和博扎齐尼的同时去世几乎让他无法承受。这迫使他认清了,美好的赛车运动除了酒吧里的愉快谈话、售卖阿尔法时与富有客户的讨价还价,工厂里的日常工作之外,还有残酷无情的一面。他不得不面对这一切,在此之前他还没有亲眼见过死亡。是的,阿坎格利死了,还有西维和阿斯卡里以及其他人,但都不是发生在法拉利车队。在这个不幸的下午来临之前,法拉利的跃马标识上没有沾染过鲜血。这次意外对他来说是一个转折点。之后,恩佐·法拉利在自己和车手之间建立起了一道看不见的屏障,很少有人能突破这一界限,大多数时候,为恩佐·法拉利效力的车手们都徘徊在这道情感防护线之外。

这黑暗的一天并没有结束，悲剧仍在继续。在第三次也是最后一次预赛中，沙尔科夫斯基伯爵的布加迪也失控了，在同一地点出了事。他在失事处被烧死。惨剧过后，整个意大利赛车界都陷入了深沉的哀悼，也出现无数的流言蜚语。特罗斯的杜森博格被视为悲剧的罪魁祸首，是从他赛车油箱里漏出来的油洒在了赛道上。但是根据乔瓦尼·卡涅斯特里尼的说法——尽管设计了一个舞弊的赛事，他作为一个记者还是可靠的——他在赛后曾经检测过特罗斯的车辆，发现燃油供应系统是完好的。他退赛的原因只是有一个活塞烧坏了。虽然很可能是专门用于高速赛道的硬质合成轮胎接触到潮湿的路面，加上过度冒进的驾驶风格导致了这三起死亡，但杜森博格那辆奇怪的车子还是成了这次赛车悲剧的替罪羊。

努瓦拉里受到的打击尤其大，他整夜都和已故车手悲痛的妻子们一起待在蒙扎的医院里。当有人问他，这些死亡对他的赛车生涯有什么影响时，他很理智地回答说："在我们毫无防备的时候发生了这一切。如果我们在开车时永远让危险占据了主导思维的话，那我们一圈也开不成。"

恩佐·法拉利出于责任参加了康派瑞和博扎齐尼的葬礼，但赛车活动并未因此有丝毫减少。接替康派瑞的是路易斯·齐隆，他有着细腻近乎不易觉察的驾驶风格，被称作"狡猾的狐狸"。一个星期后在捷克斯洛伐克的布尔诺，他击败了法吉奥利，法拉利车队包揽了冠亚军。在这祸福交替的一年，还发生了一起令人震惊的悲剧。法拉利车队这个赛季参加的最后一场比赛是在那不勒斯城外举行的皮埃蒙特王子杯大赛（Princess of Piedmont Cup），类似于一千英里耐力赛，全程480英里的开放式比赛围绕意大利的"靴子"进行。这个赛事与法拉利车队参加的各种国际性大奖赛相比并不算什么，但是业余车队的表现很好。巴比耶里和科莫提（Comotti）轻松获胜，但这样的胜利却无法弥补他们宝贵的队友古伊多·依波利多的逝世。比赛中他和弗朗西斯科·塞维利（Francesco Sereri）共同驾驶一辆 8C-2600MM，车子和当地农场的一辆马车纠缠在一起（公共交通并没有在比赛时完全隔绝），之后发生的碰撞直接导致了车手的死亡。

当赛季结束，法拉利车队再次一起聚餐时，氛围已经和上一年大不相同。他们的三个同伴死了；去年还和他们坐在一起的意大利最伟大的车手，如今已经转投玛莎拉蒂。更糟糕的是，有消息从德国传来说希特勒政府正在筹集资金，准备在大奖赛上发力打败所有现有的车型，包括 P3。积极的一面是，法拉利车队已经可以完全代表阿尔法·罗密欧公司参加重量级赛事了，巴兹和马里诺尼也已经成为公司的员工。自成立以来，可以说法拉利车队第一次站在了赛车界的顶端，可以和布加迪、玛莎拉蒂以及德国人的猛攻展开竞争。面对所有的死亡和艰辛，恩佐·法拉利在回望过去的赛季时依旧带着些许满足，只有拥有钻石般坚硬的心，才会不计代价追求胜利。

06 / 第六章

赛车场和车间里的战役

恩佐·法拉利很清楚,即将来临的1934年还有无数的变化和不确定在等着自己的车队。经济状况不佳的阿尔法·罗密欧公司于1933年早期被意大利政府完全吸收进IRI,至今仍是如此,并且请了意志坚定的乌戈·戈巴托(Ugo Gobbato)来掌舵。新主席的政策和法拉利侵吞整个公司赛车项目的意图不谋而合。戈巴托是一个年轻有为的工程师,凭着出色的管理技巧平步青云,却在很多方面和法拉利截然相反。一个周密有条理,另一个则经常即兴发挥。戈巴托是一个典型的温和之人,和法西斯党有密切的联系。法拉利则是一匹孤独的狼,主要依赖自身而不是组织的智慧。戈巴托1931年在苏联帮助共产党建立了世界上最大的轴承厂。[此时的斯大林正积极寻求西方工程师的帮助以实现国家的工业化。费迪南德·保时捷(Ferdinand Porsche)等人都拒绝提供帮助,而另外一批人,比如戈巴托,则没能抵挡住金钱的诱惑。]

此时戈巴托回到了意大利,管理着一个完全国有化且全力支持军备事业的工厂。他在1933年11月决定,阿尔法·罗密欧将不再以公司的名义参加赛车比赛,赛车部门全部移交给法拉利车队。他所传递的信息很明确,如果想要跟阿尔法·罗密欧做生意,那么对法西斯党的忠诚度是最关键的。虽然恩佐·法拉利从来没有明确的政治倾向,但他首先是一个实用主义者,他意识到,就算不能公开支持,至少也要认可戈巴托的想法。跟很多意大利人一样,法拉利对法西斯无甚兴趣,不像希特勒的纳粹党员那样热情而疯狂。墨索里尼似乎是一个强大而足智多谋的领导,他有众多的追随者,至少离远了看,他夸夸其谈的装模作样可以被视作强硬外交政策的展示。尽管南方依旧贫穷,北方的共产主义者依旧在抱怨,整个民族却坚定地跟随着墨索里尼,完全不担心他会把国家带到哪里。法西斯取得了表面上的成功——公众项目、拙劣的社会工程以及国防建设似乎都证明那个罗马帝国时代强大而团结的意大利又出现了。但这只是自我欺骗罢了,在无数的检阅、演说和华丽的新制服背后,那个地区分裂严重、愤世嫉俗、鼓励机会主义和充满迷茫的意大利还在继续前行着,没有任何变化,也未受到任何影响。是的,人们为墨索里尼欢呼雀跃,到处充斥着法西斯的颂歌,他们敢于梦想权力和荣耀,但到最后,在门窗紧闭的黑夜里,人们发现这只是另一个游戏而已,如果他们能活下来,那一定要归功于他们的智慧以及参与古老的意大利式生存游戏的能力。

没有什么人比法拉利更了解这个游戏,在实用主义思想的推动下,他于1934年加入了法西斯党。为了他和戈巴托以及阿尔法·罗密欧的商务关系,他必须这么做。法拉利在党内并没有十分活跃的表现,但在之后的四年里,法拉利车队的内部刊物确实呈现出与党派教义相符的好战主义风格,文中穿插着法西斯政党的口号。同时法拉利对他一直以来的对手——玛莎拉蒂兄弟、德国车队以及一些车手和赞助商的攻击也变得更加尖锐直接。法拉利一直是个冷静的商人,他才不会因为一些可笑的政党教条打破和阿尔法·罗密欧的友好合作。但如果法西斯是主流,可以为车队带来更多的胜利,那么恩佐·法拉利也会成为一个优秀的法西斯主义者。

随着阿尔法·罗密欧公司的车队再次进入冬眠状态,加诺和工程人员被分配了包括设计大功率的战斗机引擎在内的新任务,法拉利则着手处理车库里那六台单座 P3 跑车。当时两个有钱的阿尔及利亚人,盖伊·摩尔(Guy Moll)和马塞尔·来霍克斯(Marcel Lehoux)已经预订了新的 P3,根据工厂的对外承诺,法拉利车队必须要将他们招募到车队里。

这样一来情况就变得更加复杂了,不过著名的阿齐里·瓦兹的加盟又弥补了一切。如今努瓦拉里已经走了,严肃、不苟言笑的瓦兹对法拉利敞开了怀抱。众所周知,这个高傲又小气的职业选手拒绝和热情活泼的努瓦拉里在同一个车队开车。但是随着玛莎拉蒂和布加迪的技术越来越落后,而新兴的法拉利车队控制着最先进的 P3 跑车,瓦兹又加入了法拉利车队。法拉利知道瓦兹虽然脾气不好,但却可以用荣誉来激励他。当然,有像摩尔这样的年轻选手在旁边刺激他,瓦兹很有可能在这个赛季中取得前所未有的好成绩。

尽管摩尔还可以说是一个新人,但法拉利非常了解他的能力。23 岁的摩尔参加的第一次大赛是马赛大奖赛,比年长而经验丰富的来霍克斯晚两年。在那次比赛中,他展现出了自己独特的驾驶风格,在多次进入维修点加油的情况下,他仍然仅次于雷蒙德·索默和努瓦拉里,获得第三名。他父亲是法国人,母亲是西班牙人,他本人有点自大,但头脑聪明且特别勇敢,法拉利相信这样的人很适合当赛车手。这种人驾驭起来有些难度,尤其是队伍里还有骄傲的瓦兹,但在掌控车手们日益膨胀的自我这一点上,法拉利已经越来越有信心了。法拉利还觉得摩尔具备冠军的潜质。而来霍克斯则和马里诺尼一样处于第二阵营。就这样,车队的一线队员是瓦兹、齐隆、特罗斯三人,摩尔则作为后备力量,这个热情的替补队员随时准备在第一阵营出问题时加入战斗。

赛车和车手的现有阵容让法拉利车队在1934年赛季成了最顶级的大奖赛车队。在纷繁的四年过后，法拉利车队已经从一个小小的地区性赛车公司发展成为一家拥有世界上最快、最强大赛车的知名公司的独家代理。几乎所有的汽车媒体都断定，法拉利车队将在接下来的赛季中占据绝对的主导地位。诚然，布加迪车队拥有塔基奥·努瓦拉里和新的240马力的Type 59，但他们的车样式很陈旧——横梁悬挂和机械制动系统（阿尔法之前也用过这种旧式零件，但现在已经使用最新的独立悬挂和刹车系统，而埃多尔·布加迪拒绝对他的车辆进行更新）。玛莎拉蒂兄弟拥有精良的2.9L 8CM，全都配备了四轮液压刹车系统（美国厂商杜森博格一年前在法国大奖赛上第一次引入了这种系统，但在欧洲设计的赛车上，这还是第一次采用），但玛莎拉蒂这样的小公司仅仅依靠向私人车队售卖车辆来获利，因此赛车项目的资金比较薄弱。如今，先进、强大、可靠而易于操控的阿尔法P3掌握在了瓦兹、齐隆等赛车大师手里，法拉利车队要获胜简直是易如反掌。

不过，一个新的未知因素正慢慢向北方蔓延。1934年赛季引入了一项新规则，要求赛车运动的老手比赛时将车子控制在一个合理的速度以内。早在1932年10月，法国的AIACR（国际特许汽车俱乐部协会）就已经宣布，1934—1937年的大奖赛将在所谓的750公斤规则下举行。

就像斯姆特-霍利关税法案（Smoot-Hawley tariff）和1928年《白里安-凯洛格非战公约》（*Kellogg-Briand Pact*）所幻想的裁军一样，这种对比赛规则的所谓改进虽然旨在限制某种东西，实际效果却正好相反。关税和公约是为了促进和平与繁荣，而750公斤规则却是为了控制越跑越快的速度。正如结果所示，现实和预期果然截然相反。新规则要求参加大奖赛的车辆除去轮胎和其他液体（冷却液、润滑液、刹车液等）之后，总重量不能超过750公斤（相当于1650磅）。这在理论上可行，现实中却行不通。当时阿尔法、布加迪和玛莎拉蒂用的都是3L机械增压发动机，这个重量几乎是车辆能承受的上限。如果要搭载更大型、动力更强劲的发动机，就必须有更坚固沉重的底盘和齿轮。整车重量一旦被限制，车辆的动力输出必然会受限。

鉴于当时主要厂商使用的都是20年寿命的冶金和底盘技术，这似乎是一个合理的提议。这些厂商都沉迷于马力输出，认为直线速度是取胜的关键，而对于车辆的其他方面，比如转弯动力、降低车重、刹车、方向控制、悬架设计等工程却不是很在意。这些车辆——最先进的P3也一样——都只是在原始的四轮车上面安上一个发动机。在技术停滞的泥淖中，750公斤规则似乎意义非凡。

但是如果有人可以在先进、轻型且拥有出色道路控制能力的底盘上装上大功率的发动机，那新的速度控制规则就毫无意义了。当时有两个出色的工程师将这种设想变成了现实，巧的是，两个人都住在斯图加特的斯瓦比亚（Swabian）工业城。汉斯·尼贝尔（Hans Nibel）博士是戴姆勒－奔驰AG核心设计团队的负责人，而几英里之外，著名的澳大利亚工程师费迪南德·保时捷正坐在自己的私人咨询公司里。虽然实现方式不同，两个人却有相同的思路，至少他们令人惊讶地在新车上选择了相同的位置安装发动机。

1932年，德国工业受到大萧条的重创。戴姆勒－奔驰的雇员已经下降到了1928年的水平，大批德国熟练工人在街上无所事事。这种经济的衰落导致整个国家陷入了极大的恐慌，直接把疯狂的艺术家、建筑家或裱糊匠阿道夫·希特勒推上了权力的巅峰。1933年1月，希特勒成为德国的元首，即将在未来的12年里将整个国家带向耻辱和毁灭。疯狂的希特勒虽然非常专制，但也有一些理性的闪光点。比如说，他对私人汽车交通的热爱最终为大众汽车带来了大规模的市场，在他死后很长一段时间里依旧如此。很快希特勒就意识到先进道路系统的必要性，1934年他任命慕尼黑的弗里茨·托特（Fritz Todt）负责监管建设长达2500英里的全球最先进的高速公路（在1942年停工的时候，公路已经完成了1311英里）。这个工程旨在将庞大的公路系统同时用于民用运输和战时军备物资运输。这种理念和20世纪五六十年代美国建造长达4万英里的洲际公路网是一样的。

希特勒对赛车也很感兴趣，1933年3月他通过了戴姆勒-奔驰管理人员关于打造世界一流大奖赛赛车的提案。原因非常简单：这种汽车可以在整个欧洲面前展示德国的先进技术，并成为宣传新秩序的有力工具。项目在新成立的NSKK（国家社会主义汽车军团）支持下开展。这是一个略显滑稽的汽车活动保卫兵团，负责人是花花公子阿道夫·海恩莱因（Korpsführer Adolf Hühnlein）领导，他是希特勒最早的支持者之一，1923年曾在倒霉的慕尼黑啤酒馆暴动中因占领一个电话站被捕入狱。NSKK虽然有50万名成员，本质上却是一个没什么用的组织，经常被别人嘲笑"唯醉鬼，无斗士"。

在1933年柏林车展上，政府宣布希特勒将为挑战德国大奖赛的车队提供支持，派出车队的公司将获得50万马克的奖金。当时大家都知道戴姆勒-奔驰已经准备好了设计，事实上，这个光荣的老公司和政府之间确实也达成了某些共识。公司在慕尼黑的经理雅各布·韦尔林（Jacob Werlin）是个狂热的纳粹分子，也是希特勒的密友，是他直接安排了资金供给斯图加特总部。虽然后来戴姆勒-奔驰一直宣称自己是无辜的，但事实上他们是纳粹战争的重要贡献者，同时也因为获得了制造卡车和DB601飞机引擎的合同，奔驰成为赛车项目中获利最多的一方。

但出人意料的是，又一个公司也跑出来要求分享补贴。汽车联盟是由四家因大萧条而倒闭的公司奥迪、霍希（Horch）、DKW（小奇迹）和万德尔（Wanderer）整合而成的，他们现在也跃跃欲试想参加赛车比赛。新公司采用了由费迪南德·保时捷独立设计的赛车。柏林车展之后，希特勒和保时捷以及来自汽车联盟的两位代表进行了会面，随后决定让戴姆勒-奔驰和汽车联盟共享补贴，同时为了鼓励竞争，政府还为胜利者准备了额外奖励。

关于这两家公司的激烈竞争有过很多记载，认为两家公司都得到了政府的巨额补贴。但是负责任的历史学家指出，虽然政府通过德国交通部补贴的资金不少，但要想靠这些钱来赢得比赛是远远不够的。两家公司的花费大约是政府补贴的十倍。但很显然，他们得到了其他方面的好处，包括战争期间的订单、对工会的镇压以及宽松的贷款协议等。

在赛车界，就算像法拉利这样敏锐的观察者也完全没有意识到，他和如今已经又落后了的 P3 将要面临致命的打击。保时捷和尼贝尔的工程部门已经完成了车辆原型的设计，新车一旦开发成功就可以彻底打败阿尔法。他们的设计在工程创新和潜力方面都令人惊叹。戴姆勒-奔驰的车型 W25（将以公司的品牌名梅赛德斯-奔驰参赛）拥有全独立悬架系统、大型液压刹车系统、配备后差速器的四速变速和 3.3L 直列八缸增压发动机。它可以产生 314 马力的功率，比法拉利车队使用的 P3 多了足足 100 马力。汽车联盟的车子就更加引人注目了，保时捷顶级的 Type A 设计搭载了更大功率的直列十六缸发动机（4.4L），而这个双增压发动机位于驾驶室后面，能产生 300 马力。这辆被称为 P-Wagen 的车子使用了五速变速箱以及和梅赛德斯-奔驰一样的全独立悬架系统。

虽然发动机的摆放位置不同，但工程逻辑却几乎一样。梅赛德斯-奔驰的 W25 和汽车联盟的 Type A 均采用了许多重量较轻的铝金属来包裹动力十足的发动机，因此没有超过 750 公斤的限制。两位设计师在新车上采用了柔软独立的弹簧式悬架，而意大利车和法国车使用的悬架更适合 19 世纪的四轮马车，而非现代的汽车。如此先进的组件，加上液压刹车系统、流线型车身和充足研发费用，他们从一开始就注定要碾压那些老旧车队，包括法拉利车队在内。

关于汽车联盟和梅赛德斯－奔驰在开发新车这件事，国际汽车界已经议论了一年多，法拉利当然也有耳闻，但并没有引起足够的警惕。高傲自大的意大利媒体（法拉利始终密切关注这些媒体）对自我感觉良好的阿尔法赛车信心十足，对于从德国流传出来的关于汽车革新的传言毫不在意。P3，作为民族的骄傲，已经为巴兹和马里诺尼准备好了，除了在接下来的赛季中获得胜利，他们没有想过其他可能。但在技术人才方面，法拉利车队却遭受了两次重大损失。年轻的埃乌杰尼奥·西耶纳带着法拉利的祝福离开了车队，成为瑞士运动员沃尔特·格罗斯齐（Walter Grosch）的合伙人，在那里他将成为新赛车公司的机械师和车手。法拉利对这个活泼有理想的车手充满了父爱般的关怀，不同于其他离开的人，公司还为西耶纳举办了盛大的告别宴会。兰博尼的情况就不同了，他离开车队去了英格兰一个独立的玛莎拉蒂车队担当首席机械师，该车队由美国人惠特尼·斯特雷特（Whitney Straight，他在赛车界度过了年轻时光，后来成为劳斯莱斯的总裁）组建。兰博尼自然不会错过这次机会。他在的黎波里的彩票骗局中赚得盆满钵满，据他的同伴透露，之后他就变得超级自大。不知道是不是因为得罪了法西斯，他离开了法拉利车队，不过他后来确实一直待在英格兰，直到晚年才搬到南非。

同时离开的还有路易吉·法吉奥利。2 月，梅赛德斯－奔驰车队的经理阿尔弗雷德·努巴尔（Alfred Neubauer）把 W25 的原型车带到蒙扎进行先期测试。车手是浮躁傲慢的曼菲德·冯·布劳希奇（Manfred von Brauchitsch），来自汉堡一个著名的军人家庭。瓦尔特·冯·布劳希奇（Walther von Brauchitsch）是他的叔叔，1940 年出任陆军元帅，直到纳粹军队进攻莫斯科失败的前一年才卸任。曼菲德常常热情高涨，能力不足，他撞坏了一辆车，而后法吉奥利作为替补被叫了过来。这个被戏称为"阿布鲁兹强盗"（Abruzzi Robber）的老车手当时36岁，1933年代表法拉利车队参加了七次比赛，其中三次获得冠军，三次获得亚军。这个中等身材的男人倔强好斗且刚愎自用，一直认为自己的才能没有被愚蠢的队长所认可。他擅长开车，在蒙扎向努巴尔展示了高超的驾驶技能，并在接下来的赛季中被梅赛德斯-奔驰车队雇用。在法拉利看来这是背信弃义，他公开表示了愤怒，但这恰恰显示出法吉奥利跟他一样是个中高手，只要给足够的钱，他可以代表任何车队任何国家参赛。恩佐·法拉利充分认识到，这是一个残酷的、竞争激烈的行业，他经历的每一天都和当初吸引他的体育运动的浪漫图景相去甚远。

特罗斯的邻居兼好友安东尼奥·布里维奥也跳槽到了布加迪，不过失去他和失去法吉利奥是不能比的。安东尼奥·布里维奥是个稳定可靠的赛车手，但在法拉利车队重视的主流国际大奖赛上，他那颇具绅士风度的开车方式就有点不太合适了。赛场需要的是意志坚定的专业选手以及像年轻的摩尔那样激情洋溢的半职业选手，而那些半吊子只能去其他地方满足自己的竞赛欲望。这个时候，法拉利对体育总监马里奥·洛利（Mario Lolli）的工作也越来越不满。马里奥是一个有钱的业余人士，负责体育部门的日常事务，包括参赛、差旅安排、合同签署等等。因为洛利只会说意大利语，所以阻碍了他在其他国家的发展。另一方面，法拉利对当时整个大陆最流行的法语很熟练，所以在新赛季来临前，把洛利换成了更活络的尼洛·乌戈利尼（Nello Ugolini）——这再次显示出法拉利车队对赛事的重视和严肃态度。

这个赛季的大奖赛在摩纳哥开幕，法拉利亲自带队西行去了这个小公国。那时候的赛道和现在差不多,不过弯弯曲曲的赛道两边排列的是闪亮的罗马式建筑,而非今天的高层住宅、公寓和豪华酒店。赛道在1929年首次使用,它由简单的海滨道路网组成,以转弯处的著名赌场和沿着艾伯特首相大街(Boulevard Albent Premier)展开的开阔道路而闻名。

这是赛车历史上第一次用排位赛的时间来决定起跑位置的比赛,之前都是以抽签的方式决定。路易斯·齐隆是一个情感丰富的人,他父亲曾是酒店的领班。齐隆是个猎艳高手,他最初作为巴黎大酒店的现代舞者而出名。战时他成为了佛煦元帅(Marshal Foch)的私人司机。大赛期间他正陷入一段轰动整个欧洲赛车界的著名三角恋中。他和爱丽丝·"宝贝"·霍夫曼-特洛贝克搞外遇多年,爱丽丝是康涅狄格州哈特福德市的一个混血美女,父亲是德国人而母亲是瑞典人。她的丈夫名叫弗雷迪·霍夫曼(Freddy Hoffman),是著名的霍夫曼-罗氏制药王国的继承人。20世纪20年代时,齐隆在她丈夫运营的车队里开车。1932年这位可爱的美人儿离开了花心的丈夫转投齐隆的怀抱,但对于碌碌无为的齐隆来说,和一位大自己好几岁的女士结婚是完全不可能的。"齐隆的情妇"——私底下大家都这么称呼她,她在1933年冬天前一直忠实地陪伴着齐隆。那年冬天,齐隆的朋友兼队友鲁迪·卡拉乔拉和妻子在瑞士滑雪时遇到雪崩,卡拉乔拉失去了心爱的妻子。"宝贝"一直待在卡拉乔拉身边安慰他。这安慰非常奏效,最终两人成功坠入爱河。这一段三角关系已经成了公开的秘密,只有齐隆被蒙在鼓里,他直到两年后才发现这一情况。"宝贝"·霍夫曼和卡拉乔拉于1937年结婚。

虽然齐隆很想在家乡人面前有优异的表现,但他的速度还是比不上在排名赛中速度最快的瓦兹和特罗斯。很多其他车手,包括努瓦拉里和进步神速的法国明星勒内·德雷福斯(René Dreyfus)速度也比他快，而傲慢的年轻选手摩尔则和齐隆相差不过两分钟，成绩不相上下。随着比赛的推进，其他队友都落在了后面，路易斯·齐隆发现他现在已经领先盖伊·摩尔很多了。比赛还剩下 2 圈，齐隆也许正在构思他的获奖宣言或是朝人群中的漂亮女人招手，他的阿尔法因为过热在一个弯道熄了火。当他重新开始上路时，摩尔已经从他身边溜过去赢得了比赛。齐隆非常生气，恩佐·法拉利却很高兴，一是因为他的法拉利车队赢得了比赛，另一方面摩尔也证明了自己是个一流的车手。齐隆在角落里无比沮丧，法拉利车队则带着冠军回摩德纳了，至于是哪个车手摘得桂冠，对车队来说一点儿也不重要。

一个星期以后，车队已经为大力冲击一千英里耐力赛做好了准备，在车队参加的一系列有限的赛事中，这是最重要的比赛。之前车队的重点是单座开轮式大奖赛，但鉴于这是意大利最著名的公路赛事，法拉利派出了五辆阿尔法赛车，其中包括四辆 2.6L 的蒙扎，分别由瓦兹、齐隆、塔蒂尼和卡拉乔拉驾驶。他们的对手则是由努瓦拉里和西耶纳驾驶的大功率 8C-300，由西耶纳－格罗斯齐团队打造，搭载了布里安扎（Brianza）客车厂特别制造的铝制车身，但法拉利的先锋阿尔法在这个竞争激烈的赛事中依然很有优势。倍耐力公司为车队提供了斯特拉比安卡雨天专用轮胎，轮胎表面设计了额外的胎纹，能在全程 1000 英里都在下雨的赛道上为车辆提供更好的抓地力。一向顽固的瓦兹拒绝使用新轮胎，他在伊拉莫的维修点加油时和法拉利就新轮胎的优势大吵了一架，最终以瓦兹妥协并换上新轮胎而告终。最后瓦兹夺得了冠军，新轮胎带来的抓地力被视为他打败努瓦拉里和西耶纳的关键因素，后两者使用的传统轮胎导致他们的成绩远远落后。

努瓦拉里无疑是要报仇的。两周以后报仇心切的他在亚历山德里亚的彼得罗·勃迪诺赛道湿滑的鹅卵石路面上失去了对 8CM 的控制，撞到了路边的一棵树上。他右腿打着石膏躺在医院里，而法拉利车队，则以瓦兹和齐隆为首，包揽了赛事的前四名。

盖伊·摩尔回到车队参加了的黎波里大奖赛，但这次重聚并不令人愉快。随着投注金额越来越大，意大利人的舞弊行为已经无法避免了，不过这一次，一小帮车手（包括最有可能获胜的法拉利车队的全部车手）在优雅的乌阿丹酒店（Hotel Uaddan）的一个酒吧里制定了一个精妙的计划，决定大家平分所得。此次计划中瓦兹依旧被选定为冠军，齐隆被内定为第二名。代表玛莎拉蒂车队比赛的皮耶罗·塔鲁菲拒绝合作，而开另外一辆玛莎拉蒂、代表惠特尼·斯特雷特车队的英国车手休·汉密尔顿（Hugh Hamilton）则被排斥在名单之外，因为密谋者们担心这位出身伊顿公学的年轻人会出于所谓的运动员精神而泄露整个计划。

在混凝土大理石灯塔的灯光下，参赛车辆整齐地停放在开阔的水泥路上，一切看上去都在计划之中。和往常一样，来自沙漠的热风在巨大的赛道上扬起沙尘，给这场比赛平添了一分危险。军乐团奏响意大利国歌，伊塔洛·巴尔博穿着最漂亮的礼服向车手们致意并送上祝福。他的心情非常好，因为他觉得这一次他的沙漠帝国里可不会再出现赌博丑闻了。

塔鲁菲险些让精心准备的计划毁于一旦。比赛一开始他就冲了出去，开着他的玛莎拉蒂领跑了4圈，对法拉利车队的其他人不管不顾。之后，他的重型玛莎拉蒂刹车开始失灵，他在塔古里亚（Taguria）急转弯时想把车速从每小时180英里降下来，但失去了控制。车子撞倒了一个广告牌，车手也摔断了一条胳膊和一条腿。他唯一的安慰是之后那个弯道就以他的名字命名了。汉密尔顿也勇猛地开了一段距离后发动机爆裂了，摩尔按照既定位置紧跟在轻松领先的齐隆和瓦兹后面。他们剩下来要做的就是轻轻松松开到终点，然后就等着分钱了。

但盖伊·摩尔才不管这些呢，他本来就很有钱，对他来说，取得不好不坏的第三名然后悄悄分一些赃款，远远比不上在家乡大陆赢得重要赛事有吸引力。摩尔加快了节奏,此时法拉利的维修人员正沐浴在非洲的阳光下,看着表上单圈计时的数值越来越小。齐隆从镜子里发现这个阿尔及利亚人在靠近,便也开始加速,于是阿尔法的两个车手和匀速驾驶的瓦兹之间距离越来越短。在最后一圈之前,齐隆都成功阻挡了摩尔像公牛一样的进攻,直到他的油箱开始漏油才无奈地让桀骜不驯的队友超过。摩尔便开始追赶瓦兹,当两辆车滑向最后一个转弯口时,他几乎要领先了。但经验丰富的瓦兹可没这么容易被打败,他突然在摩尔前面踩下刹车,为了避免碰撞,摩尔只好避到边上,当他重新上路之时,瓦兹迅速提速赢得了赛事,双方的差距不超过一个车身的长度。

法拉利车队乱成了一锅粥。摩尔事件在汽车界闹得沸沸扬扬,当然大家都以为这只是一个车队成员不守规矩的案例,很少有人注意到这其实是一个赌局丑闻。法拉利有没有参与这一事件并不清楚,但在1933年,人们理所当然地认为,既然他对车队的一切了如指掌,那么他肯定知道这个密谋,就算事前不知道,赛后也肯定会知晓。巴尔博听到风声后更改了投注系统以确保在头两次比赛中发生的丑闻不会再次重演。(他的措施其实没有必要,因为接下来赛场上的主角变成了所向披靡的德国车队,那些纪律严明、收入颇丰的车手对这种游戏完全没有兴趣)。

这时的盖伊·摩尔已经代表法拉利车队参加了2次比赛,一次获得冠军,一次则以微弱的差距获得亚军。

瓦兹轻松夺得了塔格·弗洛里奥大赛的冠军,而齐隆则在摩洛哥打败了一些毫无竞争力的对手取得第一名。之后,车队开始了北上的行程,第一次迎战声名在外的德国人。这次比赛用的是柏林城外的超高速 AVUS(汽车试跑车道)环道。没有比赛的时候,富裕的柏林人偶尔也会在这个四车道的高速路上飙车;也是在这里,最具冠军潜质的汉斯·斯塔克（Hans Stuck）开着汽车联盟的跑车创下了了不起的纪录。不惜一切代价的法拉利请布雷达（Breda）航空公司的工程师帮忙为 P3 设计了流线型的车身。当时的汽车空气动力学就像魔术一样，恰当的外形设计可以让车子像飞机一样神速。

为 P3 设计流线型车身的主意是法拉利想出来的。当时阿尔法·罗密欧突然之间失去了对赛车运动的所有兴趣，这使得波特罗的工作人员只能为法拉利提供未完成的发动机铸造件和车辆驱动锻造件，因为这些是法拉利花钱买的。但他们拒绝为法拉利车队提供任何备件，最终打造出怎样的车来完全取决于法拉利。他把锻造工作交给了一家位于波雷塔·泰尔梅（Porretta Terme）小镇的独立公司，距离摩德纳大约 35 英里。

在米兰到贝加莫的高速公路上，瓦兹对这款形状奇特、速度飞快的阿尔法车辆进行了测试。在高速气流中，铝制车身的各种小部件可怕地抖动着，当瓦兹走出驾驶室的时候，他经常皱着眉的脸上更加没有好脸色了。他可不想开这种怪物。摩尔抓住机会跳了上去，可能他意识到流线型车身的赛车能在 6 英里长的 AVUS 直线赛道上给他带来绝对的优势。同时，对于这个鲁莽的年轻人来说，自愿驾驶这辆因不稳定和危险而被车队头号车手拒绝的车，可以让他的心理得到极大的满足。

尽管阿道夫·希特勒和他那脾气反复无常却很有灵感的宣传项目负责人约瑟夫·戈培尔（Joseph Goebbels）将称霸欧洲赛道的德国赛车视为震慑人心的第三帝国先锋队，但两人在掌权之后却从未再参加过赛车比赛。在 20 世纪 20 年代末期，希特勒也会偶尔造访斯图加特城外荒凉的赛车道和 AVUS，而到了 20 世纪 30 年代，他每年都会参加柏林车展的开幕，去看梅赛德斯 - 奔驰和汽车联盟的最新赛车，但这些都只是他个人的行为。他的政府每年向两家公司提供的巨额资金支持一直都在上涨,直到1939在大战前举行的最后一次赛车。

必须说明的是,1934年春德国和意大利的关系并没有多么好,直到两年后建立柏林-罗马轴心国后才密切起来。希特勒曾公开表示很欣赏贝尼托·墨索里尼,在他位于慕尼黑的政党总部还保留着这个法西斯领导的半身像,但这种称赞并没有得到对方的回应。墨索里尼认为希特勒这个奥地利人是个十足的江湖骗子。1935年3月,德国撕毁了《凡尔赛条约》,愤怒的墨索里尼联合法国和英国成立了所谓的斯特雷萨阵线(Stresa Front),但之后西方列强在面对希特勒大胆进攻时的绥靖政策最终促成了他和希特勒的联盟。在法拉利车队艰难北上,穿过勃伦纳山口(Brenner Pass)去柏林和AVUS时,墨索里尼说纳粹是"顽固而好斗的醉汉"。

恩佐·法拉利和他的队员一开始并没有意识到,纳粹党正在将国际赛车运动从纯粹的速度和勇气的比拼转变为政府支持下的宣传活动。意大利法西斯也不甘示弱,政府不断鼓励阿尔法·罗密欧公司打造可以和德国抗衡的强大车辆,但相比于梅赛德斯-奔驰和汽车联盟,阿尔法公司的资金和人力都非常有限。当法拉利车队在AVUS看到汽车联盟那犹如离弦之箭般飞驰的赛车时,他们就已经很清楚结局了。明星车手——身材高大、热情洋溢的汉斯·斯塔克已经开着新式赛车在很多比赛中打破了一系列国际纪录,而瓦兹、齐隆和摩尔开的老式P3车完全不可能与其匹敌。就算对于身经百战的老手来说,汽车联盟那尖锐的、机械增压的汽车动力也令他们震惊不已。比赛就在这样差距悬殊的情况下开始了,斯塔克在前12英里轻松领跑,领先齐隆一分多钟。斯塔克领先好几英里后匀速行驶着,期待着轻松夺冠,不巧离合器失灵了。之后摩尔驾驶着最高时速可达180英里的不太稳定的布雷达-阿尔法流线型汽车领先,最终超过瓦兹获得冠军。但是摩德纳的所有人,包括恩佐·法拉利在内都很清楚,这样的胜利毫无意义。

勇敢的努瓦拉里毫无意外地获得了第四，他腿上还缠着石膏绷带。他那永远忠诚的机械师德赛莫·康帕诺尼对布加迪的车辆踏板进行了改装，便于他一只脚就能操作车辆。这个小个子男人忍受着巨大的疼痛坚持跑完了全程，赛道粗糙的表面令他还在生长中的骨骼不停地经受刺激。

梅赛德斯-奔驰也去了 AVUS，但因为机械故障，他们在赛前就退出了。尽管如此，在之后举行的埃菲尔雷南（Eifelrennen）大赛中，他们动力强劲的 W25 在极富美感且具挑战性的 14 英里纽博格林环道上展现出了十足的力量。这次比赛中，两辆德国车都比阿尔法快，齐隆竭尽全力获得第三，但远远落后梅赛德斯-奔驰的布劳希奇和汽车联盟的斯塔克。

这两次的德国赛事都不能视为是真正意义上的大奖赛，狂妄好战的意大利媒体坚持认为 7 月 1 日在蒙丽瑞（Montlhéry）举行的法国大奖赛上，法拉利车队和阿尔法公司才会展示出真正的实力。这是第一次真正的决战，所有的一线车队都将全力以赴。在巴黎到奥尔良的高速公路上有一个壮观的山顶赛道，赛车巨子在那里聚集。法拉利派出了车队的所有成员，参赛车辆包括三辆精心准备的 P3 单座跑车，搭载加诺设计并验证的 2.9L 发动机。

但法拉利自己留在了摩德纳。多年以后的法拉利神话也因为他的不到现场而被渲染了很多传奇色彩。法拉利不去现场其实有许多原因，如 1956 年他儿子的去世以及他害怕和人群接触，但事实上在 1934 年的时候，他就很少离开摩德纳了。法拉利在车队成立后减少了出差次数，1934 年他几乎从未参加过意大利以外的赛事，就算是法国大奖赛这样著名的赛事也一样。只有在这次赛季开始时，他去了一趟蒙特卡洛，这可以说是他最后一次跨出意大利国门了。

法拉利待在摩德纳的原因其实很简单——他拒绝坐飞机，对火车也持怀疑的态度，他唯一使用的旅行方式就是汽车，而这在30年代的欧洲就意味着要在车上待很长时间。他也不肯乘电梯。总的来说，这个自称为"工程师"的男人始终对生活中的各种新技术持怀疑的态度。

一共有13辆顶级大奖赛车和车手参加法国大奖赛：三辆来自梅赛德斯-奔驰，车手分别是路易吉·法吉奥利、曼菲德·冯·布劳希奇和鲁迪·卡拉乔拉；两辆来自汽车联盟，车手是汉斯·斯塔克与技术高超的业余选手奥古斯特·蒙博格（August Momberger）；三辆布加迪，车手是勒内·德雷福斯、罗伯特·贝诺亚（Robert Benoist）和带伤上阵的努瓦拉里；还有两辆玛莎拉蒂，车手是弗雷迪·泽亨德（Freddy Zehender）和菲利浦·埃坦瑟兰（Philippe Etancelin）。法拉利车队则派出了三辆红色阿尔法，分别由瓦兹、齐隆和特罗斯驾驶，盖伊·摩尔是替补队员。任何人都有理由怀疑，这个比赛已经被政治化了，汽车联盟（出于某些原因，不是梅赛德斯-奔驰）在他们长而尖的车尾上印上了纳粹党徽。

在练习赛中，梅赛德斯-奔驰的三辆车速度奇快。虽然那时的国际长途系统还非常落后，但乌戈利尼还是打给了身在摩德纳办公室的法拉利，沮丧无比地告诉他圈速的情况。从这时开始，一直到法拉利晚年，车队一直保持着这种做法：车队经理会在比赛现场通过电话的方式，将练习赛上发生的事情详细报告给法拉利。这次法拉利用他最擅长的心理术，指示乌戈利尼在最后一次练习中叫摩尔坐在特罗斯的车上。法拉利认为，这名年轻的虎将已经调整好了状态，他狂热的驾驶方式可能会带动中规中矩的特罗斯开得更快。这个方法果然奏效了，摩尔作为特罗斯的副驾驶发挥了良好的激励作用，他也得到了奖励。

比赛开始了，看台上挤满了观众。齐隆位于第三列，这位温和的蒙特卡洛设计师穿着蓝色丝质工装裤，开着他最厉害的车子在头两圈勇猛领跑。但汽车联盟的斯塔克驾驶着更厉害的车子反超了他，可惜斯塔克的车随后出现了发动机故障。这场比赛的车辆损耗非常严重，部分原因可能是热切的车手都想在这个一流的赛场上向同僚们证实自己的能力。选手将在高速路和公路的混合赛道上跑上 40 圈，每圈大约是 7.76 英里。跑到第 20 圈时，所有的德国车都不是被迫退出就是蹒跚前行。当方格旗落下来的时候，齐隆已经轻松领跑且领先瓦兹三分钟。摩尔在比赛开始不久就替代了有些受挫的特罗斯，现在他第一次乖乖地开在第三的位置上。只有一辆其他车队的车子，来自布加迪的贝诺亚还在跑，落后 4 圈。

在书面记录中，这是一次伟大的胜利。意大利媒体兴奋极了，法拉利车队居然打败了德国劲旅包揽了前三名。现场记者还向国内的车迷保证，在最高速度和加速性方面，P3 完全可以和汽车联盟以及梅赛德斯 - 奔驰的最新车辆匹敌。然而法拉利、巴兹和乌戈利尼都非常清楚这种说法多么荒谬。德国赛车还处在萌芽阶段，它们的发动机、轮胎、悬架设置、齿轮比等都还在开发中。车队的所有人，从最底层的机械师到法拉利自己，都清楚地意识到，在未来比赛中他们的老式车子能取胜的机会已经屈指可数。

但法拉利车队还是能通过大量的小型赛事来赚取启动费。德国车队对赛事比较挑剔，主要是在大奖赛或主办方能支付较高费用的赛事上。地中海周边的无数小型赛事的组织者都热情地欢迎法拉利车队去参赛。这些赛事竞争并不激烈，奖金却很丰厚，只要那些来自阿尔卑斯山北部（德国）嘈杂的怪兽车不出现，相比小联盟中同样老式的玛莎拉蒂和布加迪，阿尔法还是有一定的竞争力的。

车队再一次和德国车交锋是 8 月 15 日在佩斯卡拉举行的阿赛博杯。这次比赛中，法拉利车队深陷机械故障的泥沼，在赛事后半段，只有年轻车手摩尔还在追赶开着梅赛德斯 - 奔驰 W25 并保持领先的法吉奥利。摩尔开着编号为 46 的亮红色阿尔法·罗密欧，笔直地坐在方向盘后，脸上戴着一个奇怪的塑胶防护面罩，逐渐开始加速。这位勇敢的新手正在完成一项不可能完成的任务——在两个 4 英里长的直道上追赶前面强悍的老手法吉奥利，而两者的车子相差大约一百马力，最高时速则相差 20 英里。不过摩尔可不会退缩，他每过一个维修点就能把差距缩小 2 到 4 秒。

他超过了前 BMW 的摩托车赛车明星恩斯特·海恩（Ernst Henne），海恩当时开着梅赛德斯 - 奔驰的备用车。根据海恩 1985 年接受历史学家克里克斯·尼克松（Chrix Nixon）采访时回忆，摩尔在佩斯卡拉狭窄的快速直道上超过他，当时两辆车的时速大概在 170 英里，而道路宽度不超过 20 英尺。海恩眼角能瞄到阿尔法车上的跃马盾形标志。摩尔退了一点，接着悲剧就发生了，摩尔的阿尔法偏离赛道翻了出去。海恩在下一圈开过这一地点时，看到破破烂烂的阿尔法·罗密欧靠在一边的农舍旁，盖伊·摩尔的尸体则躺在路边，惨不忍睹。摩尔是开到第 17 圈时死的，不知道这和法拉利对 17 这个数字的迷信有没有关系。和其他很多人一样，法拉利也认为摩尔的死是和奔驰车相撞导致，尽管海恩非常肯定两辆车根本没有碰到。无论如何，多年以后，法拉利都将摩尔视为最伟大的车手之一。1962 年法拉利是这样写道："我把他视为和斯特林·摩斯（Stirling Moss）一样伟大的车手，也是唯一可以和努瓦拉里匹敌的车手。事实上，在某些精神特质方面，比如进取心、开车时的冷静还有随时准备面对死亡的心态都跟努瓦拉里非常相似。"鉴于恩佐·法拉利在长达 70 年的时间里见证了世界上最出色的赛车手的成长历程，这样的评价足以说明法拉利对摩尔确实赞誉有加。

盖伊·摩尔的死抽走了法拉利车队最后一滴竞赛的血液。瓦兹变得更加忧郁，使得总共 30 人的车队进一步丧失了热情。现年只有 34 岁却被人称作"老狐狸"的齐隆陷入了低谷,一直没有恢复。也许是他越来越混乱的私生活,也许是当时的赛车变得越发快速而无情,总之他在取得了蒙丽瑞的胜利后就再无辉煌可言了。但之后,他还会时不时地参与一下,直到58岁彻底退休。

意大利蒙扎大奖赛的主办方在赛道上加了一系列路障,希望这种紧凑曲折的赛道能阻挡速度超快的德国汽车。但9月的比赛证明这一切都是徒劳的,反而让汽车联盟和梅赛德斯-奔驰展示了他们的高性能刹车和出色的操控性。而彻底的羞辱发生在家乡摩德纳的街道上,塔基奥·努瓦拉里开着全新的3.7L玛莎拉蒂6C-34,在法拉利车队的忠实拥护者面前将其重创。

赛季接近尾声时,大家都很清楚车队将在1935年面临巨大变数。瓦兹宣布离开法拉利车队加入汽车联盟,和他一起加盟位于开姆尼茨(Chemnitz)车队的还有汉斯·斯塔克,之后还有杰出的伯恩德·罗泽迈尔(Bernd Rosemeyer),一个极有天赋的选手,成长速度就像摩尔那样快,但待在法拉利车队的时间很短暂。齐隆和特罗斯宣布康复归队,托尼诺·布里维奥(Tonino Brivio)随后也回到车队,但这些队员在竞争日趋激烈的大奖赛中都没有什么获胜的希望。

加诺向法拉利描述了一种他正在设计的新车型,拥有独立悬架以及直列八缸和V12发动机,但如果没有好的车手,这一切都是白搭。彬彬有礼的法国明星、尼斯人勒内·德雷福斯离开布加迪车队来到摩德纳,将他的布加迪换成了银色的2.3L法里纳(Farina)车身的阿尔法·罗密欧敞篷车。他将和妻子开着这辆车去参加比赛。当然,还有一个法拉利很需要的车手已经发誓永远不会回到法拉利车队。塔基奥·努瓦拉里也在玛莎拉蒂和布加迪之间左右摇摆,他在整个1934年赛季都没出色表现,也看出在新的一年里任何一家车队都不具备和德国车抗衡的潜力。汽车联盟的大门已经关上了,因为他们聘用了瓦兹(他再次表示绝对不会和努瓦拉里待在同一个车队)。而梅赛德斯－奔驰车队那边,卡拉乔拉已经完全从1933年的车祸和妻子去世的悲痛中恢复过来,他们也不需要如今已经43岁、头发几乎全白的努瓦拉里,虽然他曾是意大利的顶级车手,但大家都认为他的能力已经到了极限。

在别无选择的情况下,努瓦拉里跟法拉利进行了第二次长时间的谈判。加诺充当中介,帮固执的双方传递书信、联系电话甚至亲自帮他们谈各种要求和条件。努瓦拉里住在曼图亚附近的别墅里,法拉利则在摩德纳。最终,两人选择在居中地点皮亚琴察见面并最终达成了一个协议。据当时的队友勒内·德雷福斯回忆,努瓦拉里不仅获得了丰厚的薪水,同时还将获得奖金的50%。作为比较初级的队员,德雷福斯只有45%,还要自行承担所有的个人费用。努瓦拉里将带领着法拉利车队和阿尔法·罗密欧参加1935年的战斗。

这是一场真正的战斗,早期那些优雅的业余爱好者都已经离开,如今的法拉利车队已经变成一个精炼强硬的专业赛车公司。对于像德雷福斯这样的外来者而言,感受更加明显。他曾经写道:"在布加迪和在法拉利车队当车手是截然不同的,差别就像白天和黑夜那么大……法拉利让我学到了什么是赛车生意,毫无疑问,他是一个十足的商人。恩佐·法拉利是一个友好和蔼的人,但不会当众表现出来……他热爱赛车,这一点毫无疑问,但这并不仅仅是因为对赛车单纯狂热的爱,还因为他切实地认识到,想要建立一个具有优秀盈利能力的商业帝国,赛车是一个好方法。我知道总有一天他会成为一个伟人……埃多尔·布加迪是领导,法拉利则是老板。布加迪是飞扬跋扈的,法拉利却是坚不可摧的。"

1935年的开局非常顺利,努瓦拉里和德雷福斯开着微改升级后的P3参加了在法国南端波城(Pau)举行的比赛并获得了冠亚军。而他们的竞争对手则表现平平,无法代表未来的方向。之后有大约两个月的空白期，这让法拉利和巴兹有机会造出了史上最大胆的赛车。当时欧洲和非洲都有不少自由方程式赛车活动，其中最重要的莫过于的黎波里和 AVUS 大赛了。在 1934 年 12 月举行的法拉利车队年会上，路易吉·巴兹向法拉利提议，用阿尔法的部件装上两个发动机来打造一辆双引擎汽车。大赛奖金引人垂涎，除此之外，还有什么能打败德国人？法拉利很喜欢这个想法，所以在新年来临前的整个冬天，巴兹和工厂工头斯特法诺·梅阿扎（Stefano Meazza）都在潜心研究新车。

为了安装第二台发动机，他们把普通阿尔法跑车的底盘加长了 6 英寸，把新增的发动机放在驾驶座后面。巴兹和工程师阿纳尔多·罗赛利（Arnaldo Roselli）设计了一个超级复杂的传动系统，他们将前后两个阿尔法八缸大奖赛用发动机连接到了后轮上（回顾经验可以发现，四轮驱动布局方式能保护赛车的"阿基里斯之踵"——后胎）。巴兹是一个不苟言笑且纪律严明的人，众所周知，他工作起来经常废寝忘食，只偶尔吃点意面喝点红酒。是他规定了车间里面禁止吸烟，这个规定至今仍被法拉利工厂保留。

他们将打造两辆双引擎汽车，一辆搭载两个最新的 3.1L 机械增压的阿尔法大奖赛专用发动机，另一辆搭载较早的 2.9L 发动机。两辆车的重量大约都是 2800 磅（比德国对手的 750 公斤车辆重大约半吨），可以产生 520—540 马力的动力。他们把首发日程安排在的黎波里，期待新车的直线时速能超过 200 英里。排量较大的那辆由努瓦拉里驾驶，另一辆则由齐隆驾驶。车速虽然很快，但巨大的重量导致轮胎就像细面那么脆弱。努瓦拉里换了 13 个轮胎获得了第四，齐隆则获得了第五。卡拉乔拉开着他惯用的梅赛德斯-奔驰大奖赛车轻松夺冠。两个星期以后在 AVUS，车队再行尝试。轮胎再次成为致命的缺陷，努瓦拉里最快只能开到每小时 175 英里，再开快一点，比利时产的英格尔伯特（Englebert）轮胎就得从轮辋上脱落了。这个轮胎和新的汽车巨作真的一点都不相配，但努瓦拉里在赛后的新闻发布会上并没有说轮胎是失败的原因，为此轮胎公司的总裁乔治·英格尔伯特还亲自对努瓦拉里表示了感谢。齐隆小心翼翼地开着车，就好像行走在阿尔卑斯山的黑冰层上，虽然最终获得了第二，但和第一名相差甚远。事实证明他们的新车虽然在技术上有了革新，但使用的轮胎却难当大任。当然还有其他办法可以保留这些车的颜面……

这年早些时候，汉斯·斯塔克在 C 级别创下了时速 199 英里的国际纪录。如果能在意大利本土打破这一纪录，消除的黎波里和柏林惨败的阴影，定会有不错的宣传效果。打破斯塔克纪录的尝试被安排在 6 月 15 日，选在佛罗伦萨—维亚雷吉奥（Florence-Viareggio）高速公路。卢卡附近有一个叫阿尔塔帕西奥（Altapascio）的小村庄，两个出口都是延伸的坡道，佛罗伦萨—维亚雷吉奥高速公路就沿着坡道展开。这一次车辆配的是德国邓禄普公司（Dunlop）的轮胎，创下陆地行车最高速度纪录的马尔科姆·坎贝尔（Malcolm Campbell）开的蓝鸟车配备的也是这种轮胎。巨大的双擎汽车已经为"铁脚汉子"塔基奥·努瓦拉里准备好了。在上午结束之前他已经在高速公路上来回往返多次，打破了一系列由斯塔克创下的国际纪录，测速点测出来的最高时速达到了 208.937 英里。在一片欢呼声中有人注意到，除了坎贝尔-蓝鸟组合（创下了惊人的 301.13 英里的纪录）外，法拉利-阿尔法和努瓦拉里组合已然成为世界最快的赛车和车手组合。

这辆车被视为第一辆带有法拉利标识的车，但历史学家并不认同这一点，一些人坚持认为这不过是一辆改装过的阿尔法·罗密欧。尽管车队的一线大奖赛车因为德国人的新规定受到了重创，新车还是带来了全国性的热议，并把法拉利车队的名声提高到了前所未有的高度。

在彻底败给德国人之前，法拉利车队还获得了一次不朽的胜利，也是最后一次。这是在纽博格林举行的德国大奖赛，其环道被认为是世界上最苛刻的赛道。在世最伟大的车手，可能也是永远最伟大的车手——塔基奥·努瓦拉里在这场经典之战中扮演着关键角色。

到了1935年7月28日，阿尔法·罗密欧已经被归入失败者的行列，只有愚昧、不明情况且盲目忠诚的意大利赛车迷还在坚持，尽管他们也知道这种脆弱过时的车辆只能沦为无坚不摧的德国人的炮灰。但法拉利还在继续战斗，他在旧车上装了独立的前悬架并做了一些其他的改动，希望能稍微提高一下车辆的性能。努瓦拉里和齐隆的发动机排量增加到了3.8L，这是为了获得更大马力而做出的疯狂努力。但这种修改也让原本就已经脆弱不堪的变速箱更加不堪重负。法拉利车队的人戏称他们的变速箱为"巴萨诺大桥"——这座大桥在第一次世界大战中多次被炸毁又多次被修复。

德国赛车的迅速崛起引发了全国性的赛车运动热潮，到了7月份，似乎全部德国人都聚集到了纽博格林来观摩欧洲最奢侈、最负盛名的德国大奖赛——一个注定被汽车联盟或者梅赛德斯-奔驰包揽的大奖赛。

根据传统，主要的参赛车队都在阿德瑙（Adenau）附近的艾菲乐霍夫（Eifelerhof）酒店预订了房间，所有的勇士都聚集在这儿。努瓦拉里带着他饱经风霜的妻子和大儿子吉奥尔乔，一道来的还有齐隆和布里维奥（他代替生病的德雷福斯参加比赛）。和三辆阿尔法·罗密欧竞争的是德国汽车名副其实的武装部队——五辆梅赛德斯-奔驰和四辆汽车联盟赛车，后者全部采用了银色车身（故被称为"银箭"）、红字编号以及红黑色的纳粹标识。场上还有五辆玛莎拉蒂、一辆布加迪和一辆英国的ERA。但是对于观众（超过40万人聚集在赛道旁边的树林里）来说，唯一的悬念只不过是哪支德国车队会获得冠军罢了。虽然努瓦拉里在练习中受到一些启发，在资格赛中的成绩也和伯恩德·罗泽迈尔保持的最快速度不相上下，但他对争夺冠军也没抱多大希望。他的信息很简单：一个43岁的老车手，一个有些紧张的意大利人，他那脆弱不堪的发动机或变速箱就算没什么碰撞也可能发生故障。

比赛当天清晨，整个艾菲尔山（Eifel Mountain）都笼罩在蒙蒙细雨中。虽然整个赛道会湿上大半天，但当20辆赛车在德国纳粹先锋队的护送下抵达起跑线时，太阳从云层里露了出来。比赛的第一梯队包括两辆梅赛德斯-奔驰（车手是卡拉乔拉和法吉奥利），他们中间夹着努瓦拉里的阿尔法——两位必胜者中间夹着一丁点儿红色意大利内馅儿，组成了一道机械三明治。但这一天注定是属于努瓦拉里的，他开着老旧的阿尔法从起点线猛冲了出去，就像给他的油箱注入了一剂强心针。

在巨型赛道上开到第11圈时，努瓦拉里按常规停下来加油，但由于车子的油泵坏了，他必须手动将油罐车里的油导入油箱，这无疑耽误了很多时间。当他再次跳上阿尔法时，已经落到了第六名。

赛车运动历史上最伟大的壮举将由此展开——华丽的赛道，大师级的车手，不利的形势。努瓦拉里的驾驶技术已经完全上升到了另一个层次。就算是那些在围栏外闲逛、在森林边篝火旁瑟缩的人也能感受到他大师级的驾驶水准。不管是经过飞机场（Flugplatz）、矿区（Bergwerk）以及著名的传送带（Karussell）那些令人反胃的弯道和深坑，还是驶过弗兰兹坦（Pflanzgarten）危险的弯道，他几乎都不刹车。他迅速冲进弯道，让他的阿尔法经历可怕的滑行，交叉的手肘剧烈颤抖着将车辆控制住。

因为其他的德国车手不是落后就是退出，所以大家都预测曼菲德·冯·布劳希奇可能会在后半段领跑。奔驰车队的纽鲍尔(Neubauer)和其他成员都了解这一情况。当他在巨型赛道上迂回前进时，他们都感受到了这个神秘的存在。虽然布劳希奇有点粗鲁且脾气火爆，但队友们都承认他能力不错。他运气不好，有个绰号叫"倒霉蛋"，但是今天，在同胞面前，他开上了速度更快的汽车，他没理由比不过那个疯狂的努瓦拉里。虽然努瓦拉里现在已经神奇地追到了第二名的位置上，但他那文物般老旧的阿尔法根本就不堪重用。

只剩下3圈了，努瓦拉里和第一名布劳希奇的差距已经缩小到63秒。疯狂的信号灯朝德国车闪着，比赛一共22圈，他已经完成了20圈。希特勒的走狗海恩莱因在媒体塔那里紧张地死死盯着。他手中握着一份讲话稿，那是为了庆祝德国再次取得赛车胜利而准备的一份态度强硬的新闻通稿，一旦德国车获胜，这份稿子就会通过十个无线电台和狂热的纳粹记者群播出。倒数第2圈时，纽鲍尔知道他的车手出问题了。赛道观察员报告说，努瓦拉里就像一只愤怒的野兔，正在慢慢缩小差距。这个精明的赛车老板走到赛道的边缘，此时布劳希奇的车子呼啸而过，右前轮胎上有一个白色的缝——一处胎面破损，这是轮胎受损的警告。努瓦拉里正在落后30秒的地方向前冲，他忠实的机械师德赛莫·康帕诺尼，也是他在维修点宣泄怒气的主要对象，将手伸向工具箱拿出了一小瓶藏在工具箱里的干邑白兰地。压力已经到了无法忍受的地步，努瓦拉里到底能否翻盘？现在只剩下最疯狂的14英里了。

NSKK的骑兵正戴着黑色的摩托车头盔站在一边，守卫着竖立在看台上的旗杆，上面挂着巨大的纳粹党徽。公共广播塔里已经准备好了《霍斯特·威塞尔之歌》(*Horst Wessel Song*)的唱片，就等着德国选手获胜了。而在赛场内，赛道两边成排的松树挡住了照耀在湿柏油路上的午后斜阳，努瓦拉里还在玩命地驾驶着。聚集在维修点周围以及各车队里的人从广播里听到了一个惊人的消息。在距离终点6英里，有着180度斜面的传送带弯角站点传来报道："布劳希奇的一只轮胎爆了！"另一个声音尖叫着："努瓦拉里超过他了，布劳希奇正开着爆胎的车努力追赶！"

绝望。耻辱。战胜。努瓦拉里终于穿过终点线，毫不含糊的赢家。之后是斯塔克，再之后是卡拉乔拉、罗泽迈尔，最后是含着眼泪的布劳希奇。海恩莱因撕掉了讲话稿，神色肃穆地走到冠军台。按照传统，广播里要播放获胜车手所在国家的国歌，但大家对德国队太有信心了，他们觉得获胜是板上钉钉的事，所以根本没有准备意大利的国歌，一时半会儿也找不到。但显然努瓦拉里事先考虑了这一可能，他将自己带来的唱片交由微醺的德赛莫送到广播台。

在努瓦拉里疯狂的追逐中，他也注意到，在主要媒体的看台上有一面迎风飘扬的意大利国旗，在一片"庄严"的红白蓝纳粹旗中显得突兀而破旧。据尼洛·乌戈利尼回忆，当满身汗水、精疲力竭的努瓦拉里艰难地从阿尔法车里下来时，说的第一句话是："叫德国人给我们换个新国旗！"

这场紧张赛事的完美结局很可能会导致愤怒的纳粹党徒疯狂的反击，但情况并非如此。努瓦拉里受到了德国赛车爱好者的热切欢迎，随着最初出于民族主义的失落感过去之后，他们完全接受了努瓦拉里。德国车队的选手也都对他表示喜爱和尊重。要不是有瓦兹那个不和他同在一队的誓言，他肯定能在汽车联盟有一席之地，而不是继续开他那又老旧又落后的阿尔法·罗密欧。

恩佐·法拉利当然不在现场，他和往常一样在摩德纳家中通过长途电话听乌戈利尼汇报战绩。法拉利车队的头号车手在德国人的主场击败了德国选手，这给他带来了无尽的满足感。但是他也对这一切有着清醒的认识，这次的成功在很多方面都是侥幸，除了努瓦拉里无与伦比的驾驶技术，还有布劳希奇的轮胎故障，以及被各种机械故障拖慢的车手卡拉乔拉和斯塔克。这是举国欢庆的时刻，但看清现实的法拉利却感到闷闷不乐。除非墨索里尼政府给予大量资金用以打造可以战胜德国神车的车辆，否则在赛车场上将再也无法唱响意大利国歌，法西斯的旗帜也再别想插到欧洲各种大奖赛现场。对于这一点，法拉利非常确信。

07 / 和阿尔法·罗密欧说再见

第七章

尽管恩佐·法拉利自称对政治不感兴趣,但他也认识到,1935年10月3日墨索里尼对阿比西尼亚[1](Abyssinia)的入侵将对他的赛车事业以及他的家乡都产生巨大的影响。这次痴心妄想的远征完全出于泄愤和错置的自尊,而非国家利益。早在1928年,墨索里尼就在考虑进攻这个古老贫瘠、蝇虫遍地的国家——它现在的名字叫埃塞俄比亚。他这一行为纯粹是为了报仇,因为在1895—1896年发生的血腥战争中,意大利被打败并被驱逐出了阿比西尼亚。

法拉利沉浸在日常事务中,在遥远的非洲正轰炸赤脚土著之事于他来说毫无意义。和大多数意大利人一样,他对政府不太关注;作为一个北方人,他鄙视罗马,觉得那里就像一个滋生腐败的下水道,充斥着出身名门的装腔作势者和骗子官员。当时的法西斯正处在鼎盛时期,政党成员大约有80万,但支持者则像那不勒斯港湾水面上的浮油一样根基不稳——蔓延好几英里,却只有几厘米深。不管是左派、中间派、右派、共产党或者法西斯执政,意大利的经济发展总是独立运作(现在依然)。所以生意照常运转,但有一点不同了:阿尔法·罗密欧开始感受到来自

---

[1] 阿比西尼亚是今日东非国家埃塞俄比亚的前身。1941年改名埃塞俄比亚。

政府方面的巨大压力，最明显的是日益繁重的军用物资生产任务，此外还有在大奖赛中获胜。

更糟的是，维托里奥·加诺开始陷入低潮，这个神一般的设计师似乎迷失了方向。原因在于如今他负责的领域太大了，大得超出了他的知识范围。戈巴托委托加诺设计一款辐射状、风冷式的战斗机引擎（设计编码：AR D2），结果惨遭失败。加诺擅长设计高转速、小排量、水冷式的汽车发动机，从技术角度来说，和空军方面所要求的大型、慢转速、风冷式的辐射状装置大相径庭。由于 AR D2 项目的失败，戈巴托把加诺从阿尔法·罗密欧项目技术总监降为轿车和卡车业务负责人。

我们不能说这次降职动摇了加诺长期以来对公司的忠诚，并导致他后来的工作时好时坏、毫无思路，但这肯定影响了他的工作热情。

他针对意大利大奖赛的蒙扎赛道设计了一款新的赛车，虽然在老旧的 P3 基础上做了些改进，但潜力非常有限。新车 8C-35 仅仅是旧车的升级，是对十几年前用在 P2 上的直列八缸发动机些微改进而已。可以肯定的是，他的新款 4L V12 发动机设计已经基本成型，输出功率可达 370 马力，但底盘设计似乎陷入了死胡同，所以一切都徒劳无功。德国车的低底盘车身可以降低重心，可加诺的 8C 则又高又窄，看起来和物理学定律完全相悖。但根据研究法拉利车队的历史学家路易吉·奥尔斯尼的说法，加诺一直无比坚定地认为高车身是行得通的。奥尔斯尼觉得这是"伟大工程师的无用功"，加诺则站在相反立场，坚持认为高车身是降低而非增加了横摇效应（roll effect）。这种想法是甚为荒谬的（后来加诺设计蓝旗亚时也默默地承认了这点），当然也对汽车的性能产生了影响。不过最新的独立悬架系统和改善后的液压刹车还是给努瓦拉里带来了一些优势，他在意大利大奖赛中创下了最快圈速的纪录，不过后来因为活塞故障退出了比赛（随后努瓦拉里接过勒内·德雷福斯的姐妹车继续参赛，最终获得了第二名）。

意大利媒体又开始疯狂期待了。他们知道蒙扎的那些车搭载的还是老款 3.8L P3 发动机，但他们幻想着，要是在阿尔法的车上安装全新的 V12 发动机，那么意大利车将轻而易举地击败德国车。工厂对法拉利车队做了一个古怪的安排，把六辆 8C 低价卖给法拉利，但是要求比赛所得的全部奖金归阿尔法·罗密欧公司所有。而所有的启动费、赞助费等都归法拉利，车队的车手则可以以折扣价购买公司的乘用车。

恩佐·法拉利全身心投入到赛车事业中，全部的精力都放在车队的参赛日程上。阿尔法的乘用车生产几乎已经停止，所以法拉利的专卖店生意也变得可有可无。除了将阿尔法 8C-2900 型跑车卖给一些业余选手，以及将定制车身的 6C-2300 佩斯卡拉轿车卖给一些有钱的绅士之外，他所有的利润几乎都来自于赛车。此时车队的总收入大概在每年 100 万美元，但车队共有三十多个技术人员和机械师，加上到欧洲各个地方参赛也需要巨额费用，所以法拉利依旧在公司二楼的一个两居室的小公寓里过着简朴的生活。小迪诺还是一个脆弱的小孩，四肢孱弱，经常卧病在床，无法像正常的小孩一样参加各种活动。恩佐·法拉利是一个严厉的老板，他身边的人回忆说，迪诺很害怕法拉利反复无常的脾气。因为现在法拉利的出差次数越来越少了，出差地点也仅限于波河平原的几个城市，所以三口之家过上了典型的意大利中下阶层的日常生活。法拉利生来就是一个品味简单的人，尽管名利双收，他的生活依旧简单整洁。当然，在 20 世纪 30 年代，法拉利所有的精力和金钱都投到赛车生意中了，自然得过简单节俭的生活。

当意大利入侵阿比西尼亚时，法拉利车队正在里窝那对 8C 进行测试。尽管整个国家都充斥着盲目的爱国主义，进攻非洲也引起了热议，但法拉利在公司对此事只字不提。他也没有注意到，1936 年 2 月，当车队试图穿越法国边境去参加波城开幕赛的时候，在圣路易吉大桥被拒绝入境。这些都是国际形势急剧恶化的警告，但法拉利显然认为这些并不值得关注。(可能他觉得自己的判断是正确的。拒绝车队入境只是少数几个制裁意大利的行为之一，并不能代表什么。)

可这并不意味着法拉利及其公司和法西斯完全没有任何关系。在这个时期，法拉利车队发行了一本名为《法拉利车队》(*La Scuderia Ferrari*)的内刊，它按时间顺序记录了车队的各种活动，里面满溢着法西斯式的虚张声势和对墨索里尼等人的各种恭维。虽然我们并不认为法拉利对政治运动有任何特别的支持，但法拉利亲自撰稿并编辑的公司内刊显示法拉利对法西斯的路线是衷心支持的。毕竟，他所依赖的阿尔法·罗密欧公司隶属于政府，他显然没有任何其他选择。

1936年赛季来临时，"迪迪"·特罗斯离开了车队。根据官方说法，他离开是因为车队当时已经完全转变为职业赛车的天地，他作为出色的业余选手变得有点格格不入。但是作为公司总裁和权力中心的法拉利，肯定也在其中起到了推波助澜的作用。这样一来，特罗斯作为公司领导的假象也结束了。事实上，在车队成立之初，所有的一切就都掌控在法拉利手中。

齐隆和德雷福斯也走了，卡拉乔拉在梅赛德斯-奔驰车队给齐隆安排了位子。他这么做是出于对老队友的情谊，还是为了有更多的机会接近"宝贝"·霍夫曼，就不得而知了。不过齐隆自称他去斯图加特，是因为法拉利降低了他的薪水。有人说梅赛德斯-奔驰邀请齐隆加盟是为了消除德国和法国之间的紧张关系，但这种理论完全站不住脚，因为很显然还有很多法国车手比齐隆更合适，比如德雷福斯。但因为德雷福斯的父亲是犹太人，他就被踢出了名单。他回到法国，通过塔尔伯特(Talbot)参加了一些比赛，但结果都不好。很多人认为，如果德雷福斯能加入德国队，他一定能成为赛车界顶级车手。但在新秩序的统治下，犹太人是被禁止参加赛车的。

法拉利车队获得启动费的关键人物当然是广受欢迎的努瓦拉里,他在 1936 年继续签约车队。这应该是墨索里尼政府大力促成的,他们可不能忍受瓦兹和受人喜爱的努瓦拉里同时转投法国车队。布里维奥也留了下来,此外,还有一位名叫朱塞佩·尼诺·法里纳(Giuseppe "Nino" Farina)的 29 岁车手加入。法里纳来自都灵的客车制造厂,在两兄弟中是哥哥;这个带着文艺复兴风格的男人还是政治学博士并擅长多种运动。他在军队混了几年之后投身赛车,经努瓦拉里指点几次后,在意大利业余选手里的排名迅速上升。他 1935 年加入法拉利车队之前属于玛莎拉蒂,并代表车队赢过一些比赛。他的驾驶风格粗鲁傲慢,经常像领袖般扬着下巴将双手伸出方向盘老远。

法拉利一向对玩命赛车的车手颇有好感,所以很快就断定法里纳将前途无量。同时加入车队的还有卡洛斯·品塔库达(Carlos Pintacuda),一名资深的赛车手(曾赢得 1935 年的一千英里耐力赛),时不时地在大奖赛里闪出耀眼的光芒。

虽然努瓦拉里的驾驶热情比年轻人还要高,但 1936 年赛季的胜利注定属于汽车联盟,而对于阿尔法·罗密欧和梅赛德斯-奔驰来说,这都是灾难性的一年。一向足智多谋的保时捷博士将 V16 发动机的排量增加到 6L,输出功率提高到 520 马力,超出加诺 5 月份在的黎波里使用的十二缸发动机大约 150 马力。除此之外,汽车联盟还有出色的日耳曼天才少年伯恩德·罗泽迈尔,当年还只是他参加赛车的第二年。他一共参加了 11 次大奖赛,其中五次获得冠军。梅赛德斯-奔驰在工程方面略显不足,当时他们派出的参赛车辆是短轴距版的 W25,这种车操控起来就好像骑着受惊的马。在罗泽迈尔的带领下,汽车联盟轻松取得了胜利。对阿齐里·瓦兹来说,这也是倒霉的一年。他和一个叫伊尔莎·皮奇(Ilse Pietsch)的女人纠缠不清,后者是汽车联盟一个叫保罗·皮奇(Paul Pietsch)的兼职车手的前妻。虽然原因不甚清楚,但心情抑郁的瓦兹在她的影响下染上了毒瘾,这让瓦兹的职业生涯岌岌可危,直到大战结束才有所好转。瓦兹的没落对于法拉利车队和努瓦拉里的影响不大。努瓦拉里以其不羁的驾驶风格在这个赛季只赢得了四场比赛,包括一场没有德国人参加的美国范德尔比特杯大赛。新的V12叫12C-36,这辆出色的车型是当时世界上速度排名第三的大奖赛车,但和来自汽车联盟的车辆相比,还是不够强大。(罗泽迈尔甚至还在男子气概上挑战努瓦拉里,在纽博格林的埃菲尔雷南大赛中,他于浓雾中超过了努瓦拉里这名老将。)

6月西班牙内战爆发,墨索里尼对佛朗哥领导下的共和党提供了大规模的支持。虽然国际社会普遍认为,德国和苏联都对西班牙提供了可观的外援,但和意大利的50000人军队、150辆坦克、600架飞机和800门大炮相比实在不算什么。这些额外的军备(虽然阿比西尼亚已经完全被制服)也增加了阿尔法·罗密欧的负担。在这种情况下,一个人登上了历史舞台,在法拉利长达70年的职业生涯中,他对此人的仇恨超过所有人。

此人名叫威弗雷多·佩拉约·里卡特·伊·梅迪纳(Wifredo Pelayo Ricart y Medina),或者简称里卡特。他是一名受过专门训练的工程师,并和戈巴托相识多年。他的政治背景不详,但考虑到他是从西班牙去的意大利,可以想见这个加泰罗尼亚人(Catalan)无疑跟执政的法西斯有着良好的关系。他擅长飞机引擎设计,在波特罗公司接到的第一个任务就是对空气动力装置进行升级和改善,应该也包括加诺那个失败的设计。里卡特这年39岁,是一个严肃内向的男人,他分析问题的方式跟戈巴托很像。他很快就受到了排挤,因为恩佐·法拉利、加诺以及其他老员工都没有经过正规训练,造车都是凭借着赛道上的经验主义加简单的直觉。更何况,里卡特(法拉利的员工都称呼他为"那个西班牙人")对赛车并没有特别的偏好,只是把机械设计当作一种职业，用冷静的方法处理每一个项目，这让他看起来不像一个满手油污的赛车机械师，更像是一个外科医生。

在过去的几十年里，法拉利的强硬性格和很多人都产生过碰撞，但从来没有一人能像威弗雷多·里卡特这样让他愤怒。在回忆录中，他故意把威弗雷多的名字写成"维尔弗雷多·里卡德"，并写了一堆关于他的愚事和坏事。

显然法拉利有理由觉得里卡特威胁到他了。可别忘了，法拉利、努瓦拉里和加诺的三人团队辛苦经营多年，最后却被德国人屡屡重创。举个例子，1936年举行的阿赛博杯上，努瓦拉里驾驶加诺设计的超重8C-36在笔直的佩斯卡拉长赛道上开到了每小时152英里，而汽车联盟的成绩是每小时183英里。只有凭借努瓦拉里高超的技能和钢铁般的意志，并且在距离较短、弯道较多的情况下，他们才能有优势。戈巴托是法西斯的拥护者，他无疑感受到了来自齐亚诺或者墨索里尼本人的压力。对于一个崇尚荣誉感和膨胀爱国主义的国家来说，意大利当时在赛车场的表现无疑令人感到耻辱和悲痛。

历史学家格里菲斯·博格森对里卡特的职业生涯进行了调查，并采访了里卡特的家人，他们拒不承认法拉利对里卡特的污蔑。里卡特有时确实会用冷幽默调侃"首长"，但如果法拉利把这些当真的话，那他就太幼稚了。不过更有可能法拉利就是故意扭曲事实，让大家认为里卡特在新职位上根本毫无建树。法拉利还说，1938年当里卡特的3L Tipo 162进行第一次测试时，他装反了连杆的位子，从而导致前轮的转动方向也完全反了。法拉利再一次明显地暗示里卡特是一个连最基本的设计问题都解决不了的人。这无疑是绘图师的失误，而且很容易纠正。

尽管法拉利的做法难以让人原谅，他的痛苦却是可以理解的。威弗雷多·里卡特名义上是要让阿尔法·罗密欧重返赛场，更重要的却是扩大航空方面的业务，毕竟 IRI 委托的合同利润都相当丰厚。简单来说，法拉利车队的努力都将徒劳无功，加诺的努力也是。在法拉利车队的防御战中，预算紧张是一个很严重的问题，而德国人的经费远远比他们充足得多。加诺很晚才认识到液压刹车、独立悬架、低重心和 V 型发动机等新技术的作用，然而德国人早已将这些技术应用在车辆制造上，甚至经费比法拉利更紧张的玛莎拉蒂兄弟也已经采用了许多。多年以来，法拉利车队的狂热粉丝和对其阿谀奉承的人总是试图巧妙地模糊一个事实，即 1934 年之后的 P3、8C-35 和 12C-36 都是失败的。在接连的挫败后，戈巴托和阿尔法公司想寻求一个大改变也是合情合理的。

一切都发生在 1937 年 3 月，阿尔法·罗密欧公司买了法拉利车队 80% 的股份，并对车队的老板宣布赛车事业的管理重新回归波特罗总部。在回忆起这番波折时，法拉利再次用晦涩的语言一带而过（"他们要我关掉公司，并任命我为他们的赛车经理"），但能想象当时的抗争应该是长久而艰难的。毕竟，恩佐·法拉利是阿尔法·罗密欧大奖赛事业的领头人。失去这个职位在他人眼中就意味着失败，至少是不愉快。1935—1938 年对于这个极度骄傲并花了 15 年时间爬到公司顶端的男人来说充满了挫折。现在所有的努力似乎都将归零。

面对波特罗的一系列变化时，法拉利竭力保持着自己公司的完整性。1937 年公司再次续约努瓦拉里，并由他领导车队，尽管众所周知，汽车联盟和梅赛德斯-奔驰都有意拉拢这个伟大的车手。当时"瘾君子"瓦兹已经离开汽车联盟，而梅赛德斯-奔驰在年轻的天才设计师鲁道夫·乌仑浩特（Rudolf Uhlenhaut）帮助下发布了全新改进的直列八缸赛车，可以在比赛中产生 600 马力的功率。但显然墨索里尼政府向塔基奥·努瓦拉里施压不许他离开车队，直到阿尔法·罗密欧得到机遇重新振作。和努瓦拉里一起的还有法里纳、布里维奥、品塔库达以及只专注爬坡赛的马里奥·塔蒂尼。

　　阿尔法现在急需新式的汽车，所以戈巴托引进了新鲜的人力，显然他相信波特罗和摩德纳双管齐下的方法肯定能奏效。巴托洛梅奥·康斯坦丁尼（Bartolomeo Constantini）长期以来都是埃多尔·布加迪的工程师，现在被安排为里卡特的助手。而加诺的徒弟吉奥阿基诺·科伦布（Gioacchino Colombo）则被派往法拉利车队。这位34岁的工程师从1924年就跟在加诺身边，他的到来为摩德纳做出了巨大的贡献。科伦布14岁时就在米兰著名的莱尼亚诺设计学校（Officine Franco Tosi di Legnano）当技术绘图员，主要设计柴油发动机和蒸汽机。他提出的增压机概念获得了设计大奖，从而在阿尔法·罗密欧谋得一份工作并成为加诺P2设计团队的一员。在1937被派往法拉利公司之前，他一直都在加诺这位大师身边工作。

　　波特罗和摩德纳都处于一片混乱中。加诺要在没有任何资金援助的情况下造出可以获胜的车子，无疑压力巨大。科伦布承认自己也是混乱的助推者之一。他在回忆录中说道："工厂里混乱的职能划分让可怜的加诺更加焦头烂额，每个人都想要按照自己的方式来做事（我自己也包括在内）……加诺能在这样的条件下造出一款新车不得不说非常令人惊讶。"

　　国际赛车界也在不断变化。750公斤规则实施后车辆速度还是超过了可怕的每小时200英里，于是到了1938年规则再度被更改，只允许3L以下的机械增压车和4.5L以下的非机械增压车辆参赛，这又是一项控制车速的举措（这一举措也将以失败告终）。报道还宣称AIACR到1940年会进一步降低参赛车辆的排量，增压车辆将被限制在1.5L以下。这就意味着加诺、里卡特、法拉利、科伦布以及阿尔法·罗密欧公司赛车部的相关人员要为1938年的大奖赛开发一系列全新的车，同时还要进一步研发小排量发动机为此后的四个赛季做好准备。

正当科伦布收拾行囊准备前往摩德纳之际，加诺的案头放满了各种设计概念，不仅有临时用来应对1937年赛季的12C-37，还有一系列为1938年即将实施的3L规则准备的八缸、十二缸甚至十六缸发动机设计。科伦布即将加入的法拉利设计组中有巴兹、费德里克·吉贝尔第（Federico Giberti）、阿尔伯托·马西米诺（Alberto Massimino）以及同样来自阿尔法的年轻的安吉洛·纳西（Angelo Nasi）。马西米诺是一个才华横溢、经验丰富的设计师兼工程师，曾经为命运悲惨的阿尔法806设计过底盘和车身，这是大变革之前的最后一款赛车。这个团队的任务是要设计一款紧凑的1.5L单座小型车（voiturette），这种级别的赛车在一些无法和德国车队匹敌的赛车队与个人参赛者中间逐渐流行起来。玛莎拉蒂和英国ERA公司都已经开始生产这种车辆（意大利人称为vetturetta）。这种车可以为法拉利和阿尔法带来两个好处：一来可以让他们在一些德国车队不参加的赛事中取得胜利，二来如果1.5L规则真的被实施了，他们也有机会开发完整的大奖赛车。

是谁想到要开发这么一款车型一直争执不休。法拉利毫无顾忌地宣称是他的功劳，他一口咬定"就在这个时期，确切地说是1937年，我想到要在摩德纳打造这么一辆车，之后这车被称为阿尔法158"。但在科伦布的回忆中，却并非如此。"阿尔法·罗密欧打算在摩德纳原法拉利车队的车间打造一辆小型车，这让加诺长舒了一口气。这不光减轻了对加诺大奖赛车设计的干扰，也让他能摆脱我一段时间；我当然是一个不错的助手，但可能在当时的混乱中，我也越来越想要按照自己的想法来工作，这无疑给他带来了压力。"

法拉利宣称在科伦布来车队之前这辆车就在他脑海里盘桓很久了，但科伦布却清楚地表明小型车是阿尔法·罗密欧的构思，他认为那是"他们"的车。有资料显示后一种观点可能更靠谱，但也没有确切的结论。据悉在拜占庭式政治氛围的影响下，阿尔法·罗密欧公司尝试了一系列的新车和发动机组合。公司至少有六个新项目同时展开，这对于一个战备任务繁忙、资金又很紧张的公司来说是非常不利的。再加上当时以法拉利和里卡特为首的两个派系斗争不断，加诺的设计团队被挤在中间，一切真的是一团糟。

在这混乱中，科伦布在一个明媚的春日里，沿着艾米利亚古道前往摩德纳跟法拉利商量新款小型车的事情。不管小型车之父到底是谁，它的开发费用都是波特罗总部决定的，虽然最后的配置由法拉利定夺。科伦布说当时他的计划是中置引擎独立座舱，这个灵感来自上赛季大奖赛中所向披靡的汽车联盟车辆。但法拉利否定了这个想法，他觉得这个设计"就像阉牛在拉马车"。所以最终这个编号为 Tipo 158 的车型是一款传统的前置发动机汽车，完全按照长官的意愿打造（20 世纪 50 年代他再次执迷于这个理论，导致他的团队在长达两年的时间里一直落后于英国对手）。

法拉利从来不认为自己是一个工程师。他写道："我从来都不认为自己是一个设计师或发明家，我只是让一切动起来、跑起来……我天生有鼓励他人的才能。"所以 Tipo 158 是以科伦布为首的摩德纳小团队发明的。但很多历史学家认为，新车的 1.5L、双凸轮、直列八缸发动机完全就是同时期加诺所设计的十六缸 Tipo 316 发动机的一半。所以我们可以断定，在那个混乱的时期，波特罗和摩德纳之间肯定有大量的信息往来和相互借鉴。

新的 158 被戏称为"阿尔菲塔"（Alfetta），法拉利开始带领着他的"骨干部队"夜以继日、马不停蹄地工作。法拉利整日都在波河平原的各种小专卖店奔波，为这个至关重要的项目购买钢管铝材、点火线、刹车部件、燃油、油泵、散热器、冷却器、转向位、弹簧、减震器和大量其他东西。巴兹则指导机械师制造汽车，并对新的发动机进行测试。马西米诺的专长是悬架，吉贝尔第则随时随地待命，他后来成了法拉利长久的拥护者。纳西则陪着科伦布在法拉利公司的一个小设计室里，根据老板指示的各种材料画出大量新车型所需要的复杂工程图纸。

这是恩佐·法拉利最擅长的——沉浸在新锐大胆的设计中，他认为这样就能在赛道上大获成功。摩德纳酷热的夏天来势汹汹，它将整个法拉利工厂变成了燃烧着的地狱，到处都充斥着狂躁、震耳欲聋的响声，一切都在发疯似的运转着，而法拉利却似乎从中获得了力量。每天晚上，精疲力竭的团队都会聚在公司附近的小餐馆一边吃饭，一边讨论项目的进展情况，然后只睡上几个小时就在凌晨时分起来继续工作。

与此同时，官方赛季已经拉开帷幕，德国队再一次如狂怒的野兽般横扫赛场。新的梅赛德斯 M125 比预想的更快，它打败了汽车联盟，更将阿尔法远远地甩在后面望尘莫及。努瓦拉里按耐不住了，他又开始热情满满地参赛，就算按他的标准来说也有点过于热情了。他的车在都灵大奖赛的练习赛中失控出了车祸，导致他肋骨断裂和脑震荡；祸不单行，他的父亲又突然逝世了。随后他前往长岛参加范德比尔特杯的比赛，在到达诺曼底准备穿越国境线时，噩耗再次传来，他的长子吉奥尔乔因心脏病去世。他在无比沮丧的情况下参加了练习赛，结果发现美国摩托车手雷克斯·梅斯（Rex Mays）开着去年的旧款 8C-35，也明显比他和队友法里纳要快得多。

虽然齐亚诺与在罗马和米兰的同事都不停地提醒努瓦拉里牢记国家荣誉，但很明显这位伟大的车手要掉链子了。8 月中旬在佩斯卡拉的比赛他已经被逼到了极限，加诺和法拉利给努瓦拉里及法里纳配的是两辆改装过的 12C-37，是高车身的 36 的升级版，底盘比原车更低。塔基奥只开了 4 圈就在维修点停了下来，无耻地把车给了还没开始比赛的法里纳。显然这辆车是一场灾难。努瓦拉里一直引以为傲的是他总能驾驭其他人认为开不了的车，如果他都拒绝了 37，那就说明这款车已经完全没有希望了。"它的缺陷显而易见……伤透人心。"现场的一位记者说。

不久努瓦拉里开着一辆汽车联盟的车出现在瑞士大奖赛现场。意大利媒体狂怒了，只有看到努瓦拉里对笨重、马力过高、后置发动机的车子感到不适，他们的怒火才得以平息。但这件事传递的信息是不会错的，除非有人，或加诺或法拉利或里卡特或科伦布，能造出一辆在赛场挽救意大利荣誉的车，否则无论是在西班牙战场还是在公司内部，他们的新盟友纳粹德国为展示自己的超级力量，那把残酷迅猛之斧即将落下。

一切都在意大利大奖赛画上句号。比赛地点从蒙扎改到里窝那，齐亚诺的故乡，而且政治环境热情而友好。上一年度努瓦拉里的表现很好，他在皮萨（Pisa）南部 4.48 英里的沿海赛道上打败了德国人。他选择早些的 12C-36 想要复制 1936 年的成功，但这种尝试是徒劳的。鲁迪·卡拉乔拉和赫尔曼·朗（Hermann Lang）驾驶的梅赛德斯－奔驰 W125 比他快了无数倍。他再一次停了下来，冷酷地把自己的车子给了法里纳。法里纳接着跑完了比赛，最终获得第七名，这已经是意大利车在这次比赛中的最好成绩。

两个星期以后，意大利最出色的跑车设计师维托里奥·加诺被开除了，有传言说法拉利也即将离开，并和加诺一起成立一个不属于阿尔法的团队。多年以来法拉利一直呼吁成立一个"意大利车队"，所有的汽车厂商为了大奖赛共同努力，当然，这个车队必须以他自己为首。但菲亚特和蓝旗亚对此丝毫没有兴趣，虽然后者很快就雇用了加诺，部分原因可能是为了让他替代年初刚去世的公司创始人文森佐·蓝旗亚。

法拉利车队陷入了困境。戈巴托对里卡特非常有信心，曾公开表示他们将完全接管赛车业务，并将其搬回波特罗。他这一表态加剧了摩德纳的紧张气氛，科伦布、吉贝尔第、纳西、马西米诺和巴兹像矿工一样努力地为阿尔菲塔工作。如果不能独立于波特罗，那他们的工作就会受到阻碍，因为所有的铸造件和锻造件都必须在那里做好以后运到摩德纳。他们在和时间进行疯狂的赛跑——在西班牙入侵者夺走车队剩余的一切之前，这是夺回尊严的最后一次机会。只有158顺利完成，并赢得一些赛事的胜利，车队才能维持表面上的独立。

为了减轻压力，法拉利和科伦布在加诺离职几天后召集了意大利媒体，向他们展示了158的原型，但就算最天真最热情的记者也明白眼下的情况：158要几个月之后才能正式出现在赛场上。这是一次勇敢的尝试，却不足以撼动阿尔法的管理。

1938年的新年钟声敲响了，戈巴托宣布赛车业务重返波特罗总部，并由新成立的阿尔法·科西嘉公司（Alfa Corse）管理。这个新公司不仅取代了法拉利公司，还吞并了整个车队。为了保留法拉利的脸面，他被任命为新公司的总监，当然他肯定也从并购中获得了钱财方面的好处。他现在是舒适的摩德纳贵族了，就算社会地位还谈不上有多高，至少在财富上他已经是贵族级别了，但这也无法弥补他心爱的法拉利车队的终结带来的伤痛。同时，他还担任阿尔法·科西嘉公司的总监一职，这意味着他要经常去米兰。在毗邻阿尔法公司的地方已经建起了一栋两层建筑，新公司将在这里办公。

阿尔法·罗密欧公司派了卡车来运走了机床、赛车备件、赛车整车以及四辆几乎已经完工的Tipo 158。这是阴郁的一天，卡车带走了赛车的一切，特伦托与的里雅斯特大道店铺里只剩下几辆阿尔法·罗密欧轿车。这里又变成了经销点。

阿道夫·希特勒再一次叫嚣着要吞并奥地利，墨索里尼立即和德国建立了完全的联盟。多数意大利人已经明白，欧洲大陆将迎来一场不可避免的战争，张伯伦的绥靖政策和飘摇中的国际联盟已无法阻止这场战争了。

然而，就像午夜前的最后一支舞，赛事还在继续。法拉利自然去了米兰，发现他痛恨的对手里卡特正处于权力的巅峰时，他咬牙切齿。随着加诺的离开，他成了首席设计师，在赛场上奔驰争夺输赢的都将是他的赛车，除了158。这款车成了一种防御手段，让来自摩德纳的一小群"难民"前所未有地团结在一起。

第二次重创随即来临。2月初在法兰克福—达姆斯塔特（Frankfurt-Darmstadt）高速公路上，伯恩德·罗泽迈尔闪闪发光的职业生涯结束了。这位势不可挡的德国赛车手试图刷新队友鲁迪·卡拉乔拉在当天早些时候创下的高速纪录。虽然事先他已被告知有侧风和路面冰点，但他毫不在意（"不用担心，我总是最幸运的那个人"），之后在车速超过每小时250英里的情况下发生车祸，当场死亡。这次车祸导致汽车联盟车队车手出现了空缺，显然对方会把机会留给努瓦拉里，除非阿尔法立即具备同等的竞争力。

Tipo 308成了决定努瓦拉里去留的关键，这辆拼凑而成的车从构思到成型都很糟糕，虽然是团队在专注打造阿尔菲塔期间根据加诺的设计在摩德纳生产的，但没有人愿意承认是自己打造的。不管真实的情况如何，这是一辆从一开始就被诅咒的车。

在波城举行的本赛季的第一次比赛的练习赛中，努瓦拉里驾驶的这辆车，底盘严重变形，连油箱都破裂了。努瓦拉里上一秒刚刚从车里钻出来，下一秒车就被火吞没了，他也因此受了轻微的烧伤。努瓦拉里当场发誓，他再也不会驾驶任何阿尔法·罗密欧的车（他确实一直遵守这个誓言）。几天以后，努瓦拉里便宣布退役。他和妻子去了美国长途旅行，但在赛季中期，他又带着新的热情回到赛场并加入了汽车联盟。他在汽车联盟一直待到二战爆发，其间获得了三次主要赛事的胜利。

1938年5月5日，阿尔菲塔成功在蒙扎进行了最终测试，增压小发动机的马达声回响在路边的树丛间，恩里科·纳迪（Enrico Nardi）开着它跑了很多圈都没出什么问题。这是一款又长又矮、形似蜘蛛的车，尺寸只有大型的308和312大奖赛车的四分之三，但在操控性和响应性方面却更加成熟。阿尔菲塔配备了大型液压刹车系统、完全独立的悬架和变速箱，其传动系统直接和后轮差速器连接，最大限度对车身重量进行了均衡的分布。

最为显眼的是，阿尔菲塔拥有向前突出的前脸格栅，这个类似蛋箱的设计后来成了法拉利车的传统，也成了该品牌的特有标志。

虽然阿尔法·科西嘉公司的大奖赛项目前景令人沮丧，但在摩德纳，希望正冉冉升起。马拉松般漫长的车辆准备工作终于在8月7日齐亚诺杯开始的时候完成了。和往常一样，这场比赛在里窝那的公路上进行。三辆158阿尔菲塔被运到比赛现场，分别由弗朗西斯科·塞维里、克莱蒙特·比昂德蒂（Clemente Biondetti）以及年轻的艾米利奥（"咪咪"）·维洛雷西[Emilio（"Mimi"）Villoresi]驾驶。艾米利奥的哥哥路易吉（"吉吉"）则开了一辆特别的玛莎拉蒂。其时路易吉已经是玛莎拉蒂一个明星车手，他在最后时刻被车队配了一辆铝制发动机缸体的轻型6CM-1500去比赛。当时有流言从摩德纳传到博洛尼亚的玛莎拉蒂公司，称阿尔菲塔是一个非常有竞争力的对手，所以维洛雷西的任务就是要毁了阿尔菲塔的这次首发。

"轻型车"（Light car）或小型车比赛虽然只是大奖赛的前奏，但阿尔菲塔的出现还是引起了很大轰动。158系列赛车被漆成传统的意大利赛车红色，当然并没有挂上跃马标识，它们整齐地排列在起跑线前，着实让观众眼前一亮。发令旗一降下塞维里就像闪电一样冲了出去，但在领跑了一段距离之后，他很快就被"吉吉"·维洛雷西甩出老远。到第 6 圈时，胜负已经很明显了，但这时"咪咪"开始发起挑战。他加速前行，然后两个竞争对手，一对兄弟，开着意大利最出名的两个品牌的赛车，在雀跃的观众面前展开了激烈的争夺战。最终挺不住的是玛莎拉蒂，它的发动机坏了，"吉吉"在一片油烟和热气中滚到路边。"咪咪"顺利开到终点线，这对首次参赛的阿尔菲塔和高兴得近乎发狂的法拉利来说都是一场了不起的胜利。

法拉利在波特罗的地位迅速上升，毫无疑问，他又在戈巴托面前炫耀了自己的优势。当时，里卡特设计的大奖赛车跟加诺相比并没有什么大的突破，所以恩佐·法拉利作为阿尔法·科西嘉公司的"总监"，势必会让这个西班牙设计师本来就很脆弱的名声进一步滑坡。两人几乎不怎么说话，但 158 还在继续开发和参赛，这主要归功于巴兹在发动机调试方面的惊人天赋。车在佩斯卡拉失利，之后在蒙扎获胜，但后来玛莎拉蒂在它们的故乡摩德纳将它们踩在脚下。

法拉利和里卡特之间的关系日益紧张，天生狂妄的法拉利有足够的理由去嫉妒这个男人。阿尔法·罗密欧公司的赛车项目本是法拉利车队的后盾，而现在，这个不知道从哪里冒出来的外来者、"外国人"、西班牙人却成了这里的一把手。法拉利失去了车队，还得在这个嘈杂的大公司里阿谀奉承，听命于一个他公开鄙视的男人。仅仅是嫉妒吗？恐怕远远不止于此。

"我和戈巴托越来越不合拍，"他写道，"我必须告诉他，就算我放弃了法拉利车队，我也没有放弃我的原则和设计哲学。他回答说：'我才是阿尔法·罗密欧的经理，我不会放弃任何一个我相信的人。法拉利，你难道希望我在没有经过任何讨论的情况下就接受你的所有要求吗？'我回应说我为自己如此苛求一个必要答复感到报歉，并说问题不在于我的观点会不会被接受，而是他们不假思索地就接受了里卡特荒谬的想法，这让我不安。"

不管谁对谁错，直到1938年赛季末，阿尔法在大奖赛上的毁灭仍在继续。雪上加霜的是车队背叛者努瓦拉里开着令人痛恨的汽车联盟赛车，在蒙扎和英国的多宁顿公园都赢得了比赛。虽然在意大利大奖赛中法里纳获得了第二，为车队挽回了一些颜面，但他的阿尔法落后冠军整整3圈，还得归功于德国车的严重损耗。

不过，1939年他们又有了新的计划。意大利赛车当局将会向痛击他们的德国朋友展开复仇。在当年9月的意大利大奖赛上，他们宣布参赛车辆必须符合1.5L小型车规则。这看起来是神来之笔，因为德国人根本没有这种车，而阿尔法·罗密欧和刚刚组装成4CL轻型车的玛莎拉蒂则拥有这个级别最好的车。意大利肯定又能在赛场上重夺胜利了。但他们没有预料到，梅赛德斯－奔驰的参赛热情如此之高，他们进行了赛车史上从未有过的大胆尝试。

与此同时，波特罗的政治氛围也到了白热化的地步。虽然158和大型大奖赛车的改进工作在冬天继续进行，但法拉利和里卡特之间的派系之争愈演愈烈，最终摊牌是迟早的事情。

这种愚蠢、微不足道的对抗在意大利逐步走向战争的过程中不断发酵。阿尔法·罗密欧的日常管理因赛车项目而受到干扰，整个国家也因墨索里尼愚蠢的远征而削弱了军事实力。他不仅在对西班牙和埃塞俄比亚的战争中消耗了巨大的人力、物力和财力，还在1939年4月吞并了亚得里亚海旁边的阿尔巴尼亚。这除了让墨索里尼成为意大利、埃塞俄比亚和阿尔巴尼亚三国的名义国王之外，并没有任何实质性意义。从1937年末开始，意大利脱离国际联盟进一步向希特勒靠拢，到1939年5月，各国政府都已知晓意大利即将在22日和德国签订一个重要的联盟条约——《钢铁条约》(Pact of steel)。

难以置信的是，此时各种赛车队居然还聚集在的黎波里参加巴尔博元帅的年度盛宴。这个沙漠王国已经正式成为意大利的盟友，巴尔博又对本就华丽的赛道进一步装修，使得这个赛事成为国际大奖赛中最豪华、最出名的赛事。按照历年传统，车队一般都会提前到达适应沙漠地区炎热的气候，同时参加巴尔博组织的盛大宴会。整个赛事结束后还会在白色的大理石宫殿里举行胜利晚宴，并有戴着头巾的当地民兵部队保护宾客。值得庆幸的是，似乎这一次的冠军即将属于开着意大利车的意大利人，这可是自 1934 年以来头一遭。

然而危险的讯号就在最后一刻降临了。梅赛德斯－奔驰最终决定参加比赛，两辆比赛车辆是专门为这个比赛打造的。这两辆车未经过任何测试，有一辆甚至是在穿越地中海的船上完成的。这一消息让意大利队松了口气。毕竟，成熟的 158 型车比赛时能输出高达 200 的马力，玛莎拉蒂车队则为"吉吉"·维洛雷西配了特殊流线型的车。德国对手又能在这么短的时间内拿出什么样的车呢？

亮相时，才发现真了不起。戴姆勒－奔驰的工程人员只花了五个月就做出一款宝石般的 1.5L 赛车，装有 V8 发动机，几乎就是德国那些无可匹敌的大奖赛车的微缩版。通过不懈的努力，两辆搭载着全新 V8 发动机的 165 型赛车从设计图纸变成了现实中的速度之王。早先的测试显示其输出功率达到了 240 马力，比顶级阿尔法还高 40 马力，底盘上又装载了更加先进的转向和制动系统。

鲁迪·卡拉乔拉和赫尔曼·朗驾驶着这两辆车引起了赛车史上最轰动的场面之一。他们当着目瞪口呆的巴尔博和阿尔法公司众人（也包括法拉利本人）的面，在资格赛中获得了第二和第三，仅次于维洛雷西的流线型玛莎拉蒂。但当正式比赛在炙热的、满是沙子的赛道上举行的时候，对于意大利人来说一切都已经结束了。朗冲离起点线并迅速消失在众人目光中，沿着长直道疾驰完成第 1 圈。紧随其后的是卡拉乔拉，两人几乎齐头并进！维洛雷西在第 1 圈就退赛了，之后两辆同车队的 4CL 也退出了比赛。法里纳带着一贯的热情紧紧追赶着卡拉乔拉,但几圈之后便落在后面,因为他的阿尔法无法适应这种节奏。朗最后获得了冠军,领先他的队友(也是公认的竞争对手)卡拉乔拉几乎整整一圈。

这是 165 的唯一一次亮相。这次比赛是德国赛车技术的一次华丽展示,毫无疑问也是一次出色的宣传造势。不需要成千上万的劳工,也不需要数以万计的马克,德国车的胜利已向意大利盟友及欧洲其他国家宣示,德国在所有领域的技术都是最先进的,包括军事装备。

一个月以后 158 被带到蒙扎做进一步测试。据说德国即将在 1.5L 级别的比赛中发力,并对车辆进行了一系列的改进,希望能获得更大的马力输出。负责试车的是"咪咪"·维洛雷西,他因高速碰撞而丧生。跟努瓦拉里一样,哥哥"吉吉"·维洛雷西宣布永远不会再开任何阿尔法·罗密欧的车,他也和努瓦拉里一样信守这个诺言。

法拉利处理保险问题的态度也让"吉吉"感到十分愤怒。维洛雷西家要求车队对事故进行保险赔偿,但法拉利拒绝了,声称"咪咪""生病了才导致出车祸"。这个说辞激怒了"吉吉"·维洛雷西,他坚持认为自己弟弟的健康状况没有问题。这次争吵对两人的关系产生了终生的影响——直到维洛雷西成为法拉利车队的明星也没有和缓。

随着年轻的维洛雷西去世,车队不仅要和日益强大的德国队艰难对抗,还要权衡内部的政治斗争。这一切都即将结束,对意大利和其他国家来说,一场前所未有的浩劫正缓缓而至。9 月 1 日,希特勒的部队越过波兰边境,人类历史上最血腥的战争拉开了序幕。

英国和法国在几周内相继宣战,意大利却暂时保持中立,直到来年。齐亚诺长期以来一直反对和希特勒结盟,他告诉墨索里尼,他们缺少至少 17000 吨关键的战争物资,就算有物资,也没有运送物资的火车和卡车。

所以意大利直到 1940 年 6 月前一直保持一种准中立的立场。入侵波兰两天以后，德国人在南斯拉夫参加了最后一场赛车比赛。塔基奥·努瓦拉里代表汽车联盟获得冠军，所向披靡的德国车随后便运回家乡并将封存起来。而阿尔法·罗密欧在国家陷入战争后依旧在制造和测试车辆并且至少持续到了 1941 年，意大利人是有多么主次不分啊。

那时恩佐·法拉利早已离开阿尔法。他和阿尔法·罗密欧之间近 20 年的联系——他称其为"脐带相连"——在 1939 年末断开。他被戈巴托开除了。很多传记作家都避免使用这个词，他们称法拉利是"自己选择离开"的，或至少觉得法拉利的离开是双方一致同意的结果，或使用"他自己选择离开"这样的字眼来暗示。法拉利自己则十分直截了当，他说："我和公司无法弥合的裂缝导致了我被免职。"

一切都结束了。终结。恩佐·法拉利收拾行囊回到摩德纳。留下来的是赢家里卡特、科伦布和一些其他人，除了马西米诺，他也离开了。阿尔法·科西嘉公司的人员变动在当时的赛车小世界算是一件大事，但战火已经在波兰燃起并将席卷整个欧洲。跟熊熊战火相比，这些都微不足道。火药味已经穿过阿尔卑斯山向南蔓延，但在意大利参战之前，恩佐·法拉利脑海中的反抗之火又再次被点燃。法拉利叫它 Tipo 815，其他人则称它为"第一辆法拉利"。

08 / 第八章
战火中的新公司

被阿尔法·罗密欧开除这件事，对恩佐·法拉利自尊心的打击要远远超过金钱上的打击。他自己也承认，公司收购车队的费用加上向他支付的遣散费，让他在金钱方面非常充裕。此外，他的赛车分公司非常成功，就算后来他的阿尔法车失去了竞争力。启动费和丰厚的赞助费使得公司运转顺利，也让法拉利回到摩德纳之后依旧可以安居乐业。他依旧过着简朴的生活，和劳拉、迪诺一起生活在位于特伦托与的里雅斯特大道原法拉利车队二楼的小公寓里。迪诺已经七岁了，对于父亲所从事的汽车事业也开始显露浓厚的兴趣。

回望过去20年，恩佐·法拉利可以说是心满意足。除了从父亲那里继承的一点儿遗产，他几乎是白手起家，通过不断的努力和奋斗成为现在国际赛车行业一个重要的人物。41岁的他契合了意大利成功男人最重要的衡量标准——同事的尊重。在摩德纳，法拉利在物质和声誉两方面都已经成为一名上层贵族。法拉利车队也已然成为某种象征，摩德纳人早已习惯看到形形色色的人，不仅有如努瓦拉里及已故的受人喜爱的康派瑞等著名车手，更有重量级贵族以及法西斯分子。

但被阿尔法·罗密欧开除终究是一件难以启齿的事情，更何况意大利体育媒体还对此大肆报道。不过令人欣慰的是，他的离开引来阿尔法·科西嘉公司一次小小的逼宫，致使恩里科·纳迪、费德里克·吉贝尔第、阿尔伯托·马西米诺很快追随他来到了摩德纳。他们也是这次大换血的受害者，而像科伦布和巴兹等与公司关系密切的人则留在了米兰，这种情况一直持续到战争结束。

法拉利和阿尔法·罗密欧的离职协议规定，他在四年内不可以使用原法拉利车队斯库德里亚的名称，也不可以直接参加各种赛车活动。显然戈巴托和阿尔法公司的其他管理者担心法拉利会搭上其他汽车厂商，并围绕这个和阿尔法·罗密欧公司关系密切的名字开展。因此，法拉利着手建起了一家叫作汽车航空制造厂（Auto Avio Costruzione）的定制机床厂，公司的所有信笺、销售册等物品上都印有跃马标志。新公司在年底接到了罗马的国家航空公司（Compagnia Nazionale Aeronautica）委托的零件加工工作，这家公司主要生产轻型训练机用小型四缸航空发动机。法拉利投入了大量资金，在原来的法拉利公司厂房新添了车床、铣床、磨床和刨床。因为没有铸造车间，他没法生产自己的铸造件和锻造件，就将其承包给博洛尼亚著名的卡尔佐尼铸造厂（Fonderia Calzoni）。工厂计划招有40名工人，法拉利似乎已经摆脱波特罗阴谋的泥淖，在精神和金钱上都已准备好开始全新的职业生涯。

但阿尔法·罗密欧公司拜占庭式的氛围已被距离原法拉利车队仅几个街区的另一个威胁所打破。一切要从1937年说起。其时尚存的玛莎拉蒂兄弟（家族领袖阿尔菲耶里已于1932年去世）决定将他们在博洛尼亚小汽车厂的控股股份出售给摩德纳强大的奥斯（Orsi）家族。奥斯家族由阿道弗（Adolfo）和其子奥默（Omer）领导，他们通过钢铁加工、农业机械生产以及摩德纳的有轨电车运营获得了巨额的财富并从中产阶级脱颖而出。玛莎拉蒂是一家非常了不起的赛车制造公司，但人才不济，把公司卖给奥斯家族就是为了改善公司的经营状况，不仅包括公司一直在进行的赛车生产业务（一年不超过14台），也有自一战时就已开始的小规模但收益潜力巨大的玛莎拉蒂火花塞的生产和销售业务。

和阿尔法·罗密欧比起来，玛莎拉蒂的生意小得可怜，他们有一个官方车队，参加的赛事非常少，主要经济来源是成规模、资金雄厚的独立车队，例如米兰的斯库德里亚·安布罗西亚纳（Scuderia Ambrosiana）车队。

尽管只是小公司，但在奥斯家族的资金支持下玛莎拉蒂公司也有能力生产超级跑车了。1939年5月，美国冠军车手威尔伯·萧（Wilbur Show）开着一辆玛莎拉蒂超动力的8CFT获得了印第安纳波利斯500的冠军（他又在1940年蝉联，更不可思议的是，1941年他在赛前车库发生火灾、后钢丝轮由此损毁的情况下还成功卫冕获得三连胜）。印第安纳波利斯在意大利是个很热门的比赛，法拉利也曾公开表示希望能在这个比赛中获胜。显然，看到各种奢华的赞美都堆砌在玛莎拉蒂兄弟身上时，他是无比郁闷的，尤其在他还处于赛车事业的低潮期。

但羞辱才刚刚开始。1939年玛莎拉蒂宣布公司迁往摩德纳——车辆、工具、配件、包裹等物件一并迁往。经过大幅度重组之后，阿道弗·奥斯担任公司总裁，他妹夫阿切斯特·贾科马齐（Alceste Giacomazzi）则担任总监一职。他们多么厚颜无耻！阿尔伯托·马西米诺经不住诱惑，跳槽过去担任了设计总监。在过去十几年中，法拉利都是当地赛车运动的头号人物，只要提到汽车，最受关注的人物就是法拉利。现在这些入侵者，这些闯入者在希罗·梅蒂诺大街（Via Ciro Menotti）开了店，距离法拉利的公司不过几个长街区。虽然玛莎拉蒂兄弟如今都担任高薪的闲职，对公司的总体策略没什么话语权，但在赛车部门，名义上的关键人物还是宾多·玛莎拉蒂（Bindo Maserati）。不过奥斯家族已经在计划扩张，商业战争已经迫在眉睫。公司计划通过火花塞、电池、小型电动三轮运输卡车以及一系列机床、磨床和铣床的规模生产进一步扩大生意。他们还计划在盈利丰厚的军用卡车生意上开展一项副业。

在整个小镇的热火朝天中,恩佐·法拉利的工作显然成了"少数联盟"。1939年12月,已故的安东尼奥之子,年轻的阿尔伯托·阿斯卡里(Alberto Ascari)找到法拉利,一起来的还有他的友人、富有尊贵的摩德纳贵族洛塔里奥·兰戈尼·马基雅维利侯爵(Marchese Lotario Rangoni Macchiaveli)。阿尔伯托当时21岁,胖乎乎的他被朋友们亲切地称为"西乔"(矮矮胖胖),在摩托车赛车方面的名声渐广。他之前在比安奇厂队时和他的朋友兼导师路易吉·维洛雷西(Luigi Villoresi)搭档在意大利与南非之间负责燃油运输,因此被准予延期入伍。兰戈尼则是一个业余车手,参加过艾米利亚的一些小型赛事,并在离法拉利公司不远的地方开了一家小赛车店。

两人找到法拉利提议为即将到来的一千英里耐力赛打造两辆赛车。一千英里耐力赛现在已经按照意大利的艺术风格更名为"布雷西亚大奖赛"(Gran Premio di Brescia),在布雷西亚、克雷莫纳和曼图亚之间的短赛道举行。1938年,博洛尼亚老赛道发生事故导致10名观众死亡、23人受伤后被废弃了。大奖赛本质上还是一千英里耐力赛,只是将1000英里改成了102英里的公路赛道跑10圈。讽刺的是,这样一来观众的危险程度反而是老赛道的十倍。

法拉利是在1939年平安夜的晚餐上决定生产这种汽车的。那是一年中最神圣的夜晚,大家都忙于家庭团聚,或聚餐或祷告,而法拉利依旧在工作。对于大多数意大利人,就算是法拉利认为"未被命运眷顾"的那些人来说,平安夜也是神圣的,全家团聚并参加教堂的活动。法拉利却在这样的时刻仍旧忙他的赛车,这不仅表明他的工作高度紧张投入,也可以看出,他自称对妻子和孩子的关心不过是一个谎言。

法拉利对此已经见怪不怪了，在复活节、圣诞节或意大利日历上显示的任何节假日里，他几乎都在工作。

大赛将在 1940 年 4 月 28 日举行。所以他们只有四个月来打造这两辆新车。由于时间非常紧张，当时团队里最有经验的设计师马西米诺决定对两辆菲亚特 508C Ballila[1] 进行改装。这是 1932 年投产的一款小排量轿车，名字来自法西斯青年组织，拥有四速变速器、液压式刹车及一款非常好的独立前悬架系统，在小型车和私用赛车市场很受欢迎（也被意大利军队用作轻型卡车）。但这款车的发动机很小，无法满足阿斯卡里和兰戈尼想要参加的 1.5L 级别比赛的规格。

马西米诺的解决方案是采用自制发动机缸体——直列八缸，再加上一对特别改造过的 Ballila 缸盖。这是一个绝妙的方案，兰戈尼非常赞成，他有一辆 508 跑车正在当地的一家改装厂改装，他还有一个名叫维托里奥·斯坦格利尼（Vittorio Stanguellini）的发动机调试员。新缸体的铸造在博洛尼亚进行，余下的工作由法拉利公司全权完成，包括新的曲轴和一系列必要小零件的安装。新车被命名为"815"（因为使用的是八缸的 1.5L 发动机；但也有人留意到，如果把数字换个次序就是 158，这是不是法拉利的嘲讽？）。

新车车身将由图林超轻车身厂（Carrozzeria Touring Superleggera）完成，这家米兰公司 1926 年由包括阿斯卡里的叔叔维托里奥在内的一群人创立。当时意大利的高性能赛车仅限在一个很小的圈子内，参与的生产商、设计师、机械师和车手不超过一千人，而且圈内人在血缘或生意上都有着千丝万缕的联系，并且大都生活在都灵和摩德纳之间的月牙形土地上。815 的外型被形容为"布雷西亚电鳐"

---

1 Ballila，相传是热亚那一个十三四岁的儿童，曾帮助意军取得对奥作战胜利。意大利法西斯政府规定，8—14 岁少年加入 Ballila。

（Torpedino Brecia），它拥有全包围的车身、大嘴巴似的椭圆形格栅，以及一个加长的车尾。第二辆属于兰戈尼，细节方面比阿斯卡里那辆要更好一点，并拥有一个更加优雅细长的车尾。这款装有博拉尼（Borrani）钢丝车轮的全敞篷车对车手的保护仅仅是一块全幅挡风玻璃，材料是刚刚开始流行的有机玻璃。

车辆早于计划完成——这无疑相当令人惊喜。故事的完美结局应该是参加比赛，然后获得巨大的成功，很可惜，结果并非如此。比赛的起点和终点都在布雷西亚，阿斯卡里和友人兼副驾驶斯伯尔迪（Spoldi）在1500 cc级别比赛中领跑了第1圈，兰戈尼和搭档恩里科·纳迪紧随其后。但第2圈时，阿斯卡里的车子出现了气门传动故障，可能是摇臂问题。兰戈尼随后跃居第一，并逐渐拉开与第二名的差距，整整领先了半个小时以上，后来却因为轴承故障退赛。

815在速度和潜力方面的表现都很不错，但之后不到两个月意大利就参战了，使得马西米诺关于设计的革新和改善计划被迫取消。

布雷西亚大奖赛的最终获胜者是胡思克·冯·汉斯坦伯爵（Count Huschke von Hanstein）和瓦尔特·鲍默（Walter Baumer）带领的开着BMW赛车的德国队，他们的2L 328双座跑车在赛道上的平均时速达到了105英里。他们车队的成员都穿着雪白的连体衣，上面印着纳粹党卫军可怕的双闪电标志SS，这也把赛车运动的政治性抬升到史无前例的高度。汉斯坦幻想着在战后他将成为保时捷的新闻头条并广受关注和尊重，但事实上他在这次一千英里耐力赛获胜的照片从未出现在德国以外的地方。

1940年6月3日，意大利在错误的时间站在错误的一方拿着错误的装备派了错误的军队加入了战争。意大利最精锐的部队已经消耗在埃塞俄比亚和西班牙战争中，而且一战中高涨的士气这次也完全看不到。更糟糕的是——贝尼托·墨索里尼沉迷于各种华丽的武器——快速灵活的坦克、飞机和军舰——这些轻装备虽然技术上已经成熟,但根本无法抵抗即将来临的各种残酷的火力攻击。意大利不仅缺乏核心的原材料,同时效率低下的管理和粗放的劳动力导致其工业实力远远达不到法西斯政府的要求。

希特勒曾公开讨好过墨索里尼,声称他们是平等的,但实际上德国从未向意大利透露过任何军事计划,迫使墨索里尼和他的追随者们一直都是在孤军奋战。

1940年秋,德军表面上似乎轻易取得了很多胜利,受到鼓舞的墨索里尼决定大干一场。当时埃塞俄比亚境内的20万军队正在疲于应对英国和南非的进攻,于是他决定从小国家希腊入手。这似乎是小菜一碟,只要从意大利所属的阿尔巴尼亚领土上穿过边境就可以了。但希腊人在崎岖的伊庇鲁斯山脉(Epirus Mountains)顽强抵抗,战争很快就陷入了困境。之后,英国空军派出卓越号(HMS Illustrious)航空母舰派出的战斗机在意大利的塔兰托(Taranto)痛击意大利舰队,击沉了3艘主舰并重创过半其他战舰。意大利舰队匆匆躲回那不勒斯,之后就再也没有出现在海上。更糟糕的是,英国军队在埃及异军突起,向西穿过撒哈拉沙漠占领了托布鲁克(Tobruk),用两个装甲部队打败了意大利的10个师。最终意大利有130000人被俘,数千人丧生,而英国只损失了438名士兵。领袖墨索里尼终于意识到,打仗可比让火车准点运行难得多。

讽刺的是,墨索里尼在希腊战场上的失败导致他在整个战争中陷入了更长的时间。希特勒决定向他可怜的盟友伸出援手,对付南斯拉夫和希腊。这导致英国将一些军队从非洲调回埃及以阻止纳粹向中东进军的趋势。希特勒转而将"沙漠之狐"埃尔温·隆美尔(Erwin Rommel)派往非洲攻击失去了英国保护的利比亚。在这种超级大国的对抗中,意大利只是一个带着些微武器的旁观者,不断被发号施令的强大盟友驱使，也被强大的敌人四处追赶。

意大利卷入战争已经一年了，有一个意大利人却在异国他乡，完全不受这些战事的影响。路易吉·希奈蒂愉快地生活在法国，他在1940年初收到过一封电报，要求他返回意大利参军。希奈蒂大胆地写信回绝，他说自己已经在一战时服过兵役了。不过他随后在1941年去美国参加完印第安纳波利斯500大赛后便决定留在美国。他一直待在纽约，并成为豪华汽车界的敌方盟友。

42岁的恩佐·法拉利已经不需要服兵役了。当阿尔法·罗密欧的一些管理者还在玩赛车时，法拉利却放弃了自己曾经的职业，转而把精力放到战事上，确切地说，从战事中获利（因为两边都有无数的非战斗人员）。再重申一次，除了法拉利车队内刊上一些刺耳的口号，没有任何证据显示法拉利对法西斯有偏好或有这方面的政治行为。他认为是战争打断了他的赛车事业，所以希望最大程度地利用战争来谋利。这在意大利民众中是很罕见的。

墨索里尼从来没有享受过德国人对希特勒的那种狂热拥护，他面对的是老派保皇党、社会主义者、学者和北方工业地区强大的共产党联合起来的坚决反对法西斯的同盟。值得说道的是，他不会像希特勒那样毫无人道，他只杀害或监禁了极少数的反对派人员。而在整个执政过程中，他也没有太多过于残忍的行为。据统计，从1927年到1943年总共大约有5000人被法西斯判刑，但真正被处决的只有29人。有一些反对派仅仅是离开了意大利，包括著名量子物理学家恩里科·费米（Enrico Fermi），他在美国原子弹的研制中发挥了重要的作用和价值。

恩佐·法拉利在战争期间的工作跟他的大多数生活一样，充满了矛盾。众所周知，他开始生产精妙的德国机床——精密液压磨床。他自己说是用于轴承的生产，其他人则表示并非如此。法拉利说他经朋友兼合伙人恩里科·纳迪介绍认识了都灵商人科拉多·加蒂（Corrado Gatti）。加蒂建议法拉利的新公司可以复制德国产琼格（Jung）磨床的专利技术。法拉利说他试过，但被拒绝了。德国人声称永远不会转让这项专利，而且，他们很乐观地认为除了他们之外，再没有人能生产出如此精妙的仪器。

但法拉利发现，德国的专利在意大利法律之下是无效的，所以决定在没有获得许可的前提下自己仿制这种磨床。结果非常成功。

这个故事还有另一种更加详细的版本，是佛朗哥·科特斯（Franco Cortese）1984年向历史学家安吉洛·蒂托·安塞尔米（Angelo Tito Anselmi）讲述的。科特斯是一个38岁的绅士，也是一个小有名气的赛车手，正是通过他，法拉利才和布雷西亚的欧内斯托·布雷达（Ernesto Breda）公司联系上的。这家大公司专为政府生产军用车辆和武器装备，总裁是乔瓦尼·鲁拉尼伯爵（Count Giovanni Lurani）的亲戚，著名汽车记者、兼职赛车手并且在汽车界广受尊重。科特斯通过鲁拉尼将法拉利作为公司所需磨床的潜在供应商介绍给了布雷达公司，但磨床将被用于生产37型机枪的部件，而非轴承。

法拉利在回忆录中一直没有提过他曾经为布雷达公司工作这件事情，也没有提过他的磨床除了用于轴承制造之外的其他用途。但是到了1942年，他的公司已经有能力生产高度精密的机床了。随着科特斯成为一个影响力极大的"赛车王"，法拉利机床的名声也随之在波河平原传了开来。这可不是一件容易的事情，因为他的老板法拉利几乎从不肯离开摩德纳。举个例子，科特斯为法拉利安排了一笔生意，为布雷达公司生产一款复杂的齿轮减速器，用于意大利军队所使用的登陆艇。他们对滨螺（Littorina）自行式轨道车上的大型Tipo D17的六缸发动机进行改造，用到入侵马耳他的特别登陆艇上。法拉利改装后的变速箱能让布雷达的发动机应用到海洋领域。这对于一家小公司来说是桩利润丰厚的买卖，布雷达公司急于展开工作，叫法拉利去米兰签署合同。

法拉利狂妄地通知科特斯他不会开车去米兰，如果军方和布雷达想要签约，就让他们来摩德纳吧。怒气冲冲的科特斯和毫不退让的法拉利通了电话。"奇迹男人"态度强硬，他不愿意沿着艾米利亚古道开上75英里到皮亚琴察，渡过波河，再开上25英里去米兰。科特斯不可置信地抱怨着，但最终还是带着随从以及军队高层组成了一个八辆车的车队开往摩德纳签约。"山向穆罕默德走来！"[1]这样的事情以后还会发生。

到了1943年初，轴心国已经很明显地完全失去了获胜的希望，他们在1942年早期曾处于巅峰，如今随着美国大规模工业力量的支持，同盟军的势力如失控的货车般不可阻挡。1943年7月他们开始进军西西里岛，蒙哥马利和巴顿将军即将直捣意大利。当时意大利已经处于无政府的边缘，米兰和都灵到处都是罢工。几个星期后，彼得罗·巴多格利奥（Pietro Badoglio）元帅发动非流血政变，罢黜了墨索里尼并取而代之。巴多格利奥一方面巧妙地承诺德国会继续战斗，另一方面却秘密和同盟国商议寻求和平。希特勒以他一贯凶猛的态度做出了回应，他罢免了巴多格利奥，并大胆突袭将墨索里尼从被流放的亚平宁山脉救了出来，然后处决了背叛元首的人，其中也包括齐亚诺。意大利从德国的盟友变成军事领地，陆军元帅阿尔伯特·凯塞林（Albert Kesselring）的铁血部队不惜一切代价也要占领它。

在北方，法拉利接到命令，工厂必须迁移到更安全的地方。从1942年末开始，同盟军便将他们的轰炸区域扩大到波河平原的主要工业城市，所以国家发布命令将工业分散到各个地方。法拉利仍旧在原

---

[1] 穆罕默德的故事，寓意不屈从于命运。

法拉利车队的办公地点雇了大约 40 个工人，包括一些妇女，工厂业务还在不断发展。他做好了进一步扩张的准备，深信德国南部的防御很快就会崩溃，随之而来的和平会带来更多汽车方面的机会。

法拉利看中了位于城区往南几英里处福尔米吉村（Formigine）的一处产业。但多次谈判后，业主依旧拒绝出售。他之后又让马拉内罗小镇的朋友米诺·阿玛罗蒂（Mino Amarotti）帮他寻找额外的土地。小镇距离摩德纳不远不近，大约 10 英里，但法拉利在那里已经拥有一处地基，位于一片樱桃园中的一座老旧石造农民房。阿玛罗蒂帮着说服了当地的农场主将毗邻的房子以及横跨阿贝托内—布伦内罗（Abetone-Brennero）高速公路的土地一并出售。这三块地加起来就足以建一个工厂。很快，一个三角形的木材和水泥混建的工棚搭了起来，蒸蒸日上的汽车航空制造厂又雇了超过 100 名工人。但这些产业不能是法拉利的。为了避免将来在法律或政府事务上的麻烦，法拉利把土地放在了劳拉的名下。当时的情况还不明了，尽管德国人肯定会被渐渐赶出意大利，可之后国家会由谁来统治呢？不管谁当权，对于法拉利来说，把财产和土地分别放在夫妻两个人的名下无疑是更安全的。他俩只是以儿子为纽带维持着表面上的关系，坚铁一般的意大利传统是不允许离婚的。不过双方都意识到危险时期土地的价值，所以马拉内罗的财产分割是双方都乐见其成的。

随着 1943 年 9 月 3 日蒙哥马利带领部队穿过墨西拿海峡（Strait of Messina），法拉利的小生意也蒸蒸日上。和阿尔法·罗密欧之间的合同已经过期，公司的名字"汽车航空制造厂"如今又包含"法拉利车队"了。

事实证明，德国人既是坚强的战士，也是野蛮的管理者。他们在安奇奥（Anzio）和亚平宁山脚的古斯塔夫沿线（Gustav Line）阻止了盟军继续前进，并在卡西诺山（Monte Cassino）的古老修道院筑起了强大的防线。在北方他们不断要求已经不堪重负的意大利工业增产。他们主要的供应商是菲亚特，但当时菲亚特正在怠工，并力图防止工人被驱逐到德国工厂。这个都灵的工业巨头原本每个月可以生产180架飞机，但由于无止境的破坏活动、罢工、旷工和公开装病，到1943年9月战争末期，每个月的最大产量只有18架！德国人要求他们每个月生产1500台飞机发动机，他们只能完成90—300台。卡车的产量也一样很小，还有一半消失在黑市。1944年初，愤怒的德国人宣布，菲亚特工厂的所有工具和机器将被运往德国。这一行为引起了意大利北部大规模的罢工，使得战争遗存下来的微薄工业体系陷入了瘫痪。最终菲亚特得以保留。

连法拉利的小工厂都没能逃过入侵者的魔爪。1944年9月，一小队德国军官来到马拉内罗的工厂检查库存和生产情况。他们对工厂的设施应该是很满意的，因为法拉利车间的清洁程度就算按德国人的强制标准也是合格的。但琼格的仿制品很快被他们发现了，他们冷冰冰地对忐忑不安的法拉利宣布，工厂所有的磨床设备都将归德国政府所有。德国人走了，留给（理论上）法拉利一座位于他妻子的土地上已经空荡荡的工厂。

实际上，什么都没改变。德国人将全部精力都放在和通过佩斯卡拉的凯撒防线稳步北上的盟军的对抗中。意大利乡间涌现出大批游击队，他们顽强有决心，以至于德国为了把他们控制在海湾调动了八个师。1944年11月4日，美国用四引擎的B-24解放者号重型轰炸机每天对德国军队进行例行轰炸，目标是位于波河以南的德国军队集中点，这是德国人的最后一道防线。这条歌德防线是由马拉内罗南部的一些掩体、护岸和供应仓库松散地连接起来的，法拉利的工厂不能说是首要目标，但也是目标之一。有几个炸弹落到工厂里穿破了脆弱的水泥屋顶并砸坏了几台"德国人"机器，但几个星期以后，工厂就全面恢复了生产。

这时候,法拉利深深沉浸在生活的变化中,这种变化带来的影响远远比那几百磅炸弹还要重大和长远。目前最不确定的因素是一个名叫莱娜·拉尔迪(Lina Lardi)的可爱金发女孩。她是战争期间加入法拉利工厂工作的众多女性之一。她长得很漂亮,很快就吸引了46岁、欲求旺盛的老板的注意。莱娜·拉尔迪来自卡斯特尔维特罗(Castelvetro),一个距离马拉内罗大约8英里的小村庄,四周环绕着蜿蜒的山脉,当地保持着中世纪的风貌,还有一座古老的教堂。莱娜的身世人们所知甚少,熟为人知的是,她安静温和的性格成了法拉利终身的精神避难所。她还为法拉利生下了汽车王国的唯一继承人。

在莱娜·拉尔迪走进法拉利生活的同时,公司也迎来了一个崭新的未来。德国军队正在四处躲避盟军的剿杀,东部、西部和南部的"欧洲要塞"已被打破,和平降临意大利指日可待。男人们又重拾了梦想,显然法拉利的想法是有一天,他那带着跃马标识的赛车能开出工厂大门,开到阿贝托内的大路上去。他在意大利汽车界的名声是很稳固的,所以用不了多久,就会有汽车厂家带着合作方案来找他了。

著名的伊索塔·弗拉西尼公司出现了,1920年法拉利曾经三次驾驶他们的老 Tipo 1M 车。这是一家历史悠久的著名公司,成立于1900年,曾在20世纪20年代打造了一系列全球最先进的豪华车,但也跟其他产能有限的厂商一样,1936年受到大萧条的影响,被卡普罗尼(Caproni)公司收购(在亨利·福特尝试救市失败后),转向生产飞机引擎和柴油卡车。不过,随着大战即将结束,伊索塔的管理层有意重新涉足汽车业务。曾经帮法拉利联系上布雷达公司的鲁拉尼伯爵再次牵线,他们找到了法拉利。

再一次,双方的会晤安排在摩德纳,伊索塔的一些管理人员缓慢而艰险地从米兰赶了过来。他们商量着要在和平到来的时候打造一款赛车，想法集中在一款V12引擎上。根据鲁拉尼伯爵的回忆，阿尔伯托·马西米诺也参加了会议，图纸的初稿就是他画的。

这次会议相当重要，因为法拉利神话的鼓吹者认为V12的计划是在第二年法拉利和吉奥阿基诺·科伦布结成联盟后才诞生的。很多传记作者都认为V12是法拉利自己凭空创造的，虽然这没什么意义，因为梅赛德斯-奔驰、汽车联盟和阿尔法·罗密欧很早就证明了这种设计的价值。但拉鲁尼伯爵坚持认为，1944年和伊索塔·弗拉西尼高层的讨论对法拉利决定采用V12设计有很大的影响。事实究竟如何已经无从考证。这次会面后不久，伊索塔·弗拉西尼的工厂就被美国炸掉了，大多数管理人员也都被遣散，有些人躲了起来，有些人则被意大利游击队逮捕。如果鲁拉尼说的没错——没有理由怀疑他——那么著名的法拉利V12发动机就有了来源，不是来自法拉利的头脑，而是来自伊索塔·弗拉西尼的会议室。

白昼越来越短，艾米利亚似乎笼罩在永不退散的灰色中，1944年即将在一片恐惧和迷茫的氛围中结束。整个国家陷入了混乱。没有人知道什么样的政府——或者说一系列政府——将统治这个风雨飘摇、支离破碎的意大利。对于法拉利来说，公司的前景也是一片黯淡，他和伊索塔·弗拉西尼的计划已经泡汤，而和阿尔法·罗密欧公司的联系也永久断了。

更糟糕的是，雄厚的奥斯财团对阿尔伯托·马西米诺诱以重金，这位在158开发团队和815跑车诞生中发挥过重要作用的工程师最终离开了法拉利，穿过小镇转投竞争对手玛莎拉蒂的怀抱。这个打击是巨大的，因为法拉利还希望战后依赖马西米诺进行新发动机的开发，说不定还包括整车。

1945年2月，美国又回到马拉内罗对工厂进行了更猛烈的轰炸并造成了重大损失，光修复工作就花了好几个月。法拉利周围的世界正处于崩塌之中。更可怕的是，戏剧般的情节将在卡斯特尔维特罗和摩德纳上演。

莱娜·拉尔迪已经怀孕五个月了，法拉利知道他将在年中成为一个私生子的父亲。一个全新而模糊的第二人生即将展开。摩德纳的情况也一样糟糕，不仅是他和劳拉之间的仇恨已经成为常态，迪诺还病倒了。孩子才12岁，根据主治医生的判断，这种疾病有生命危险。多么荒谬的人生，他将同时得到并失去一个孩子，但这一切避无可避。

在接二连三的打击下，自1918年那些黯淡的日子之后法拉利第一次感到挫败。在伤痕累累的城市，在曾经宁静的帕德纳（Padana）平原，在如今血流成河的亚平宁山脉，甚至在他小小的家里，到处都充斥着混乱、暴力和死亡。和平终将降临这个国度，但又会比现在好多少呢？

09 / 第九章
红色法拉利跑车开上赛道

龙卷风般的战争席卷了意大利，它们在一个地区疯狂侵袭，又不留痕迹地掠过另一地区。大部分轰炸都发生在都灵和米兰以西的地区，德军和盟军在南方沿着亚平宁山脊大打出手，激烈的炮轰造成了大量伤亡。除了零星的炮弹轰炸，比如落到马拉内罗工厂的那几个，摩德纳并没受到多大影响。虽然电力和其他一些核心资源都严重缺乏，但城市周边肥沃的土地能保证居民们在大多数时候都不会饿肚子。

1945年早期，恩佐·法拉利的个人生活上演了戏剧性的一幕，其影响比残酷的战争更为深远。5月22日，莱娜·拉尔迪生下了法拉利的第二个儿子。这孩子带着母亲的强大基因，看上去非常健康，而他13岁的哥哥迪诺却体弱多病、生死未卜。孩子的名字叫皮耶罗，很快就被限在卡斯特尔维特罗的拉尔迪的家中。法拉利会定期去看望孩子和他的母亲，但著名汽车商人法拉利有一个名叫皮耶罗·拉尔迪的私生子这件事多年来都是一个秘密，只有法拉利的少数几个密友知道。

皮耶罗出生在那个在过去20年把整个意大利都带上了疯狂过山车的傲慢狂妄的乡下人死后一个月。4月，墨索里尼试图伪装成德国士兵秘密出境，却在加尔达湖（Lake Garda）被游击队捕获。之后，他和情妇的尸体被挂在米兰的一根灯柱上示众，代表着意大利人最终完成了法西斯势力的自我清洗。

1945年6月，意大利的15万游击队员大多都控制在共产党手中，他们归还武器回到了家乡。意大利即将迎来政治、精神和物质的重建。北方工业化地区受战争创伤严重，国家的桥梁、公路、电力设备、通信线路、净水系统和污水处理系统都需要进行大规模的重建。这是意大利一段充满了犬儒主义和腐败的黯淡时期。人们将自己积藏已久的怒气全都撒在那些用不切实际的希望诓骗他们的法西斯分子身上。成千上万的党员和80万公务员被捕。很多人被小法庭判处死刑或监禁。其他人受到左翼党派和共产党联合控制的工会支持的"清算委员会"的威吓。然而意大利依旧是一个容易忘却的民族。1946年意大利宣布大赦之后，仍在关押的前法西斯党和知名战犯大约只剩下3000—4000人。事实上，游击队所执行的"惩罚"也很具有喜剧色彩，类似于墨索里尼统治时期的政策。征服者往往会占据意大利北部的一个村庄，迅速宣布政府公务厅为人民政府，然后颇为张扬且夸张地追捕当地的法西斯分子和黑衫军。如果有罪犯或者自认为无罪的人要逃出村庄，他们就大吵大闹、装腔作势地进行追捕。几天后一切又归于平静。

乌戈·戈巴托就没那么幸运了。他在离开波特罗公司时被一个独枪手刺杀。凶手一直没找到，其动机也一直是个谜。因为戈巴托一直代表法西斯政府开展工作，所以这可能是一次带有政治目的的刺杀，但也有可能是某个心怀不满的工人出于某些不为人知的怨恨，趁着局势混乱实施了这次谋杀，并没有什么社会或政治方面的原因。但不管戈巴托是否罪有应得，他都是这次意大利疯狂清洗运动中的受害者。

还有一个老朋友，渗碳天才爱德华多·韦伯也消失了。他和法拉利已经认识二十多年了，1937年阿尔法·罗密欧的车辆一直用他的组件。在大战结束前他突然消失了。有人猜测他被共产党游击队抓去当了人质，但这一信息从未得到证实，韦伯的尸体也未曾找到。

初步估计，战争给国家带来的损失是巨大的。桥梁、公路、隧道等基础设施损毁严重，战后初期的工业产出已经下降到1938年的五分之一（原因大部分归于通货膨胀、劳务纠纷、外汇疲软和罢工等，而非实际设施损毁）。以农耕经济为主的南方也因战争导致农产品产量下降了一半。不过维修人员对米兰、都灵和摩德纳等城市进行清理后发现，这些地区工厂的产能下降不超过10%。

此时的意大利在政治和经济方面都面临着重大威胁，原有的右翼党派和由强大的共产党领导的新兴左派争权夺利，整个国家的财政状况也在一片混乱中摇摇欲坠。负责将意大利从这一片泥淖中拉出来的是一个名叫阿尔契德·德·加斯贝利（Alcide De Gaspari）的北方男人，不苟言笑的他是一个虔诚的宗教徒。长期以来他都是墨索里尼的反对者，过去十多年中一直在梵蒂冈寻求政治避难。加斯贝利打着天主教民主党的旗号将中间派收入麾下，并让共产党保持了中立，带领意大利实现了"经济奇迹"。

"奇迹"的发生很大程度上要归功于马歇尔计划和20世纪40年代巨额的美元资本。如果没有美国的慷慨支持，不知道加斯贝利或其他领导人还能否带领意大利腾飞。但不管怎么说，这种情况对法拉利是有利的，他迅速拉拢了一些富有的运动员，他们热切地想要把刚刚赚到的里拉统统花在来自马拉内罗最新、最闪亮的赛车上。

巧妙的政治躲避加上一系列好运气，恩佐·法拉利几乎可以说从战争中全身而退。德国战败后德国人所拥有的专利权也随之失效，这意味着在即将到来的工业重建中，法拉利的机床生意将会一片大好。工厂很快就被修复一新，科特斯又开始招揽生意，尽管当时的电力资源还很匮乏，整个波河平原也充斥着各种劳资纠纷。与迪诺的多病及皮耶罗的不期而至相比，法拉利至少在生意上还是很得意的。他拥有地产，加上他的生意和意大利战后的需求高度吻合，在即将迎来50岁生日之际，一个稳定和繁荣的未来正在等着他。

1945年对于恩佐·法拉利来说是一个开始而不是结束。他从未想过退缩，也不想安安稳稳做一个不起眼的摩德纳贵族。和平的降临让国人有了喘息的机会，对法拉利则是大干一场的好时机。赛车运动很快就会恢复，而他想参与其中。这一次他不再是阿尔法·罗密欧的挡箭牌，也不仅仅给那些有钱的运动员造车，他想生产属于自己的汽车。至于法拉利是何时以及如何结束机床生意转向汽车生产仍存在很多争议，根据科特斯和科伦布的回忆，这个转变大约花了5年的时间才得以一步步实现。

法拉利重返汽车业的原因很简单：他真正了解这个行业。机床生意只是战争期间的权宜之计，他的声望、交际、热情都投注在汽车上，所以战争结束之后，他势必会选择回到这个领域。和伊索塔·弗拉西尼的短暂纠纷让他更加坚定了要在自己的工厂生产汽车的决心。现在他的工厂已经扩大到4万平方英尺，大约是老法拉利斯库德里亚公司的四倍。他仍没有铸造车间，但他的设备都很完备，足以完成汽车生产这项复杂而艰巨的任务。

但是该从何处着手呢？他首先联系了他的老朋友们。巴兹愿意加入。现在阿尔法·罗密欧伤痕累累，政治混乱，短期内想要重启任何汽车项目恐怕都很困难，所以这位汽车发动机设计的老将决定搬回摩德纳，重新加盟法拉利。马西米诺和维托里奥·贝伦塔尼（Vittorio Bellentani）都被玛莎拉蒂挖走了，巴兹的加盟刚好弥补了两人离开的损失。法拉利现在最需要的人显然是维托里奥·加诺，放眼整个意大利，他是法拉利唯一在工作和生活上都完全信任的设计师。但加诺不想换工作，他在战争期间加入了蓝旗亚，如今正努力开发一款名叫Aurelia的先进V6双门车。蓝旗亚暂时没有进军赛车业的计划，这使得加诺的工作得以稳步推进，丝毫不像他在阿尔法·罗密欧的最后一年那样深陷政治阴谋的泥沼。再者，蓝旗亚位于他钟爱的都灵，而法拉利的计划八字还没一撇，此时去往落后沉闷的摩德纳小城对已经54岁的加诺来说无疑是一次赌博。恩佐·法拉利只能另觅他人了，而他最终在米兰找到了。吉奥阿基诺·科伦布正在找工作，虽然表面上他还是阿尔法·罗密欧的成员，但实际上他的情况每况愈下。公司工会成立的"清洗委员会"正在挨个调查各个经理和被打倒的法西斯之间的关系。科伦布在党内的层级虽不清楚，但他确实是法西斯党员，所以地方法院判定让他停职。当时一切都在动荡变化中，最终所有的指控都在修正主义的浪潮中化为乌有，但戈巴托被刺杀的情景无疑时刻萦绕在科伦布脑海中。这样一来，科伦布还十分向往到安静的摩德纳工作。

他在1945年7月回应了法拉利的邀请，那时大战才刚刚结束三个月。他和恩里科·纳迪开着一辆战前的汽车，油箱里加满了从黑市买来的汽油，沿着坑坑洼洼的道路穿过一路被炸毁的村庄艰难前往摩德纳。天气闷热而潮湿，因艾米利亚大桥已经损毁，两人在皮亚琴察乘驳船渡过了波河。大桥正在维修，科伦布和纳迪只得狼狈地穿过古老河流下游的临时浮桥到达彼岸。距离他们上一次为生产Tipo 158来摩德纳已经过去8年了。相比这一次，上一次要幸运得多。起码1938年阿尔法·罗密欧为他们提供了充足的资源，政府也大力支持。这一次他们却孤军奋战、资金不足，而且短期内看不到任何成功的希望。

科伦布和法拉利在原车队的小办公室里见面了，在这里他们曾经讨论过很多关于158的事情。这一次，他们先简单聊了一下因战争而四处散落的老朋友们，然后是阿尔法。现在的阿尔法生产一些小东西，比如便宜的厨具之类，后续计划是针对大众客户缓慢地生产廉价小汽车。科伦布在停职之前被转到柴油发动机的设计部门，但他对此毫无兴趣。他告诉法拉利，目前阿尔法·罗密欧并没有重启赛车项目的计划，考虑到当前欧洲的整体经济情况，再加上整个世界还有一半深陷太平洋战争，这也在情理之中。事实上，科伦布也有点惊讶，法拉利在这种情况下居然还考虑生产赛车。

但这就是法拉利脑中所想。"科伦布，我想重回赛车制造领域，"法拉利宣布，"你怎么看，我们生产 1500 如何？"他指的是 1500-cc 发动机，也就是和 158 同等大小的动力系统，法拉利认为今后新的大奖赛规则会采用这种排量。科伦布也很快明白了过来。毕竟，战前就已经出现了一系列小排量规则的赛车：英国的六缸 ERA、玛莎拉蒂的强大 4CL 以及阿尔法·罗密欧的 158。1.5L 级别将是新的比赛热点，恩佐·法拉利想在此一争高下。但新的动力系统配置应该如何选择呢？"按照我的想法，应该是十二缸。"科伦布回答。

"亲爱的科伦布，你懂我的心思！"法拉利说。科伦布后来回忆说，那次会面简明而扼要，他们在附近的一个餐厅里讨论了长期规划、日程表、财务情况等事宜，之后科伦布和纳迪开车返回了米兰。这些都出自科伦布于 1985 年出版的自传，让人们再次对"V12 发动机是恩佐·法拉利首创"这个常被提起的故事提出了质疑。正如之前所说，德国人在 1938 年就已经证实了这种布局的巨大潜力。当然，"讨厌"的里卡特和助手布鲁诺·特雷维萨（Bruno Trevisan）在战时也生产了一些强大的 V12 车型。所以这种设计并不具有革命性，法拉利也谨慎得从未宣称过。但后来他说 V12 的灵感来自于他在一战期间看到的帕卡德（Packard）指挥车，这一说法显然也站不住脚。跟梅赛德斯-奔驰、汽车联盟及阿尔法引人注目的版本相比，V12 动力系统体积庞大、转速低又笨拙简陋，但法拉利也许是出于骄傲，所以一直不肯承认他的灵感来自于自己同时代的竞争对手。

要完成这么一款小排量的十二缸发动机，无论是设计还是制造都很困难，可一旦成功，利益又是巨大的。那时世界上还没有人生产过这样的发动机，如果能产生足够的动力，那么这种独一无二的发动机将会使法拉利的车大出风头。这款大胆创新的产品将能让法拉利向羞辱他的米兰工业巨头报仇,而这个原因足够让法拉利积极拉拢科伦布了。

科伦布接手时情况并不好。名义上他还是阿尔法公司的一员,但实际上已经停工了。考虑到生活必需的经济来源,科伦布毫不犹豫接受了法拉利的兼职邀请。8月中旬正值意大利的八月节(意大利神圣的全国性假期,甚至在国家陷入危难时也不例外,这和法拉利在一片混乱中还梦想着造赛车一样缺乏理性),科伦布去瓦雷泽(Varese)附近卡斯特兰察(Castellanza)的姐姐家里参加家庭聚会。午饭后,科伦布在阿尔卑斯山脚的院子里闲逛,然后开始在一张包装纸上画图。发动机是整辆车最关键的部分,他粗略地画出了缸盖——一个非常敏感的区域,上面有气门、喷油嘴和火花塞。这些决定了发动机的最终状态——或是高转速的赛车动力装置,或是有力的乘用车马达,或是卡车和牵引车那种低功率、高耐力的动力系统。

科伦布的V12发动机有一个单独置顶的曲轴,用于控制两边的气门。这和他在阿尔法设计的一系列大型发动机很像。他决定做一个大胆的尝试,复制当时在摩托车赛车上的一种做法,将活塞的冲程设计得比缸体的直径稍微短一点。这种"短冲程"的设计后来成为一种普遍的做法,但在1945年夏天,这决定了法拉利的未来。回到米兰后,科伦布将他公寓里的小卧室改成了一个工作室,从图林超轻车身厂那里借来绘图板,干劲十足地干了起来。这可不容易,他得在闹哄哄的家庭环境中工作,四周还有床褥和衣服。

科伦布和法拉利一致同意新车的名字叫125。原因很简单,每个气缸的排量是125立方厘米,12个一共是1500立方厘米(1.5L或91立方英寸)。这种根据单一气缸排量对车辆命名的方式,后来成为法拉利的一种固定做法。不过后来法拉利又任性地更改了命名方式,有时按照总排量，有时又按照气缸数。（这种命名方式没什么逻辑可言，只有那些研究法拉利的古板人士才感兴趣）。

但这个命名是否还有其他的原因呢？把数字调换顺序就变成了512，是里卡特设计的一款失败的中型发动机。科伦布的发动机当然是他自己大胆尝试衍生出来的，但如果有方法验证815也是将战前阿尔法·罗密欧的158进行了数字排列组合以期实现大反转，那么很有可能法拉利仍在玩这个游戏，希望好运降临。

法拉利开始感受到压力了。为了重新回到赛车场上，他需要尽快完成设计。他和阿尔法·罗密欧的纽带已经彻底断裂，现在要一心一意地创立自己的品牌。凭着出色的营销能力，他拿到了点火器厂家马雷利（Marelli）、轮胎厂家倍耐力以及化油器厂家韦伯公司的赞助，虽然现在它们一半都属于菲亚特（之后还会被全盘收购）。时光飞逝，法拉利用他最擅长的能力，通过鼓励或引诱，让科伦布投入了疯狂的工作。9月，科伦布找来了当时失业中的安吉洛·纳西，他是原158设计团队的一员。科伦布让"利诺"为车辆设计一款五档变速箱，这和他当初在波特罗设计工业柴油机时的枯燥乏味相比无疑轻松得多。

请不要忘记，在20世纪上半叶，赛车在欧洲是极度热门的运动。即使到今天，它也和足球及自行车并列为大众最喜爱的运动。随着战争的结束，热爱汽车的人们迫不及待地跑到大街上重新开始了赛车这第一赛事。大战结束后不到四个月，也就是1945年9月9日，巴黎的布伦园林（Bois de Boulogne）就充斥着各种发动机的轰鸣声，在一次被戏称为"囚徒杯"（Prisoners Cup，原名自由大奖赛）的比赛中，来自法国的明星让-皮埃尔·维米耶（Jean-Pierre Wimille）赢得了冠军，他开的是一辆战前单座布加迪（这也是这个著名品牌获得的最后几次胜利之一）。1946年春天，大范围的赛事开始出现，尽管比赛中使用的车都是战时被藏起来保留下来的战前车型。

各国的国家汽车俱乐部（除了已被制裁的德国）齐聚巴黎，以国际汽车联合会（FIA）的名义对大奖赛的参赛车辆做出了限定：车辆需在 4.5L（271 立方英尺）以下且不带机械增压。得益于在赛车界广泛的人脉，法拉利对这一发展趋势非常确定，他设想的 1.5L V12 发动机的方向是正确的。不过为了保持竞争力，新车必须搭载增压器，同时需要大力提升输出功率。这是他和科伦布第二阶段要努力的方向。

车辆在早秋时分渐渐成形。随着米兰和马拉内罗之间的道路状况日益改善，科伦布的"卧室工作室"和工厂之间的联系也越来越方便。法拉利的机床生产还在继续，但已经逐步转向汽车生产。他雇了一个名叫卢西亚诺·福吉（Luciano Fochi）的年轻人，几乎是未假思索，而这个 21 岁的男孩即将成为法拉利早期汽车生产的关键因素。他 16 岁时曾在阿尔法·罗密欧当过绘图学徒，之后投身军营。现在，这个身体瘦弱、眼神悲伤的男人结束了兵役和漂泊后回到摩德纳同父母生活在一起。他曾经去马拉内罗找过工作，但因为年纪太小被拒绝了。但凑巧的是，他去的那天刚好科伦布到公司视察。作为阿尔法的老员工，科伦布想起了福吉出色的绘图技能，就录用了他。福吉的任务是将科伦布往往很粗糙，有时没法直接使用的手稿，转换成正式的蓝图和图表，以便巴兹和他的技工能据此生产出真正的车。

1945 年 10 月，科伦布设计的 125 图纸出来了，虽然具体的布局还看不太出来，但法拉利非常喜欢。这个多气缸和小排量的发动机很有意思，但算不上首创。从 20 世纪 20 年代开始就有一些厂家展示过这种小尺寸的发动机，它们通常都具有良好的动力性，尤其在二阶段搭配增压器的情况下更是如此。科伦布在老的车型前部加了独立悬架，后部则装了坚固的车轴。车子还采用单臂钢板弹簧，而非梅赛德斯－奔驰和汽车联盟的工程师频繁使用的那种更轻便更紧凑的扭力杆及线圈弹簧。

车架基于加诺、科伦布和里卡特在阿尔法的设计理念，拥有重量轻、短而粗、强度大的优势。科伦布采用了类似于 158 的设计，并和米兰的特殊钢材制造商 GILCO 公司签订了合同，请他们生产椭圆形车架的钢材。玛莎拉蒂日益壮大的单座汽车和跑车兵工厂使用的也是 GILCO 钢架。那时候作为同城的竞争对手，玛莎拉蒂在各个方面都远超法拉利。1946 年 4 月他们还有一辆跑车参加了在尼斯（Nice）举行的小型赛车比赛，这进一步让法拉利望尘莫及。据说，马西米诺新设计的 2L 直列六缸发动机也即将完成。

125 的最终重量大约是 1430 磅，而与它几乎同时期生产的、尺寸相同的玛莎拉蒂 A6 则重约 1580 磅。对于一直吓唬科伦布要将底盘重量控制到最小的法拉利来说，这是一个好消息。他依旧沉迷于马力，因为在任何一个赛道上，直道所占的比例肯定超过弯道。因此在法拉利看来，加速性能和极限速度的重要性远远高于抓地力和制动方面的细微差别。这是由他早期的经历决定的，那时使用的悬架和马车上的装置差不多，而原始动力却是关键因素。多年他来一直骄傲地说："我设计了一个发动机，还给它们安了轮子。"这恰恰说明了他的优先原则。也正因如此，法拉利车一直以动力闻名，却从来没有因为优秀的底盘设计而获过奖。

事实上，在科技大胆创新方面，法拉利从来不做第一个吃螃蟹的人。拥有短冲程、小排量 V12 发动机的 125 已经算是公司历史上少数几个微小改革的例子之一。人们都觉得法拉利车先进的设计是一个神话，但事实上恩佐·法拉利是极保守的，经常把首次尝试的机会留给那些更具有创造力的公司（后来就算面对那些优势明显的设计，如中置发动机、螺旋弹簧悬架、碟刹、单体构造底盘、镁合金轮辋、燃油喷射，法拉利也不太情愿进行革新，这也说明了他粗放型的设计风格）。英国赛车历史学家迈克·劳伦斯（Mike Lawrence）是这么描述的：

"一些辩护者说，法拉利一直比较抗拒非自己公司原创的东西，这也是公司迟迟不采用碟刹技术的原因。如果法拉利真的这么坚持原创，那公司根本不可能发展起来，因为他们从来没有给赛车界带来什么新观念。"这一指责（虽然很明显是事实）肯定会让法拉利大为恼火，但他也承认125是一个纯粹的衍生品。"第一辆法拉利车……是一辆正统的汽车，并不是任何实验的成果。我们只是想要打造一台传统但性能出色的发动机。"

1945年秋天，白天变得越来越短了，科伦布和纳西似乎已经完成了大部分的工程细节，他们希望巴兹带领的技工团队能在冬天来临前开始车辆的生产。而家庭生活方面，情况却越来越不容乐观了。法拉利和一些关系密切的朋友说，他非产担心迪诺的健康状况。很有可能其中一些朋友，包括科伦布，知道莱娜和皮耶罗的存在，至于劳拉是什么时候以及如何知晓的则不得而知。不管怎么样，法拉利的生活重心可不是这些家庭问题，他眼下真正关心的只有一件关乎自我的项目——打造第一辆以他名字命名的汽车。

11月，法拉利意外地接到科伦布的电话，他被阿尔法·罗密欧公司召回，类似于革命自卫队的工人董事会收到风声，得知科伦布在秘密为法拉利工作。科伦布被停职的原因从未被遗忘。与此同时，公司的管理层正在考虑是否要重新回到赛车场，他们觉得这是一个展示新型乘用车产品线的好机会，对向疑虑重重的世界展示意大利的技术专长也大有裨益。支离破碎、布满灰尘的158依旧具有竞争力，而第一步工作显然是将这些车重装。还有谁比车辆的创造者更合适的人呢？战争期间，五辆车被拆成零件藏在奥尔塔湖（Lake Orta）附近的一个乳制品厂里。当时汽车联盟已经被苏联隔离，最先进的梅赛德斯-奔驰也因斯图加特-下图克海姆（Stuttgart-Untertürkheim）的工厂受到战争摧残而销声匿迹，158无疑成了世界上最快速的车。他们唯一要做的就是让科伦布帮助车辆重返赛道。

在争论不休、吵吵嚷嚷的谈判过程中，阿尔法·罗密欧公司的工会威胁说，如果科伦布不回来，他们就要进行罢工。科伦布几乎没有其他选择，他的合同还在有效期内，几个月前的情景还历历在目，他和其他一些受到指控的法西斯和纳粹分子被同一帮工人围堵到最近的石墙上走投无路。吉奥阿基诺·科伦布最后无奈地耸了耸肩，挥别了摩德纳的老朋友们，再次沿着艾米利亚古道北上。

科伦布的离去带来了双重打击。不仅因为他是125成功的关键人物，还因为他的离去给敌方阵营增加了一名良将，而他将要打造的158车型将是法拉利最强有力的竞争对手。更让人恼火的是，阿尔法的车还是在摩德纳车间里生产出来的！他将要被自己生产的车打败了！科伦布和法拉利以及巴兹一样，是非常传统的工程师。他习惯长时间地工作，即兴采用或更换所需的零件。和那些受过良好教育的年轻竞争对手相比，科伦布对理论和数学公式毫不在意，法拉利的技工们已经习惯了这种传统的方式。他走了以后，巴兹、阿蒂利奥·加略托（Attilio Galetto）、车间的工头以及如今已经是采购总监的费德里克·吉贝尔第要按他留下的尚未完成的蓝图打造出真正的发动机和车辆。没有工程师在边上指导他们进行修正，项目很快就搁浅了。

然而在圣诞节前一天，一个熟悉的面孔出现了。他就是路易吉·希奈蒂。他带着新婚的妻子和刚出生的儿子从巴黎过来，开着一辆前轮驱动的老旧雪铁龙，光秃秃的轮胎使他们在经过积雪覆盖的阿尔卑斯山口时，必须有一个人坐在引擎盖上来提供足够的抓地力。希奈蒂看到的摩德纳破旧晦暗，只有一半的地方有照明，在法西斯和游击队之间的战争和轰炸下，整个城市一片萧然。老朋友们、从30年代就开始打交道的各种赛车同伴们、车手、机械师、金属整形师、机工、制版师、车队老板、小厂商、汽车贸易商人、妓女、皮条客、无所事事的游荡者、觊觎者和梦想家都聚集到了摩德纳：渴望在废墟上寻找重新开始的希望。整个城市处处洋溢着高性能汽车的气息。在这个吉尔兰迪纳（La Ghirlandina）的罗马式钟楼和圣杰米尼亚诺（St. Geminiano）的大天主教堂威镇的平坦、广阔、昏暗的城市，各种变速箱、缸体、定制车身、方向盘和各类配件的小工厂散落在城市的各个地方。摩德纳因赛车而出名，宽阔的大街上总是有快速赛车跑来跑去。这一切都要归功于一个人以及他在 15 年前建立的车队。在 12 月的这个雪天里，路易吉·希奈蒂在到达摩德纳后第一个要见的也是这个人。

和预期一样，他不费吹灰之力就在特伦托与的里雅斯特大道那栋陈旧的棕色两层小楼里找到了恩佐·法拉利。法拉利的状态不太好，看上去比实际年龄 48 岁还要老，灰白的乱蓬蓬头发整个梳向脑后。那本来就浮肿的双眼因为疲惫而布满了血丝。在宽敞又没有暖气的房间里，他高大而略显笨重的身形掩在桌子后面。在一片昏暗中，希奈蒂看到了一排奖杯和一些车队车手获胜的照片，还和战前一样干净，甚至位置都没有移动过。整个房间看上去就像与外界隔绝了几个世纪的古墓，突然照进了一缕阳光。

在希奈蒂的记忆中，外面的工厂里总有机械师在开心地聊着天，还有闪闪发亮的阿尔法·罗密欧赛车，如今映入眼帘的却是一片空旷和寒冷，就像一座带着过时浮华的陈旧博物馆。在战后的这些时间里，一辆法拉利赛车对于破旧沉闷的摩德纳来说无疑是荒谬而遥远的，一如墨索里尼政权曾经的繁荣那般虚无。

两人的寒暄很敷衍，并不见得有多愉快。希奈蒂按照下层社会的习惯，还是简单地称呼他为法拉利。其他人在早年称他为骑士（Cavaliere），之后在墨索里尼时期被傀儡国王授予荣誉后称他为指挥官（Commendatore），但希奈蒂不想用这个明显带着法西斯色彩的称谓。对他来说，这个意大利汽车界的巨人就叫法拉利，没有其他名字，之后他们也一直是这样来的。

那一天，两人在摩德纳寒冷的房间里谈论了未来。两个人都试着找出一些乐观因素，但这些少之又少，很快便淹没在破碎的梦想中。法拉利说起了战争，说起他如何在马拉内罗附近的村庄里买了土地、盖了小工厂。在被美国军队两次轰炸前，工厂都在为意大利和德国军队生产车床。法拉利似乎还沉浸在生意被毁掉的悲剧中，但希奈蒂可不会真的这样看。他知道法拉利最擅长演戏，能全身心地投入到剧本中，每一个词、每一次遣词造句都可以演得淋漓尽致。他也知道法拉利从不会轻易亮出底牌，为了成功任何时候都会留一手。他已经从别处听说了法拉利战时做得很好，在马拉内罗的工厂并没有受到实质性的破坏并且已经生产了几台汽车。这也是希奈蒂来访的原因。

是的，法拉利说，他曾委托老朋友，阿尔法最好的工程师之一科伦布，制定了生产小型V12赛车的计划。但现在，因为和法西斯的一些过往受到了米兰方面共产党的威胁。是的，巴兹，忠实的老巴兹，还有其他一些人，主要是年轻人，正在对两个发动机进行动态测试，很快就会开始生产整车。然后法拉利车队会尝试重回赛车战场，就像之前在遍地瓦砾的欧洲大街上赛车一样。是的，法拉利车队将重回赛车场，但未来的一部分还有赖于机床生产。法拉利似乎已经下定决心，他不会把所有的一切都押在不堪一击的赛车事业上，这个行业脆弱的自尊心随时能摧毁一切，就像车子从亚平宁弯道上翻出去那么迅猛。看看阿尔法，不就只剩下过去的空壳子了吗？在盟军的炸弹之下，曾经造出过世界上最快汽车的大公司现在不都在生产厨具、窗户和门框吗？不，法拉利说，他再也不想冒这种风险了。在战争期间，他和机床生产商精心模仿出的德国琼格磨床在任何时候应该都会有销路。现在纳粹已经被打败了，国家处于一片混乱中，也不会再有任何专利侵权的问题。重建中的意大利显然需要这些机床。

希奈蒂则说了他在美国这些年的情况。美国战备需求带来的影响非常巨大，相比之下，意大利的工业看起来就像伊特鲁里亚陶器般古老而落后。因为急需数以万计的飞机、坦克、卡车、步枪、大炮、登陆舰、预制建筑、活动桥梁、头盔、水壶、货箱、制服纽扣、手枪、望远镜、收音机、雷达还有鬼知道的其他各种物资，美国的大企业发明了一种用于批量生产的神奇工具——流水线，这一天才发明可以让一个名叫凯泽[1]的人在一周内生产出一艘完整的货船。希奈蒂问法拉利，他要怎样才能和这个西方的工业巨头竞争呢？

希奈蒂描述了发生在美国的奇迹。那里的人们十分积极进取，他们有着孩童般天真的占有欲，也有着中产阶层的粗鄙。当然，那里也有带着欧洲品味的富裕上层阶级。他与他们相遇相识并获得了他们的信赖，因为在战时，希奈蒂将他们来自克鲁（Crewe）、斯图加特和米兰的老旧车辆保养得很好。这些人愿意为自己的精英汽车支付巨额费用，而希奈蒂想要利用他们天真的殖民欲望来获利。

美国这个年轻的国度充满了挑战和机遇，希奈蒂说。如果法拉利选择在机床业务上逗留，那他肯定会被来自西方的工业大潮摧毁。而如果在发展前景一片大好的行业上寻求新的财富机会，那么他俩都可以有所收获。希奈蒂确信：如果每年生产五辆车供给美国市场，他确定可以卖出好价钱；如果给他机会，那么他每年能卖出20辆——这在当时的摩德纳听起来就像天文数字一样，似乎他们是在讨论普通汽车的年销量。

法拉利同意了。没错，如果科伦布的小型V12成功了，如果125足够出色……那么他可以为那些美国佬多生产几台。

---

[1] 亨利·凯泽，美国实业家。

很多年以后，双方对这次见面的成果仍多有争议。希奈蒂坚持说就是在 1946 年圣诞节的这次会面上，他说服了法拉利在战后进行汽车生产。但当时法拉利的 Tipo 125 项目正在开展中，他不可能没有考虑过生产并销售给私人客户。毕竟，他所模仿的阿尔法·罗密欧和布加迪都是在成功生产赛车的同时也限量生产一些民用车型。按正常的逻辑，法拉利会遵循他们的做法。如果希奈蒂有什么功劳的话，那就是他帮法拉利认清了美国市场的价值，因为日益孤立、越来越乡土的法拉利对美国一无所知。

尽管希奈蒂对美国市场的潜力非常乐观，但当前有一个亟待解决的关键问题。科伦布走了以后，新车的开发已经处于停滞状态。更糟糕的是，中途还杀出来一个玛莎拉蒂，马西米诺正在设计一款 A6 赛车，在尺寸和性能上都可以和 125 匹敌。此外，奥斯家族对他们在 5 月的印第安纳波利斯 500 上的表现沾沾自喜。田径运动员泰德·霍恩（Ted Horn）开着之前威尔伯·萧那辆著名的8CTF获得了第三名，"吉吉"·维洛雷西则至少换了三次磁电机，最后落后数圈排名第七。这些荣誉徒增法拉利的沮丧，而玛莎拉蒂兄弟又选择在阿贝托内的公路上试车，发动机的轰鸣声让法拉利工厂的窗户都在震动，这使法拉利更加愤怒。

全球都开始生产高性能车辆了，连战后的西班牙都在里卡特的带领下加入了大潮。据说里卡特的赛车计划得到了西班牙政府的资金支持（这在 1951 年成为事实，生产的是先进但销量不佳的毕加索牌汽车）。法拉利急坏了，他迫切需要一个科伦布的替代者。最后他的老朋友想出了一个办法。科伦布推荐了一个已经从阿尔法·罗密欧离职的工程师，名叫朱塞佩·布索（Giuseppe Busso），尽管此人直到 6 月才加入法拉利公司。那个时候，125 项目已经远远滞后于日程表，法拉利几乎把毫无经验的布索绑在了绘图桌上。这个话不多的黝黑都灵人有着十分固执的性格,他勇敢地蹚入了陌生的水域。

他从都灵举家迁到了摩德纳的一个小公寓里。一开始,事情比他想象的要顺利,法拉利和劳拉常常在公司楼上准备红酒佳肴招待他。在1986年的采访中,布索显然对这些日子感到很开心。但是他也留意到,法拉利常常坦诚地表示他很担心迪诺以及劳拉的健康。"好几次看到他提到迪诺就哭,我觉得很难过,这一点也是我对法拉利拥有好感的原因。"布索还指出,其他人觉得他对法拉利的同情"在和法拉利打交道的人中非常不寻常"。布索提到的迪诺生病这件事,法拉利早在1946年春天时就对此忧心忡忡,法拉利的熟人都知道,小男孩已经病得很严重了。

布索的实践经验主要来自飞机发动机,而在汽车方面则仅限于理论层面。他唯一的优势在于增压领域,战争期间他在阿尔法·罗密欧获得了这方面的经验。但聪明机智的他很快就接手了科伦布的设计,同时还针对大奖赛开发了一款增压版的1.5L发动机。布索手拿卷尺埋头苦干,这个跌跌撞撞向前走的年轻人承受着巨大的压力。科伦布的设计很随意且不完整,而他的大奖赛用增压单座跑车的设计更是毫无头绪。但在老板的每日纠缠下,在玛莎拉蒂的刺激下,他一刻都不敢松懈。当时的工厂只有一些老法拉利车队留下来的地盘,机械师和工人之间的界限也很模糊。那里没有任何秘密(阿道弗·奥斯1940年写给努瓦拉里的信中,称摩德纳是"一个流言蜚语很容易就传开的小城"),所以125项目痛苦地停滞不前无疑也是众所周知的,而且很有可能已经沦为玛莎拉蒂和米兰方面嘲笑的对象。阿尔法·罗密欧已经重回赛车场,1946年组织了一支由四辆车组成的车队,车手包括让-皮埃尔·维米耶、"迪迪"·特罗斯、康塞尔沃·萨内西(Consalvo Sanesi)以及戒毒后的阿齐里·瓦兹。升级后的158搭载了两个增压的260马力发动机(经科伦布改良),在所参加的每一次比赛中都遥遥领先。遥远的马拉内罗腹地的工厂根本没有什么可能战胜阿尔法,在短期内他们甚至连派出一辆赛车都很困难。

尽管缺乏汽车方面的切实经验,布索还是成功地将科伦布模糊不清的设计转化为现实。他的首要任务是将发动机造出来。第一台发动机于1946年9月26日放到了巴兹的发动机测功机上,结果机器烧掉了。小型V12发动机在无增压、未充分开发的条件下,转速达到5600时只能输出大约60马力,主要由于落后的点火系统及轴承布局,两者都还是30年代的水平。布索和巴兹努力想要改善这种情况,但法拉利没有耐心了。项目启动已经一年多了,机床生意也渐渐落寞,除了把赛车作为唯一的支持手段,他已经别无选择。在绝望中他开始寻求更多的帮助。

30岁的奥雷利奥·兰普雷迪(Aurelio Lampredi)在10月初接手了以布索为首的微型设计办公室的副经理一职。他也是一名航空引擎专家,战时曾在雷吉奥-艾米利亚的雷贾尼-卡布隆尼航空公司(Reggiane-Caproni of Reggio-Emilia)先进的设计部门任职。他惊讶地发现,除了在福吉带领下被他称为"小男孩"的四个只有十几二十岁的绘图员之外,布索几乎独自在工作,兰普雷迪是一个高大自信的工程师,他立马就判断出布索缺乏权威和实践经验,无法抗争固执的法拉利及让巴兹、加略托等赛车经验丰富的工厂老手对他充满信心。兰普雷迪对法拉利做生意的方法比较适应。虽然他比布索小四岁,但很能把握自我的他很快便和巴兹以及车间里的其他人建立了更融洽的关系。他有着良好的教育背景,拥有弗莱堡高级技术学院(High Technical Institute at Freiburg)的机械工程学历。故此,他比布索更有资历,同时在航空和钢铁业的眼界也比较宽。

两人很快在科伦布留下来的几个疑难问题上有了分歧。科伦布设计了一种独特的浮动连杆轴承,但行不通,两人就一起寻找解决的方法。在这种压力巨大的环境下，两人的争议也逐渐升级。更糟糕的是，法拉利现在要求在大奖赛用增压发动机方面有所行动，布索已经对科伦布未完成的双置顶凸轮轴缸盖进行了重新设计。兰普雷迪也认为科伦布的创意已经没有希望了，但又说布索改进后的设计也一样。按照他的方法，缸盖将会超级复杂，生产和维修的难度都非常大。而兰普雷迪比较注重实用性，这可能与他之前从事军用航空引擎的缘故有关。他高度重视设计的简单性和可靠性，这种特质日后也成为法拉利的标志。

到了1946年底，布索和兰普雷迪之间的沟通只剩下一连串的轻微的哼哼。他们已经提升了发动机原型的动力和可靠性，而巴兹及公司则着手开始将轻型 GILCO 薄型框架材料焊接在一起，打造最初的三辆125。或许还需要好几个月，甚至好几年，法拉利车队的车才能开上意大利的赛道和高速公路，但这并不妨碍法拉利进行一次大胆的冒险。12月他在马拉内罗召开了一次新闻发布会，隆重发布了法拉利汽车的产品线，包括125跑车、125 competizione 及 125 gran premio。这种年度新闻发布会成为法拉利的习惯，一直持续了40年。不过这一次，在1946年底昏暗的日子里，他们面对的还是绝望的悬崖。在舞台和宣传册的背后，在工厂里，法拉利清楚地知道，他的工程团队想要把科伦布的设计转换成切实可行的车辆还需要克服很多障碍。就在一个月前，法拉利嘱咐科特斯停止接收机床订单。公司的财务保障已经没有了。巴兹的团队在造的只有125跑车，根本没有着手单座 gran premio 的计划，而发布会上提到的 competizione 更是想都没有想过。

法拉利当然也记得路易吉·希奈蒂来摩德纳时两人的谈话。如果希奈蒂是对的，那么北美市场将是潜在的聚宝盆。如果一切按计划顺利推进，那么公司将会限量生产一些大众版本的赛车。但法拉利知道，布加迪和阿尔法·罗密欧对这一套很擅长，甚至现在摩德纳的玛莎拉蒂也一样。流程很简单：造出成功的赛车提升公司的形象，富人们就会蜂拥而至购买同款车辆以满足他们的幻想。(后来法拉利将其客户分成了三类：首先是"绅士运动员"，他们"深信自己就像真正的赛车手一样擅长驾驶"；第二类是五十来岁实现了自己梦想，想要"抓住青春小尾巴"的人；第三类则是"炫耀者"，他们"购买法拉利车只因买的是法拉利车，是汽车中的佼佼者"。)

通过新闻发布会发布的一系列新产品，法拉利能引来一系列富有运动员的订单，而随之而来的资金则可以让工厂继续推进生产。通过宣传还可以吸引更多配件生产商提供赞助。总之，法拉利对宣传的巧妙利用在日后的职业生涯中达到了炉火纯青的地步。

意大利汽车媒体将法拉利即将进军整车制造业的新闻视为头条。这使情况稍微有所改善，而为数不多的员工也受到了短暂的鼓舞。不过他们很快就被拉回现实。眼下他们要面对的是一个漫长而艰难的冬天，就算只打造一辆最初级的车，迎接他们的也是大量高负荷的工作。法拉利在管理上也很快再次陷入纠结。三个月后，兰普雷迪受够了勾心斗角、尖酸刻薄以及缓慢的进度提出辞职，法拉利极尽所能恳求他留下来。125必然在春天完工并在夏天参赛！他试着说服兰普雷迪，现在所有的付出都将在赛道上获得更大的回报。两人的争论持久而激烈，但最后兰普雷迪心软了。工作持续了1947年的整个冬天，一些摩德纳的老人回忆说那个冬天真是记忆中最凄苦的时光。法拉利则说，这让他想起了家人曾提到的他出生那年冬天席卷波河平原的可怕的暴风雪，如今已经过去50年了。

最终，距离和科伦布首次讨论打造125两年之后，法拉利终于完成了一辆简单的原型车并开始第一次试驾。这一切发生在1947年冬末的一天，3月12日，他肯定时常怀疑是否真的会有这么一天。原型车不过是一个装着四个钢盘车轮、由管子组成的小框架再加上精心打造的铝合金发动机。它被工厂的一些工作人员推了出来，包括巴兹、金属车间的老板皮耶雷迪（Pieretti，对现状不满即将离职）、加略托，当然还有互不理睬的兰普雷迪和布索。他们走进庭院，阳光照射在院中的鹅卵石上，期待已久的时刻来临了，气氛非常紧张。

迎着风，法拉利庞大的身躯挤进了细长汽车的座椅。他把几缕落在前额上的灰白头发捋到后面，简单检查了一下车辆的控制系统，手指抚过仪表板上的开关，踩了一下刹车和油门踏板，将排挡杆推过五个挡位。然后他伸手摸向了点火钥匙。

路易吉·巴兹走上前。忠诚的巴兹，已经55岁了，比他的老伙伴还年长六岁。他紧紧地盯着发动机，在过去两年里，他们所有的努力和争执都围绕着这台发动机。他朝法拉利点点头，发动机噼啪作响，12个活塞像完美的机械战士一样进入了燃烧的节奏。巴兹微笑着，他也许想起了12年前，当他爬上安东尼奥·阿斯卡里开的那辆阿尔法·罗密欧P2时小声地恳请："让我听听这家伙的心跳。"工人们退后几步，喘着粗气、神经紧绷地听着他们共同的作品发出轰鸣嘶吼声。在散热器的前方，鹅卵石道路上空无一物。

法拉利挂上一挡，松开离合器，踩下油门，紧固的倍耐力轮胎在冰冷的地面上转动起来，寻找着抓地力。法拉利很清楚，这种情况说明车辆性能非常强大，他迅速修正了方向，车辆开出工厂的大门，上了阿贝托内公路。

法拉利一路向北，沿着两边种着白杨树的大路离开马拉内罗朝福尔米吉村开去。路线的选择也是有考虑的。往南走的话，车子离开马拉内罗后会开往蜿蜒崎岖的亚平宁山脚。但是法拉利选择了直道，因为直道上的马力决定了一切，车辆的操控则是其次的。所以在未来的几十年里，法拉利车上装载的底盘和悬架系统一直比较落后。

出了工厂大门后，法拉利开始加速。他微眯着双眼，大风呼呼吹过，风干了他眼中的泪水。他身后两根排气管的轰鸣声回荡着飘过路边还没有转绿的果园和牧场，刚刚完成测试的 V12 运行得非常顺畅平稳，更像一个电动马达，而非超级复杂用于赛车和快速旅行路跑车的小排量发动机。1.5L 排量的动力系统不大，只比战前摩德纳的大街上常见的普通菲亚特轿车略微大一点点，输出功率也不超过 65 马力。对于所谓的高性能汽车来说，这个水平是很低的；但对于一个还处于最初阶段的发动机来说，这一切也是可以理解的。在布索的计划中，加装增压器的大奖赛车有望将这一数字提升到两百以上。

法拉利猛地踩下刹车，125 在福尔米吉村的郊区缓缓滑行。他转入农场的小道停了下来。他环视着四周广袤的土地，零零星星还有一些积雪。他马上就要 50 岁了，即将在这片落后、充满敌意且深深束缚着他的艾米利亚土地上生产出以他名字命名的汽车。

法拉利再次启动发动机转回马拉内罗。他在五个挡位之间切换，看到转速表的指针达到最高的每分钟 6800 转。他感到有燃油喷在脸上，就松开油门慢慢滑行回到工厂。他把车停下来，大鼻子被风吹得红彤彤的。巴兹走上去，脸色和往常一样阴沉。他已经看到引擎盖上细微的油点，马上开始检查发动机寻找漏油的源头。很快他就发现是右侧凸轮盖上的一个螺栓松动了。他朝法拉利点了点头，情况不严重。巴兹就是这样，他总是在那里，总是可以把事情搞定。他是发动机的"炼金术士"，有着淡定坚决的个性，总能独立超脱于公司里反复出现的大发雷霆和自我大爆炸之外。巴兹是各项业务坚不可摧的黏合剂，法拉利从未遇到过比巴兹更值得信赖的人，将来也不会有。巴兹也是少数几个知道莱娜和皮耶罗存在的人之一，时常陪法拉利在夜间造访卡斯特尔维特罗。如果说路易吉·希奈蒂所谓的"法拉利不喜欢任何人"有例外的话，这个例外就是路易吉·巴兹。

法拉利从 125 的驾驶座上下来，就像汽车展厅内挑剔的客户一样一言不发地绕着车走着。巴兹坐上驾驶位，兰普雷迪也过来了。小小的人群往后退了一点，发动机再次点火，嘶嘶的轰鸣声回荡在院子里。巴兹脱下他几乎从不离身的贝雷帽，把车开出了大门。虽然他和所有意大利人一样，会第一时间否认对圣母的信仰，却不擅长驾驶。法拉利听着他的老朋友蹂躏着 V12，脸上绽放出大大的笑容。是的，他也感受到了机器的心跳，一想到和阿尔法·罗密欧的大战已经无可避免，他又感到无比的心痛。

一切都将从皮亚琴察开始。距离 125 车架在阿贝托内大道上的第一次试驾已经过去两个月，现在是检验其实际竞争力的时候了。车辆大为改观。巴兹和他的团队联合皮耶雷迪和其他几个钣金工一起打造出了两辆完整的 125。这是由布索独自完成的，设计部门现在只剩下他一个人。兰普雷迪已经离开了。3 月底，兰普雷迪再也无法忍受法拉利的火爆脾气以及与布索的日常争吵，在和老板大吵一架后提出了辞职，跳槽去了伊索塔·弗拉西尼。

兰普雷迪的离开对法拉利来说又是一次打击，但他决不允许这件事影响到 1947 年 5 月 125 在皮亚琴察的首发。整个工厂花了大量的精力终于完成了两辆车，其中一辆是全车身的"厚翼"版本，有着球型的挡泥板和一个特制的圆润车尾；另一辆则被机械师们称为"雪茄"，因为整个车身是管状的。汽车轮子上装了简单的摩托车挡泥板。这两辆车都没有明显的标识，未来法拉利车辆上的品牌标识——跃马、椭圆形的格栅以及发动机盖上明显的"法拉利"标识都没有出现。125 的前脸格栅是非常难看的方形横隔条。

为了能尽快有车开上赛道，匆忙之中法拉利完全不顾上美学细节了。毕竟他已经落后了一年，不管多么简陋，只要回到赛车场就好。

而皮亚琴察的首发确实也不是什么高级别的亮相。这并不是大奖赛的赛事，甚至也不会和讨厌的阿尔法·罗密欧 158 正面交锋。皮亚琴察大赛只是由当地的汽车俱乐部组织的赛事，在市中心的道路上举行。由于法拉利高超的谈判技术，所以启动费还挺高。著名的法拉利车队显然能为比赛吸引更多的观众，赛道两边的草垛子后挤满了人。因此，新的法拉利车也被当地体育媒体大肆报道。而波特罗的设计团队，包括科伦布在内，也在远处饶有兴趣地观望着。他们很清楚，皮亚琴察的这次突袭不过是法拉利的一次试探，马拉内罗的大战略还包括科伦布计划中的机械增压大奖赛车。他们不知道的是，布索和兰普雷迪发现科伦布的计划其实完全无法实施，而一旦完成为皮亚琴察准备的车辆后，布索便迅速投入另一个大项目中，把科伦布粗糙的概念修改成可行的发动机设计方案。

科伦布和他在阿尔法·罗密欧的同事都知道，纵使有发动机调试天才巴兹在，小型 V12 发动机的输出功率也不会超过 115 马力。现在布索面临着巨大的挑战，除了把 125 做成适用于意大利小城市街道赛用的小型联盟型赛车外，他还能做出怎样的改变？

汽车运动的最高级别赛事，F1（一级方程式）国际大奖赛的日程开始逐渐成形。第一场赛事共有五站，最先是 6 月在兰斯（Rheims）举行的马恩河大奖赛（Marne Grand Prix），接着是斯帕的比利时大奖赛、都灵的意大利大奖赛、伯尔尼的瑞士大奖赛以及里昂的法国大奖赛。阿尔法·罗密欧在这些赛事中具有压倒性的优势，他们拥有最好的汽车和最出色的车手。车队的头号车手是年仅 38 岁的尼诺·法里纳（Nino Farina），正处于巅峰时期；接着是 42 岁的阿齐里·瓦兹，戒掉吗啡的他准备回到赛车界大干一场；原法拉利车队的"迪迪"·特罗斯也在阿尔法车队中，如果情况顺利，他也能有很出色的表现；唯一一名非意大利籍选手是风度翩翩的前布加迪车手让－皮埃尔·维米耶。所以无论从技能还是经验上来讲，阿尔法车队都是人才济济。

但是距离第一场在兰斯的大奖赛还有差不多一个月的时间，法拉利还有翻盘的机会。他鼓起勇气联系了老朋友法里纳，这位明星车手也回应了他，他将会驾驶125S（车子当前的命名）参加皮亚琴察的比赛。法拉利希望他最仰慕的车手塔基奥·努瓦拉里能驾驶另外一辆125S（跑车版），但努瓦拉里未能接受邀请。努瓦拉里已经和日益崛起的西斯塔利亚（Cisitalia）车队签约了，这个车队是都灵实业家皮耶罗·杜西奥（Piero Dusio）为6月的一千英里耐力赛组建的。饱受肺气肿折磨的努瓦拉里健康状况也每况愈下，使得他无法答应老东家。他的肺吸了几十年的尾气已经不行了，开几圈之后就会剧烈咳嗽，虽然他尝试着使用一种新型面具来隔离空气污染，但效果甚微。传说中的努瓦拉里55岁了，似乎已经走到了职业生涯的尽头。但他心中的火焰还未熄灭，他依然渴望自己的身体还能让他酣畅淋漓地开车，玛莎拉蒂、西斯塔利亚或者新法拉利，什么车都行。努瓦拉里向法拉利保证，如果他的健康状况有改善，他愿意在夏天代表法拉利出战。

为了给第二辆125S匹配合适的车手，法拉利找到了佛朗哥·科特斯。他现在已经不再是法拉利机床生意的业务代表。他重新回到了赛车界，3月份还成了所谓的杜西奥车队的一员。这是由五个专业车手组成的团体，包括塔鲁菲、齐隆以及28岁的新秀阿尔伯托·阿斯卡里，车队的车辆则是在菲亚特1100-cc单座跑车的基础上改造而成的。科特斯在开罗的胜利加上战前他在玛莎拉蒂车队以及现今不复存在的安布罗西亚纳车队有过几次不俗的表现，使法拉利对他青睐有加。他是一个稳重、成熟的车手，和法拉利车队的风格并不相符。法拉利公开推崇的是努瓦拉里在赛道上那种野性、不断追求超越的风格。如果摩尔还在，他也偏爱摩尔那种狂野的驾驶风格，不过法拉利依旧认为法里纳有匹敌努瓦拉里的潜力，虽然法里纳将近40岁了，有什么潜力应该也早就被挖掘出来了。绅士车手科特斯的水平高过大半车手，也有能力克服像125S这样的新车可能产生的问题，但他肯定不可能像昔日的努瓦拉里或后起之秀阿斯卡里那样主宰整个赛场。不过科特斯还是可以用的,他将在皮亚琴察作为法里纳的后备力量。

皮亚琴察的周末热情洋溢,不过法拉利车队已经见怪不怪了。《意大利汽车》的记者把各个维修点围得水泄不通,有传言说包括科伦布在内的一些阿尔法·罗密欧公司的赛车负责人将从波特罗赶来看法拉利的新车。事实并非如此(考虑到和工人之间的微妙关系,科伦布觉得此时接近法拉利是非常不明智的)。但最令人惊讶的是,这次事件的主角们居然一个也没有来!在他的第一辆新车即将亮相的时候,恩佐·法拉利居然没去皮亚琴察。他和小团队花了两年时间打造出了一辆以他名字命名的车,却在车辆的首次比赛中缺席了!虽然法拉利后来也常常不到赛车现场观战,但这次他为何没有到区区75英里开外的皮亚琴察看看以自己名字命名的首款车的首秀呢?这至今仍然是一个谜。

5月10日的练习赛喜忧参半。科特斯很快就喜欢上了平稳的全车身版"厚翼125S",并开出了最快圈速。这也奠定了他在比赛中的核心位置。法里纳的表现则不怎么好,他在狭窄的、体呈矩形的赛道上横冲直撞,结果车子旋转起来撞到了路边的石头上。练习赛之后车很快就修好了,但法里纳却打电话给法拉利坚定地表示不会开这辆车子参赛。尼诺的火爆脾气和法拉利一样出名,此事虽然并没有留下什么记录,但考虑到两人的嗓门和辩论能力,可以想象当时的通话该是何等激烈。这一行为无疑会被法拉利视为不可原谅的背叛,法里纳在他心里再也不是意大利最好的车手。为什么法里纳会在最后时刻背叛呢?有可能是感受到了来自波特罗方面的巨大压力,他担心自己这次代表竞争对手法拉利出战,不管赛事多么小,都会影响他之后代表阿尔法车队参加大奖赛。也有可能他是在和新车或新车的主人赌气,不过此事的结果很简单:永远不会与伟大的赛车明星挂钩的佛朗哥·科特斯,将开着以法拉利名字命名的车独自在这首次比赛中为法拉利红而战。

从摩德纳和都灵也传来了令人激动的消息。已经开发出强大A6GCS-2000 跑车的玛莎拉蒂因为赛车还没有准备好而退出了比赛。原本打算携全新 1100-cc P46 型车参赛的西斯塔利亚车队也退出了。

两家车队退赛后,科特斯要面对的竞争对手不过是一些战前的赛车,开车的也都是一些有钱的业余选手或二流的半职业车手。在一个多云的下午,车辆整齐地排列在笔直的法尔内塞公路(Via Foernese)上。道路两边挤满了观众,他们对危险毫不在意,似乎面前经过的不过是一队婴儿车。前排科特斯的边上是一辆由马里奥·安吉奥利尼驾驶的老款玛莎拉蒂和一辆改装的 BMW 328,车手是乔瓦尼·尼诺·罗维利。

19 辆车每 3 辆一排列在起点上。巴兹和法拉利车队的几个机械师都紧张地看着科特斯爬进 125S 的敞开式驾驶座然后戴上亚麻面罩。他即将参加的是世界上最危险的运动,但防护措施却还停留在 1895 年法国波尔多举行的第一次赛车的水平。已经过去了半个世纪,赛车比赛在安全方面却没有任何进步。尽管有些车手为了隔绝灰尘和油脂而穿上了薄型的连体服,科特斯还穿着普通的服装。他的头上戴着亚麻材质的空军头盔固定住杂乱无章的头发。皮质的防护面罩自从首次出现在摩托车比赛后,20 世纪 30 年代末期的美国赛事都强制使用这种面罩,但在欧洲,这被视作弱小和没有男子气概的表现。不仅如此,科特斯还按照陈旧的习惯没有系安全带,因为他和同行一样觉得在车辆发生碰撞时,能迅速逃离车辆总好过被困在车里。考虑到车辆油箱的防火措施和奶盒相差无几,也没有防侧翻功能,所以当时有一种可怕的逻辑认为从高速行驶的车中快速逃离才是最安全的。

比赛的总里程是 99 公里(大约 60 英里),车手们要在皮亚琴察总长两英里的狭窄街道上跑上 30 圈。(被战争损坏的蒙扎赛道依旧是意大利唯一的专业赛道，尚没有任何修建新赛道的计划；而其他的所有比赛都是在临时封闭的公共道路上举行。）

旗帜一落，罗维利和安吉奥利尼就一前一后冲了出去。科特斯的发动机反应比较慢，只能屈居第三。年轻的罗维利比较自负，他迅速穿过各个转弯口，在第1圈结束时已经遥遥领先，不过他的BMW在法尔内塞直道的尽头开得太快了，他在慌乱中踩下刹车，撞到了路边的草垛子里，差一点就撞到路边的一些观众。他被迫退出后，安吉奥利尼的玛莎拉蒂领先了。这时科特斯也成功地让法拉利的12个气缸都运作起来。第一梯队的车辆已经和后面的老蓝旗亚Aprilias及其他一些家庭作坊车辆渐渐拉开距离。跑到第20圈时，科特斯在队员的鼓励下反超了孤立无援的安吉奥利尼，之后法拉利车在整个皮亚琴察赛道上一路高歌猛进。在距离终点还剩3圈的时候，他已经把差距拉到了无法赶超的25秒。但这时小发动机开始发出异响，供油不足的科特斯挣扎着开了几公里后停了下来，燃油泵出故障了。

安吉奥利尼的玛莎拉蒂最终赢得了比赛，但法拉利车的速度却是最快的，远超其他车辆。竞争并不激烈，也没有什么正经厂商或者顶级车手参加。油腻腻满是灰尘的125S被装上菲亚特运输车运回马拉内罗，这次他们并没有获得什么了不起的成就。不过这次比赛证实了这个车型是有潜力的。之后恩佐·法拉利和巴兹打趣说："这是一次充满希望的失败。"

如今来看，那更多的还是一次失败，而不是一次充满希望的首发。很多狂热的法拉利车迷对这一赛事大肆庆祝，仅仅是因为在退赛之前Tipo 125一直是遥遥领先的。但严峻的事实在于，这只是一次非常小的比赛，只有一些半职业车手及最新设计的汽车，赢得比赛实在太过容易了。就法拉利在1947年参加的一系列小型、竞争并不激烈的地区性赛事而论，125的确是一个糟糕的玩笑。虽然新车型初运行有些小问题可以理解，但相比玛莎拉蒂以及小车队西斯塔利亚改装的菲亚特车，125在动力和操控性方面都比较落后。考虑到车型开发的周期、花费的金钱和投入的人力，125应该所向披靡。但现在它不仅轴距短，而且硬质弹簧底盘导致转向困难，同时发动机的最高转速只有每分钟6000转，比预期少了800转。这个结果一定程度上也是科伦布设计的复杂又落后的轴承所致。

纵然如此，也没有多少车可以与之匹敌，皮亚琴察的比赛结束两周以后，科特斯把车带到罗马参加在卡拉卡拉（Caracalla）浴场附近的街道举行的"罗马春季赛"（Roman Spring Season）。

这一次他赢了，法拉利车有史以来的第一次胜利，但考虑到竞争对手实在太不值得一提，这次胜利就算是法拉利车的追捧者也几乎没有庆祝过。6月小车队又参加了5次比赛，获得了两个级别冠军，刷新了两个纪录并获得总体第一。科特斯的一次事故发生在一千英里耐力赛上，这本可以是一次促进销量的好机会，却变成了商业灾难。不过一个星期之前他在帕维亚（Pavia）获得了胜利，当时所开赛车的车身是由当地的安塞隆尼（Ansaloni）车身设计公司生产的，车身臃肿丑陋，法拉利的工人们给它起了个绰号叫"油罐车"。

5月底努瓦拉里通知法拉利他可以重出江湖了，不过他开出了天价的报酬。尽管年事已高，情况也不太稳定，努瓦拉里依旧是整个意大利最有名、最受人喜爱的体育明星，要价自然不低。事实上，法拉利同意为7月份的两场比赛支付努瓦拉里14.5万里拉，换算成现在的货币大概是7000美元。不过考虑到宣传和比赛的双重效果，这其实也是一笔不错的交易。努瓦拉里的首场比赛在弗利（Forli），他不仅赢得了1500-cc级别的冠军，也赢得了赛道两边观众的心。两个星期以后他在帕尔马再次出战并和科特斯分别获得了冠亚军，塔基奥还展示了他些许的旧日风采，在终点线抓起一名"赛车皇后"，让她坐在Tipo 125

的副驾上到处兜风。之后就看不到他了，直到当晚的颁奖晚宴！

努瓦拉里的出现为公司注入了一支强心剂，但效果并不长久。他有西斯塔利亚的合约在身，最多只能再代表法拉利车队参加一次比赛[8月份的蒙特内罗（Montenero）大赛]，之后一年就都没时间了——这还是在他每况愈下的健康状况允许的前提下。实在没有其他更合适的车手，法拉利只能寄望于发挥稳定但并不惊艳的佛朗哥·科特斯以及他的后备队员费迪南多·里盖特（Ferdinando Righett）。里盖特曾在赛季初期开着动力较小的1100-cc菲亚特Stanguellini和Tipo 125展开过角逐，法拉利随后便关注起了他。

尽管耀眼的努瓦拉里给法拉利带来了一系列的胜利和宣传效果，但他们参加的不过是一些二流赛事。有一点是清楚的：通过比赛可以确定Tipo 125相对战前的那些家庭作坊车是有优势的，但当阿尔伯托·马西米诺最新设计的玛莎拉蒂A6GCS出现在赛道上时，赛车场就没有125的立足之地了。

玛莎拉蒂兄弟即将结束对奥斯家族的十年依附，选择留在博洛尼亚（他们一直没有搬到摩德纳去），并开始以新的OSCA名号开展自己的业务。法拉利通过小道消息了解到，他们和马西米诺以及基诺·贝尔托齐（Gino Bertocchi）已经完成了一款超级厉害的六缸双座跑车。

布索正在艰难地左右开弓：一方面要大力改进125的性能，同时还要推进大奖赛车的开发——V12发动机的机械增压F1版本。不久有如神助，老法拉利车队的一个同事朱利奥·兰博尼，很久以前去了局势更加稳定的英国，现在他带了一份梦寐以求的礼物回到马拉内罗。他听说发动机的致命弱点是科伦布设计的复杂而脆弱的曲轴轴承，就带来了由富商盖伊·安东尼·"托尼"·范德维尔（Guy Anthony "Tony" Vandervell）生产的"薄壁"（thin wall）轴承。范德维尔曾是一名顽强的汽车和摩托车赛车手，战争期间拿到了美国科莱维特（Clevite

轴承的英国执照。这种轴承具有革命性的设计，它最开始被用在二战期间飞机发动机上，后来渐渐成为现代内燃发动机的通用零件。布索和法拉利很快就发现，"薄壁"轴承是解决发动机转速不足的好办法。

科伦布并不知道自己设计的发动机被加装了范德维尔的轴承，他此时再次卷入米兰的一场风暴中。科伦布在阿尔法·罗密欧期间又接了个类似之前在法拉利公司的兼职，不过这一次他负责的不是赛车，而是一款名叫"狐狸"的小型经济型双座车。科伦布的设计非常巧妙，但车型的母公司 ALCA 热情高涨接了过多的订单，导致 1947 年夏天有超过 1500 名意大利人因逾期没有拿到车而要求退款。科伦布最终成功平息了 ALCA 高层和愤怒的客户之间的战争，但这一事件还是严重影响了他在阿尔法·罗密欧的地位，他也公开表示愿意接受来自马拉内罗的更多工作。虽然科伦布同意在业余时间提供一些咨询并宣布参加赛季后最后几场比赛，但他和法拉利之间的关系依旧没有缓和。

在马拉内罗，布索已经完成了对 V12 发动机的再设计，他把排量增加到 1.9L，车辆的名称也改为 Tipo 159。改进后的车马力虽有所提升，但操控还是和先前一样艰难。巴兹和所有意大利人一样喜欢逞能，他开着一辆 159 在阿贝托内公路上行驶时发生车祸并摔断了一条腿。这导致拥有稳定出色双手的巴兹无法在 9 月底本赛季最重要的赛事，即玛莎拉蒂和法拉利在家乡摩德纳展开的决战中，亲手对 159 进行调试。

玛莎拉蒂正在准备两辆全新的轻型 A6GCS 跑车，这款车搭载了前卫的凡图齐（Fantuzzi）车身，还有一个奇怪的单前灯装在格栅上。两个驾驶车手也阵容强大："吉吉"·维洛雷西和徒弟、如今被认为是专业人才的阿尔伯托·"西乔"·阿斯卡里。维洛雷西因为弟弟的死一直记恨着法拉利，这也进一步导致两个竞争对手的对抗更加激烈。因为两个车队的机械师关系都相当密切（流言互换也很频繁），所以两个车队的首脑注定要在摩德纳一争高下。法拉利把奥斯家族视为他领地上的入侵者。另外，两家的产品定位也高度一致，都以绅士车手为目标客户，这也注定了他们首先是商业上的敌人。而对于玛莎拉蒂兄弟，法拉利认为他们在赛道上是合格的竞争对手，但个人交情方面双方没有什么深入了解。一般来说，法拉利的著作中总会透露一些不可言说的真相。玛莎拉蒂的名字很少被提及，在法拉利的回忆录中，除了涉及之后的阿尔菲耶里，玛莎拉蒂两兄弟的名字几乎没有出现过。

摩德纳赛事的重要性足以让科伦布从米兰赶过来亲自检查科特斯和里盖特所驾驶的车辆。当他在法拉利和布索的注视下查看前悬架时，无数火花从里面冒了出来。除了加诺之外，他是法拉利最尊敬的工程师。他在一片沉默和紧张中查看了布局，然后独断地宣布："完全不对。我自己来解决。"

这侮辱对布索而言是不可忍受的，他为了这辆车像苦行僧一样工作了好几个月，却被这个对他出言不逊的男人一口否定了。他默默地忍受了，但很快他就离开了法拉利回到米兰。法拉利似乎也支持他这么做，因为他已经对科伦布言听计从。（布索在年底回到米兰，之后一直在阿尔法·罗密欧任职到 1977 年，并因设计了无数阿尔法乘用车而声名鹊起。）

虽然练习赛中两辆 159 都不及玛莎拉蒂，但两位车手在正式比赛一开始还是非常勇敢地冲出去。阿斯卡里和维洛雷西很快就占据了主导，在法拉利的车子冒着烟进了维修点之后，他们更是从头到尾都洋溢着攻无不克的姿态，自鸣得意地绕着圈。退赛后科特斯的车子停在路边，却被乔瓦尼·巴拉克的老德拉赫（Delage）撞上了（也许是酒驾，车手有这个习惯），两辆车滚入赛道边的人群中，造成两人死亡，多人重伤。跑完 24 圈后比赛结束了，"西乔"轻松获胜，他的朋友维洛雷西获得第二名,而挣扎着跑到终点的里盖特落后冠军相当大一段距离,完全没有引起任何关注地获得了第五名。在摩德纳的这次决战中奥斯家族获得完胜,这也是恩佐·法拉利遭遇的第一波灾难。显然法拉利必须做点儿什么以便在两周后举行的下一次大赛上报一箭之仇,地点在风景秀丽的都灵河滨公园的瓦伦蒂诺赛道。

科伦布在大赛之前紧张地工作了好几天,试图解决 159 的操控难题——转向过度和坚硬如石的刹车,这些都让科特斯甚至努瓦拉里痛苦不堪。公司将会派一辆车参加都灵的比赛,由新车手法国人雷蒙德·索默驾驶。他今年 41 岁,是巴黎一个富有的毛毡和纺织生产商的儿子,和法拉利以及希奈蒂是多年的老朋友。他曾经和希奈蒂搭档赢得了 1932 年的勒芒二十四小时耐力赛,第二年又和塔基奥·努瓦拉里搭档再次获胜。两次获胜的车都是阿尔法·罗密欧(虽然不是代表法拉利车队),而法拉利也很熟悉这个强壮活跃的法国车手那不算华丽却很有耐力的驾驶风格。科伦布在回忆这个赛事时说,当时科特斯"不在",而法里纳的加入"还在计划阶段"。不管这些隐晦的解释真实情况如何,总之这一次指定的车手是索默。众所周知,当时法里纳因为和阿齐里·瓦兹的冲突被阿尔法·罗密欧开除了。很可能是希奈蒂从中牵线和索默取得了联系,他当时在法国努力拓展着法拉利车的销售,认识索默这个热情而富有的客户也已经好几年了。不知道索默有没有出钱参与都灵的比赛,但科伦布回忆说索默赛后曾想要购买 159。

当然他也理应获得这辆车,因为他开着它获得了压倒性的胜利,虽然竞争对手还是仅限于奥斯的玛莎拉蒂 A6GCS 以及一些阿尔法为意大利赛车运动清理出来的老旧车型,这却是法拉利车赢得的第一次重要胜利。而当时法拉利真正想要复仇的对象——自大的阿尔法·罗密欧大奖赛车队因为赛事太小而没有参加。

阿斯卡里和维洛雷西都因为变速箱故障早早就退赛了,索默轻轻松松赢得了比赛。据法拉利所说，这次胜利后出现了戏剧性的一幕。他写道：索默的胜利对他来说意义重大，1918 年寒冬他曾坐在这个公园的板凳上哭泣，而那天他在同一个地方再次呜咽了，只不过这一次是为了车队的胜利。不知道这是不是杜撰的。他确实哭了（有人说他是一个特别会演戏的人，随随便便都可以哭出来），而这次成功对于初出茅庐的法拉利车队来说也确实非常重要，但是否真的比科特斯在罗马取得的第一次胜利和努瓦拉里在弗利取得的冠军更重要呢？或许如此，只是因为法拉利在一个小小的角落里封锁着的心思，这从个人角度来说是对强大的菲亚特公司在 28 年前拒绝他的一个报复。事实上，很多和他关系密切的人都认为这只是个开始，直到 1969 年阿涅利完成对他的公司的收购才算是彻底报仇了，迟了 50 年！

　　都灵的胜利也进一步加固了法拉利和科伦布之间的纽带，双方都同意签订正式的劳动合同。是的，曾经在阿尔法·罗密欧 SpA 和阿尔法·科西嘉公司任职的欧洲工程界最出色的工程师吉奥阿基诺·科伦布即将正式成为法拉利公司的一员。最终的细节还需要一次友好的午餐会来商议。法拉利很自然地想请他的新工程师到马拉内罗去谈，而科伦布认为自己有优势，坚持要在米兰谈。这个时候法拉利已经变得越来越不爱出门，他像一个王者，觉得谈判必须在他的领地里开展，否则免谈，所以拒绝了科伦布的要求。他宣布：会议必须在马拉内罗举行，而科伦布也毫不退让。在双方陷入僵局时，佛朗哥·科特斯出面协调把会议安排在米兰和马拉内罗中间的皮亚琴察克罗齐·比安卡酒店（Croce Biance Hotel）。这个折中方案跟 1935 年努瓦拉里和法拉利的见面完全一样，当时也是在这里见的面。这对法拉利来说可是一次重大的让步，可见他有多么希望将科伦布收入麾下。显然法拉利对此还是赌气的，他庞大的身躯挤进小小的蓝旗亚 Ardea，开着这辆只有 29 马力的 903-cc 车沿着艾米利亚古道前往会议地点。他自认为对下属的让步是种耻辱的行为，这种情况在他身上出现的次数屈指可数。科伦布的让步则是同意在年底就正式加入公司，但在此之前他还要在米兰解决一堆复杂的法律问题，不光是和阿尔法·罗密欧公司，还有即将倒闭的 ALCA。不过科伦布同意马上开始为所谓的 125GPC（大奖赛车）工作，到 11 月底，他已经完成了一款漂亮的短轴距版单座跑车的详细计划。

索默在都灵的胜利也带来了一些额外的好处。车辆在意大利北部富有的精英人士面前的表现，为公司的生意带来一些小的突破。这些穿着考究的运动员是法拉利的核心目标客户。果然，不久就有一些贵族来到摩德纳研究是否能购买新车，包括米兰的索阿韦·贝萨纳伯爵（Count Soave Besana）和布鲁诺·斯泰齐伯爵（Count Bruno Sterzi），以及已和伍尔沃斯继承人芭芭拉·霍顿（Barbara Hutton）结婚的被流放的俄国王子伊戈尔·屈贝寇（Igor Troubetzkoy）。到了 12 月，除了 1946—1947 年生产的三台车外，又生产出了好几台新车。其中一台是首款双座跑车，这辆搭载着方形阿利马诺（Allemano）车身的坚固小车将在来年春天为法拉利赢得第一次一千英里耐力赛的胜利。

还有更好的消息，奥雷利奥·兰普雷迪回归了。他在伊索塔·弗拉西尼的项目失败了，但他在和法拉利及布索闹翻之前表现出了巨大的潜力，如今又开始从事一些兼职的咨询工作了。法拉利应该也想过科伦布和兰普雷迪同时在他的设计部门工作的可能，不过在一开始接触时他则暗示兰普雷迪，科伦布只是公司的顾问。这对于兰普雷迪来说是个好消息，他答应年底重新加入法拉利公司。他还从来没见过那个仍被他视作"魔术师"的人。不过很快这种崇拜就会变成公然的敌意，但在 1947 年接近尾声的时候，法拉利、科伦布和兰普雷迪三人都对这样的组合表示满意。当然，法拉利不久将会展现出"掌控他人"的能力，煽动两位设计师针锋相对并借此催生了一大批的创造发明。在未来许多年，他这种催使员工之间个体竞争的手段达到了炉火纯青的地步。他已经将这种方法用在了布索、兰普雷迪及科伦布身上，并借此造出了更出色的汽车。今后兰普雷迪和科伦布的竞争肯定也会更有成效。

10 / 第十章

进军北美、扬名赛车场

恩佐·法拉利的生活已经陷入固定模式。每天早晨他在原法拉利车队二楼的公寓里醒来，目送小迪诺出门去附近的科尔尼技术学院（Corni Technical Institute）上学，之后去他最喜欢的理发店刮脸。上午他通常都在拥挤的法拉利车队办公室里开会、接待重要客户、回复信件——一般用紫色墨水以独特的字体手写成。午餐后他会开车沿着阿贝托内公路北上10英里去工厂督促兰普雷迪、巴兹、吉贝尔第等人推进各项业务：锻件、铸件，以及意大利战后依旧稀缺的金属原材料，用于打造第一批法拉利车。

法拉利在那里有一间淡蓝色墙壁的大办公室。房间中央放着一张巨大的桌子，访客隔着桌子和主人握手时身体必须前倾才行（对于那些在没有暖气的大门口默默等了很久的访客来说，这可谓一次终极侮辱）。和他依旧保留在摩德纳的原法拉利车队办公室不同，那里放满了奖杯和照片，而这里则很朴素，没有任何装饰。其实没必要，因为法拉利很少待在这里。他大多数时间都是在车间里度过的，巴兹和技术人员在准备新的底盘，其他一些机械专家则忙着完成发动机和变速箱铸造的收尾工作。

兰普雷迪和从米兰过来兼职的科伦布正在隔壁的绘图室里设计关

键车型备战下一阶段：赢得比赛并设计一系列能创造足够收益的畅销跑车——做什么？——赢得更多的比赛。科伦布的工作重点是推进作为大奖赛版本的 125GPC 项目——这款机械增压的 F1 赛车是法拉利的最高目标。与此同时，兰普雷迪则要完成 Tipo 166，即 2L 版本的 125/129 自然吸气跑车发动机，以巩固消费者产品线。

　　法拉利晚上的安排有两方面。大多数时候他会回到车队所在的办公区和家人共进晚餐，然后阅读从政治到哲学再到体育各类新闻。在这些报道中，法拉利车队依旧被视为一支小规模车队，影响力远远比不过阿尔法·罗密欧，甚至也比不过玛莎拉蒂。而另外一些晚上他会对巴兹、佩皮诺·维德利或科伦布说："我们回远处的家吧。"这便意味着他将转道去卡斯特尔维特罗，回到安静的莱娜和年幼的皮耶罗身边。据知情人士称，一回到那个小家，他整个人都变得温柔了，他的装腔作势、粗暴态度和火爆脾气都烟消云散，还能忍受孩子的各种调皮和恶作剧。重要人物在自己情人面前脱下伪装并非不常见，但像法拉利这样在公开场合狂傲又冷漠的人来说，性情的突然转变还是很令人惊讶的。

　　他也是一个孝子。尽管他在母亲和劳拉之间常常扮演中间人的角色，有时候甚至是受害者，但和所有意大利男人一样，母亲对他非常重要。婆媳两个都是固执的大嗓门，两人为数不多的碰面总是伴随着争吵。

　　他即将在 1948 年 2 月迎来自己的 50 岁生日，生意场上的前景也十分不错。多少令人惊讶的是，兰普雷迪和科伦布尽管设计理念不同，两人相处得却很不错，下班后经常一起吃饭，继续讨论工作中的问题。科伦布是加诺的学生，习惯在实践中进行各种试验和创新，他会一遍遍地对设计进行修改和调整直到成功。他的设计大多数时候都是稍具有启发性的高转速、高压强增压赛车发动机。而兰普雷迪则是科班出身的航空工程师，他坚信在实际生产之前必须有精心的构思、严密的计算，修改越少越好。对他来说，汽车发动机也应该像飞机发动机一样可靠简洁且便于维修。

路易吉·希奈蒂在遥远的纽约曼哈顿西 49 街开了一家只有一个工位的小车行。这家新店少人问津，甚至在当地最富有的核心赛车爱好者中也无甚名气。虽然希奈蒂的营销稍见起色，但法拉利这个名字对大多数人来说依旧毫无吸引力。他们计划组织一系列业余公路赛，如果这个被希奈蒂描绘得天花乱坠的新的意大利品牌真有那么好的话，那么销量是可以保证的。希奈蒂短期内计划在巴黎和纽约同时开店，最终进军美国，让美国成为一个新的法拉利车狂热爱好者的根据地。他唯一需要的就是汽车——法拉利承诺只要希奈蒂有足够的资金就能保证车辆的供应。希奈蒂很清楚，成千上万的美国人从欧洲回国后就对高性能汽车抱有浓厚的兴趣。一个新的全国性组织——美国赛车俱乐部刚刚成立，并已开始策划 1948 年秋天在纽约沃特金斯·格伦（Watkins Glen）举行的公路赛。比赛形式将参照英国赛车手俱乐部那种封闭型的非专业比赛，这家俱乐部的成员都是业余的英国车手，约定俗成的格言是"观众合宜而不拥挤"。这些富有的新加入的业余选手大多居住在纽约和费城的美丽郊外以及棕榈沙滩，他们都是精明的希奈蒂设定的目标客户。战争期间他流亡昆斯（Queens）时认识了俱乐部的核心团队。虽然法拉利要差不多一年以后才会踏上美国这片土地，但他现在已开始以法拉利的名义，凭着出色的辩说才能，勇敢积极地向他们推销起了这一品牌。

而在意大利，法拉利本人也清楚这类人群的价值，一直以来他都在努力接近米兰贵族加布里埃尔（Gabriele）兄弟及索阿韦·贝萨纳，他们在 1947 年底购买了 Tipo 166SC (Spider Corsa)，由此成为法拉利最早的客户（索默有没有购买 1947 年 9 月在都灵所驾驶的那辆车尚有疑问）。还有两位贵族，来自米兰的布鲁诺·斯泰齐和流亡的罗曼诺夫王子伊戈尔·屈贝寇也为他们的格鲁帕·英特（Gruppa Inter），车队购买了相似的 166 Spider。这些早期车型和同样在摩德纳生产的玛莎拉蒂 A6GCS 一样，可以一车三用：既可以在公路上行驶，也可以参与西西里岛之旅（Tour of Sicily）或是一千英里耐力赛之类的跑车赛事；如果拆掉车辆的挡泥板和其他路跑装备，它们还可以参加国际F2赛车比赛（参赛车辆为 2L 及以下的开轮式车）。但大多数初期客户和熟练的业余选手都倾向于将新款法拉利车开上罗马和米兰的豪华林荫大道，或是参加一些小型跑车赛事。而在大型赛事中，冠军都被法拉利的人包揽了，包括索默、科特斯、里盖特以及努瓦拉里（在健康状况允许的情况下——他几乎一整个冬天都卧病在床）。

赛季的第一个重要赛事是 4 月的西西里岛之旅，法拉利工厂当时完成了三台新车的制造。索阿韦·贝萨纳伯爵和布鲁诺·斯泰齐一队；佛朗哥·科特斯开着另一辆以工厂名义参赛的 166SC；屈贝寇则和一千英里耐力赛专家克莱蒙特·比昂德蒂开一辆宽敞的全新全包围车身 166 路跑车，车身制造者不明（可能来自阿利马诺公司）。比昂德蒂是托斯卡纳（Tuscan）的富人，1938 年和 1947 年开着阿尔法·罗密欧 8C-2900 两次囊获一千英里耐力赛冠军，被视为当时世界上最坚韧顽强的长距离赛车手。屈贝寇则以伊戈尔的名义坐在他车上充当领航员并兼任替补车手。

比昂德蒂和伊戈尔赢得了西西里岛之旅的比赛，从商业角度看，这次胜利的重要性不亚于上一年索默在都灵的胜利。它不仅带来了包括屈贝寇本人在内的源源不断的订单，也为车队在即将到来的一千英里耐力赛中的强劲表现进行了预热。这次的一千英里耐力赛将见证塔基奥·努瓦拉里最后一次出色的驾驶。

关于努瓦拉里出战这次一千英里耐力赛的原因众说纷纭。这位不朽的车手当时已经 56 岁了，身体状况相当不好，还沉浸在他次子去世的悲痛中。据说法拉利听闻阿尔法·罗密欧为了保持在一千英里耐力赛的胜利纪录（自 1928 年以后只有 1931 年一次失利）想约他最后一次出山，就开车去了努瓦拉里位于加尔多内（Gardone）的家中，说服他参加比赛。也有人说努瓦拉里到马拉内罗店里参观了那里的汽车后一时冲动便决定参赛。这两个故事可能都是杜撰的。

根据切萨雷·德·阿戈斯蒂尼（Cesare De Agostini）关于努瓦拉里的卓越传记记载，努瓦拉里早在几个月前便已经决定参加一千英里耐力赛，并已同达西奥的西斯塔利亚车队签了合约。但在 4 月 27 日，比赛前一周，他驾驶的车在一次道路事故中被另外一个车手撞坏了，达西奥通知他没有其他西斯塔利亚车队的车可供使用。努瓦拉里是在那时才和法拉利联系的。

不管法拉利和努瓦拉里的合作有多么夸张传奇的描述，两人之间的关系可能并没有那么感人。回想当初，努瓦拉里是在一片争议声中离开阿尔法·罗密欧和法拉利的，他们的关系在 20 世纪 30 年代也风云变幻。不过要是努瓦拉里能像 1947 年那样驾驶法拉利的车参加比赛，那是再好不过的宣传了。他们两个虽不是特别亲密的朋友，但至少是互相尊重的。

当时著名的汽车记者科拉多·菲利皮尼（Corrado Filippini）在《意大利汽车》中写到，法拉利带着努瓦拉里参观了工厂，给了两辆车让他做选择——一辆是即将出售给屈贝寇王子的 166SC，王子很乐意提供给努瓦拉里驾驶；另一辆则是公司从 1947 年底开始打造的方形阿利马诺车身的 Berlinetta 双座跑车。努瓦拉里选择了开放式的 Spider，因为封闭式的车可能会让他原本就已受伤的肺部更加不适。他的选择是明智的。克莱蒙特·比昂德蒂后来就因开了那辆轿跑而深受其害。在这辆设计欠佳的车上，令人窒息的发动机尾气、震耳欲聋的噪音和始终雾蒙蒙的车窗让他和副驾朱塞佩·纳沃涅（Giuseppe Navone）全程苦不堪言。

然而，当看到年迈的英雄努瓦拉里和他的机械师斯卡皮涅利开着敞篷车迎着雨水和冰雪的洗礼经过亚平宁山口，而他的主要竞争对手比昂德蒂则一路开着豪华跑车平稳前进时，全国的观众都对努瓦拉里产生了同情。努瓦拉里华丽地回应了。一开始阿尔伯托·阿斯卡里开着玛莎拉蒂 A6GCS 保持领先，但他在帕多瓦（Padua）退赛了。科特斯随后领先，但他的变速箱出了故障——这是早期法拉利车普遍的致命缺陷——也退赛了。康塞尔沃·萨内西（Consalvo Sanesi）谨慎地驾驶着阿尔法·罗密欧 6C-2500，一辆在战前老车型上装了新车身的特别版车辆，但他也在第二名的位置上退出了。西斯塔利亚车队派出了不下十辆车参赛，但这些搭载了动力不足的小型发动机的赛车毫无竞争力可言。选手们此时已驶过亚得里亚海沿岸，开始攀爬亚平宁山口的弗洛（Furlo）和斯凯贾（Scheggia），狡黠的努瓦拉里即将在连绵不断的弯道上发挥优势（他把弯道部分称为"我的地盘"）。他展现出让他扬名赛车界的精湛技巧。到拉文纳（Ravenna）时他已位居第一，并且还在不断拉大和竞争对手之间的差距。不过此时车子却有些不堪重负了。当他到达罗马检查点时，车的左前挡泥板已被震落，整个引擎罩也已不知所踪。（人们认为这是努瓦拉里粗鲁的驾驶风格所致，但事实上车身缺陷才是罪魁祸首）。

努瓦拉里向前探出脑袋，左手手肘顶着斯卡皮涅利的肋骨通过了转弯口，宛若重生。在一个弯道上，他开过了头，车子掉进一个沟渠里，后悬架坏了，斯卡皮涅利的座椅也从固定装置上松开来。但努瓦拉里没被吓住，他利用一系列高难度直线下滑技术通过了可怕的弗他（Futa）和拉提科萨（Raticosa）山口，到达博洛尼亚时已经领先比昂德蒂 29 分钟，而后者还在气味难闻、噪声吓人的车里挣扎着。

努瓦拉里冲上波河平原的坦途，辉煌的胜利似乎已经在向他招手了。但随后一个弹簧吊架坏了，小型法拉利车在雷吉奥－艾米利亚附近的疗养别墅区停了下来。愤怒的塔基奥·努瓦拉里爬出来，结束了他无与伦比的赛车手生涯中最后一次华丽的驾驶。在1953年去世（讽刺的是，在床上）之前，他又参加了几次比赛，但再也无法像1948年最后一次参加一千英里耐力赛时那样傲视群雄了。

克莱蒙特·比昂德蒂轻松斩获了他人生中第三个一千英里耐力赛冠军，第二名开着小型菲亚特1100S晚了一个半小时才到达终点。事实上，在所有参赛的法拉利、玛莎拉蒂和阿尔法·罗密欧赛车中，比昂德蒂驾驶的法拉利车是唯一一辆进入前十名并完成比赛的车辆。法拉利车赢得了意大利最著名的赛车比赛，更多订单也如预料般接踵而至。

1948年夏天，当法拉利车队积极备战一些小型比赛和F2赛事时，恩佐·法拉利将注意力放在了两个主要目标上：一是要完成科伦布设计的125GPC单座跑车，这个车型已经在制图板上搁了近三年；另一个目标则是166系列客户车的小批量生产，这个车型既可以充当赛事跑车，也可作为gran turismo路跑车。

公司的第一笔订单来自赛车。在这一领域，阿尔法·罗密欧和玛莎拉蒂早在战前就已经有出色的车型了。据说当时有一群富裕的英国运动员在英国赛车公司（BRM）的支持下，准备生产一款十六缸的机械增压赛车。皮耶罗·达西奥委托保时捷设计工作室（保时捷当时正从奥地利的一个锯木厂转型）秉承原汽车联盟的精神，生产一款中置水平十二缸发动机、四轮驱动的革命性超级跑车。因为当时保时捷的老板费迪南德·保时捷正受到法国人的胁迫（在诱骗他设计雷诺4CV之后），公司接下这个项目希望达西奥的资金能帮助他重获自由。因为达西奥的资金问题，西斯塔利亚360这一车型注定是要失败的，但它也肯定是战后最先进的车型。

就当时的市场来看，阿尔法·罗密欧依旧掌握着一切。老的 158 发动机经过科伦布的改进后达到了 310 马力，搭配改进后的悬架便成了升级版的 158D 型，这比十年前法拉利车队所使用的车要先进得多。玛莎拉蒂也没闲着，马西米诺对原有的 4CL 进行了大幅度改进，在底盘上装了先进的螺旋弹簧式前悬架，并在发动机上安装二级增压器，能产生 260 马力。这辆新车将由维洛雷西及提升飞快的阿斯卡里驾驶，在圣雷莫（San Remos）的小赛事中首秀获胜后，车型就被命名为 4CLT/48 圣雷莫。

法国政府也在资助车辆技术研究中心（Centre d'Etudes Techniques de L'Automobile et du Cycle）的一个项目——一款出色的二级增压 V8 发动机 F1 赛车。这款汽车的发动机非常强大，底盘却不如人意，所以雄心勃勃的公司在造了两台车后便在 1947 年放弃了这个项目。

而这时科伦布努力研发的 V12 机械增压发动机在测试时只有 225 马力的输出，转速也无法超过每分钟 7500 转，离 10000 转的设计目标相差甚远。此外，这个不堪的发动机安装在一个几乎过时的底盘上，搭配可靠却毫无新意的赛车钢板弹簧前悬架，以及不稳定的带扭杆（很快会被单体钢板弹簧替代）的后摆动轴。

随着 125GPC 项目的推进，阿尔法·罗密欧信心满满地参加了 1948 年赛季的大奖赛，派出了四位世界顶尖车手：名义上的队长、正迅速恢复到战前水平的阿齐里·瓦兹，出色的大鼻子让－皮埃尔·维米耶，久经训练的后备车手"迪迪"·特罗斯，以及来自公司的正规军、可靠的四号车手康塞尔沃·萨内西，他取代了上一年度与瓦兹争夺车队头号车手时失势的桀骜不驯的法里纳。首场比赛是在伯尔尼郊外危机四伏的布雷姆加滕（Bremgarten）环道举行的瑞士大奖赛。7 月 4 日那个阴雨的周末天气很冷，瓦兹在傍晚的练习赛中将新的 158D 开上了险峻的 4.52 英里天然赛道。这个极度自律的车手几乎从不出错，但一瞬间的走神，车子绊到了路边的石头，大型阿尔法因此翻车。瓦兹从驾驶座上飞了出去，当场死亡。呆若木鸡的阿尔法车队宣布，为了悼念他们 44 岁的队长，车队将退出本次比赛。但瓦兹的妻子诺玛（Norma）却坚持车队以瓦兹的名义继续参赛。车队同意了，最后特罗斯获得了冠军，维米耶屈居第二——他很有可能是因为车队的命令而有所保留。无数悲痛欲绝的追随者出席了瓦兹的葬礼，之后他被安葬在家乡加利亚泰（Galliate）。

这不过是阿尔法·罗密欧在这个赛季所遭遇的各种灾难的开始。瓦兹死后不久，"迪迪"·特罗斯就被诊断出罹患肺癌。虽然他勇敢地面对了自己的健康问题，但还是在第二年年初于米兰的一家诊所逝世。此外，处于战后恢复期的阿尔法工厂依旧面临资金短缺的困境，公司努力想要生产新的 1900 系列乘用车——这是公司在 20 世纪 30 年代中期生产的首款原创车型。设计工作由才华横溢的欧拉齐奥·萨塔·普利亚（Orazio Satta Puglia，简称萨塔）担任，在科伦布跳槽到法拉利之后，158 的后续开发基本上由他负责。现在的问题是，公司既要开发一系列新的乘用车，又要准备参加各种大奖赛，本来就资金不足的公司还能支撑多久？

尽管如此，阿尔法·罗密欧还是在兰斯的法国大奖赛中再次夺冠，车手是如今被誉为世界最顶级车手的维米耶。玛莎拉蒂参加了欧洲举行的各种赛事，阿尔法则集中精力在主要的国际性大奖赛上，1948 年共有四场。下一场是 9 月 5 日即将在都灵瓦伦蒂诺公园 4.8 公里长的赛道上举行的意大利大奖赛。萨塔和公司都很清楚，他们将在这次比赛中迎来与昔日盟友、今日对手恩佐·法拉利的首次对抗，现在他们是对手。

科伦布、巴兹和法拉利的员工整个夏天都在赶造三辆用于都灵赛事的 125GPC 汽车。由于努瓦拉里再次因健康问题无法参赛，法拉利选择了当时正好得闲的法里纳作为车队的主力。上一年度同一赛道上的大赢家雷蒙德·索默带来了一张新面孔——大家简单地称他为 B. 比拉（B.Bira）。实际上他全名叫 Birabongse Bhanudej Bhaanubandh，是暹罗的王子。比拉曾在剑桥和伊顿就读，虽然一直都不是一线大奖赛队伍的一员，却十分受人尊重，在比赛中也时常有相当勇敢的表现，在 1954 年退休前参加了不少出色的赛车比赛。法拉利选择比拉的具体原因尚不明确，但很有可能是王子自己"付费"参赛的，他为参加这场比赛给法拉利的小金库贡献了不少钱，除了这样别无他法。

因为法里纳是都灵人，所以就由他在瓦伦蒂诺公园赛道进行首次试跑。试跑安排在日常交通还没繁忙起来的清晨。可以想象一下，法里纳在晨曦中开着车在赛道上飞驰，机械增压 V12 发动机的轰鸣声回荡在波河两岸，不带消声功能的机器一路怒吼，吵醒了都灵的居民。

大奖赛在滂沱大雨中举行，索默出人意料地一路追着领跑者跑在第三的位置上，而法里纳在一贯的激烈驾驶后散热器出现故障，撞到了路边的石头上。比拉也退出了，依旧是法拉利车惯有的变速箱故障问题。索默带着惊人的热情继续前进，最终与亚军失之交臂获得第三，落后维洛雷西所开的全尺寸玛莎拉蒂不到一个车位的距离。维米耶代表阿尔法·罗密欧轻松夺冠。

法拉利大奖赛车的首秀并未引发关注。和所向披靡的阿尔法相比，法拉利车少了将近 100 马力；与此同时，短轴距和落后的悬架导致车辆操控性极差，易转向过度。更糟糕的是，科伦布设计的缸盖容易引起严重的冷却液泄漏，这一问题需要耐心的天才巴兹想办法解决。

再一次，法拉利神话隐瞒了 125GPC 毫无竞争力、脆弱且令人失望的事实。但不管怎么说，和阿尔法以及玛莎拉蒂那些已经有 10 年历史的车型相比（虽然有所升级），这款车是 1948 年赛车场上唯一一款战后开发的车型。尽管花了近 3 年的时间来开发，这款车确实是平庸之作。恩佐·法拉利若想靠它取胜，需要不少的运气。但在法拉利漫长的职业生涯中最不缺的就是好运，次年幸运女神再次光顾了法拉利车队。

令人欣慰的是，同期开发的 166 跑车和旅行车项目，成果还算不错。

1948 年 3 月，法拉利联系了老朋友——图林超轻车身厂老板菲利斯·比安奇·安德洛尼（Felice Bianchi Anderloni），他们在 20 世纪 20 年代早期参加各种赛车比赛时就相识了。法拉利在任何时候都不会错过做生意的机会，他在阿尔法·罗密欧工作时就和安德洛尼合作过，而战前的 815 车身也是安德洛尼的车身厂生产的。图林（战后迅速换掉了法西斯指定的名字）是当时米兰和都灵几十家精品客车定制公司的一员。虽然在布索的牵线搭桥下，阿利马诺为法拉利制造了赢得一千英里耐力赛的 166，但其过长的车身和方正的设计风格并非打造第一辆法拉利合法 gran turismos 的首选。

安德洛尼和他的工匠有幸获得了这一机会。1948 年 5 月，他们在位于米兰鲁多维科大街（Via Ludovico）的小工厂里打造出两台风格独特的车身。一辆是法拉利指定的四座 Berlinetta，另一辆则是小型的全车身敞篷路跑车。按照法拉利的要求，车辆配置参考的是他的私人座驾蓝旗亚 Ardea 双座跑车——这意味着，与图林车身厂战前为 8C-2900 底盘上装载的大尺寸长轴距阿尔法车身相比，这两台车就像微型车一般。

我们虽不能说恩佐·法拉利在该项目的设计美学上毫无贡献，但肯定很有限。尽管大家都称颂法拉利车线条优美，但没有任何迹象表明他本人对车辆的外形有任何影响。即便他会素描，也没有任何作品流出。如果他曾用出色的说服力迫使安德洛尼等人将他的审美以外形或设计主题的形式生动表现出来的话，那么设计师就没什么功劳了。法拉利对他车辆外在美的影响，在于他成功选择了意大利最出色的车身厂为车辆设计漂亮的外观。不过，法拉利对驾驶座的设计确实是有所影响的。因为他个头比较大，为了安置他所喜爱的驾驶位，方向盘就要装得比较远，角度也比较突兀。这样一来，个子小的人驾驶法拉利车就会比较困难，他们发现"指挥官"的喜好导致他们不仅踩不到踏板也摸不到方向盘。

按照计划，两台安德洛尼车身的汽车要赶在9月15—25日举行的都灵车展前完成，也即大奖赛后的几天。路易吉·希奈蒂已经表示会购买其中一台车，这样一来如期完成就越发显得至关重要了。不知是不是因为赶造法拉利影响了安德洛尼的健康，他在6月份突然离世，项目也因此暂停了。之后他的儿子卡罗·菲利斯（Carlo Felice）接手了公司，项目才得以继续正常进行。

仲夏时分，相当一部分全包围166SC跑车组装完成，但这也意味着他们要开发一条全新的产品线。车身厂的车是民用车型，有完整的车顶、车窗、加热器、全套的路跑设备及豪华的皮质内饰。意大利各家车身厂之间的竞争非常激烈，大家都希望在原创风格和精湛技艺方面超越对手。各个车身均由纯手工打造，工匠们根据木结构造型手工打造出铝板，然后小心翼翼地放到独特的图林车身厂车的框架上，框架由轻质的管子构成，这种技术可以生产出轻盈却又相当牢固的超轻车身。

法拉利有足够的理由相信他的限量版豪华跑车将会热卖，所以他和安德洛尼商定了一个计划：每次批量采购三到十辆车。法拉利的员工会把汽车底盘运送到车身公司，然后顾客可以根据自己的喜好确定细节，包括车色、内饰，有时还有特别的外观装饰。在25年后菲亚特接手之前，所有的法拉利跑车都是通过这种方式生产的，所以几乎每辆车都是独一无二的。

当索默在都灵华丽地穿过终点线时，安德洛尼的工匠们正在给两台 166 喷上鲜红色的漆。两台车都被刷上了带有淡淡金属色泽的独特朱红色——和早期 125 车上那种暗沉的酒红色对比鲜明。

都灵车展是当时世界上最大的车展，所有著名的车辆制造厂和车身厂都会参加。1948 年 9 月 14 日，展馆向媒体开放特别预览，记者们发现两台法拉利将分开展出。小型敞篷跑车是新法拉利公司唯一的展品，而整洁的四座版车辆则占据了图林超轻车身厂展台的中心。

路跑车在人群中引发了轰动。圆润动感的曲线优美和谐，掩盖了车辆短轴距的缺点。格栅像一张大大的嘴巴，活泼而特色鲜明，它并未采用蛋箱型设计（这在一年后才成为品牌的标记），而是选择了一系列水平状的铝制饰条。风挡玻璃仅用一块曲面的普列克斯（Plexiglas）有机玻璃，软皮内饰则是浅褐色的，与鲜艳的车身红色形成强烈对比。

这款车迅速被人冠以 Barchetta（小船）之称。记者乔瓦尼·卡涅斯特里尼在报道中称他觉得这辆车的款式"不太舒服"，但人们对两辆车的评价总体上还算不错，车子也很快销售一空。其中一辆紧凑型 Berlinetta 双座跑车被法拉利的老主顾布鲁诺·斯泰齐买走了，路易吉·希奈蒂也很快把 Barchetta 卖给了富裕的洛杉矶凯迪拉克经销商和汽车狂热爱好者汤米·李（Tommy Lee）。对于希奈蒂来说，这个月真是忙到不可思议。他不仅要张罗着把第一辆法拉利车卖给一个美国客户，还和英国运动员彼得·塞尔斯顿勋爵（Lord Peter Selsdon）一起参加蒙莱利举行的巴黎十二小时耐力赛。他们开着一辆傲气的 166SC 赛车轻松夺冠，这是法拉利车在意大利之外取得的第一次长距离比赛冠军，也是法拉利车摆脱恶名的一次重大突破。这辆车后来也同样卖给了一个美国客户。

布里格斯·坎宁罕（Briggs Cunningham）是辛辛那提宝洁公司（Procter & Gamble）的继承人，家财万贯，战前就对各种汽车和业余赛车运动非常着迷。他将自己 6 米长的游艇从美国运到欧洲，并乘它在欧洲度完了蜜月，还买了一辆阿尔法·罗密欧 6C 和一辆梅赛德斯-奔驰 SS 以供岸上行驶。法拉利那时在阿尔法的圈子里是个著名人物，卡宁罕作为欧洲风格赛车的痴迷者，对法拉利的成就显然也相当熟悉。他明显是早期法拉利车的销售对象之一，希奈蒂安排这位富有的美国人购买了他在蒙莱利获胜的 166SC。该车在纽约的成交价格为 9000 美元，对于一辆参加过至少一次十二小时耐力赛的二手车来说，这真是狮子大开口。尽管如此，在汽车于 1949 年最终抵达美国时——比李购买的车早到了几个星期——布里格斯就如同收到了来自教皇的祝福。

但在 1948 年 9 月，除了北美的市场潜力，法拉利有更多需要担心的地方。他已经启动了一个雄心勃勃的项目，计划把位于阿贝托内公路上的小骡棚改造成一个小型贸易学校，并从附近的社区招收一些年轻人，对他们进行机械加工、模型制造和金属加工方面的培训，为将来工厂产量的上升储备足够的人手。除了学校的启动需要用钱，赛车项目的投入资金也是个无底洞。之前的 F1 赛车显然非常落后，在发动机和底盘操控上都需要继续改善。但法拉利想出了一个让自家车辆留在公众视野中的办法，他称其为"不道德的技巧"。他建议把自然吸气（当时被称为"常压"）的 166 跑车发动机装到 gran premio 的底盘上，这样就造出了一辆单座的 F2 赛车（发动机排量为不带增压的 2L）。这一方法用在了索默在都灵开过的车上，他开着改装后的车子参加了 9 月 26 日在卡希纳（cascina）举行的第五届佛罗伦萨大奖赛。更为轻巧的车身与更为灵活的转向和刹车让他轻松获胜。虽然厄尔米尼（Ermini）驾驶的车辆开进人群导致五名观众死亡（开的不是法拉利）让赛事受到了一些影响，法拉利车队还是带着短期的希望回到了摩德纳。

10月17日车队全员再次出现在蒙扎，庆祝赛道的战后重启。在1945年的胜利大游行中，盟军的坦克、半履带车和武器运输车给赛道造成了巨大的损伤。阿尔法·罗密欧为这次重启派出了最强大的阵容，法拉利在他们面前再次失利。

维米耶获得了冠军，随后是他的三位阿尔法·罗密欧队友，如行军一般驾驶。索默顽强地在第三名的位置上挣扎了一段时间，但之后还是咳嗽着进了维修点并因严重哮喘退出比赛。法里纳在第五名的位置上绝望地驾驶着，落后阿尔法好几英里，之后他的变速箱发生故障，也就此结束当天的赛事。

车队的下一次出战是在加尔达举行的小赛事，法里纳战胜了业余的竞争对手。布鲁诺·斯泰齐伯爵开着索默在佛罗伦萨开过的F2赛车获得第二。这个赛季最后一场比赛是在巴塞罗那举行的本雅·莱因大奖赛（Penya Rhin Grand Prix）。比拉领跑了一小段，之后与同事法里纳及本地车手朱利奥·波拉（Julio Pola，一位潜在客户）一同退出了比赛。11月，希奈蒂回到蒙莱利，并在2L级别比赛中打破了一些国际纪录，为品牌挽回了一些荣誉，但这也无法抹杀法拉利在大奖赛领域令人失望的表现。

之后法拉利突然与12月在阿根廷和巴西举行的南美洲季节赛（South American Temporada）组织者签订了一个协议。法里纳将驾驶唯一的法拉利车参加六场比赛。这次活动纯粹出于商业目的；贝隆政府为赛事提供了巨额的启动费，法拉利认为自己的车一旦成功便能在这个富有而原始的市场热销。兰普雷迪和科伦布迅速拼凑出一台超级增压的2L发动机，把它装到了一辆适用于自由方程式（随便什么都可以）的单座跑车上。法里纳要离开三个月，大家都希望他能成功打败主要竞争对手——来自玛莎拉蒂官方车队的维洛雷西和阿斯卡里。

季节赛上发生了两件大事，让命运的天平倾向了法拉利。第一件发生在首场比赛中，赛事在布宜诺斯艾利斯郊外帕尔默罗公园（Palmero Park）的环道上举行。阿尔法没有参赛，让-皮埃尔·维米耶就开着一辆小型 Simca-Gordini 来到了南美。他的车在练习赛中失控，本人也因此死亡。事故起因可能是一名观众或一名执勤警察挡住了赛道。这场悲剧使阿尔法车队失去了第三个，也是最好的一名车手。瓦兹已经离世了，特罗斯徘徊在死亡边缘，现在维米耶也死了。波特罗总部决定退出 1949 年赛季的比赛。尽管车手的死亡肯定是原因之一，但不稳定的经济状况、劳资纠纷及开发 1900 系列乘用车的高昂成本无疑也导致了退赛。第二件大事则对法拉利产生了深远的影响。一个名叫胡安·曼努埃尔·方吉奥（Juan Manuel Fangio）的赛车手闪亮登场了，现年 37 岁的他身材微胖且有点秃顶，过去的一段时间在阿根廷的赛事中已小有名气，正想参加欧洲的赛事，后来也获得了不朽的战绩。这位被戏称为"El Chueco"（男孩）的赛车手拥有神秘的独家技能，六场比赛获得了其中两场的冠军，而他的从容和勇敢也让欧洲人大开眼界。法里纳获得了一次冠军、一次亚军，其他四场则都因机械故障而退出。他回到意大利，发现赛车界一片混乱。

阿尔法退出了，把场地留给了玛莎拉蒂，而后玛莎拉蒂突然也退出了。奥斯家族在 2 月关闭了工厂，宣布在 6 月份重组之前工厂都将处于歇业状态。虽然公司还是生产了少量的圣雷莫车卖给一些私人小车队，但工厂的官方车队已退出比赛。不过之后他们将重心放在了一款豪华旅行车的开发上，这个车型以 A6 底盘为基础，车身则由新兴的宾尼·法里纳公司（很快被称为宾尼法里纳）生产。玛莎拉蒂也继续生产机械工具和一些小型电动卡车，不再与法拉利公司进行直接竞争。奥斯的这种转向是后来一系列最终导致公司退出主流汽车厂商圈子的错误的开始。法拉利将焦点缩小到高级车上，奥斯的做法则截然相反，朝着几个不同的方向拓展，致使这个历史悠久、备受尊重的公司失去了发展重点。他们也会有几次引人注目的重要回归，但 1949 年 2 月做出的这个决定，无论从长远还是短期来看，都让他们摩德纳的老竞争对手获益颇多。对法拉利来说，最直接的好消息就是年轻的阿斯卡里和他的老师"吉吉"·维洛雷西都失业了。

两个主要竞争对手阿尔法与玛莎拉蒂的突然消失让法拉利欣喜若狂，没什么强有力的对手能替代他们的位子。西斯塔利亚－保时捷项目因资金短缺而夭折，而向来善于吹嘘的英格兰 BRM 项目远远落后于计划日程。他们的一名赞助商托尼·范德维尔已经失去了耐心，开始询问法拉利是否能够帮他生产一辆新的 125GPC。

世事难料！埃多尔·布加迪公司的残部在其死后开始从事军工生产；梅赛德斯－奔驰还处于禁赛阶段；汽车联盟土崩瓦解，成了东德的俘虏；玛莎拉蒂兄弟在博洛尼亚成立了 OSCA，据说正在设计一款 4.5L 的 V12 发动机，但项目因资金短缺而毫无进展。就只剩下一个法国车队塔尔伯特－拉戈（Talbot-Lago）了，他们参赛的车辆都是一些老旧的战前车型，既可用作大奖赛车，也可装上挡泥板变成跑车。他们的六缸发动机转速不高、动力不足且不带增压，但有一个优势：在特定的时候，他们超级省油（每加仑可以跑 9 到 10 英里）的车比费油的意大利超级增压车更有耐力。具有讽刺意味的是，法拉利从中受到了启发，造出了第一辆真正成功的 F1 赛车。

1949 年到来之际，法拉利面临两个重大挑战：首先是要提升大奖赛车的动力和可靠性，其次是要组建一支由顶级车手组成的车队。索默很优秀，是名运动员且永不言弃，但他缺乏努瓦拉里和法里纳的天赋与激情。如今玛莎拉蒂已经退出，法拉利开始着手想把阿斯卡里和维洛雷西收入麾下，但一切还要等两人从阿根廷回来才行。

科伦布依旧会每周或每两周带着对 F1 赛车的改进计划和建议来到米兰，主要是针对一款二级增压发动机的布局。他们打算按照类似阿尔法的做法，采用最初由朱塞佩·布索设计的双置顶凸轮轴缸盖。鉴于科伦布长期以来对阿尔法·罗密欧的深刻了解，这似乎是最直观的解决方案。但兰普雷迪却有不同的思路。他如今在马拉内罗全职工作，崇尚简单可靠理念的他对塔尔伯特－拉戈那种原始但有效的做法非常感兴趣。从燃油经济性来看，按照阿尔法·罗密欧当时的水平，每加仑燃油能跑的里程不超过两英里，那么在一个300英里的比赛中，就算在车上装载大容量油箱，至少也要加两次油。据兰普雷迪分析，若发动机的排量是4.5L，那输出功率将超过300马力，续航里程也会加倍，轻松获胜将不再是梦想。

　　科伦布立刻表达了异议。兰普雷迪的计划和他的发动机设计理念完全背道而驰，两人友好而激烈的争论也随着春天的到来愈演愈烈。法拉利对此毫不惊讶，他也不排斥这种情况。事实上，在讨论过程中他似乎更倾向于兰普雷迪的做法，这便促使了他的旧友兼助手科伦布更为努力地投身工作之中。这真是个完美的状态：两个有才华又富有积极性的人正按着按截然不同的路径朝同一个目标进发。这也是法拉利管理风格的一个窍门，在他的职业生涯中，他还将多次积极促成这种状况。

　　这一赛季开端十分良好：比昂德蒂又一次在西西里岛之旅以及一千英里耐力赛中夺冠，意味着法拉利车队史无前例地在被公认为最艰难的传统公路赛中第四次斩获冠军。而法拉利对即将到来的大奖赛赛季更为关注，他开始想办法笼络意大利当时最出色的两位车手——维洛雷西和阿斯卡里。维洛雷西是关键，他一直充当比他年轻但或许是最有才华的车手阿斯卡里的助手，法拉利很清楚，只要维洛雷西同意加盟，阿斯卡里也就没问题了。

　　维洛雷西津津有味地回忆起他和法拉利在战后的第一次会面。他租了一辆法拉利车参加了两场比赛，一场在比利时，另一场在卢森堡。

他一回到意大利就从米兰驱车去见自负的指挥官（那时法拉利很喜欢这个头衔）。"我发现他躺在法拉利车队二楼公寓的床上。"维洛雷西回忆道，"法拉利待在一个昏暗的房间里，双手交叉放在胸前，闭着眼睛，看上去像在装睡。我等了两三分钟。他就躺在那里，静静地，什么话也没说。最后我说：'别浪费时间了，我要走了。'那时他才'醒过来'，我们就谈了笔交易。"

维洛雷西显然不会对法拉利的虚张声势买账。也许会有不少人被这种把戏吓倒，但维洛雷西是个出身良好的明星车手，他的驾驶才能也很有市场。法拉利对维洛雷西的迫切需要远远超过维洛雷西对他的需求，更何况对方手中还有年轻的阿斯卡里这张王牌。正像前面提到的，思佐·法拉利很清楚谁可以欺负谁应该安抚，他在这方面的敏锐无人能敌，这可能也是他最具价值的商业技能。但像努瓦拉里、维洛雷西、方吉奥、劳达（Lauda）等一些车手都表现得颇为强势，法拉利根本无法使他们屈服。

有了维洛雷西和阿斯卡里的加盟，加上才华横溢又勤奋刻苦的菲利斯·博内托（Felice Bonetto），以及主要竞争对手的退出，1949年的大奖赛对于法拉利的大奖赛车来说，获胜似乎不过是走个过场而已。法拉利还从两个富有又极具竞争力的英国人那里获得了不少帮助。托尼·范德维尔想采购一台阿尔法·罗密欧158却遭到拒绝，之后他就联系法拉利购买了一台早期的125GPC。彼得·怀特海德（Peter Whitehead）是一名非常有才华的绅士车手，也买了一辆法拉利车，成为少数几个能以私人名义买走同期大奖赛车的客户之一。（一般来说法拉利会把过时的车型卖给收藏家，但很少把还能参赛的车子卖掉）。

对于法拉利官方车队来说，结果喜忧参半。他们参加的第一场比赛比利时大奖赛，虽然125的车速非常快，但满头白发、以赛车技能闻名的老赛车手路易斯·罗斯尔（Louis Rosier）开着一辆老旧的4.5L

塔尔伯特击败了他们。在比赛中，罗斯尔全程都没有停车加油，法拉利赛车却多次开进维修点加油，这一点不知是否会让指挥官有所感触。兰普雷迪肯定已经在呼吁打造 4.5L V12 发动机，而这次在斯帕输给塔尔伯特必然也会给科伦布不断进行机械增压的观点最后一击。

一个月后车队进行了一次反击——他们在伯尔尼举行的瑞士大奖赛上包揽了冠亚军。这是阿斯卡里，也是法拉利车队第一次获得国际大奖赛冠军。之后在兰斯举行的一次小型比赛中，阿斯卡里击败方吉奥（他开的是一辆黄蓝相间的独立玛莎拉蒂，部分由贝隆政府资助），再次夺冠。之后他又继续转战在风沙漫天的赞德福特（Zandvoort）赛道上举行的荷兰大奖赛。这次前悬架问题导致的轮子松动使阿斯卡里遭遇了车祸，他艰难避开了一个砖垒，撞到沙丘上，所幸没有受伤。维洛雷西继续比赛，打败比拉王子赢得了赛事，而后者则开着圣雷莫玛莎拉蒂创下了最快圈速纪录。

与此同时，希奈蒂也获得了一次胜利——从公司的长远发展来看，这可能是最重要的一场赛事。他和塞尔斯顿勋爵以私人名义开了一辆 166MM Barchetta 跑车参加了战后第一次举行的勒芒二十四小时耐力赛。当时参赛队伍中有一支精心准备的法国德拉海（Delahaye）车队、塔尔伯特车队，有两辆法拉利，希奈蒂-塞尔斯顿开的 166 及一辆由巴黎银行家皮埃尔·路易斯·德雷福斯（Pierre Louis Dreyfus）（人称"雪貂"）和让·卢卡斯（Jean Lucas）驾驶的姐妹车。他们的小型车排量只有大型 Gallic 的一半，一开始跟着领头车跑着，后来到达白宫（White House）时卢卡斯的车失控出了车祸。之后希奈蒂独自往前开，而塞尔斯顿则遭受着某种不知名的病痛（有流言称他宿醉，但希奈蒂否认了这一点）。这个顽强的 43 岁米兰人完成了二十四小时比赛中的 22 个小时，整个过程他都用驾驶舱里临时配备的一个漏斗手动为漏油的 V12 加油，并毫无意外地夺取了冠军。一千英里耐力赛是少数几个在美国小有名声的欧洲赛事之一,而这次创下纪录的车手是法拉利车的北美代理,这意味着销量即将大增。(之后 9 月份布里格斯·卡宁罕开着 166SC 在沃特金斯·格伦亮相,进一步提升了全新的法拉利品牌在大洋彼岸的知名度。)

似乎为了进一步树立自己作为最杰出的耐力型赛车手的形象,希奈蒂在夏天又与让·卢卡斯组队参加了另一场二十四小时耐力赛——这次的比赛设在比利时困难重重的斯帕—弗朗科尔尚赛道。在遥遥领先的情况下,希奈蒂的车临近终点时因地面上的油污而打滑,但最后还是驾驶着卢卡斯那辆车身支离破碎的 Barchetta 车(可能就是他在勒芒撞坏的那辆)艰难赢得了比赛。

在 1949 年那个闷热的夏季,大奖赛车队外出去英格兰比赛,赛道叫作银石(Silverstone),由英国中部一个机场改造而成。阿斯卡里和维洛雷西开的是单级 125,而竞争对手至少有六辆圣雷莫玛莎拉蒂,一辆由法里纳驾驶;还有四辆笨重坚固的塔尔伯特 - 拉戈。范德维尔也加入了法拉利官方车队,和顶级业余选手雷蒙德·梅斯(Raymond Mays)同开一辆新 125。雷蒙德是林肯郡毛织品商人的后裔,也是 RRA 和 BRM 汽车项目的总负责人。但是新车的表现太差了,就算在银石赛道那平如桌面的直道上也完全施展不开手脚。梅斯礼貌地下车,把车让给了新手肯·理查森(Ken Richardson),后者很快就把车开到赛道旁的沟渠里。范德维尔大为光火,把车运回了马拉内罗。这一行为标志着法拉利和范德维尔的关系开始出现一些裂痕。

阿斯卡里赢得了比赛,法里纳几乎同时抵达,挽回了之前打滑的损失,把维洛雷西挤出了第二的位置。一个星期之后,法里纳在瑞士的洛桑反超阿斯卡里轻松获胜,领先法拉利车一分多钟。之后在天主教古城兰斯郊外举行的法国大奖赛,三角形环道总长 4.86 英里且全部为公路,法拉利参赛派了一辆车参赛。维洛雷西的变速箱出故障后,龟速前行的塔尔伯特再一次取得了胜利，这次开车的是老手路易斯·齐隆。以私人名义参赛的怀特海德获得第二，并开出了每小时 105.1 英里的最快圈速，为公司挽回了一些颜面。

到 8 月份，科伦布和兰普雷迪完成了二级增压、双置顶凸轮轴发动机的设计。他们在蒙扎和阿贝托内公路上进行了大量测试。那时的赛车只要在尾部写上"测试"二字，后面跟着 Mo（代表城市摩德纳）加上两个数字就可以在公路上跑了。这些再加上一个工厂的测试员，或类似博内托和阿斯卡里这样的赛车手，未经喷漆的单座跑车就可以冲出工厂大门，伴随着发动机的轰鸣猛地开上公路。测试车辆的后方总是艰难地跟着一辆车身改装成小卡车的菲亚特 509 旅行车。车上坐着身穿长袖衬衣的法拉利、巴兹和一些机械师，带着一些为试跑提供支持的工具。当位于城市公园外围的摩德纳试车场建成后，工厂的很多测试项目都转移到了那里，但在阿贝托内公路上看到有赛车进行测试也依旧不是什么怪事。（时至今日，每一辆法拉利车在售卖前都会开到马拉内罗郊外的道路上进行测试。不同往日的是，速度会控制在一个合理范围内。）

就这样他们对新车进行了测试，新发动机的输出功率达到了值得称赞的 310—320 马力（到当季为止他们所使用的单凸轮轴版本只能达到 260 马力）。然而，发动机发热过度，而轴距被加长后，底盘的操控也成了遥不可及的梦想。但工作还是继续推进，按照惯例，主流的意大利赛车生产商每年秋天都会在蒙扎大奖赛展示他们的新产品。这一次，法拉利面临两个强有力的竞争对手。考虑到阿尔法·罗密欧已经没有什么竞争力了，法里纳和皮耶罗·塔鲁菲开着圣雷莫玛莎拉蒂以独立身份参赛，而塔尔伯特则由罗斯尔和老手菲利普·埃坦西林（Philippe Etancelin）驾驶。

那天异常暖和，驾驶法拉利车的车手在车里也有相似的体验——

在距离车手脚部几英寸的地方装有一个火炉般的发动机——简直就是一种折磨。但是一年又一年、一次又一次的比赛证明了阿斯卡里过人的才能,在玛莎拉蒂和队友("吉吉"这次又是因为变速箱故障)相继退赛后,他成了赛场的主角。他远远领先于埃坦西林的塔尔伯特,甚至还慢悠悠地停下来加了一次油、换了一个火花塞、喝了一大口矿泉水才继续比赛,仍以超过1圈的优势赢得了比赛。

这次胜利让阿斯卡里和法拉利车成为意大利的冠军,也给了他们在对手面前吹嘘的资本,而他们一直是这样做的。然而,1949年所取得的一系列成就却备受争议。法拉利车神话的鼓吹者说它们在1949年赢得了好几次主要赛事的胜利,包括勒芒、一千英里耐力赛以及无数F2赛事,但不可改变的事实是,当时参加大奖赛的法拉利车明显还是新设计的,只能勉强抵挡一些独立的竞争对手如资金不足的玛莎拉蒂和塔尔伯特-拉戈,并不具有压倒性的优势。如果米兰方面传过来的消息属实,阿尔法·罗密欧在经过一年的重组之后,将带着惊世之作158再次加入争斗,那么法拉利在1950年就将遭致更多挫折。阿尔法·罗密欧的车手阵容非常强大,最年轻的车手是38岁的胡安·曼努埃尔·方吉奥,与43岁的法里纳组队,而满头白发的"阿布鲁兹强盗"路易吉·法吉奥利也将以52岁高龄归来。

法拉利方面则要靠阿斯卡里和维洛雷西,加上博内托和索默不时的助力才能与之相抗衡。但这样就够了吗?阿尔法车的马力和可靠性都在不断提升,而科伦布依旧在努力让所谓的二级V12发动机产生更大的动力。随着时间的流逝,兰普雷迪关于"自然吸气"的方案越来越有说服力。法拉利必须开展行动,否则若想光靠科伦布的车在赛场上打败改进后的158,他们很有可能会输给在米兰的对手。

11 第十一章

赛车和女人

1949年意大利大奖赛结束后的一个月里,恩佐·法拉利都在思考科伦布设计的F1赛车的黯淡前景。情况越来越令人难以忍受。增压发动机显然无法胜任世界最顶级精英赛事的要求,而随着1950年阿尔法·罗密欧组建的强大车队回归,法拉利必须采取措施加以应对。国际汽车联合会(Fedemtion Internationale de L'Automobile)已经宣布赛季末将决出世界锦标赛头衔,各车队夺冠的热情前所未有地高涨。

10月末,法拉利在摩德纳办公室召集了全体人员。争论已公开搬上台面的科伦布和兰普雷迪分别坐在房间两头的角落里。指挥官简短地宣布了重要的工作变化。他说,从现在开始由兰普雷迪负责开发大奖赛车,沿用其提出的4.5L非增压或"自然吸气"发动机方案。科伦布的新任务则是为公司开发跑车和旅行车——这是一次明显的降职。

如同许多意大利历史学家所采用的华丽而又谨慎的散文体一样,这次例行公事般的职责调整表面上看非常客套,实际上却引发了一次动荡。科伦布是一个易怒而又自负的人,明白即将取代他的工程师看起来不仅年龄比他小,能力也不如他。法拉利试图迫使科伦布接受新职务,可想而知当时的冲突有多么强烈。整个公司都回荡着愤怒的吼叫,双方恶语相向、相互威胁,科伦布发誓要退出并返回米兰。法拉利在谈及双方签订的合同及道德义务时，声音也越来越大。科伦布起身向门口走去，这时法拉利用力拿起电话打给摩德纳警务署长，要求对科伦布所在的部门进行搜查，以确保法拉利的计划不会被偷拿回米兰对自己不利。科伦布对法拉利的行为愤慨不已，争吵还在继续。这就像一部意大利古典戏剧，两位固执己见、措辞严厉的主角在烟雾缭绕的摩德纳办公室里激烈地争吵。

恩佐·法拉利拿了一手好牌。兰普雷迪的新发动机概念很有前景，而且他也下定决心转变方向。一千英里耐力赛代表队的跑车和富人的乘用车都充满了潜力。他深知一旦科伦布离开公司，那些热情迫切的设计师就会踏破工厂的门槛想要取而代之。科伦布无法融入到喜爱辩论的共产党员中间，而当时大型汽车公司的工会都由共产党主持，因此他无论在米兰还是都灵都很难被全权委托。他仍然是一位能够拿出优良设计的天才工程师，但在法拉利工厂工作期间失败的大奖赛车项目还是让他名誉扫地。法拉利办公室里的争吵和各种中伤最终都得以平息，科伦布暂时也不会离开。但恩佐·法拉利非常清楚，这一次降职让科伦布颜面尽失，他在马拉内罗不会待得太久。

虽然面临失去科伦布的风险，1950年对法拉利来说依旧充满了希望。兰普雷迪相信自己的"自然吸气"发动机可以同阿尔法一较高下，更何况开车的是出类拔萃的阿斯卡里和他的老友维洛雷西。路易吉·希奈蒂位于曼哈顿第19大街的店铺依旧在运营，他还是在巴黎和纽约两地间奔波忙碌。这位热情洋溢、身材矮小的黑眼睛男子开始报告，法拉利车在美国市场的销量以及品牌知名度都在迅速提升。造访摩德纳办公室的重要人物日益增多，还有一些人会直接到马拉内罗工厂订购大功率汽车或大型赛事如一千英里耐力赛或勒芒耐力赛专用的赛车。荷兰的伯恩哈德王子（Prince Bernhard）和比利时国王利奥波德（King Leopold）等人也会不时出现在工厂里招摇过市。（工作区禁止吸烟，但凡法拉利及其他高官来，他们就把点燃的香烟扔进工具箱里。指挥官和他的客人们视察车间时，每个工人的工具箱都像着火了一样，看上去十分滑稽。）其他人则不得不在工厂大门口的小接待室里等上好几个小时才能进厂，其中不乏一些急切的客户，如比利时人奥利弗·根德比恩（Olivier Gendebien）和埃乌杰尼奥·卡斯特罗蒂（Eugenio Castellotti），两人分别在购买了六辆车之后成为该公司的明星车手。这种侮辱性的做法有时会适得其反。托尼·范德维尔购买了第二辆由科伦布设计的最新款 1.5L 大奖赛车，发现和第一辆一样不尽如人意，因此退货。随后他购买了第三辆经过大幅改进的赛车，但这两位固执己见的男人之间的关系已经势同水火。法拉利出于不明原因怀疑范德维尔利用自身关系向日渐式微的 BRM 大奖赛提供技术支持，尽管这位英国人一再保证自己早已和这个组织没有任何关系了。不过，法拉利对此仍保持怀疑态度。在马拉内罗一个闷热的下午，范德维尔被迫在充斥着汗臭和油烟的"等候室"待了三个小时，他们之间的紧张关系就此崩盘。这位英国人怒气冲冲地离开了公司，再也没有回来。五年后当他自己的范沃尔（Vanwall）大奖赛车战胜了他曾嘲讽的"血红色赛车"时，他终于得以成功复仇。

　　但对于越发目空一切的法拉利来说，这些插曲并没有给他带来任何困扰。他与充满热情的兰普雷迪之间的合作已经步入正轨，后者迫不及待地想通过新发动机证明自己的观点有多么正确。因此而闷闷不乐的科伦布将自己的小型 V12 改造成了一款可靠的路跑车。（用公司的话来说，科伦布的发动机属于"短款"V12，兰普雷迪的发动机则属于"长款"。）讨人厌的玛莎拉蒂公司仍在试图销售机床，而其生产的小型运货车和赛车则处于滞销状态，因此恩佐·法拉利一度成了摩德纳的赛车之王。

　　奥斯家族这段时间身陷劳资纠纷，但法拉利的工人们却表现得颇为平静。据当时一位员工回忆称，他们的老板"吝啬但公平"。虽然资金十分紧张——或许不像满腹牢骚的法拉利声称的那么紧张——但每月的 11 日和 22 日员工都能按时领到工资。由于法拉利本人也是工人阶级出身，因此他能与机械师和技工们打成一片，这些员工也往往比那些上层社会的赛车手、车队经理和高级职员待得更久。

"我认为他对机械师的关怀始终超过了对赛车手的关爱，"摩德纳工厂的一位老员工回忆道，"他每天早上 8 点到 11 点都待在摩德纳，下午会去马拉内罗，5 点左右则会定时回来视察车间。他有洁癖，因此我们每天下班之前都必须把每个工具放回原位。这很奇特。当我们的赛车赢得比赛时，他会像疯子一样朝每个人尖叫。但如果我们的赛车输了，他则表现得十分安静，就像一位谦卑之人。

车间里的人他都认识，宛如家人一般。他能叫出我们妻儿的名字，有人生病时他也会知道。他似乎对摩德纳的一切都了如指掌。"

就在这个时候，瘦瘦高高的年轻人罗莫洛·塔沃尼（Romolo Tavoni）开始担任法拉利的秘书。在法拉利一生最动荡不安的十年里，他一直在公司工作，而且陷入了这里持久的拜占庭式政治纷争，但这些纷争似乎让法拉利在生意上更加充满斗志。

塔沃尼起初只负责处理日常信函，协助相关工作人员费尽心力地撰写精心构思的新闻稿。法拉利一直对直言不讳的意大利体育媒体非常着迷，早晨他会长时间待在卫生间里，在各大报纸上搜寻关于自己公司的评论。他会用红笔将找到的相关内容圈出并保存下来，以便将来使用——主要是为了对付恶意中伤自己公司的作者。他在撰写新闻稿以及在公司召开年度新闻发布会发布新产品时，都会对上述声明做一些隐晦的回应。随着岁月的流逝，他花在和意大利媒体周旋的时间越来越多；很多时候他都将自己描述成受到了不公正威胁的大卫，他正英勇地和非利士人——意大利媒体相抗争。[1]

　　法拉利在家中的生活依旧一成不变。劳拉是个冷漠尖刻的女人，出于经济利益与公司的日常运营保持着联系。不过她很少去车间，去的次数还不如在车队后花园游荡或在门前清扫的次数多。在健康允许的情况下，迪诺学习非常勤奋。他和父亲的关系不是特别好。据一些同事回忆，迪诺会定期去工厂。也有些人说他大多数时间都是一个人待着，不插手工厂的事情。实际情况可能介于两者之间，在儿子面前，法拉利是一位严厉的监督者。"迪诺很怕他的爸爸，"一位同事回忆道，"法拉利对儿子很严厉，虽然他也以自己的儿子为荣。一天，迪诺驾车从摩德纳的车队去往马拉内罗工厂。法拉利对此大发雷霆。迪诺身体不好，法拉利一想到儿子不经自己允许驾车就十分光火。"虽然法拉利经常发脾气，但他仍属意自己的合法继承人接手企业，而且他认为迪诺也很喜欢汽车。不过恩佐·法拉利的动力来自他的抱负，而不是家庭责任，所以我们可以按常理推断，迪诺只是在他认为必要的时候才进入了他的生活。更何况，莱娜·拉尔迪和小皮耶罗就住在附近的卡斯特尔维特罗，这常常让他分心。所以法拉利才会在塔沃尼到任后不久就对他说："男人应该拥有两个妻子。"

　　他沉迷于美色，用餐时会与密友们长时间谈论女人。征服异性能让法拉利感到非常自豪。"女人只是玩物，"一位与他合作多年的同事回忆道，"他从未真正关心过她们。在他的心目中，女人只是会被带到床上的一个象征，只是在皮带上增加的一条痕迹。"（多年以后，法拉利八十多岁时在工厂正对面的卡瓦利诺（Cavallino）餐馆举办了一场小型生日午餐会。他邀请的贵宾是一位老同事，也是车队最早的成员之一。这个人自认为是个风流浪子。饭后吃甜点时，法拉利用自己一

---

[1] 圣经故事，大卫战胜非利士人。

贯的直截了当问他:"你这辈子跟多少女人发生过关系?请实话实说。"这位贵宾想了一会儿后自豪地回答:"至少有三千个。"法拉利假装惊讶地向后一靠,讥诮地反问:"只有三千个?!")

显然,没人会误认为恩佐·法拉利这样是出于思想的解放。意大利不算是女性解放运动的发源地,生于20世纪早期的法拉利,终其一生都对女性抱有简单而不可救药的沙文主义观点。他曾写道:"女性在婚姻中的优势是很明显的,因为选择伴侣的是女性,而非男性。实际上,女人只要有几分姿色,就会有至少三个潜在的追求者。我们男人被当作丈夫的候选人仔细地考察、权衡和选择。我们自认为追求过异性并取得了成功,而实际上我们只是欲望的奴隶,女性对此深谙其道。"法拉利还提到男人在自然荷尔蒙的驱使下对女人缺乏免疫力,在他看来,男人"在欲望的驱使下什么都做得出来"。

"我确信,"他写道,"如果一个男人对一个女人说'我爱你',他的意思其实是'我想和你上床'。而世界上唯一最完美的爱,是父亲对儿子的爱。"(写于1961年,即迪诺死后五年,当时法拉利有三个女人。)即使在80岁高龄时,法拉利也仍然是"欲望的奴隶"。

法拉利的好友、感情丰富的传记作家吉诺·兰卡蒂(Gino Rancati)讲过关于一位神父的故事:这位来自巴里的神父名叫唐·古伊利奥(Don Guilio),是法拉利的哥们儿兼酒肉朋友,他定期会来摩德纳"办事"——这是找情妇的隐晦说法。且不说神父本人,这也是法拉利和晚间聚会小圈子恶趣味的来源。

法拉利虽然迷恋女色,但在每一个清醒时分,赢得重要赛事的胜利依旧是他不变的主题。兰普雷迪在高度机密的情况下开始研制"自然吸气"V12发动机:他首先规划了3.3L的机型,并计划在1950年的意大利大奖赛上引入完整的4.5L版本。同时,名誉扫地的科伦布越来越郁郁寡欢,全身心地投入到了跑车的研制之中。从商业角度来看,这些对公司的重要性远超大奖赛车，但在老板的心目中，它们却只是达成目标的次选方案。

除开几项 F2 赛事外，公司参加的第一个重要赛事是春季举行的一千英里耐力赛。公司派出了一支车队，为首的维洛雷西和阿斯卡里开了两辆兰普雷迪设计的最新款 3.3L V12 车型。这两辆车显然是整场比赛中跑速最快的车，但车的后轴很快断裂，两人铩羽而归（变速箱和车轴再次成为了早期法拉利赛车的诅咒）。米兰纺织业巨头继承人、律师吉安尼诺·马尔佐托（Giannino Marzotto）驾驶一辆搭载科伦布发动机的 Tipo 195S 双座跑车赢得了比赛——人们清楚地记得，获胜者穿着一件双排扣西服优雅地跑完了整个赛程！这位冠军是马尔佐托三兄弟中的长兄，三人不仅都是顶尖的业余赛车手，也是法拉利的高端客户。

法拉利参加的勒芒耐力赛也并未一帆风顺。在一年前希奈蒂获胜的刺激下，塔尔伯特将两辆 4.5L 大奖赛车改装成双座赛车参加了比赛。此外，路易斯·罗斯尔在二十四小时赛中几乎跑完了全程——只差了 2 圈，因此在耐力方面打破了希奈蒂的纪录。（由于这个短暂的插曲，他在再次参赛之前将赛车转交给了儿子让-路易斯。）索默开了一辆 Tipo 195S 双座跑车创下了最快圈速纪录，多少挽回了一些荣誉，但他也很早就退出了比赛。

但这些赛事都不如在大奖赛环道上与阿尔法·罗密欧的针锋相对那样令人震撼。首先双方在圣雷莫和摩德纳的对抗：经过大幅改进的阿尔法 158 发动机轻轻松松胜过了科伦布那老式的二级 1.5L 发动机。随后，新的 Tipo 275 车在斯帕亮相了：新车轴距更短，后悬架也有所改进。斯帕赛道在伯恩威尔村（Burnenville）有一段令人反胃的下坡弯道，速度可以达到每小时 150 英里，在马斯塔（Masta）的直道速度可以达到每小时 190 英里，跟纽博格林赛道一样，非常考验车手的驾驶技能。而且，整个赛程中有长距离的上坡和下坡，兰普雷迪新研制的赛车能否与大受吹捧的阿尔法赛车相抗衡，就要看车辆的原始马力了。

但结果并不尽如人意。阿尔法的车越跑越快，阿斯卡里的车很难跟上，他竭尽全力最终才获得了第五名。不过兰普雷迪的脚步才刚刚启程。7月底，车队带着最新4.1L Tipo 340发动机在日内瓦的万国大奖赛（Grand Prix des Nations）上亮相，据说新机型达到了310马力，扭矩表现也相当出色。（据称，1950年用于对抗阿尔法的新版机型的输出功率约为350马力。）赛前在一家咖啡厅里，维洛雷西差一点就坐到了一只黑猫上，这让非常迷信的阿斯卡里极度恐慌（后来发生的一切也证明了这一点）。阿斯卡里一开始很顺利地跟在领跑的方吉奥后面，但后来因活塞烧坏而不得不退赛。"吉吉"驾驶的是老款3.3L车型，在比赛还剩最后7圈的时候因为赛道上的油污打滑，撞到人群中，导致3名观众死亡、20人受伤（也包括他自己）。这位41岁的老车手股骨和锁骨断裂，头部严重受伤，一连数月都无法参加比赛。

在9月举行的意大利大奖赛上，阿尔法与马拉内罗车队上演了终极大战。在这次比赛中，法拉利车队准备了两辆全尺寸4.5L车型，车手除阿斯卡里外，还有一位工厂的老试车手多里诺·塞拉费尼（Dorino Serafmi），他是维洛雷西的替补。阿尔法·罗密欧方面则派出了三辆完美无缺的158，车手名单中除了最有实力问鼎第一个世界锦标赛冠军的法里纳和方吉奥之外，还包括路易吉·法吉奥利和皮耶罗·塔鲁菲。这次阿斯卡里做好了准备，在练习赛中他只比方吉奥慢了0.1秒。舞台已经准备就绪，两人将在未来的五个赛季中一决高下，在大奖赛中青史留名。

当赛车驶入蒙扎赛车场宽阔的主直道时，汹涌的人群大声呼喊着自己偶像的姓名，压力巨大的兰普雷迪竟当着法拉利、科伦布、巴兹和车队经理内洛·乌戈利尼的面晕倒了！但这一切也是情有可原的，增压汽车从20世纪20年代开始主导了大奖赛赛场，非增压车是否真如兰普雷迪所深信的那样可以战胜增压车？在狂热的车迷、激进的意大利赛车媒体和众多汽车界名人面前，答案即将揭晓。

阿斯卡里开场表现得不太顺利，但他后来稳步赶上并超过了法里纳，跃居第二位，而法里纳原本想超越自己的对手兼队友方吉奥从而一举夺得世界锦标赛冠军。之后，阿斯卡里的后车桥再次断裂，不得不中途退出。他把车停在路边，回到维修点，坐上了塞拉费尼当时还在第六位前后徘徊的姐妹车。换车后的阿斯卡里奋起直追，最终获得了第二名，仅次于法里纳。

现在，大法拉利和老阿尔法之间的差距已经进一步缩小了，但骄人的波特罗车队依旧保持了连胜纪录。1950年阿尔法·罗密欧一共参加了11场赛事并包揽了全部的冠军，此外还囊获了六个亚军和四个季军。更厉害的是，公司的长期忠实客户尼诺·法里纳还夺得了他梦寐以求的世界锦标赛桂冠。阿尔法·罗密欧158/159赛车的霸主地位的确在逐渐丧失，但这些最初诞生在原法拉利车队朴素车间里的神奇赛车最终要在一年后才会离开大奖赛赛场。

1950年底，科伦布回到家乡米兰，投入了阿尔法·罗密欧的怀抱。他试图以13年前亲手打造的车型为基础进一步提高马力。现在兰普雷迪已成为马拉内罗唯一的首席工程师了，信心满满的他正在专心致志地改进F1赛车，同时他还着手改进科伦布的"短款"发动机用于非增压的比赛。

1951年冬季，"跃马"逐渐在全球各个角落留下了"蹄印"。法拉利公司手工打造的路跑车当时已经达到70辆，同时还生产了十几辆F1和F2赛车。全球无数精英人士已经或者即将成为法拉利的客户，其中包括阿迦可汗（Aga Khan）、伯恩哈德王子、比利时国王利奥波德夫妇、丽莲蕾西公主（Princess Lilian de Rethy）、印度支那皇帝保大帝（Bao Dai）、伊朗国王、胡安·贝隆（Juan Peron）、沙特阿拉伯皇储费萨尔（Prince Faisal）、杜勒斯家族（Dulles）和杜邦家族（Du Ponts）。早期量产车包括 195 和 212 型 Inter、340 型墨西哥和美国车型以及 375 一千英里耐力赛车，这些在强大神奇的底盘上装载图林、维格奈尔（Vignale）和吉亚（Ghia）等公司设计精良车身的赛车都具有绝佳的品质，即便是阿尔法·罗密欧、捷豹、阿斯顿·马丁（Aston Martin）和玛莎拉蒂等竞争对手车型和法拉利车相比也都相形见绌。恩佐·法拉利在方程式比赛上花费了大量精力，路跑车辆在他眼中不过是一种收入来源而已，但这些尚有一些小小缺点的早期乘用车，却是早期法拉利神话的核心和灵魂。

全球 14 家法拉利专卖店中有两家是由希奈蒂实际运营的，一家位于纽约东 61 大街 252 号（曼哈顿的少数临时建筑之一），另一家则在巴黎耶拿大街 65 号。除佛朗哥·科纳奇亚（Franco Cornacchia）在米兰皮亚韦大街上的主店外，其他专卖店分布在伦敦、罗马、苏黎世、阿尔及尔、卡萨布兰卡、墨尔本、蒙得维的亚、圣保罗、波尔图、佛罗伦萨 [斯蒂庞克（Studebaker）经销店的一部分] 和布鲁塞尔 [与比利时纳什（Nash）经销店共享店铺]。这些专卖店库存很少或者干脆没有库存，只是在橱窗上贴有跃马标识而已，顾客所需的车辆必须特别订购，由摩德纳简陋的办公室负责车辆交付。

虽然乘用车业务仍然相当不正规，但到 1951 年，法拉利已经拥有了一系列阵容庞大、收益丰厚的赞助商队伍，他们不仅为车队提供了资金，还提供了必要的零部件和技术支持。它们之中很多都是法拉利车的老朋友了：包括倍耐力、冠军、壳牌石油、韦伯化油器、蒙迪尔（Mondial）活塞、博拉尼（Borrani）车轮、基克罗斯（Kicklos）活塞环、阿巴斯（Abarth）排气管、马瑞利（Marelli）点火装置、利维亚（Livia）气门、乌达耶（Houdaille）减震器，当然也有一些新加入的公司，比如范德维尔轴承及为公司供应万向节和传动轴的布雷维蒂·法布里（Brevetti Fabbri）。以上共计有 21 家制造商成为法拉利车队的供应商和赞助商。

　　法拉利一直在关注西面波特罗阿尔法·罗密欧赛车店的动向。他知道科伦布正在努力增大输出功率，用以应对法拉利带来的威胁。同时，兰普雷迪开发了一种双火花塞汽缸盖，使得 V12 发动机在转速达到 7000 时可以拥有 380 马力的输出功率。相应地，科伦布的 159A 发动机在转速达到 10000 时可以拥有 405 马力的输出功率，但燃油的续航里程数也会随之下降，每加仑最多只能跑 1.5 英里，因此必须把油箱容量增加到 75 加仑，而这样就增加了不必要的重量。从各方面来看，这两款车都旗鼓相当，虽然阿尔法赛车的绝对速度更快，但法拉利赛车的油门响应和转弯加速性能更好。两者的主要区别在于寿命，阿尔法赛车已经过了巅峰期，开始走下坡路了，而法拉利赛车却充满了朝气和潜力。令人疑惑的是，当时法拉利公司的经营正欣欣向荣，却足足花了四年的时间才有能力向阿尔法发起挑战。

　　残酷的事实是，法拉利赛车多年以来往往是凭借数量而非质量取胜，车队取得的众多胜利都是在竞争对手并不出众的情况下出现的。我们可以看到，他们在勒芒获胜时，捷豹、梅赛德斯－奔驰、保时捷和福特等主要竞争对手的表现都不太积极，而且很多大奖赛车队都能生产速度更快的汽车。马拉内罗车队的胜利靠的不是卓越的技术，而是长期以来孜孜不倦参赛的结果。

　　1951 年，英国捷豹公司推出了一款轻量级 C 型跑车，搭载令人惊艳的双凸轮轴六缸发动机（40 年之后仍在 XJ6 轿车上采用！），并在勒芒二十四小时耐力赛上轻松获胜。希奈蒂和卢卡斯驾驶着当时最先进的法拉利赛车只获得了第八名。维洛雷西之后在一千英里大奖赛上夺得了激动人心的冠军，开的是 4.1L 维格奈尔双座跑车，这多少算得上一点安慰。不过当时的对手不过是一些过时且毫无竞争力的车型，例如小型蓝旗亚、阿利亚（Alia）、OSCA 和小排量法拉利。

法拉利车队在这项史诗性的公路赛中取得了卓越的成绩，但必须注意的是：在 20 世纪 50 年代，车队和顶尖竞争对手的对抗一共只有四次，分别是 1952 年和 1955 年与梅赛德斯-奔驰的竞赛、1954 年与蓝旗亚的竞赛以及 1953 年与阿尔法·罗密欧的竞赛。法拉利车队在 1954 年和 1955 年的比赛中都败得体无完肤，而在 1952 年和 1953 年也仅仅是勉强获胜。在全部 4 次比赛中，无论在车辆还是在有经验的车手数量上，法拉利车队都占据绝对的优势。

不幸的是，虽然维洛雷西在布雷西亚取得了胜利，但这一点也不令人高兴，因为黎明时分比赛刚刚开始时，阿斯卡里的车子就出了事故。车子在位于北部的洛纳托（Lonato）和代森扎诺（Desenzano）村庄之间的高速公路上撞进了道路两旁的人群之中，撞死了一位著名的医生，同时还有好几人身受重伤。阿斯卡里说当时旁边岔道上有车驶来，对方的前大灯妨碍了他的视线。按照意大利法律，他被控过失杀人罪，而讽刺的是，没有采取基本人群防护措施的赛事主办方却不用承担任何责任。阿斯卡里 3 年后才得以从官司中脱身。

在 1951 年赛季的开幕赛事上，阿尔法·罗密欧和法拉利这两个大奖赛之王展开了面对面的较量。阿尔法得益于方吉奥高超的驾驶技术，保持了令人惊奇的连胜纪录，这个纪录直到 7 月中旬才被打破。当时，国际赛车界人士都齐聚在英国银石赛道参加英国大奖赛，这条平坦的赛道是由小型飞机场改造而成的。方吉奥的阿根廷老乡加入了法拉利车队，他名叫弗罗伊利安·冈萨雷斯（Froilian Gonzales），是一位表情冷酷、身材肥胖的赛车手，大家都叫他"佩佩"。[虽然方吉奥和冈萨雷斯被评为史上最出色的两位赛车手——当然也是阿根廷最厉害的车手，不过另外还有一位竞争者的实力或许更强。内洛·乌戈利尼对那个年代的赛车运动有着无人能及的了解,他在几年后曾经提到,阿根廷车手奥斯卡·加尔韦兹(Oscar Galvez)的驾驶速度超过了方吉奥和冈萨雷斯,但因为没能得到贝隆政府的庇护,他注定与欧洲大奖赛无缘,只能参加一些国内的小型赛事。]

1951年6月14日,佩佩·冈萨雷斯驾驶着一年前生产的单火花塞4.5LTipo 375法拉利大奖赛车战胜了整个阿尔法·罗密欧车队,赢得了第一个世界锦标赛桂冠。阿斯卡里在赛中遭遇齿轮箱故障,而法里纳则遇到了离合器故障,所以最后两位阿根廷赛车手方吉奥和冈萨雷斯不得不各自为战。法拉利赛车的超高扭矩在赛道的平直角转角发挥了巨大优势,冈萨雷斯领先第二名将近一分钟,维洛雷西则位列第三。

这对法拉利而言是一个重大的历史时刻。自从1939年被阿尔法·罗密欧开除以来,他就一直想象着将对手击败的情景。他在煽情的散文中写下了如下庆祝文字:"我喜极而泣,但我的激情之泪混杂着哀伤之泪,因为我感觉自己亲手杀死了自己的母亲。"他随后给阿尔法·罗密欧的萨塔发了一封电报,其中有一句话如此写道:"我依旧对我们的阿尔法怀有初恋般的赤子之情。"

这种肉麻的话即便是从法拉利这样演技高超的人口中说出也令人作呕。这样的哭诉就像二流小说中的桥段,让人哭笑不得。在过去的五年中,恩佐·法拉利一直以来的志向就是要把这家老牌公司踢出赛车场。按照他戏剧化的描述,他确实"杀死了自己的母亲",并且五年来一直在无情地殴打母亲的肩膀和头部。

不过后来的一切证明,"老母亲"疲倦的躯体之下仍旧充满了活力。虽然阿斯卡里在德国大奖赛上再次为法拉利夺冠,而且在重要的意大利大奖赛中,车队也领先冈萨雷斯包揽了冠亚军,但在该赛季最后一场赛事——巴塞罗那的比赛中,方吉奥获胜并首次夺得了世界锦标赛的五连冠。法拉利车队为了获得更好的加速性,将希望放在了小型 16 英寸车轮上,但轮胎在追赶阿利亚的车时爆了。另一方面,因为赛道不太平整,科伦布在 159A 赛车上配了更加柔软的悬架,这一设计最后在赛事中大获全胜,报了一箭之仇。冈萨雷斯屈居第二,远远落后于自己的同胞,同时轮胎问题也令他心灰意冷。法拉利与倍耐力公司的人员发生了激烈争吵,双方都认为责任不在自己。法拉利坚称小尺寸的 16 英寸橡胶轮胎不应该出现问题,而倍耐力方面则驳斥说法拉利和阿尔法·罗密欧在整个赛季中使用的都是 17 英寸轮胎且成绩很好,说明这个轮胎适合在巴塞罗那赛道行驶,法拉利不应该在最后时刻做出更换。双方的争吵愈演愈烈,一直未能解决。专业设计师佛朗哥·罗基(Franco Rocchi)当时才刚刚加入法拉利公司(之后他在公司工作了长达 30 年之久),据他回忆,巴塞罗那赛事后法拉利与倍耐力之间的争论旷日持久,且比外界想象的还要激烈,这场争吵最终摧毁了双方二十多年来的合作关系。

　　根据当时的普遍预测,阿尔法会在下一个赛季中重新启用里卡特设计的 512 中置发动机,但大势已经很明显了。兰普雷迪设计的"自然吸气" 4.5L 发动机扭矩大、油耗低,至少在当时的情况下,增压发动机已经注定会在 F1 赛事中失败。西班牙大奖赛后,阿尔法·罗密欧宣布 159 车型因资金不足而退出国际赛事,这样一来赛道上最厉害的就是法拉利车队。当时参赛的还有包括超级复杂的 V16 BRM 在内的几支弱小的英国车队;玛莎拉蒂似乎也有意重新加入比赛,但情况还不确定。这样看来,没有车队能挑战 Tipo 375 或公司的专业车手阵容。在经过了成绩平平的五年之后,恩佐·法拉利突然成为了全方位的王者。

12 第十二章

法拉利和玛莎拉蒂

现在，一切尽在法拉利的掌控之中。从第一辆简陋的 Tipo 125 开上阿贝托内公路时起，恩佐·法拉利就一直执着地追求着梦想，希望成为"伟大的建造者"——也就是经典的制造商，在生产完整赛车同时，也为少数精英车迷生产高性能路跑车辆。历史上取得如此高成就的人寥寥无几，其中最有名的是埃多尔·布加迪、英格兰的 W.O. 本特利（W. O. Bentley）和美国的杜森博格兄弟。费迪南德·保时捷和他的儿子费利（Ferry）也一直致力于将斯图加特的小工厂打入精英圈，不过他们在大众基础上研制的小型跑车还要花上好几年的时间才能产生影响力。刚刚成立了 OSCA 工厂的玛莎拉蒂兄弟还在博洛尼亚苦苦挣扎，过去的一切早已证明他们真的不擅长经商。奥斯家族为玛莎拉蒂工厂设定了宏伟的目标，但他们却为在生产工业设备的同时如何打破高级汽车有限产量这一问题而费尽心力。

阿尔法·罗密欧不久前退出了比赛，这也为赛车运动带来了灾难性的影响。F1 赛场上从此只剩下了唯一的冠军争夺者——法拉利车队，整个意大利都没有什么强有力的竞争对手了。法国塔尔伯特-拉戈公司正深陷财务危机，他们在战前研制的车型根本无法与强大的法拉利 375 匹敌。精力旺盛的法国人阿梅迪·戈尔迪尼（Amedee Gordini）组建了一支轻量级 1.5L 车队,但因长期资金不足,他们的车虽然速度快但是不可靠。英国 BRM 车队虽然很有潜力,但受累于组织不佳,显然也没有做好打硬仗的准备。英国和德国的几家小型汽车制造商不过是空有梦想而已。阿尔法·罗密欧退出后,整个 1952 年赛季根本就是恩佐·法拉利的天下。

国际汽车联合会很快做出决定,由于参赛者寥寥,1952 年的世界锦标赛将在 F2 中进行,也就是采用 2L 级别、一般用于欧洲开轮式小型赛事的非增压发动机参赛。这个消息让法拉利开心不已,他的 F2 2L 级赛车在过去几年一直唯我独尊。同时兰普雷迪还开发了一款新型发动机,这款发动机延续了其对简约和可靠的追求,是一款直列式双凸轮轴四缸发动机,在理念上(我们不能说设计上)跟米勒(Miller)设计、奥芬豪瑟(Offenhauser)生产的 4S 发动机颇为相似,后者从 20 世纪 30 年代初开始就一直主导着印第安纳波利斯大赛(唯一例外是玛莎拉蒂在 1939—1940 年的获胜,这段历史法拉利一直不愿说起)。

佛朗哥·罗基多年以来一直在兰普雷迪身边工作,他直截了当地说道:"兰普雷迪受到奥芬豪瑟的启发,针对大奖赛的要求用自己的方法对原来简单的四缸布局做了调整。"虽然两者在技术上有诸多不同,但兰普雷迪的新发动机的理论基础确实来自美国,而他原有的设计其实只针对椭圆形煤渣赛道。被法拉利神话忽悠的那些人,长期以来都忽略了这一点。

兰普雷迪设计的新款四缸发动机将搭载的底盘与 Tipo 375 F1 赛车很相似,只不过在重量和尺寸方面有所降低,且没有出色的悬架部件或特别的制动和转向装置。法拉利认为车辆的潜力百分之八十是由发动机决定的,底盘先进与否并不重要。他需要花很多年时间、接受很多教训才能改变这一想法。

到了 1952 年,忙碌的工厂开始集中精力开发新款 Tipo 500 系列赛车，此外也在努力生产更多的路跑车，有些使用兰普雷迪的大型 V12 发动机，有些则使用科伦布的小发动机。同时，一次新的冒险让法拉利神话在大西洋彼岸更加熠熠生辉。路易吉·希奈蒂在曼哈顿西 54 大街的专卖店发展得越来越好。他对法拉利说，如果想要进一步占领美国的高性能跑车市场就有必要出战印第安纳波利斯 500。参加这个比赛从多方面考虑都意义非凡。"长款" 4.5L V12 在欧洲并没有什么用武之地，但简单改造一下就可以用于印第安纳波利斯 500。其次，法拉利也一直想赢得这一赛事，从玛莎拉蒂手中夺回"代表意大利获胜"这一荣耀。美国赛事主办方一向对欧洲选手来者不拒，而且希奈蒂也向他保证会采取措施防止侧滑。于是希奈蒂为阿尔伯托·阿斯卡里订购了一台特别设计的赛车。他认为阿斯卡里将是唯一的参赛者，结果没想到法拉利还收到了另外三个订单，分别来自加利福尼亚石油富商霍华德·凯克（Howard Keck）、科罗拉多州业余车手约翰尼·门罗（Johnny Mauro）和格兰特（Grant）活塞环公司。希奈蒂认为这三位不速之客扰乱了他的计划，他将之视作一种背叛，但他即使生气也无计可施。不过最后，这三辆客户的车由于速度过慢都没有取得参加 500 英里比赛的资格。

这次进军印第安纳波利斯的行动以失败告终，阿斯卡里几乎没能迈出第一步（兰普雷迪在最后时刻带着特制歧管和化油器紧急飞往印第安纳）。比赛刚一开始，钢丝轮便坏了（当时美国人的车轮已开始使用强度更高、重量更轻的镁金属，而法拉利在之后整整十年的时间内都没有采用这种新材料），当时阿斯卡里排在第七位，车子打转停了下来，他只能退出比赛。之后车队打道回府，发誓要卷土重来，但这个誓言却从未实现。尼诺·法里纳开着搭载法拉利发动机的新车参加过几次比赛，但终其一生都没能在印第安纳波利斯获胜。恩佐·法拉利公开承认他对此感到大为失望。

虽然作为主要对手的阿尔法·罗密欧已销声匿迹，但来自北方的宿敌梅赛德斯－奔驰却重新燃起了战火。母公司戴姆勒－奔驰股份公司已经从盟军轰炸造成的破坏中恢复了元气，不仅开始生产普通乘用车和卡车，还生产了一款出色的跑车——全新"鸥翼"双座跑车（取这个名字是因为车门在向上开启时看起来就像鸟的翅膀一样）。这款300SL双座跑车将会参加1952年举办的一千英里耐力赛等大型赛事。车辆搭载的动力系统和300系列豪华轿车所使用的一样，均为排量3L的单置顶凸轮轴直列六缸发动机。（一年后，梅赛德斯－奔驰的汽车都开始使用直接燃油喷射式技术，这是由他们位于斯图加特的邻居博世公司研发的。梅赛德斯－奔驰的赛车部门从1934年就开始尝试使用这一简洁高效的技术，后来又将之广泛应用到各种类型的赛车上。不过法拉利拒绝更换，继续忠实地使用韦伯化油器长达十年之久！）

全新的300SL鸥翼跑车参加的首场赛事是1952年的一千英里耐力赛，奔驰选择在法拉利的家门口发起了直接挑战。车队的主要选手是战前的王牌车手鲁迪·卡拉乔拉，以及赫尔曼·朗和跑车专家卡尔·克林（Karl Kling）。由于阿斯卡里远在印第安纳波利斯，法拉利便派出了皮耶罗·塔鲁菲迎接挑战。头发花白的塔鲁菲意志非常坚定，而为他配备的车是维格奈尔车身的4.1L 340美国敞篷跑车[挡泥板上有三个"舷窗"，这一设计是宾尼法里纳1948年在西斯塔利亚的双座跑车上导入的，后被别克（Buick）公司用典型的底特律方式大量采用]。后备力量有马尔佐托三兄弟——吉安尼诺、保罗和维托里奥，还有一辆以私人名义参赛的250S维格奈尔双座跑车，车手是技艺精湛、性情古怪的乔瓦尼·布拉科（Giovanni Bracco）。

在那个赛车手纷纷变成郁郁寡欢、财迷心窍的技术狂的时代，布拉科对待赛车的态度却是极端守旧的。赛车运动因为这些赛车手的存在而变得生机勃勃，充满了勇往直前的率性，虽然在今天看来，这一行为就好像为女人决斗一般早已过时。布拉科家族和马尔佐托家族一样通过纺织生意赚了大钱。他也义无反顾地投身于赛车运动，他的驾车风格十分狂野，在社交活动中也放荡不羁。他如同许多出身名门的意大利运动员一样，将一千英里耐力赛视为自己的职业。在这一比赛中，像他这样优雅的业余车手所驾驶的车方能同大奖赛的精英车同台竞技。一年前，他依靠一辆短小的蓝旗亚 Aurelia B20 双座跑车取得了第二名，由年轻的翁伯托·麦格利奥利（Umberto Maglioli，后来作为法拉利车队的车手成名）担任随车机修师和领航员。搭载 2L 发动机的 Aurelia 尺寸只有冠军维洛雷西驾驶的法拉利赛车的一半，但经过山口时布拉科凭借完美而疯狂的操控取得佳绩。在长达 13 小时的煎熬等待中，忐忑不安的麦格利奥利一共为布拉科点燃了至少 140 支烟！

布拉科在 1952 年的比赛中再次展现了自己的勇猛，当时克林驾驶的梅赛德斯 - 奔驰也表现得非常完美。虽然布拉科为获胜已尽了最大努力，但德国车手仍然拥有决定性优势。更糟糕的是，布拉科的法拉利在最后一个维修点停下来换轮胎，结果尺寸和材质都弄错了，这进一步拖慢了他的速度。但这位来自比耶拉的狂人绝不认输，领航员阿方索·罗尔福（Alfonso Rolfo）又在不断地给他点烟，还让他喝了几口白兰地。在雨中，布拉科像火箭一般飞速驶过弗他和拉提科萨山口，比克林提前 4 分多钟到达终点。这是一次完美的驾驶，意大利人本来就对德国人怀恨在心，这一次的胜利让他们大肆庆祝了好几天（但他们没能高兴多久，一个月后银色的德国赛车在勒芒包揽了冠亚军，而跑得最快的法拉利也只获得了第五名）。布拉科在一千英里耐力赛获胜后告诉记者吉诺·兰卡蒂，在比赛快结束时，他眼前浮现出战争末期德国军队屠杀意大利游击队的情景，这让他产生了动力，也使他开得越来越快（当然也有酒精和尼古丁的作用）。

但对于法拉利车队来说，这次胜利带来更多的是麻烦而非喜悦。布拉科在参赛前签署了合约，保证在这次耐力赛中使用法国制造商米其林的轮胎，但法拉利公司的车使用的是他们一直以来的盟友——倍耐力轮胎。因为预期有可能会夺冠，倍耐力广告部门还专门策划了一场活动宣传胜利。布拉科转投米其林的行为引起了内部纷争，这进一步影响了车队和倍耐力的关系。

虽然法拉利在回忆录中对布拉科只是寥寥数语一带而过，但这位硬派车手事实上不仅仅是闻名整个意大利的名车手，也是一位慷慨的顾客。（1962年，也就是布拉科在一千英里耐力赛夺冠10年之后，他受邀前往摩德纳出席法拉利的年会。恩佐·法拉利送给他一块手表。布拉科自言自语道：“这块手表价值几千里拉，但为了开着他的车子去参赛，我却花了六亿里拉。不过这些都无所谓。”）

不过后来布拉科也报了仇。塔沃尼回忆说，当时法拉利安排布拉科参加西西里岛之旅，整个工厂没日没夜地赶工，终于为他打造出一辆特别的小型双座跑车送往巴勒莫。但法拉利最后收到的消息却是布拉科根本没去。比赛开始时，这辆崭新的双座跑车根本无人驾驶。忙活了半天却成了一场闹剧，愤怒的法拉利要求布拉科给出解释。"您会明白的，我敢肯定，"布拉科回答道，"比赛开始前我遇到了一位美女并与她坠入爱河。我知道您也喜欢异性，因此我确定您一定会理解，为了去和一位可爱的女士幽会而放弃一场无足轻重的比赛又有什么大不了的呢？"

让指挥官（他已经不再使用这个头衔，但他一生中的大部分时间都与这个非正式头衔联系起来）感到高兴的是，车队在这个赛季的大奖赛中大获全胜，布拉科的玩忽职守不过是一个小小的插曲。35岁的阿尔伯托·阿斯卡里正处于巅峰状态，他带领车队毫无悬念地击败了那些弱小的竞争对手。同时，来自阿尔法·罗密欧的法里纳和来自玛莎拉蒂的老朋友内洛·乌戈利尼也加入了车队。乌戈利尼在竞赛管理上能力一流，被称为"大师"。这两人的加入让车队如虎添翼。在 6 月的蒙扎大奖赛上，方吉奥驾驶的最新款玛莎拉蒂 A6GCM 赛车发生了严重事故，其本人也身受重伤，车队最大的威胁就此消失了。方吉奥前一天还在阿尔斯特的丹德罗德（Dundrod）代表 BRM 参赛。之后他乘飞机前往巴黎，飞机因大雾迫降，于是他只好借了一辆车穿越法国和阿尔卑斯山口赶往比赛现场，到达时离开赛只有几个小时了。这位技术高超的阿根廷车手既疲劳又暴躁，一圈都没练习就直接比赛了。比赛开始后方吉奥就开始全力冲刺，跑到第二圈时在可怕的"莱斯莫"右转弯处失控，撞到了赛道旁的树上。他伤到了脖子，好几天都不省人事，醒来后花了五个月的时间才得以康复。随着这场灾难的发生，唯一能与阿斯卡里和法拉利车队抗衡的车手也不复存在了。

方吉奥退出了，科伦布虽然在阿尔法赛车工厂关闭后回到摩德纳加入了玛莎拉蒂，但他的改进工作才刚刚开始，于是阿斯卡里前所未有地主宰了整个赛季。他在车队参加的 17 项大奖赛赛事中夺得了 11 个冠军，维洛雷西和塔鲁菲也夺得了五个冠军。也就是说，兰普雷迪设计的简洁精巧的小型 Tipo 500 赛车在 1952 年车队出战的 17 个赛事中赢得了 16 次冠军 [仅在兰斯被天才让·贝拉（Jean Behra）打败，当时他开了一辆法国产的戈尔迪尼，有流言称赛车搭载的是非法发动机]。

这个时期的恩佐·法拉利无论是在工厂经营方面还是在个人声望方面都获得了巨大的成功。他凭借商业上的成功获得了"意大利共和国行业骑士"（Cavaliere de l'Avoro Merito della Repubblica）的头衔。法拉利从来没有公开使用过这一头衔，但他私底下对此感到非常自豪，认为自己已经进入了一个特别的精英阶层。当然，相比 30 年前在佩斯卡拉被授予的第一个骑士称号，这一次更为重要也更有意义。法拉利和他的车队伴随着阿斯卡里的成功而成为全国瞩目的超级明星,带有跃马标识的汽车成了三大洲的抢手货。老谋深算的法拉利与赛事组织者打交道已经有三十多年了,他不断讨价还价,从欧洲、北美洲和南美洲的支持者手中获得了大笔的赞助费。在希奈蒂和以吉姆·金伯利(Jim Kimberly)、坦普尔·布埃尔(Temple Buell)、约翰·埃德加(John Edgar)为首的一群有资金又有热情的运动员助力下,再加上热情高涨、才华横溢的南加州年轻车手菲尔·希尔(Phil Hill)的努力,法拉利神话传遍了美国。希尔是一位了不起的车手,拥有非凡的智慧和才能,他开着马拉内罗生产的赛车所取得的成功带来了几十张订单,同时也促成了美国人对法拉利的追捧,而这种追捧一直延续至今。著名车队经理、赛车工程师罗杰·贝利(Roger Bailey,20世纪60年代末曾在法拉利赛车部门担任机械师)曾经说过:"美国人对法拉利赛车的追捧是其他国家望尘莫及的,他们对法拉利在商业上的成功以及围绕着法拉利车的各种神话的贡献度超过了百分之九十。但讽刺的是,法拉利本人从不这么认为,同时也对此毫不在意。"

长期待在乡下的法拉利对北美市场并不重视。希奈蒂虽然赢得了多场比赛,还安排车队参加了印第安纳波利斯赛事,但他在某种程度上也只是个外人,仅在遥远的地方销售汽车,从根本上来说并没有被授予公司日常管理的权力,他和公司的每一次谈判都是一次痛苦的挣扎,也是一次关于数字、虚假承诺和错位信任的较量。一个很好的例子能证明这一点:1952年,希奈蒂前往马拉内罗提取两辆新V12 340墨西哥双座跑车。这两辆跑车即将参加墨西哥公路赛(Mexico Road Race),即所谓的墨西哥泛美越野大赛(Carrera Panamericana de Mexico)。其中一辆将由他和副驾驶让·卢卡斯驾驶,另一辆则由比尔·斯皮尔(Bill Spear)驾驶,后者是一个胖胖的戴着眼镜的美国运动员,非常热衷于赛车。在上一年度的比赛中,希奈蒂和意大利老牌公路赛车手皮耶罗·塔鲁菲搭档,在行程曲折的 1936 英里公路竞速赛(从危地马拉到得克萨斯边境线)上夺冠。这是法拉利在北美洲首次夺得国际大赛冠军,极大地提高了公司的销售额。回到意大利后,希奈蒂就开始着手安排两辆新墨西哥车型的交付,期待能再次获得成功,从而进一步开拓美国市场。法拉利对此的热情却非常有限。

当时希奈蒂尚有 2200 美元的尾款没有支付,法拉利仅仅因为这么点钱非要先付完全款才肯交车。希奈蒂认为自己是公司在美国唯一的经销商,这么点钱不值一提,更何况几天之内款项就会打过来。虽然说两位老友肯定会达成协议,但他们还是在工厂铺满鹅卵石的院子里大吵了一架。希奈蒂马上就要回摩德纳的酒店了,他希望通过最近的一班轮船把车运往墨西哥。当时时间非常紧急,他需要车辆,而钱也已经在路上了,他向法拉利大吼道:"相信我,把该死的车给我!"

争吵结束了,本来就身形高大的法拉利挺直地站着,趾高气扬,手臂向前挥舞,就像在指挥骑兵冲锋一样。面对这个面红耳赤、咄咄逼人的家伙,希奈蒂本能地不断后退,最后发现自己已经站在了阿贝托内公路的边缘。法拉利低沉、夸张的声音像炮轰一样回荡在红砖地的院子里,"关上大门!"他大叫道。一位身着皱巴巴制服的保安向前跑去,猛地关上了铁栅栏,这让希奈蒂目瞪口呆。恩佐·法拉利始终坚持己见,两辆车直到付清所有款项才得以放行。

摩德纳仿佛成了高性能汽车的集散地,除法拉利和玛莎拉蒂这样的大集团外,在恩佐·法拉利所描述的"赛车狂热"的刺激下,城里还分布着各种各样的专业制造商。在特伦托与的里雅斯特大道上巨大的焦赭色大楼中住着法拉利全家,这里也是公司各种乘用车和赛车的客户服务和交付中心。加里波第广场另一侧的拐角处是由一位前夫人运营的皇家酒店(Algergo Real),而沿着艾米利亚古道往东几个街区又有另一家豪华大酒店(Grand)。在这里,踌躇满志的车手、设计师、空想家、伪装者、沽名钓誉的富裕运动员、汽车贸易员、经销商、皮条客、推销者、骗子、记者和浪漫主义者齐聚一堂，他们都在法拉利V12和玛莎拉蒂6的诱惑下来到摩德纳。

阿里詹德罗·德·托马索（Alejandro De Tomaso）是摩德纳的一位常客。这个阿根廷人酷爱赛车，偶尔也会兼职赛车手的工作，据说他还非常爱国，关于他在来意大利之前曾试图炸毁贝隆皇宫的谣言传得沸沸扬扬。在摩德纳，德·托马索邂逅了来自美国的女继承人伊莎贝尔·哈斯克尔（Isabelle Haskell），她总幻想自己是一名赛车手，也是法拉利的忠实客户。两人结婚后，德·托马索于1965年用妻子充裕的资金创办了一家汽车公司，并于10年后取得了当时摇摇欲坠的玛莎拉蒂公司的控股权。20世纪50年代的很多人都像德·托马索这样，长期驻扎在皇家酒店和其他大酒店。

客人们大多身着50年代正规的赛车制服：鳄鱼牌（LaCoste）套头衫、轻便宽松的长裤和古驰牌（Gucci）平底鞋，手上戴着劳力士手表。衣着华丽的女士们大多选用璞琪牌（Pucci）和古驰的配饰，这两个品牌也是意大利战后时尚革命的代表。这些志向高远的国际时尚弄潮儿来到摩德纳，希望能一睹法拉利的高贵风采。但他们的偶像则截然不同，法拉利仍然迷恋于过时的衣着，他的穿着从未改变过：一件白衬衫、一条深色领带、一条背带裤、一件灰色或棕色的商务西装，衣领上有一枚小小的跃马别针，手上戴着瑞士名表，表盘上的装饰也是小小的跃马。天气寒冷时，他会穿上陈旧的深红色毛呢大衣，戴上皱巴巴的灰色浅顶软呢帽。他的头发是铁灰色的，总是修剪得很整齐，两侧的头发紧贴头皮，顶部的头发则梳成传统的大背头。他与传统"摩德纳老板"的唯一区别是，他在公共场合介绍新车型时偶尔也会穿上黄色的套头衫和蓝色的夹克（代表着这个城市和足球队的颜色）。而在其他时候，法拉利的生活都极其规律，和加里波第广场上无数的老年人毫无区别，深居简出的他在生命中的最后40年里从未远离过自己的家。

虽然恩佐·法拉利被过去束缚了手脚，但也被未来不断鞭策着；是他凭借一人之力，让摩德纳获得了新的荣誉，成为世界级名车之城。虽然奥斯家族的玛莎拉蒂也在这个地方，但他们不过是商人而已，并非不辍前行的梦想家。他们很快会在比赛中败下阵来并屈服于世俗的金钱需求，而法拉利的追求则是全面而坚定的，在情感上也是完整的。他有时会在方塔纳（Fantana）餐馆用餐或在比耶拉俱乐部——一个由赛车运动爱好者组成的非正式社会团体——聚会时发发牢骚，扬言要退出市场，但这种威胁只是暂时而无意义的。经常在公开场合嚷嚷着要退出不过是他寻求更多赞助商的一种手段而已。他的亲密伙伴们，例如塔沃尼、乌戈利尼、阿玛罗蒂（Amarotti）、吉贝尔第等都深知，汽车业务并不是他达成目的手段，而是他的终极追求，也是他生活的意义所在。最终，快速赛车、大奖赛冠军以及工厂本身相对来说都是次要的，最重要的是他们所代表的是一个男人的自我之塔，他的名字叫恩佐·安赛姆·法拉利。

总的来说，法拉利的个人风格与他所创造的汽车形成了强烈反差——法拉利的汽车是奢华、高调、无畏、耀眼而张扬的，他本人则是单调、世俗、半隐士的风格。从很多方面来看，法拉利虽然是一位汽车设计师，但他与前辈埃托尔·布加迪相比，并没有那么优雅且充满艺术气息，如果和可可·香奈儿或克里斯汀·迪奥等时尚界的同仁相比，法拉利只不过是一个有着简单品位的简单男人。在他所创造的汽车上，我们似乎可以看到他强大的自我以及对自身进行艺术化表达的需求，但就个人而言，他的沉默寡言和内向保守已经达到了偏执的境界。

他的世界更多地局限在住所与马拉内罗工厂之间的两点一线，而他对奥斯家族及其玛莎拉蒂的憎恨也与日俱增。事实上，遥远的斯图加特甚至英格兰才是他汽车帝国的最大威胁，他的老朋友范德维尔在那里组建了一支强大的队伍，只是玛莎拉蒂发动机的怒吼声每天都在他家窗外肆意咆哮，震耳欲聋。

现在这些赛车原始的尖叫声甚至穿透了树木茂密的郊区，从城西那边传了过来。在城市的边缘，摩德纳试车场已经建成了。这是一个短距离的赛道，大致呈长方形，四周围着篱笆，危险系数很高，同时也用于一些小型轻量飞机的起降，还有几个足球场。法拉利和玛莎拉蒂都在这里进行过越来越多的私人试驾，当然那些简单直接的高速试跑仍旧在阿贝托内公路和太阳高速公路（Autostrada del Sol）上进行。

这个时期动力强劲、异常嘈杂的汽车开始在意大利的道路上肆意奔跑，这也是现代快车神话的开端。布拉科、维洛雷西、法里纳、塔鲁菲和阿斯卡里这些浪漫又欢乐的车手，开着夸张的红色赛车，握着木纹装饰的方向盘，在各个转角处来回回，呼啸着穿过村庄，致使所有意大利人都开始疯狂追求"速度与激情"。

但在摩德纳仍有那么一群人，他们一本正经、不苟言笑，且对快速汽车无比憎恨。意大利特色的共产党已经在政治体系中站稳了脚（如今依旧如此）。二战结束后，意大利北部在政治上开始左倾，罗马的德·加斯帕里（De Gaspari）中间派政府曾在全国范围内阻止过这一趋势，但并没有什么效果。工会、小资产阶级和知识分子意识到，意大利的上层社会在很大程度上还是支持法西斯的，所以他们纷纷加入社会主义和共产党人的阵营，而共产党则保留了作为游击队领导者所取得的实力。北方的工业中心城市（包括米兰、博洛尼亚和摩德纳）都有大批坚定的共产党员（不过苏联人很快发现他们是一群高度独立的民族主义者，根本不听莫斯科的指挥）。

鉴于意大利政治体制的性质，法拉利与摩德纳市政府为很久前的一些小事产生了纷争，后来演变成了一场闹剧。摩德纳当时的市长在

30 年代曾经是一个狂热的法西斯分子，但现在已经轻松转变为一名共产党员。法拉利知道后，在出席一次会议时穿了一件黑衬衫——那是讨厌的墨索里尼政党的标志，之后法拉利夸张地扯下衣服并扔到市长跟前，大声说道："你在很久以前也穿过这身衣服！"从那时起，当地政府就很少去招惹他——他现在已经是当地经济举足轻重的人物了。另一方面，随着法拉利事业的蒸蒸日上，他与工会之间的纠纷也越来越多，还引发了一系列的罢工，但所谓的罢工往往只是大声争吵和象征性的游行，最多会持续几小时。考虑到他易怒的性格和意大利北方工会领导人的激进姿态（他们当中的很多人都记得法拉利在战争期间牟取暴利），罢工事件既不频繁也不暴力，这足以证明法拉利的领导才能。

　　如果不考虑响亮的名声、赛车厂商的胜利和销售额的增长，单从组织机构的角度来说，这家公司[正式名称是法拉利汽车制造公司（Auto Costruzione Ferrari）]与遍布摩德纳的各种定制商店并没有什么区别。公司的资金仍然很紧张，因此法拉利不断和银行家、独立金融家及有钱的赞助商见面以维持公司的运营。随着业务的增长，开销也在不断增加，虽说法拉利在 20 世纪 50 年代已经是汽车界的名人了，但他依旧囊中羞涩。由此也引发了一些混乱，经常是一些可笑的商务行为。

　　就在这一时期，当时法国报业巨头《队报》（*L'Equipe*）体育周报的出版人、事业如日中天的法国人雅克·戈迪特（Jacques Goddet）订购了一辆小型 212 Inter 双座跑车作为送给妻子的生日礼物，颜色也选了他妻子最爱的蓝色，包括宾尼·法里纳定制车身、真皮内饰以及特别定制的佛罗伦萨风格行李箱在内的东西都是蓝色的。款项付清后，装配工作开始了，宾尼·法里纳花了几个月的时间在都灵工厂完成了车身装配，之后车子又被运到摩德纳的法拉利大楼，进行最终的细节修饰。

这时候来了一位得克萨斯石油商，他走进车间，看上了这辆车。用马里奥·普佐[1]的话来说，这位顾客给法拉利报了"一个让人无法拒绝的报价"，于是法拉利将法国客户订购的这辆车转卖给了美国客户。当时离交车日期已经很近了，公司疯狂地到处寻找替代品，终于找到了一辆类似的汽车，唯一的问题是，车是红色的……

于是，当戈迪特来提车时，整个法拉利公司空空如也，法拉利和其他高管都失去了踪影，现场只有一位无足轻重的清洁工。面对怒气冲冲的新车主，无奈的清洁工也是一无所知。怒火中烧的法国人别无他法，毕竟他从巴黎大老远过来就是为了取车，于是只好把这部红车开走了。几个月后，法拉利收到了一封信，信的大致内容是："尊敬的法拉利先生，您的车真是太棒了，我的妻子很开心。不过有件事必须告诉您——您是一个无可救药的色盲！"

虽然有这些插曲，法拉利的小生产线仍然在1952年为客户生产了44台车。对法拉利而言，真正重要的是他、兰普雷迪和阿斯卡里共同组建的F1车队能否在比赛中获胜。车队的车辆和人员组成都会做出一些调整，有着一头亚麻色头发英国车手麦克·霍索恩（Mike Hawthorn）加入车队，成为雷蒙德·索默去世后[1950年9月在加尔多尔斯（Gardours）的小型赛事中身亡]首位获此殊荣的非意大利籍车手。

英国赛车界对霍索恩加入法拉利车队欢欣鼓舞，除了已故的迪克·希曼（Dick Seaman），还没有其他英国人加入过欧洲一流的赛车队。英国人对于当时的大奖赛心存自卑，他们竭力打造的BRM赛车以失败告终，而其他小规模的专业汽车制造商资金短缺，根本无法生产出有竞争力的赛车。法拉利讥讽他们是"车库酿酒师"，认为他们无

---

[1] 美国作家，《教父》的作者Mario Puzo。

力挑战意大利的"大牌厂商"。虽然霍索恩的英国粉丝幻想着他会受到上天的垂青，但他本人却很快明白了一件事——马拉内罗之行有可能收获荣耀，但肯定无法带来财富。法拉利的待遇是标准化的，即便是像阿斯卡里和维洛雷西那样的明星也一样，全部的启动费、赞助费、应急资金和一半的奖金都归公司所有，车手只能拿到余下的一半奖金（一般都不会太多），而且其中还有10%要分给机械师。因此，除了为跃马而战的荣誉以及可能在自家陈列柜上增加几座奖杯之外，法拉利车队给予的报酬少之又少。

他们面对的是以方吉奥和冈萨雷斯为首的斗志昂扬的玛莎拉蒂车队，冈萨雷斯在常规的赛季后抢座位游戏中已经跳槽到法拉利的竞争对手——位于不远处希罗·梅诺蒂大街上的玛莎拉蒂那里，这种行为时至今日仍导致赛车手不断更换东家。科伦布对旧的A6GCM赛车进行了大规模的改造，使之与法拉利公司的500型赛车不相上下。法拉利确信在即将到来的1953年大奖赛赛季中，摩德纳的两支车队将展开殊死搏斗。

法拉利设想的一切最终并未发生。玛莎拉蒂自成立之日起财务状况就一直很不稳定，而这时正在走下坡路。1953年夏天，随着朝鲜战争的结束，玛莎拉蒂原本稳定的机械工具订单急剧减少，公司不断减产，而奥斯家族则开始将更多的精力转移到阿根廷，以期贝隆政府提供更多商机。就算拥有天赋异禀的科伦布，玛莎拉蒂在短期内也无力对法拉利构成威胁。赛季一开始，阿斯卡里就赢得了阿根廷、荷兰及比利时三场大奖赛的冠军，再加上1952年下半年的六连胜，他连续九次赢得世界锦标赛赛事的冠军——这项成就前无古人、后无来者。霍索恩力拼方吉奥，摘得法国兰斯大奖赛桂冠，法拉利车队在余下的赛事中继续大放异彩。法拉利车队唯一一次失利是在蒙扎，当时比赛已经进入到最后一圈，阿斯卡里和奥诺弗雷·马里蒙（Onofre Marimon）

纠缠不休，方吉奥趁机赢得了比赛，这也是玛莎拉蒂在本赛季唯一一个冠军。科伦布成功提高了玛莎拉蒂赛车的输出功率（约 195 马力），使其与法拉利赛车旗鼓相当，但在抓地力和操控性上双方仍旧存在很大差距。因此，随着赛季的结束和 2L 级世界锦标赛的落幕，阿尔伯托·阿斯卡里轻松卫冕赛车之王，法拉利车队在所参加的 31 场赛事中总共获得了 28 次冠军。从来没有哪个车队取得过如此辉煌的成绩，这个纪录一直保持到 1988—1990 年赛季迈凯伦 - 本田（McLaren-Honda）主宰赛车场之时。

但这对恩佐·法拉利而言还是不够的。法拉利车在一千英里耐力赛中一直保持着连胜的纪录，吉安尼诺·马尔佐托驾驶的强大 Tipo 340MM 比方吉奥驾驶的新阿尔法·罗密欧 6C-3000 CM 双座跑车足足快了 12 分钟。但勒芒赛事却是一场灾难，捷豹带着改进后的 C 型赛车回归赛场，安装了刹车盘（法拉利拒绝采用）的新车刷新了赛事的所有纪录。造型优美的英国绿色赛车不仅夺取了冠军，还同时获得了第二名和第四名，而法拉利赛车的最佳成绩只有第五名，且落后了差不多 100 英里。法拉利派出的先锋车是阿斯卡里和维洛雷西的 340MM 双座跑车，这辆搭载 4.5L 印第安纳波利斯发动机的车跑出了最快圈速，但额外增加的输出功率让离合器不堪重负，赛车还未开到一半就宣告退出。勒芒二十四小时耐力赛对于豪华跑车来说是重要的推销机会。当时，捷豹、阿斯顿·马丁、玛莎拉蒂、阿尔法·罗密欧、蓝旗亚、梅赛德斯 - 奔驰、保时捷和美国制造的坎宁罕都在开展各种市场营销活动，高级赛车的数量不断增加，在这种关注度极高的赛事中失利简直就是一场灾难。

接下来还有更多麻烦在等着法拉利。国际汽车联合会很久之前就已宣布要对 1954—1960 年赛季的 F1 进行重大变革，对非增压型动力系统的要求达到了 2.5L——只比现有方程式多 500 立方厘米。梅赛德斯-奔驰当时已经宣布参赛；玛莎拉蒂也有所复苏，他们已经完成了科伦布设计的250F单座车；马拉内罗方面还收到消息称沉寂了30年之久的蓝旗亚也会重回F1赛场。他们的汽车是由维托里奥·加诺设计的D50S，传给法拉利的线报称，这些车惊人地"变态"。面对如此众多的新式赛车，法拉利用了最简单的方式来回应。1953年在摩德纳举行的最后一场比赛上，他向全世界宣布，因为资金问题无法解决，法拉利将退出比赛。

总有些愤世嫉俗的人说，法拉利时不时嚷嚷着要退出比赛不过是在作秀而已，其实他从来没想过要退出。但法拉利毫无疑问是个情绪化的人，偶尔也会有所动摇。毕竟，他的财务问题是着实存在的，在56岁时，人生的第五个十年，他身处某个战争之中——这些战争抑或真实，抑或存在于狂暴的汽车中。

法拉利在工厂里增设了铸造车间，虽然耗尽了资金，但这样一来公司就能自行生产发动机缸体、变速箱和差速器壳体。这对公司来说是一次重大的突破。多年来，法拉利被迫依赖外界铸造厂进行制模，不仅增加了成本也延长了新设计的制作周期。摩德纳在砂铸方面拥有最出色的技能团队，最早可以追溯到贝尔尼尼（Bernini）的辉煌岁月，现在法拉利可以随时召唤他们大干一场了。这个车间及其精英技工在未来的岁月里为法拉利带来了数之不尽的优势。实际上，铸造车间共计生产了包括12型、8型、6型、4型甚至还有双联发动机在内的数百台工艺精湛的铝合金发动机。时至今日，在马拉内罗铸造车间的简陋条件下工作的技工们，与法拉利的造车理念以及意大利青铜雕塑的优良传统都有着很深的渊源。

然而一波未平一波又起，法拉利心目中最伟大的赛车手去世了。在潮湿的8月里，塔基奥·努瓦拉里缠绵病榻一年之后，终究还是离开了人世。他曾对老友、随车机械师德西莫·康帕诺利哀叹过："我能够主宰任何赛车,但无法掌控自己的身体。"1953 年 8 月 11 日,努瓦拉里在妻子卡罗琳娜(Carolina)的怀抱中死去,临终前他提出要穿着赛车手的制服下葬。听说这个小个子男人的死讯后,法拉利亲自驱车前往曼托瓦(Mantuan),安抚努瓦拉里饱受煎熬的妻子。结果他在这座古老城市中心密集的街道上迷了路,无奈之下只好到一家五金店问路,店里走出来一位老人。曼托瓦人对外来者的警惕性很高,老人绕着法拉利的汽车走了一圈察看车牌,当他看到代表摩德纳的"MO"这两个字母时,他握了握法拉利的手,在指路之前说:"谢谢您的光临,像他那样的人不会再有第二个了。"法拉利终其一生都在寻找,希望能找到像备受喜爱的努瓦拉里那般有气场、有激情又技艺精湛的赛车手。(整座城市都陷入了极度的悲伤之中,政府因为误会卡罗琳娜得了绝症而将努瓦拉里的房子交给了她,还向她发放了丰厚的终身补贴,后来卡罗琳娜依靠这份津贴活了 20 年。)

如果要说恩佐·法拉利当初对退出 1954 年的比赛还有那么一点点在意的话,那么当他忙于准备 2.5L 方程式赛车时就完全把这件事抛之脑后了。兰普雷迪正处于创作的巅峰时期,他集中精力对所向披靡的 Tipo 500 四缸发动机做进一步的简化,甚至尝试着把四缸改成两缸。法拉利工厂高效的制模工和铸造工很快便将新的缸体造了出来,他的想法也因此得以实现。

他们尝试设计了 2.5L 的两缸发动机,但据说几台样机不仅把测力计震坏了,还发生了爆炸,于是大家便放弃了这个念头。不过兰普雷迪坚持要在 F1 中使用另一种四缸发动机,并且在跑车上使用直列六缸布局。同时他们收到消息,梅赛德斯-奔驰的参赛车辆使用的是燃油喷射式直列八缸发动机,而蓝旗亚则会在 1954 年的比赛中使用与先前赢得墨西哥公路赛时使用的 3.3L V6 发动机同类型的 V8 发动机。阿斯卡里在过去两个赛季中还占有绝对优势,但现在竞争对手们已经有了巨大的进步。

迪诺此时已经 22 岁了，他开始对工厂产生一些微小而显著的影响。当时包括 750 蒙扎在内的很多跑车都采用了兰普雷迪设计的四缸发动机。这款赛车的操控性非常差，但搭载的斯卡列蒂（Scaglietti）车身非常漂亮，据说是由迪诺亲自设计的。法拉利本人对此感到十分自豪，于是写信告诉正在都灵探亲的妻子，大家都夸奖车子的外观设计非常漂亮，还特别指出"连佩皮诺·维德利都很开心"。虽然大家都知道迪诺身体不太好，但是他出现在马拉内罗工厂的次数却越来越多。当时工厂有一名 29 岁的试车员名叫赛尔吉奥·西吉诺尔菲（Sergio Sighinolfi），他和迪诺的关系特别好，迪诺常常与西吉诺尔菲结伴到附近山区进行野外试驾。这些都是迪诺人生中难得的快乐时光，他的健康状况日益恶化，而在摩德纳的家中，他也很少感受到快乐。

法拉利与明星车手阿斯卡里和维洛雷西之间的关系也在年底走到了尽头，这两位车手转而加盟了蓝旗亚。方吉奥已经签约梅赛德斯 - 奔驰成了车队的头号车手。而斯特林·摩斯（Stirling Moss）现在已经展现出伟大车手的潜质，成为玛莎拉蒂车队的独立车手。这样一来，法拉利车队暂时陷入了无人可用的窘境。如果没有 1951 年 9 月的那桩丑事，这位衣着华丽、过早谢顶的伦敦车手本来是可以为法拉利所用的。当时，22 岁的摩斯在伦敦俱乐部的赛事中天才初露，法拉利便邀请他参加一个小型的 F2 比赛，地点位于亚得里亚海沿岸的巴里。摩斯的父亲阿尔弗雷德（Alfred）是一位著名的牙医，曾经也是一名赛车手，参加过 1924 年的印第安纳波利斯 500，排名 14。这个热切的小伙子在父亲的陪伴下穿越欧洲大陆来到了意大利，却伤心地得知指挥官已经改变了主意，把他的赛车交给了皮耶罗·塔鲁菲。没有得到任何解释的摩斯回到英国，发誓永不加入法拉利车队。这个誓言差一点就要被打破了，但这时发生了突如其来的悲剧。

法拉利与阿斯卡里和维洛雷西之间的谈判因为两个问题而陷入困境。在摩德纳召开了一系列会议之后，法拉利还在犹豫该派出什么车辆迎战劲敌，但他似乎倾向于 Tipo 500 的最新简化版本。这款车型对阿斯卡里而言是不够的，他对加诺 D50 车型的了解比法拉利想象的还要深入。此外，阿斯卡里和维洛雷西都因微薄的待遇而心生不满，维洛雷西后来对此评论道："如果我们一开始就接受的话，那么我们就是傻子。"

阿斯卡里和维洛雷西都单独与法拉利进行了谈判，但可以肯定的是无论要与哪个车队签约，两人的搭档关系都不会改变。有了两个冠军头衔，"西乔"已不再是那个迫切想要参赛的热情男孩了。自从弟弟去世之后，维洛雷西一直对法拉利不太感冒，对法拉利车队也没什么忠诚度可言，他只是打算追随他那年轻的朋友兼徒弟、车速更快的阿斯卡里。他们两人都以平等的态度同法拉利来往，不像那些踏破了法拉利门槛的狂热赛车手那样对其点头哈腰、卑躬屈膝。法拉利有点瞧不起那些装腔作势、希望加入他车队的有钱人，往往会让他们在马拉内罗工厂门口的小屋里干等很久。而阿斯卡里则对法拉利直呼其名（法拉利只允许他认为社会地位与自己相当的人如此称呼他）。12 月底，阿斯卡里拒绝和法拉利签约，而维洛雷西则声称自己已经与蓝旗亚签约。当年第一项赛事刚刚结束，法拉利就准备了一份措辞谨慎的新闻稿，称 1954 年自己的两位明星车手将在其他地方参赛。他们两人之后不久就投入了蓝旗亚的怀抱，他们开始时驾驶跑车，赛季晚些时候则开上了加诺的 D50 大奖赛车。

法拉利车队在过去的两年中所向披靡，现在却陷入了低谷期，在其后的两年中都没有取得什么胜利。兰普雷迪的新赛车绝对算得上是灾难。尽管阿尔伯托·马西米诺和维托里奥·贝伦塔尼回到了法拉利车队，情况依旧不容乐观。两人曾在玛莎拉蒂协助科伦布研制了一款带有传统美感的 250 F 单座车，但它并不是一款成功之作，玛莎拉蒂打算将其放在市场上进行公开销售。

阿斯卡里和维洛雷西离开后，法拉利签下了冈萨雷斯、霍索恩、法国人莫里斯·特兰迪尼昂（Maurice Trintignant）和宝刀未老的法里纳——他刚刚过完 50 岁生日。这四个人的工资都是按照法拉利一贯以来的标准发放的，虽然标准低得近乎侮辱，但因为希望加入法拉利车队的车手一直供大于求，这个标准也得以持续了很多年。

在接下来的两个赛季中，法拉利公司通过疯狂的改进研制出了终极大奖赛车——Tipo 553 Squalo 和 Tipo 555 Supersqualo。但车队仿佛受了诅咒一般，连续两个赛季都萎靡不振。而梅赛德斯-奔驰的 W196 则所向披靡，胡安·曼努埃尔·方吉奥夺得了自己的第二和第三个世界锦标赛桂冠。更糟糕的是，在大型的跑车比赛中，面对改进后的蓝旗亚和梅赛德斯-奔驰的 300SLR 敞篷跑车，法拉利遭遇惨败。在 1954 年的一千英里耐力赛上，阿斯卡里旗开得胜，他所开的 3.3L 的蓝旗亚 D24 跑车相对于维托里奥·马尔佐托的法拉利 500 Mondial 而言有着决定性的优势。公司在勒芒又挽回了一些颜面，冈萨雷斯和特兰迪尼昂开着大型 375MM 勉强获胜。而美国人布里格斯·坎宁罕就是在这场比赛中驾驶了一辆以私人名义参赛的 375MM，车身搭载了特制的水冷式液压制动器。车辆因车后桥故障退出了比赛，而法拉利和这个美国人之间原本仅存的紧张关系也彻底结束了。坎宁罕是一位高雅随和的业余运动员，对于法拉利汽车在美国的销售有很大的影响力，他不仅购买了三辆法拉利汽车，也因自身名气让他身边的很多富人朋友买了类似的车型。坎宁罕告知法拉利他车上的发动机摇臂出了故障，请求帮忙更换一下，结果法拉利蛮横地回答说，他的摇臂绝不会出故障，所以也没有准备任何的备件。坎宁罕认为这是一种背信弃义的行为，就卖掉了这款赛车，最终组建了一支由捷豹 D 型赛车和玛莎拉蒂车组成的车队，这支车队在规模不大但极有影响力的美国业余赛事中经常击败法拉利车队。

法拉利故意怠慢布里格斯·坎宁罕的行为并不稀奇。除了和造纸企业继承人吉姆·金伯利间的关系很融洽外，大多数美国客户认为法拉利高傲自大，明摆着瞧不起他们以及他们所代表的市场。这反倒提升了法拉利的形象，引得他们不惜代价购买法拉利赛车。法拉利很快就发现了美国人的这种特质，并最大限度地加以利用。他越是虐待他们，他们对他怪异、气派的举止谈论得就越多（这是意大利下层社会的行为体现）。美国人被法拉利神话愚弄得不可救药，他们在展厅中购买汽车时会随时准备好被敲诈一顿，他们甚至对此还心怀感激，即使到了破产的边缘也会试图保有这些汽车。精明的路易吉·希奈蒂对这个弱点也十分清楚，他在纽约的专卖店接待了数百位聪明理智的男女，在各种忽视、怠慢和几千美元的敲诈之后，他们的法拉利得到了简单的改造，主人也心满意足地离开了。虽然欧洲的各大商业巨头，包括香奈儿、古驰、爱马仕、高仕、威登（Vuitton）以及滕博阿瑟（Turnbull & Asser）都广泛采用了法拉利的销售理念：只要把美国人看作乡巴佬，他们就会一辈子受你支配，不过富有优越感的欧洲人对这一套并不买账。

法拉利的路跑车与赛车没什么太大的区别，除了在开阔的道路上全速行驶时性能还不错外，其他时候都非常恼人：噪声大、火花塞脏，在寒冷的早晨车辆无法启动，而离合器更是众所周知地差。虽然这些车拥有漂亮的车身，却很容易生锈漏水，更糟糕的是，车辆在市区驾驶时还会发生过热现象。有一次，美国加州地区（法拉利在当地销售很旺）的一位销售人员来到摩德纳，抱怨车在洛杉矶市区行驶时经常发生过热现象。法拉利假装感到很惊讶并立即调来一辆新车证明，情况根本不是这样——就算在摩德纳最闷热、最狭窄的巷道中，法拉利车依旧可以轻松穿越。法拉利亲自驾车进行了演示，在车上这位加州人一直观察着温度计，法拉利也一样。每次当指针接近红线时，法拉利都会故意把车停在路边，指着一座有名的本地建筑物或者走下车在路边的咖啡馆喝点开胃酒。总之他总是能够拖延时间，直到发动机冷却下来再继续开车，等温度再次上升时，他又会重复这个过程。加州人看穿了他的鬼把戏，心满意足地回家了，因为能得到指挥官面授机宜他感到非常满足。

1955 年中时，赛车运动陷入了混乱的局面：斯特林·摩斯离开玛莎拉蒂转投了梅赛德斯－奔驰并驾驶 300SLR 跑车漂亮地赢得了一千英里耐力赛，方吉奥则单独驾驶了一辆姐妹车获得亚军。法拉利车队的翁伯托·麦格利奥利获得了第三名，这位来自比耶拉的赛车手今年 27 岁，是一位医生的儿子，他即将成为法拉利车队顶级的赛车手。一个月后，法国人皮埃尔·列文（Pierre Levegh）在勒芒开了一辆类似的 300SLR 赛车。车子发生碰撞后冲入了主直道两旁的观众群中，导致列文本人和其他 88—96 名观众死亡（统计口径不同）。由于战后法德关系仍然紧张，梅赛德斯－奔驰退出了比赛，并在 1955 年赛季末永久封存了那些曾经辉煌的赛车。但即使来自斯图加特的强大对手不复存在，法拉利赛车——大多是出自兰普雷迪之手的 4 型和 6 型赛车——在最辉煌的时期也只能勉强与捷豹 D 型赛车和革新后的 300S 玛莎拉蒂赛车抗衡。

法拉利与意大利新闻界之间的关系演变成了公开的冲突，很多主要体育媒体都公开批判法拉利的赛车项目，指责他多次败给他们最憎恨的德国人。意大利媒体一直以来都是极端民族主义者，写手和编辑都希望法拉利能重现 1952—1953 年赛季的辉煌，代表意大利继续统治整个赛车场。法拉利对新闻界的态度一直高度敏感，他迅速以措辞巧妙的新闻稿和年度新闻发布会（往往演变成大声的争吵）进行了反击，同时还在赛车媒体上开了定期专栏。但这一做法终究还是没能起效，直至法拉利车队在大奖赛上再次夺冠，别人对他的抨击才告一段落。

来自外界的批评声愈演愈烈，而在公司内部，兰普雷迪及整个设计团队也面临着难以忍受的压力。法拉利每天都会召开会议，监控项目进展——实际进展或是理论上应该获得的进展，以期对噩梦般的 Squalo 和 Supersqualo 做一些性能上的改进。会议地点安排在一间被称作"恐怖屋"的会议室里，房间四周都是陈列架，上面放着旧赛车的配件。那些破损的零件没有被扔掉，而是展示出来，以便时刻提醒兰普雷迪、马西米诺、贝伦塔尼和阿玛罗蒂等人曾经犯下的错误。

冈萨雷斯（外号"沉稳的大头鱼"）在 1955 年离开车队，而坚韧不拔、积极进取的霍索恩也走了。对于这位阿根廷王牌车手而言，友人奥诺弗雷·马里蒙一年前在德国大奖赛中身亡一事让他心灰意冷，而他自己之后也在爱尔兰的一场跑车比赛中遭遇了事故，于是他决定退出欧洲赛车界。霍索恩的父亲在一次高速公路事故中丧生，他决定接受托尼·范德维尔的邀请，在 1955 年赛季驾驶扶摇直上的范沃尔赛车。霍索恩向法拉利解释说，他这么做是为了能有更多时间经营在法纳姆（Farnham）的家族汽车企业，而法拉利则认为他的离开是背信弃义。同往常一样，两人分别前大吵了一架，闹得很不愉快。（霍索恩这次离开的时间不长，他先是开着捷豹赢得了勒芒赛事，之后代表范沃尔车队参加了几次比赛，在和脾气暴躁的范德维尔闹翻之后于赛季中期又回到了法拉利车队。）两位主力队员离开后，功率不足、故障频发的法拉利赛车便交由现年 38 岁、沉着稳重但并不出众的法国南部葡萄酒商人莫里斯·特兰迪尼昂，与进步放缓的法里纳及热情十足但效果不大的法裔美籍花花公子哈里·施切尔（Harry Schell）驾驶。1955 年赛季拉开帷幕，在法拉利的对手中，梅赛德斯-奔驰经过了大规模改进，而新的蓝旗亚也是潜力无穷。法拉利不断对自己的工程师施压，但在资金越发紧张的情况下，法拉利别无选择，只能将就使用压力过大的兰普雷迪四缸车型,并祈求奇迹发生。后来发生的一系列令人惊讶的转折让法拉利车队起死回生。

1955年的5月和6月是世界赛车史上最黑暗的时期之一。列文在勒芒赛事中发生的重大事故引发了赛车界的一系列连锁反应。瑞士禁止赛车,因而在国际赛车日程表中再也没有了在伯尔尼和日内瓦的比赛。德国和西班牙大奖赛也取消了。而在勒芒事故发生的前两周,才华横溢、勇气非凡、曾两次夺得印第安纳波利斯500冠军的加利福尼亚人比尔·乌科维奇(Bill Vukovich)在500英里赛上遭遇连环车祸身亡。这场悲剧的发生加上勒芒的灾难,美国汽车协会不再批准任何赛车活动在美国举行,终止了这项始于19世纪初期的运动。

除了勒芒惨案和美国冠军的去世,接下来在阳光明媚的5月26日下午,意大利再次发生了一起惨剧。在四天前的摩纳哥大奖赛上,胜利在望的阿尔伯托·阿斯卡里驾驶的蓝旗亚新D50超级跑车突然在减速弯道靠近港口的一侧失控,以每小时100英里的速度坠入了赫拉克勒斯海湾(Bay of Hercules)。他很快被潜水员救起,所幸身上只有一些擦伤,但为保险起见还是留在医院观察了一夜。回到米兰的家后,阿斯卡里一时兴起,决定驾车去位于几公里外的蒙扎,当时那里正在举行超级科尔泰马焦雷(Supercortemaggiore)1000公里赛的早期练习。阿斯卡里在看台上的餐馆里与朋友享用了轻松的午餐,之后去维修点看望了他在蓝旗亚的队友埃乌杰尼奥·卡斯特罗蒂——这位年轻的朋友驾驶着全新尚未喷漆的750蒙扎法拉利正打算试跑。阿斯卡里心血来潮,问卡斯特罗蒂能否让他慢速开几圈,"只是为了确信我的后背是不是已经不太僵硬了。"阿斯卡里说道。年轻的车手同意了,阿斯卡里脱下西服,借了卡斯特罗蒂的头盔爬进车里。他的老朋友维洛雷西有些迷惑,因为阿斯卡里很迷信,开车时一定会戴自己的蓝色头盔。开到第3圈时,阿斯卡里开始提速,然后不知为何车辆突然失控,撞到了巨大环道后面一处名为维亚洛内（Vialone）的左转弯。法拉利赛车剧烈翻滚，这位伟大的车手猛地摔在赛道上，伤势致命，在去往医院的途中便死在了维洛雷西的怀里。

整个意大利都陷入了哀恸之中。阿斯卡里死后，数字命理学家和研究小概率事件的学生开展了疯狂的计算。有人说阿尔伯托和他父亲安东尼奥都是在26号去世的；父子俩和安东尼奥的守护神帕多瓦的圣安东尼都是在36岁时去世的；守护神和安东尼奥·阿斯卡里都是6月13日出生的；阿尔贝托一共活了13463天，准确地说比他父亲多活了三天；而他们的死亡日期26号是13的两倍等等。

没有任何证据表明恩佐·法拉利是个迷信的人（尽管大家都知道他很忌讳17这个数字），但阿尔伯托·阿斯卡里的死亡对他来说确实是一个重大的打击。法拉利和他的国人一样，为英雄英年早逝而深受打击，这场悲剧从根本上动摇了他的信心。但就如他一生中遭遇过的很多凄凉时刻一样，法拉利从灾难当中看到了新的机会，犹如凤凰浴火重生。梅赛德斯－奔驰也对勒芒撞车事故的深远影响震惊不已，当时他们已经在大奖赛舞台上证明了自己的优势，但还是宣布将于1955年赛季末效仿阿尔法·罗密欧退出赛车运动界。这样法拉利就少了一个主要的竞争对手，而另一个对手也很快退出了。蓝旗亚的管理者和车队被阿斯卡里的死亡击垮，维洛雷西变得心神错乱，在46岁时公开宣称将永久退出（但他在1956年罗马赛事中发生严重撞车之前仍然继续参加比赛，直到1958年才永久退出），公司的财务状况更是糟糕，赛车开发代价的高昂令人讶异。

资金状况不佳，加上乘用车的销售不温不火，公司领导人詹尼·蓝旗亚决定取消之前被看好的D50 F1赛车的开发计划。为了给已故的队友争取荣誉，卡斯特罗蒂劝说公司在斯帕举行的比利时大奖赛上派出一辆D50参赛。他当着强大的梅赛德斯－奔驰赛车的面设法将赛车放在杆位（pole position），但 D50 还是在跑了 15 圈之后退出了比赛。至此，蓝旗亚大奖赛车的梦想最终破灭。（公司很快被蓝旗亚家族转手给了一位水泥巨头，现在已经投入到了菲亚特帝国旗下。）

在蓝旗亚遭遇不幸的时候，法拉利的情况也好不到哪里去。倍耐力宣布缩减赛车计划——可能是因为有谣言说导致阿斯卡里死亡和勒芒悲剧的原因在于轮胎（从未证实）。车队通常享受的 12%—25% 折扣政策以及原有的针对法拉利等主要客户的赠送政策将从下一个赛季起全部取消。获得倍耐力轮胎的唯一方法就是全价购买。在赛车轮胎的供应上，法拉利一直依赖倍耐力，他认为这是一次不可原谅的背叛。他愤怒地宣布，法拉利赛车将永不再使用倍耐力轮胎（不过他很快就忘记了），他会转向外国厂商寻求支援。但是找谁呢？梅赛德斯－奔驰是德国马牌轮胎的主要客户，陷入狂热沙文主义之中的邓禄普拒绝向英国车队之外的其他车队提供轮胎，米其林无意与意大利参赛者合作，而美国唯一的赛车轮胎生产商凡士通（Firestone）没有足够的时间开发公路赛车轮胎。深感绝望的法拉利找到了英格尔伯特（Englebert）的老朋友，通过丽莲蕾西公主、利奥波德国王的妻子和一位密友的关系，与一家比利时公司签订了长期合同。如果不是公主出手相助，法拉利可能真的要像他多次宣称的那样退出比赛了。

国际 F1 赛事突然之间陷入一片混乱。意大利最受欢迎的车手去世了，光彩夺目的 D50 赛车退出了比赛，将会与 158/159 阿尔法·罗密欧赛车一样尘封在博物馆里。梅赛德斯－奔驰也即将退出，这让当时最好的两位赛车手（很多人认为他们或许是有史以来最好的）胡安·曼努埃尔·方吉奥和斯特林·摩斯闲了下来。这对恩佐·法拉利而言是一次千载难逢的机会。他将自己的说服力发挥到了极致，再次展现自己的老把戏——哭穷，同时公开威胁说要退出赛车运动界。如果法拉利退出了，那么在国际赛车界代表意大利的就只剩下玛莎拉蒂一家了，所以法拉利认为新闻界和汽车产业都会支持他，让他继续努力。他没有成功的车型，而且他很清楚，除非能立即获得财务和技术援助，否则他的公司将会完蛋。这是一个动荡与机遇并存的时刻，1955年7月，他参加了一个紧张的三方谈判，另外两方是掌控着巨型联合企业菲亚特的阿涅利家族和詹尼·蓝旗亚。经过几小时的激烈争论，法拉利拿到了一份非同凡响的合约。法拉利将获得六辆高品质的蓝旗亚D50（有几辆并不完整），还有成吨的备件、设计图和模具，合约还规定加诺要作为设计顾问参与其中。这对于恩佐·法拉利来说似曾相识：1934年阿尔法·罗密欧为低谷中的法拉利车队奉上了P3单座赛车，而这次他又接收了六辆世界最先进的赛车及其天才设计师。菲亚特还与他达成协议，在未来五年内每年给他10万美元的补贴来支持新计划，这真是一块从天上掉下来的馅饼。1955年7月26日，当蓝旗亚运输车络绎不绝地开入法拉利工厂时，摩德纳和马拉内罗举行了大规模的庆祝活动，参加庆祝的有新闻界人士和同样参与谈判的意大利汽车联合会的代表。

在那个潮湿的下午，汗流浃背的法拉利机械师们把六辆先进的赛车卸了下来，装配人员都忙得不亦乐乎。但对法拉利来说这次胜利也付出了不小的代价，他必须承认自己的赛车存在缺陷，需要外部人才的帮助。而对蓝旗亚而言一切都功亏一篑了，如果阿斯卡里还活着，如果他们有足够的资金，他们几乎可以确定D50将会主宰即将到来的1956年赛季。

然而，赛车的移交也导致了奥雷利奥·兰普雷迪的离开。过去两年的失败让他心灰意冷，而且法拉利对他的口头攻击也越来越无情。兰普雷迪别无选择，只能将蓝旗亚赛车的到来视为对自己研制的四缸大奖赛车所付出努力的否定（非常正确）。曾为恩佐·法拉利带来第一款真正成功的大奖赛车和两项世界锦标赛冠军头衔的兰普雷迪孤愤难当，最终于当年9月离开了马拉内罗，转去菲亚特担任高级设计师。兰普雷迪离去的同时，工厂出现了大规模的人才流失。老板不断的责骂和公司的险恶阴谋让内洛·乌戈利尼筋疲力尽，于是他选择离开法拉利转投玛莎拉蒂。

法拉利开除了无所作为的法里纳、特兰迪尼昂和施切尔三人。虽然特兰迪尼昂驾驶 625 在摩纳哥取得了胜利（当时摩斯和方吉奥退出了比赛，阿斯卡里则掉进了海港），但他们的表现都算不上优秀。佛朗哥·科纳奇亚是一位米兰运动员，他从 1951 年开始经营意大利北部的法拉利经销店，和希奈蒂一样都促进了公司的品牌推广，这时他也宣布放弃法拉利的经销店加入玛莎拉蒂，公司人才的流失日益严重。

尽管失去了兰普雷迪等人，与倍耐力的合作也产生了裂痕，法拉利的净收益仍旧相当惊人。马拉内罗工厂院子里停放着的赛车让公司走上了复兴之路，有望恢复到 1952—1953 年赛季时的统治地位，这不仅对他本人和工厂而言意义非凡，对名誉受损的意大利赛车界来说也是如此。

然而，恩佐·法拉利并不是一个懂得感恩的人。也许是人生达到一定高度后，他认为一切都是自己应得的，也许是缺乏表达感激的基本素养，但无论出于哪一个原因，人们都很少（如果有的话）会从恩佐·法拉利的嘴里听到友善的言论。

实际上，当他与罗莫洛·塔沃尼和车队经理米诺·阿玛罗蒂一起站在 D50 赛车前面时，他的脸上露出讽刺的微笑。他转身对自己的朋友轻声说道："他们应该感谢我接收了这些废品！"

第十三章

13

痛失爱子

1955年底对恩佐·法拉利的职业生涯来说，既充满了变化也蕴含了很多机遇。然而在特伦托与的里雅斯特大道上，在法拉利车队办公楼上的小公寓里，厄运脚步的临近让其他的一切都显得无足轻重。迪诺病危了，某种不知名的疾病正在慢慢夺走他年轻的生命。他在当地医院病床上待的时间越来越长，他的母亲劳拉常常陪伴着他，而他的父亲在工作之后也会去看他。

阿尔弗雷迪诺·法拉利（Alfredino Ferrari）从各方面来说都是一个不错的年轻人，他对朋友友善开放，在陌生人面前则很害羞保守。1955年夏天和秋天，美国赛车手卡罗尔·谢尔比（Carroll Shelby）跟这位年轻人共度了很多时光。根据谢尔比的回忆，当时迪诺由于双腿越来越僵硬，行动也日渐不便，连在法拉利车队狭小的办公区里走动都很困难，人也越来越瘦。后来法拉利一直称自己在孩子最后的时光里常常陪在他身边，但谢尔比坚持说那时的迪诺在很大程度上都是自食其力。法拉利公司里各种机械师和顾客络绎不绝，迪诺就在这里消磨时间。当时工厂的生产部门都已经转移到了马拉内罗，老的法拉利车队办公楼变成了纯粹的新车交付中心。和法拉利不同，迪诺会讲英语，所以他和谢尔比以及摩德纳的英国人、美国人关系都不错。

在健康状况允许的条件下，迪诺一直保持着对汽车的浓厚兴趣。他曾在当地的科尔尼技术学院就读，这里曾为法拉利培养了很多有抱负的技术人员，之后他在博洛尼亚大学经济学系就读过一年，但因为学校严格要求全勤，所以只好退学。作为法拉利神话的一部分内容，迪诺之后完成了瑞士福里堡大学（University of Fribourg）的函授课程，毕业论文的主题是一款1.5L的四缸发动机设计，其中还包括一些对活塞布局的独到见解。

据说迪诺最开始的导师是兰普雷迪，之后换成了年轻的安德里亚·弗朗斯切提（Andrea Fraschetti），一位才华出众的工程师和制图员。但是根据福里堡大学的记录，20世纪50年代并没有任何一个学生名字中带有"法拉利"，德国弗莱堡大学（University of Freiburg）和瑞士洛桑最有名的技术学校也都没有迪诺就读的记录。另外，福里堡大学向来以人文科学而非工程学见长，所以迪诺的教育背景中关于工程师的部分实在值得怀疑。

迪诺因为身体原因无法参加赛车比赛，但他的父亲给了他好几辆车，他也很喜欢开。一开始是一辆菲亚特1100，最后则是一辆2L的法拉利，他经常和朋友赛尔吉奥·西吉诺尔菲开着车到附近的山区游玩。但是当1955—1956年的冬天降临摩德纳时，本来就瘦高的迪诺越来越虚弱，再也无法开车，大多数时候都不得不待在房间里。法拉利之后宣称迪诺就是在这段时间里设计了以他名字命名的发动机，而这款发动机也被视为法拉利历史上最成功的设计之一。按照法拉利的说法，迪诺卧病在床的那段时间里都在设计V6发动机，每天晚上下班后，他、维托里奥·加诺和迪诺三个人会聚在一起花上好几小时讨论新发动机的技术细节。迪诺究竟在这项设计中做出了多少实质的贡献，这一点一直争论不断，大多数传记作者都选择相信法拉利所说的，但也有一些人提出了质疑。加诺是著名的工程师，而且在发动机设计领域有三十余年的经验，他 1950 年设计的蓝旗亚 Aurelia 跑车和蓝旗亚 D24 跑车曾赢得过一千英里耐力赛和墨西哥公路赛的冠军，而以上两个车型使用的都是出色的 V6 发动机。兰普雷迪离开法拉利之前也一直在设计 V6 发动机。这样一来，法拉利所说的 V6 发动机的理念完全来自他那病床上的儿子就非常值得怀疑了。回顾过去不难发现，该项目的最初推动者无疑是维托里奥·加诺和兰普雷迪，而不是迪诺·法拉利。当然对于一个伤心过度的父亲来说，有一些胡思乱想也是可以理解的。

随着梅赛德斯-奔驰退出赛车界，拥有六辆崭新蓝旗亚 D50 的法拉利只要招集合适的车手就能在 1956 年的大奖赛中取得不错的成绩。斯特林·摩斯是法拉利的首选，他的技术日渐成熟并拥有类似于努瓦拉里的天赋和勇气，很有潜力成为史上最优秀的赛车手。不过摩斯对巴里事件一直耿耿于怀，所以他最终选择为玛莎拉蒂效力并一直持续到英国的革命性赛车范沃尔的出现。

方吉奥曾三次获得世界锦标赛冠军，他当时也没签约任何车队，从综合角度来说，他无疑是全球最优秀、最快速的车手。虽然他已经 46 岁了，但他对快速汽车依旧拥有不可思议的掌控力。如果说有谁可以把法拉利重新带入赢家的行列，那绝对是这个沉默、冷静、有着一双罗圈腿的阿根廷人了。为了将方吉奥纳入麾下，法拉利开始了一场艰难冗长的谈判，但是这场谈判从一开始就遇到了麻烦。法拉利习惯于直接和赛车手接洽，这样他比较有优势，因为大多数赛车手在商业方面都比较幼稚（按维洛雷西的说法就是"榆木脑袋"，有时候三言两语就可以将他们忽悠，就算报酬很低他们也会答应）。但是方吉奥不一样，他代表前东家梅赛德斯-奔驰出战时收入很高，对于法拉利给出的那点价码以及所谓的代表法拉利车队而战有可能获得的荣誉，他根本就看不上眼。

双方会面时，方吉奥还带了一个特别厉害的经纪人，这个名叫马赛洛·吉阿伯通（Marcello Giambertone）的意大利赛车推广人，也是一个行业痞子。对于方吉奥私自带中间人的行径，法拉利感到非常愤怒，更何况吉阿伯通还代表他的客户甩出了个狮子大开口的合同。据说方吉奥要求年薪为120万里拉，并提了一系列小的要求进一步敲诈法拉利。不管这些要求如何，总之法拉利指挥官和方吉奥之间的关系从一开始就不太对路。为了弥补这一损失，法拉利吸引了一大批优秀的年轻赛车手，他们时刻准备着为车队的荣誉而战，甚至为此而献出生命。这批年轻人中为首的是忧郁帅气的埃乌杰尼奥·卡斯特罗蒂，这位来自洛迪（Lodi）的贵族后裔家里拥有大片的土地。他长得非常帅，连法拉利都叫他"那个帅小伙"。他很有竞争力，同时也非常虚荣，甚至还穿增高鞋，他至少买了六辆法拉利的车，之前都是作为狂热的业余选手参加赛车比赛。一年前他曾代表命途多舛的蓝旗亚车队出战，并小有成就。放眼整个意大利，卡斯特罗蒂是继已故的阿斯卡里之后最有前途的赛车手。

此外，还有一个富有的意大利人也在迅速崛起，成为卡斯特罗蒂最有竞争力的对手。此人名叫路易吉·穆索（Luigi Musso），罗马一个著名外交官的儿子，比卡斯特罗蒂大6岁。但因为出身南方，穆索从一开始就受到了诅咒。当时整个意大利因为疯狂的地方主义而支离破碎，各个城市、各个省和各个地区之间都相互憎恨，罗马人勉强能被北方人接受，但在一些状况比较严重的地区，比如那不勒斯和萨勒诺（更不要说西西里岛和撒丁岛了），简直堪比最黑暗的非洲。在穆索和卡斯特罗蒂争夺意大利赛车界头把交椅的过程中，意大利的这种地方保护主义让两人的竞争更加激烈，而"搅事王"恩佐·法拉利的介入更让两人的竞争达到了白热化的地步。

民族主义在欧洲的所有赛事中都非常猖獗，参赛车辆的颜色往往就是国家的代表色，比如意大利的红色、英国的绿色、法国的蓝色、德国的银色、比利时的黄色等等。很多公司都不愿意和外国人打交道，如英国的轮胎公司邓禄普、法国的米其林和德国的马牌。意大利在民族主义媒体的引导下一直叫嚣着要向德国 1954—1955 年的攻击开展复仇。英国则默默忍受着 BRM 惨败的耻辱，并向摩斯等人施压，要求他们只能代表英国出战。自 1950 年以来，法国一直没能在勒芒耐力赛上取得胜利，于是他们不断修改规则，导入了一系列复杂烦琐的"性能指标"，以便戴纳 - 潘哈德（Dyna-Panhard）和戈尔迪尼那些速度不快、动力也不大的本土车辆能够取得一些小荣誉。十年前，赛车是赞助商的移动广告牌，但十年后，在大多数赛车手心目中，赛车的首要目的已经变成了为国争光，除了少数像方吉奥那样受雇于人的车手。

除了两位意大利车手之外，法拉利还挖掘了一位名叫彼得·科林斯（Peter Collins）的英国赛车手。在加入法拉利车队之前，他开着各种品牌的英产单座跑车取得了不俗的成绩。科林斯时年 25 岁，金发碧眼、身体瘦弱的他拥有典型的英国学院派体育精神，在赛场上是勇敢又守规矩的选手，而在赛场外则是光芒四射、魅力十足的绅士。和车队其他车手一样，科林斯希望成为车队的全职车手，在参加 F1 大赛的同时也参加各种全球性的运动赛车项目，例如布宜诺斯艾利斯一千公里大赛、纽博格林大赛、佛罗里达的锡布灵十二小时耐力赛、塔格·弗洛里奥公路赛、一千英里耐力赛以及勒芒二十四小时耐力赛。如今的赛车手一般只专门参加某一种赛事，但 20 世纪 50 年代的顶尖车手都是全能型的选手，他们有时开着那些笨重的全包围跑车参加公路比赛，有时又开着轻便的单座跑车参加环道比赛，并且在这两种比赛中水平相当。从经典的英国体育精神的角度来看，他们是真正的"全能选手"。

还有一个名叫奥利弗·根德比恩的比利时人也被列入了主要赛事的车队名单中。他是前抗战名将，也是一个出色的骑手，1955 年他开着一辆私人300SL参加了一千英里耐力赛并获得了第七名,其出色的驾驶技术引起了法拉利的注意。跟那些热切的同仁相比,出身显贵的根德比恩可没那么幼稚,他才不会因为法拉利的那些小诡计而受骗上当。他可能是与法拉利共进午餐后答应了他的邀请,法拉利曾和他开玩笑说:"我们意大利人都是了不起的戏剧家。"这将意大利人那种变幻莫测的个性展现得淋漓尽致。

时年29岁的加利福尼亚车手菲尔·希尔似乎对法拉利的幽默也不大买账。出于对欧洲汽车运动的着迷,希尔来到了马拉内罗。他不仅驾驶技能出众,同时对欧洲文化也非常感兴趣,尤其对歌剧和古代文明兴趣浓厚。然而这一爱好也成了他致命的弱点。法拉利抓住这一弱点,对这位脆弱敏感的赛车手实施了无耻的"大棒和胡萝卜"政策,就算是在希尔为公司赢得了世界锦标赛冠军后也依旧如此。希尔也参加了1955年那个令人悲伤的勒芒大赛,忠诚的希奈蒂对他的能力十分认可并把他引荐到了神圣的马拉内罗。虽然希尔拥有出色的驾驶技能,但他在加入车队的头三年一直充当着后备车手的角色。

而在另一个多姿多彩的西班牙人身上,情况则截然相反。他就是阿方索·德·波塔哥伯爵(Count Alfonso de Portago),当时在圈内小有名气,但保持时间不长。这位28岁的年轻人出身高贵,他是朋克(punk)贵族的后裔,也是一位前爱尔兰护士的儿子。大家都说他生不逢时,要是出生在五个世纪以前,"冯"·波塔哥("Fon" Portago)应该更有作为。他是典型的冒险家、大众情人和十足的浪子,这正是法拉利喜欢的类型。在赛道上,他是残酷冷漠的独行者,穿着朴素随意,喜欢穿着皮夹克,留着长发和胡楂,身上还常常带着一股大蒜和洋葱味儿。虽然他和一个富有的美国女人结了婚,但他在欧洲还是闹出了数不清的绯闻,对象包括国际名模朵莲丽(Dorian Leigh)和著名演员琳达·克里斯蒂安(Linda Christian)。在玩了马球、雪橇、障碍赛马和追逐女人的游戏之后，波塔哥被赛车这种纯粹的极度危险运动所吸引，而后成为一名赛车手。1954年波塔哥在银石赛道上冒险展示自己的驾驶技术，结果出了车祸并断了一条腿，不过这引起了法拉利的注意。波塔哥能熟练使用四种语言，他深信自己是皇族后裔，还坚信一旦弗朗西斯科·佛朗哥（Francisco Franco）下台或被免职，他就拥有西班牙王位的继承权。法拉利从一开始就很喜欢波塔哥，他非常欣赏波塔哥那种勇往直前的性情，当然还有他那大胆直接的生活态度。

当然恩佐·法拉利自己是一个非常粗糙的男人，正因为这样，他才特别喜欢那些华丽的"绅士"。他总是在餐桌上谈论花边新闻和讽刺竞争对手，还大声打嗝、在敏感部位抓痒、拿着常用的大亚麻手绢大声擤鼻子。据一些了解他的人说，法拉利精美的公众形象是在某个特殊时期"塑造"出来的。那时候克雷莫纳的记者达里奥·扎内斯（Dario Zanesi）来摩德纳为《沉睡的狮子》（*Resto del Carlino*）一书采风。扎内斯对自己的发现大吃一惊，他原本以为会遇到一位高贵的、统领着一群工匠的领主，没想到却是一个开了家小工厂的典型"摩德纳土著"，因为种种机缘巧合才开始生产快速汽车。为了不让读者失望，扎内斯只好对法拉利进行了艺术包装，用他自己的话说就是"换上了件新衣服"。这样一来，农民伯伯变成了一位高贵冷静又文明的指挥官，用坚定、公平的双手掌控着自己的王国。在无数溜须拍马和奉承中，一切不合时宜的举止——发脾气、尖叫、诅咒、威吓员工、情妇与私生子（传言说法拉利也许还有两个私生女，孩子的母亲得到了巨额的封口费所以保持缄默）以及这个男人本身都被隐藏了起来。根据当时在法拉利身边的人说，扎内斯的故事影响非常深远，而法拉利这个出色的"演员"很快也似乎真的变成了扎内斯笔下的那个人，至少在公众场合是这样的。法拉利在外界总是营造出端庄伟大的光环，但在熟悉的工程师、随从和朋友面前，他还是那个火爆、强势、粗鲁的法拉利，和过去没有任何区别。

法拉利很早就学会了"看人下碟"的本领，他在公众场合讲话时总是自怨自艾，说自己穷得一塌糊涂，因为这常常能成功引起观众的同情。听众还会觉得这个孤独的意大利男人命运多舛且无比忠诚，他承载着整个国家的荣耀，因此人们对他无比敬重。大家都说法拉利最出色的才能是"识人"，这确实没错，但他要求他的人才队伍绝对忠诚并自愿隶属于"法拉利"的名号之下。法拉利的下属和他们的老板一样擅长辞令，因为他们别无选择，如果他们说了什么"不敬"的话，法拉利是绝对不会原谅他们的。有一次罗莫洛·塔沃尼从荷兰回来后无意中提到，有一个国际赛车界的重要人物说法拉利现在应该转变形象了，不应该再表现得像个小工匠，而应该像一个正经的商人。法拉利生气了，非要追问塔沃尼到底是谁说的，但是塔沃尼说他答应要保密因此不能透露。法拉利于是命令他说："你先出去，五分钟以后回来告诉我到底是谁。"五分钟后塔沃尼乖乖地回来了，但还是拒绝透露。法拉利就向他咆哮："走，回家去，过四天再回来！"塔沃尼又乖乖地照做了，但回来时依旧守口如瓶。法拉利朝他尖叫："一个月后再回来！"不过那个时候塔沃尼在公司里发挥着关键的作用，他很快被叫回了公司，再多的质问也没有意义了，这件小事也很快就被遗忘了。

有一个名叫托尼·帕拉瓦诺（Tony Parravano）的人很擅长和法拉利打交道。这个来自那不勒斯西部小山村的普利亚人很早就移民美国并开始在建筑业打拼，起初是在底特律，1943年以后转移到了洛杉矶的南湾地区。20世纪50年代早期，帕拉瓦诺在南加州的房地产开发圈中虽然称不上泰斗，但也是很有影响力的。当时有流言称帕拉瓦诺背后有意大利黑手党的支持，但这并不妨碍他的成功。帕拉瓦诺非常迷恋快速汽车，尤其钟情于摩德纳的两个品牌：法拉利和玛莎拉蒂。在南加州的业余赛车手圈子中曾经诞生了菲尔·希尔这样优秀的车手，现在对于那些才能出众的公路赛车手来说，帕拉瓦诺才是他们的靠山。1955 年，帕拉瓦诺派卡罗尔·谢尔比前往意大利去帮他买车。谢尔比是得克萨斯人，他性格坚韧，常常在加州的赛车活动中赢得胜利，他渐渐和法拉利以及玛莎拉蒂车队的主要赛车手熟络了起来。在这个过程中，帕拉瓦诺本人也去过意大利多次并认识了法拉利。当时法拉利的资金非常紧张，帕拉瓦诺向法拉利提供了好几次贷款，总额高达 30 万美元。双方约定，所有的欠款都将以车辆和零件的形式支付，并且价格仅为市场售价的一半。可事实上，路易吉·希奈蒂才是纽约唯一的法拉利车辆进口商，这一行为显然侵犯了希奈蒂的特许经销权，无论在金钱还是名誉上都给他带来了巨大的伤害。按谢尔比的说法，法拉利不止一次这么做过："这个老男人欺骗了路易吉，总之法拉利完全没把对方放在眼里。"

法拉利在经济极度紧张的时期将这批车出口到了美国西部沿海地区，这无疑让他在品牌形象和金钱上都收获颇丰。（帕拉瓦诺曾和朋友提起，当时法拉利的情况非常糟糕，公司甚至已经在寻求和玛莎拉蒂合作的可能。当然情况是否属实还有待考证。）被帕拉瓦诺带到美国的那些法拉利车在风向标一般的好莱坞布景中多次出现，尤其是著名的 4.9 车型，这更促进了法拉利神话的进一步传播。一年以后，帕拉瓦诺在一次有预谋的黑社会袭击中失踪，这次事件也引发了热议，据说他逃到了拉丁美洲或者非洲。而关于事件的起因，普遍的说法是他惹到了黑手党，所以对方把他除掉了。这样一来，曾经有传闻说法拉利一定程度上受到过黑社会的支持，按照传播的怪异逻辑，那么法拉利或多或少都和这个事件有某种联系。但无论在意大利还是美国，都没有任何证据表明法拉利曾和黑手党有什么秘密交易。虽然双方很可能相互联系，但就算是最挑剔谨慎的历史学家和相关人士也都没有提到过恩佐·法拉利和黑社会的关系。这些流言蜚语的起因很大程度上都是因为托尼·帕拉瓦诺的神秘失踪。

有了加诺、方吉奥以及一大批热情洋溢的年轻赛车手，法拉利在展望1956年赛季时信心十足。公司对蓝旗亚的车辆进行了修改，原本车辆的油箱位置有点怪异，位于两侧的裙边地带，现在法拉利按照传统的做法把它放回了车的尾部。这一改变的具体原因不是很清楚，可能是为了改善车的操控性，但很多工程评论者都认为这种做法其实是一种技术倒退。很有可能这种修改只是出于个人原因，因为这些车对法拉利来说都是很陌生的，这种修改方式无疑是让这些车贴上法拉利标签的最经济途径。

法拉利车队和倍耐力闹翻后，与比利时的英格尔伯特公司展开了全面合作，后者以一种特别奇特的方式供应车队所需的轮胎。每年春天，一辆卡车会装载着车队全年的轮胎从比利时出发来到意大利，这些轮胎将存入法拉利的仓库，而这些库存将持续整个赛季的供应。这是一种可笑的原始供应方式，并将在未来十年内被淘汰，固特异、邓禄普、米其林和倍耐力都可以根据赛道和天气情况定制轮胎，包括定制特定胎纹和综合构造。

法拉利的首要目标就是取得F1赛车的胜利。为了实现这一目标，他在留住方吉奥这件事上付出了前所未有的努力，而这一切也获得了回报。这位阿根廷大师级赛车手轻松获得了第四个世界锦标赛的冠军，不过在这个过程中，彼得·科林斯的帮助也是不可或缺的。赛季接近尾声，科林斯和方吉奥都在争夺锦标赛冠军，方吉奥的车子在意大利大奖赛上坏了，夺冠的希望也随之破灭，但这个时候科林斯的车子开入维修点停了下来。接下来科林斯发扬了最高境界的体育精神，把车子让给了方吉奥驾驶，最终方吉奥夺得了亚军，仅次于斯特林·摩斯驾驶的那辆玛莎拉蒂250F。科林斯的这一无私行为让方吉奥摘得了锦标赛桂冠，同时，因为这个英国车手在关键时刻把车队的荣誉放在个人欲望之前，法拉利更是对他赞誉有加。而对这一出人意料的举动，科林斯自己是这样解释的："我才 25 岁，还有大把的时间去赢得我自己的锦标赛冠军。"在赛季初的佛罗里达锡布灵十二小时拉力赛中，卡斯特罗蒂和方吉奥为法拉利车队赢得了胜利，但车队在勒芒大赛输给了捷豹，在摩纳哥和蒙扎大奖赛则输给了摩斯驾驶的玛莎拉蒂。也就是说，在本赛季大多数的重要赛事中，法拉利车队都失利了。勇敢的卡斯特罗蒂在大雨中赢得了一千英里耐力赛，让法拉利车队包揽了该赛事的前五名。当时第五名的根德比恩开着一辆速度很慢的 250GT 双座跑车，他对此无比鄙视。在之前的西西里岛之旅中，车辆的挡风玻璃严重漏水，这位比利时赛车手要求在赛前对车辆进行维修。但这个要求被无视了，于是在接下来的一千英里旅程中，根德比恩全程饱受寒冷和雨水的苦恼，能见度也非常低，最后在危险重重的弗他山口急转弯时，车身都压变形了。到达终点时，他的表兄弟，也是他的领航员雅克·瓦沙（Jacques Washer）需要用力踢开车门两人才能下车。而法拉利当时远在 100 英里以外的博洛尼亚控制中心，他对根德比恩遇到的困难毫不在意。根据根德比恩的回忆，当时法拉利说："你必须赢得 GT 级别的胜利。"他的嗓音和姿态仿佛拥有催眠般的魔力，让人根本无法拒绝。

加入法拉利车队之后，方吉奥的状态明显不怎么好。可能因为他已经习惯了梅赛德斯－奔驰那种有板有眼的氛围，在玛莎拉蒂车队他也非常轻松自由，所以他非常反感法拉利车队的各种阴谋诡计。无论从年龄还是阅历上来说，法拉利的那些心理战术对方吉奥来说都是无效的。同时，方吉奥深信配给他的车并不是最好的，他认为法拉利更喜欢车队那些年轻的选手，比如科林斯和卡斯特罗蒂。在法国大奖赛上，方吉奥因为燃油管断裂只获得了第四名，之后方吉奥本人以及他的支持者认为他们受到了不公平的待遇，扬言要以罢赛来反击。事实上，整个赛季中的机械故障是非常普遍的，几乎所有的赛车手都会遇到，不是这个就是那个，并没有什么针对性。对于方吉奥在1956年赛季中的表现，法拉利后来是这么描述的："有点惊心动魄，各种背叛、怠工、谎言和阴谋诡计，这一切让他跌入尘埃。"法拉利也曾开诚布公地说，这个世界上最优秀的赛车手是他好不容易才争取来的，怎么可能会千方百计阻止他获胜呢？那不是疯了吗？法拉利是一个非常实际的人，他在方吉奥身上下了重金，目标就是世界锦标赛冠军。两人之间的矛盾其实主要源于个人风格的差异，方吉奥期待的是梅赛德斯-奔驰那种专心致志、不带个人感情的职业化精神，而法拉利追求的则是赛车手绝对的、近乎疯狂的忠诚，这一点方吉奥肯定是做不到的。1956年方吉奥完成最后一场比赛之后马上就离开了法拉利车队转投同城的玛莎拉蒂。虽然之后在公众场合两人总是装作互相谅解、情投意合的样子，但事实上两人的关系一直都不太好。

相比在车队楼上小公寓里发生的悲剧，和方吉奥的紧张关系根本算不了什么。当时勒芒赛事接近尾声，根德比恩和特兰迪尼昂合作开了一辆 Tipo 625 LM 并获得了第三名，这也是法拉利车队派出的六辆车中唯一获得名次的一辆车。这时候却传来迪诺病危的消息。6月末，车队的机械师们看到的是一个截然不同的法拉利。他的脸因为极度悲伤而变形，从楼上走下来的时候，常常当着大家的面抽泣。可那一天还是来了，1956年6月30日，迪诺的肾脏彻底衰竭，这位深受大家喜爱的年轻人永远地离开了人世。第二天下午，塔沃尼正陪伴着法拉利，此时车队的经理伊拉尔多·斯库拉提（Eraldo Sculati）从兰斯打电话回来汇报科林斯赢得了法国大奖赛的冠军。塔沃尼想让法拉利听电话，但是泪流满面的法拉利摇手拒绝了，他说自己对赛车再也提不起兴趣了。

给迪诺送葬的队伍有一千多人，人们从特伦托与的里雅斯特大道的家里出发，蜿蜒至圣卡塔尔多（San Cataldo）公墓。高大孤独的法拉利站在队伍的最前端，身边站着一身黑色、几近崩溃的劳拉。队伍中间有一辆小型的菲亚特，里面坐着法拉利的母亲阿达尔吉萨，她当时已经八十多岁了，在这种炎热潮湿的天气里无法长途跋涉，只能以车代步。

到达墓地后，一系列的挽歌以尘世间最华丽的方式歌颂了迪诺短暂一生中取得的成就。摩德纳政府出资一部分在圣卡塔尔多公墓里建造了一座巨大的罗马式大理石坟墓，这将作为法拉利家族的墓地，迪诺和他的祖父都被安葬在这里，旁边还预留了位置，恩佐的母亲和恩佐夫妇百年以后也会长眠于此。

杀死迪诺的疾病对法拉利有着深远的影响，也给法拉利带来了终生的困扰。迪诺·法拉利究竟死于何种疾病至今仍然是一个谜，关于这个话题的讨论也从未停歇过。

各种传记作家对此众说纷纭，有的说是白血病，也有的说是多发性硬化、肾炎和肌肉萎缩，其中认为肌肉萎缩症的人最多，而法拉利本人也曾提到，迪诺母子俩都患有肌肉萎缩症。法拉利也曾经说过迪诺是死于"肾炎病毒"，但医学上并没有这么一种疾病，而根据一些知情人士透露，最终夺去这个年轻人生命的真正难言之疾其实是可怕的梅毒。

这种说法无从考证，但可能性很大，所以不得不提。事情可能是这样的：劳拉·法拉利曾经是一名妓女，她在怀孕期间把这种疾病传染给了儿子。根据一位在马拉内罗工作了二十多年的高级员工透露，法拉利对儿子的情感更多的是"负罪感"而不是父爱。很多对法拉利比较熟悉的人都多次提到这个事情，只不过不愿意在公开场合说罢了。一个从20世纪30年代就熟识法拉利的人说，劳拉确实曾经卖过身。

也有一些人，包括路易吉·希奈蒂在内则表示备受争议的劳拉·加略罗·法拉利身家清白,她来自一个小地主家庭。有人说劳拉还曾出钱资助过马拉内罗工厂,如果她真的只是一个娼妓的话,怎么可能会有这种能力。另外,哈佛大学克利夫兰诊所(Cleveland Clinic)的医学专家也表示迪诺死于梅毒的可能性"微乎其微",所谓的证据也"不足为信"。这是因为在胎儿期染上该疾病的婴儿一岁以内的死亡率高达80%,之后随着年龄的增长,死亡率会逐渐下降,五岁以后下降至10%。在20世纪30年代期间,也就是迪诺的童年时期,这种疾病并不难医治,含有砷、铋和碘的药物(有一定的毒性)都可以将其治愈。第二次世界大战以后,抗生素药物如青霉素等开始广泛使用,梅毒的治愈率飙升至百分之百。迪诺死于50年代,当时他肯定能享受到摩德纳最好的医疗条件,这种情况下他死于梅毒的可能性实在太小了。

而且梅毒在三期和末期的主要症状是神经系统的病变,患者在末期常常会出现神经错乱、失明和耳聋,但在迪诺最后的日子里接触过他的人都表示当时迪诺依旧是个讨人喜欢的孩子,除了极度的消瘦、疲倦和四肢严重僵硬外,其他一切都是正常的。"迪诺是个好孩子,总是面带微笑,"谢尔比回忆说,"他的父亲几乎没有时间陪伴他,所以他总是没事儿干。"

肌肉萎缩症有很多种,迪诺患的可能是最常见的那种萎缩症或杜氏肌肉萎缩症,这种病多发于3—10岁的男孩,患者多在20岁左右死亡。但是,在患病末期一般会出现严重的肌无力,所以迪诺得这种病的可能性也不大,因为虽然行动有些不便,但他直到去世前的几个月都还能勉强走动。

众所周知,法拉利在迪诺死后针对肌肉萎缩症捐赠了大笔的金钱,而一位美国著名的电视制片人、狂热的法拉利收藏家也透露,当他告诉法拉利自己拍摄了一部关于肌肉萎缩症的纪录片之后两人就成了好朋友。

而法拉利本人的描述则让迪诺的病情变得更加扑朔迷离。他在回忆录《My Terrible Joys》中如是写道："作为一个父亲，我总是欺骗自己说，他就像我的汽车、我的发动机一样，我们肯定能让他恢复健康。为了监控他的病情，我画了一张表，上面列出了迪诺可以吃的那些对肾脏没有伤害的食物，并一一标明卡路里。同时我还做了一张日报表记录迪诺的尿蛋白量、尿比重、氮血症指标和利尿情况等，因为医学专家说这些指标都和肾衰竭程度相关。"肾炎，顾名思义就是指肾脏发炎而引起的一系列病变，一般来说有生命危险。根据法拉利本人的回忆，最终迪诺毫无疑问是死于肾衰竭，但是否是肌肉萎缩症引发的肾衰竭呢？两者之间是否有联系？而根据医学专家的意见，这种可能性非常小。那会不会是由梅毒引起的肾炎呢？理论上有这种可能性但现实中非常罕见。这样的话又产生了一系列的疑问：迪诺是不是因为早期接受了含砷药物的治疗，所以肾脏受到了损伤？是不是因为发现得太晚，所以治疗效果不好？他是否在童年时期同时患有肌肉萎缩和梅毒两种疾病？他的母亲究竟是一名中产阶级妇女还是真的是妓女出身？摩德纳一些熟悉法拉利家庭的人说，劳拉在20世纪20年代曾出没于都灵的一家私人医院，这家医院专门给妓女治病，她就是在这家医院治好了自己的疾病。但是这一切都没有任何实质的证据。

无论迪诺的死亡原因究竟是什么，它都让法拉利的生活发生了巨大的变化。他变得更加与世隔绝、愤世嫉俗、怨天尤人，对于生活中突遭厄运的其他人也表现得非常冷漠。如果儿子英年早逝的原因真的是梅毒的话，其前因后果都显而易见。但如果这一切只是恶意的中伤，法拉利肯定也了如指掌，因为他非常关注各种小道消息。而这一切也会导致法拉利将自己与身边的各种阴谋和政治隔绝开来。

之后每天早晨去儿子的墓地成了法拉利的固定日程，几十年来风雨无阻、从未间断。法拉利的固定日程还包括在理发店稍作停留，然后见一下自己的老母亲。所有的 V6 发动机和含有 V6 发动机的车上都印有"迪诺"字样。法拉利在马拉内罗的办公室也平添了几分灵异色彩，他在正对着办公桌的地方放上了迪诺的照片，照片中的年轻人若有所思，让所有走进办公室的人都心有所怵。为了纪念他唯一一个婚生子，很多年来法拉利一直系着黑色的领带，以儿子的名义赞助了很多奖项和奖学金，并且向各种肌肉萎缩症患者捐献了大笔的金钱（虽然他儿子也许并不是死于这种疾病）。

随后在意大利教育部的支持下，阿贝托内公路上的那间小培训学校正式成为一所职业技术学院，隶属于科尔尼技术学院。法拉利想以儿子的名字来命名新的学校，在他的努力下，学校正式更名为国立阿尔弗雷多·法拉利职业学院（Istituto Professional Statale Alfredo Ferrari）。

迪诺去世的时候，法拉利已经 58 岁了，在菲亚特、蓝旗亚的帮助下，在全世界无数慷慨的客户的支持下，成了一个真正的有钱人。法拉利和劳拉曾达成"友好协议"，两人在摩德纳及周边地区置下了很多产业，当时工厂的年产能只有 81 台，所以他们计划将工厂进行扩建，同时把阿贝托内公路上的一个小马厩改造成了一个餐馆和小旅馆，这个名叫卡瓦利诺的客栈以后的知名度丝毫不亚于法拉利工厂。但迪诺的死亡在之后的很长一段时间内都让一切黯然失色。1956 年夏天，法拉利多次表示要退出赛车界，就连那些听他说过很多次的人也觉得法拉利这次是真的不想干了。

和大多数意大利人一样，法拉利对于儿子去世的悲痛程度远远超过对儿子在世时的关爱。人们往往对死者抱有一种幻觉，觉得他们什么都好，法拉利对迪诺的感觉也是如此。迪诺死后，他所有的缺点都被抹去了，法拉利觉得儿子从来没有让自己失望过或者让自己不快过。简而言之，法拉利在心中塑造了一个全新的、完美的迪诺。令人惊讶的是，他的这种悲痛甚至让他的一些熟人也难以忍受。他的哀恸剧烈又脆弱，持续长时间的悲痛让人们开始探寻其中的原因。一个曾经在法拉利工作过的工程师把这种悲痛归结于内疚，他说："法拉利对迪诺的疾病感到很内疚，他对儿子的离世悲痛万分，这一切都是因为内疚。"

虽然法拉利对迪诺的死耿耿于怀，但令他欣慰的是还有一个儿子。皮耶罗已经11岁了，他依旧和母亲住在卡斯特尔维特罗。不知道两个男孩有没有见过面，也不知道迪诺是否知道自己还有这么一个同父异母的弟弟，但毫无疑问，劳拉·法拉利在20世纪50年代发现了丈夫的外遇。她的反应很激烈，显然她是一个失去了儿子的失败者，而丈夫的情况比她好很多，因为他还有另外一个孩子可以继承他的事业。不过除了少数几个最亲密的朋友，其他人都对这个孩子的存在一无所知。

迪诺去世一个多月之后，死亡的忧伤再次笼罩法拉利家庭。赛尔吉奥·西吉诺尔菲在迪诺的葬礼上担当了护灵者，朋友的去世让他悲痛万分。在迪诺的健康每况愈下的那段日子里，两人成为了非常亲密的朋友，和西吉诺尔菲在一起的时光让迪诺感到无比快乐。8月9日，西吉诺尔菲在亚平宁山脉测试一辆法拉利车时汽车失控发生事故。事故发生地点是西吉诺尔菲曾跑过无数次的一段弯道，但是这一次他稍稍超出了一段距离，随即跌入陡峭的悬崖身亡。

这次事故对法拉利影响也很大，受害的年轻人不仅是他的员工，更是他儿子的好朋友。法拉利对于车手的死亡往往都是无动于衷的，但这一次他花了很长时间安慰西吉诺尔菲的家人，还给了一大笔钱（具体的金额不明）帮他们渡过难关。这种慷慨的行为对法拉利来说虽然不是唯一一次，但确实也是非常罕见的。

这段时期的法拉利处于高度紧张的状态，这也让他更加怀念死去的儿子。葬礼结束后两周,法拉利给他的朋友兰卡蒂写信称:"经过深思熟虑,我打算把捍卫意大利汽车荣耀的任务留给其他人,在生活中我们总要学会放弃一些宝贵的东西,孩子去世后,我觉得我已经失去了最宝贵的东西。"

法拉利职业生涯的鼓吹者们常常说法拉利在迪诺死后就不再出席任何赛车活动了,而之后法拉利营造的神话也常常围绕着他的这一习惯。除了蒙扎的意大利大奖赛之外,法拉利从不出现在任何赛车活动的现场。据说他是在迪诺去世之后才开始这么做的,但情况并不属实;也有人说是在1957年春天,即迪诺的V6发动机在那不勒斯首秀后开始这么做的,但事实也并非如此。很明显法拉利出席了1957年5月的一千英里耐力赛,当时他在博洛尼亚的控制中心指挥车队;而他出席的最后一场赛事是当年的摩德纳大奖赛,这个比赛未包含在世界锦标赛之内。那时他的儿子已经去世一年多了。所以法拉利的这种自我流放并没有什么合理的解释,有人说是因为法拉利不适应人群的包围,但在蒙扎的练习赛上也有无数车迷对他尖叫,但他却毫不在意,依旧会去往现场。一千英里耐力赛被取消后,意大利的国际赛事只剩下塔格·弗洛里奥大赛和意大利大奖赛。法拉利确实是一个不喜欢出远门的人,他做到了足不出户仅通过长途电话和赛车经理保持联络。在练习阶段和资格赛期间,他会花上几个小时讨论赛道上的各种事项,包括悬架的设置、齿轮比、轮胎的材料合成、参赛策略等;比赛结束后,他也会和工程师及领队们一起花很长时间对赛事进行分析和总结。随着国际交流的方式越来越多元化,电视、电报、电脑终端和传真机在法拉利在世时都已经出现了,所以法拉利可以舒舒服服地待在公司总部,却能对前方的赛事了如指掌,这跟亲临现场没有什么差别。更何况,法拉利作为一个公众人物,与其频繁地出现在大众面前,倒不如保持一定的神秘感,这样更有利于塑造品牌神话。

还有一个有趣的现象，赛车手们几乎从不参与法拉利那些长途电话和会议，只有少数几个例外。法拉利认为赛车手这个群体的重要性并不高，自从他涉足这个运动领域以来，他就发现永远都有那么一大群年轻人渴望参与世界最高级别的赛车运动，他们为了个人的荣誉和财富甘愿以身试险。所以法拉利认为只要车辆有竞争力，赛车手并不是什么问题。

1956年赛季结束了，法拉利知道方吉奥肯定不会回来，但是他周围还有一大批渴望建功立业的赛车手。除了两个意大利最有希望的赛车手卡斯特罗蒂和穆索，车队里还有杀伐果断的英国年轻赛车手科林斯、狂野的波塔哥，还有根德比恩和希尔，他们也渴望着能参加F1比赛。另外，沃尔夫冈·"塔菲"·冯·特里普斯伯爵（Count Wolfgang "Taffy" von Trips）也跃跃欲试，一旦获得机会他应该也会有不俗的表现。麦克·霍索恩也想回来，他和范沃尔的老板托尼·范德维尔又吵架了，原因是在法国大奖赛之前，范德维尔坚持要开着参赛车辆去比赛现场，结果他们从酒店开往赛场时离合器烧坏了，霍索恩很生气，因此有意重回马拉内罗。

法拉利的这支队伍被意大利媒体称为"青春队"。

要说这批年轻车手中谁最受法拉利青睐的话，那无疑就是彼得·科林斯了。他生性活泼，在蒙扎比赛中把车让给了方吉奥，这展示出了他对车队的绝对忠诚。逝去的迪诺让人无比怀念，科林斯不久之后在精神上成了迪诺的替代品。法拉利在距离公司不远的阿贝托内公路上买了一栋别墅，让科林斯住在那里，并且几个月以后，那里也成了法拉利家庭的一部分。上班路上恩佐都会在那里停留，而劳拉也经常让佩皮诺·维德利开车带她过去，帮科林斯洗衣服和收拾住处。那个时候可爱的科林斯正处于失恋状态，这也正合法拉利的胃口。法拉利不希望自己的团队和女人（他自己的女人除外）混在一起，他认为那会导致精力的分散,他不光这么要求赛车手,对于机械师和公司的其他人员也是如此要求。

不过车队的明星们在追求爱情的过程中根本不会理睬法拉利的想法,而在国际大奖赛的舞台上也从来不乏各种魅力四射的女人。卡斯特罗蒂陷入了一场公开的热恋,对方是著名女演员德莉亚·斯卡拉(Delia Scala)。女方不断对他施压,要求他退出赛车界和她结婚,这让法拉利非常生气。穆索已经结婚并有了孩子,但他又和一个名叫菲尔玛·布雷斯奇(Fiamma Breschi)的美女传出绯闻。希尔倒是一心一意沉浸在自己的赛车事业里,但有一个美国女记者对他穷追不舍,众所周知,这个女记者给希尔造成了很多困扰。至于波塔哥,法拉利在和他签约时就知道他的绯闻从来没有断过,所以他已经放弃了改变这个狂野西班牙人的想法。总的来说,法拉利的唯一目标就是要在赛场上击败竞争对手,为恩佐·法拉利这个名字带来荣耀,而这些女人在他看来不过是浮华的花朵,容易引诱人误入歧途。

1957年秋天,死神再次光临了法拉利公司。安德里亚·弗朗斯切提急切地想要展示自己在驾驶和设计方面的才能,在一次测试中将一辆最新的V6迪诺F2原型车开上了摩德纳试车场,他当时觉得自己对这个高低不平的长方形试车场了如指掌。当时摩德纳试车场上所谓的维修点不过是个敞开的棚子,能够勉强为工作人员抵挡夏日毒辣的阳光以及冬日寒冷的北风。法拉利工厂和玛莎拉蒂工厂随时都有人在那里进行测试,也有一些私人车队和业余选手为了展示自己的技能而在那里试车。法拉利也经常去那里,但不知道那天弗朗斯切提开着那辆漂亮的红色单座跑车过去时法拉利是否在现场。摩德纳试车场的圈速虽然不算什么官方成绩,但所有竞争对手还是对此汲汲营营。当时速度比较快的摩德纳赛车手有让·贝拉(这位粗脖子的法国赛车手开的是玛莎拉蒂250F),还有开法拉利的卡斯特罗蒂和穆索。在这个不足一英里的赛道上开出最快圈速被视作一种荣耀，不仅两个厂家对此展开了激烈的竞争，这也是每个赛车手追求的目标。摩德纳试车场有两个高危地点，一个是长直道尽头的一个狭小通道，另一个则是一个大的左转弯，很容易开过头。弗朗斯切提在高速中失去了对车的控制，车子飞入一片棕色的草地后翻了过来。这位才华横溢的工程师受了重伤，次日就离开了人世。

和赛车手的来来去去一样，法拉利从来就不缺工程师，有无数才华出众的设计师排着队想要加入法拉利，他们急切地想要在指挥官面前展示自己的设计才能。弗朗斯切提死后不久，法拉利就任命了32岁卡洛·吉蒂（Carlo Chiti）为技术总监，这位胖胖的托斯卡纳人才华出众但有点固执己见。法拉利有个老朋友叫吉奥托·比萨里尼（Giotto Bizzarrini），他曾在阿尔法·罗密欧公司和法拉利公司从事过工程师和试车员的工作，正是比萨里尼把当时在阿尔法·罗密欧工作的吉蒂介绍给了法拉利。吉蒂是新派设计师，他深信车辆的出色性能需要一系列新技术来支持，包括悬架的形状、车的重力分布、刹车系统以及空气动力学。而以阿尔法·罗密欧为首的老牌厂商则认为车的原始动力才是最重要的因素，法拉利也属于这个派系。他认为在赛车设计中唯一重要的就是输出功率和扭矩，以尽可能提升最高速度和加速性能。这种僵化的观念被法拉利奉为至高无上的信条，要不是吉蒂和其他一些进步分子改变了他的想法，法拉利早就被淘汰了。

卡洛·吉蒂作为首席工程师还有另外一个优势，那就是他对过去一无所知。包括巴兹、罗基、贝伦塔尼、马西米诺和加诺在内的一批"老人们"也留了下来，但现在发挥关键作用的是那些年轻人了，法拉利车队那些战前的古老传说对他们没有任何干扰，他们也不会受到那些过时做法的影响。法拉利自己则沉浸在过去里无法自拔，抱着自己过时的赛车设计理念固步自封，甚且幻想着还能找到第二个努瓦拉里。

但是，新生代的车手和设计师们大行其道，战后出生的他们随时准备着对抗来自德国、英国和美国的那些现代派对手，20世纪30年代的那些荣光对他们来说都是虚无的。但对于法拉利来说，想要从过去走出来是非常艰难的，腐朽的思想在法拉利车队的大厅和工作区无处不在。现在新生代们还没有完全掌权，为了证明自己的实力，他们需要驾驶着带有跃马标识的车不断加速再加速，直到超越他们的前辈。在这种狂热的追求中，他们势必要牺牲很多东西，而其中付出的血的代价远远超出我们的想象。

14

第十四章

车和车手，他更爱哪个？

20世纪50年代，著名小说家罗伯特·戴利（Robert Daley）还在纽约《时代》周刊工作，他当时被派往欧洲负责欧洲的体育版块新闻。作为少数几个幸运的媒体记者之一，他有幸对恩佐·法拉利做过几次独家采访。虽然法拉利从未想过去美国看看，但他也慢慢地意识到大西洋彼岸市场的欣欣向荣，所以他经常款待像戴利这样来自美国的作家，他对这些人的热情也远非对罗马和米兰的本地媒体可比。

根据戴利的观察，法拉利似乎在失败的时候会更加开心，这和机械师们的观察结果一致，失败过后的周一往往比成功之后的周一更加平静。但为什么？所有的一切努力难道不都是为了成功吗？理论上是这样，因为只有成功才能获得更多的奖金、启动费、赞助商以及销售额，但法拉利对戴利做了另外一番解释，归结起来就是为了最终引起媒体的关注。"学习是永无止境的，活到老学到老，吃一堑肯定可以长一智，但从成功中却不一定能学到东西。"从广义上来讲，法拉利说的也是实话，但他一直以来都致力于用他的传奇车辆，凭借赛车手们的勇气和奉献精神狠狠地击败对手。

有一次，法拉利又开始向戴利上演老戏码，说他不去比赛现场是因为不忍心看到他深爱的车受虐。戴利问他："你的意思是你心疼的是车而不是赛车手？"当时菲尔·希尔也在场，法拉利停顿了一会儿，看了一下边上的希尔后灵活地回答说："当然也包括车手。"

采访结束后希尔有些迷惑和沉闷。那时的希尔仍然天真地以为法拉利车队是一个勇敢的骑士小团体，他们因荣耀而会聚，法拉利则像亚瑟王一样领导着这个团队。"我们只能安慰自己说，他是爱我们的，因为我们是如此勇敢而且快速。但是所有人在内心深处都清楚，比起赛车手，他更爱的是车。"

1957年赛季刚一开始，彼得·科林斯就出了点问题。一般来说阿根廷大赛都是赛季的第一个赛事，科林斯在这个比赛之后离开摩德纳去了美国。当时邀请他去美国的是堪萨斯一个银行家的儿子——马斯特恩·格雷戈瑞（Masten Gregory），他戴着眼镜，声音嘶哑，状态好的时候开车速度奇快。两人在去往堪萨斯的途中在迈阿密逗留，在那儿他们遇到了一个朋友——漂亮的女演员路易斯·金（Louise King），她曾因出演了《七年之痒》（*The Seven Year Itch*）一炮而红。其实金一年前就在蒙特卡洛见过科林斯了，但当时对他的印象并不深刻，这一次在迈阿密重逢使两人的关系迅速升温，到2月中旬两人就走进了婚姻的殿堂。夫妻俩回到摩德纳后，法拉利就表现得冷漠而疏离。显然法拉利认为这种闪婚的行为是一种背叛。他写下了下面这段话，暗示新婚妻子影响了科林斯的职业轨迹："虽然科林斯依旧热情满满且技艺超群，但他那种乐天派的性格还是受到了明显的影响。婚后的他变得暴躁且易怒。"

和法拉利的描述相反，朋友们则觉得婚后的科林斯心情非常好，如果说有什么让他不高兴的话，那就是法拉利车队的赛车了。当时车队的主要赛车就是加诺设计的那些蓝旗亚，这些车虽然经过了一些简单的改造但还是不尽如人意。至于法拉利本人，科林斯觉得迪诺的去世让他的精神无法集中，这对公司的影响非常大。之后科林斯购买了一辆小型的蓝旗亚 Flaminia，这又引起了一阵争吵。法拉利因为科林斯买了其他品牌的车而非常生气，但科林斯辩解说法拉利车对他来说太奢侈了，他负担不起。之后为了修补两人的关系，法拉利把科林斯的蓝旗亚置换成了一辆载有宾尼法里纳车身的闪亮蓝色 410 Superamerica 双座跑车，以为这样一来之前因为婚姻而分心的赛车手又将变得忠心耿耿了。除了这辆车（一年后发挥了相反的作用），法拉利还送给这对夫妇一栋位于马拉内罗郊外的小别墅，双方的关系有所改善。但这种情况只维持了一年，之后科林斯夫妇买了一艘游艇并搬到了蒙特卡洛港。

卡斯特罗蒂的赛车手生涯也因为恋爱受到了影响，他和德莉亚·斯卡拉待在一起的时间越来越长，意大利公众对此喜闻乐见，不过这让他的竞争对手穆索不太高兴，因为在闪闪发光的队友身边，他显得黯然失色。3 月中旬，恋爱中的两人正在佛罗伦萨度假，卡斯特罗蒂接到法拉利打来的电话，说让·贝拉在摩德纳赛车场开着玛莎拉蒂 250F 达到了非常惊人的速度。法拉利拿到的线报称情况非常不妙，为了维护车队的荣耀，卡斯特罗蒂必须马上回来。卡斯特罗蒂因为假期被打断而非常生气，但他同时也想维护自己"摩德纳赛道最快赛车手"这一荣誉，于是他 3 月 14 日凌晨从佛罗伦萨出发，北上穿过积雪覆盖的亚平宁山脉赶往摩德纳赛车场。法拉利在那里等着他，同时还有一些工作人员、机械师以及一辆全新的 2.5L F1 赛车 Tipo 801。到达现场后，卡斯特罗蒂戴上头盔爬进驾驶座发动了车子。他慢慢地把变速箱挂到一挡，松开离合器，把车辆开入赛道。他先在昏暗的赛道上低速跑了几圈让发动机和变速箱预热起来，然后加快了速度。当他以每小时 100 英里的速度呼啸着经过维修点时，法拉利和职员们都伸长了脖子，大家看着他冲进了一个危险的减速弯道。之后便传来了金属车身撞到墙上的声音，还有发动机的尖叫以及轮胎受阻的声音。所有人都呆若木鸡，现场只有一片可怕的寂静，年轻的机械师们赶忙冲向弯道，柏油马路上的脚步声在寂静中显得无比尖锐。这是一起重大事故，车子重重地撞到了小看台的混凝土基座上，可怜的埃乌杰尼奥·卡斯特罗蒂身受重伤，生命垂危。

媒体疯狂地寻找着事故的原因。是为了躲避一只闯入赛道的狗而紧急刹车，还是油门连杆的原因？但可能性最高的原因大家都没有提到：一个疲劳驾驶的车手出于自尊心以及心理上对法拉利的绝对服从而超高速进入弯道，过快的速度导致了刹车锁死和车辆失控。

恩佐·法拉利受到过无数指控，但从来没有一桩是关于车辆生产方面的。法拉利跟其他制造厂商不同，他从来不会为了提高速度而牺牲品质，法拉利车总是坚固可靠的，它们中的大多数会比竞争对手重上个几百磅。赛车手们会抱怨法拉利为了让他们在比赛中不遗余力而总和他们玩心理游戏，但是从来没人抱怨过法拉利因在零件上偷工减料而导致车辆在比赛中出现问题。把卡斯特罗蒂叫回落后的意大利小城，并在情况未明的赛道上维护毫无意义的圈速纪录，这一切都是法拉利极端自我主义的表现。他操控着赛车手的命运，谈恋爱在他看来是无关紧要的轻浮行为，所以把卡斯特罗蒂叫了回来履行职责。路易吉·维洛雷西后来曾回忆说："卡斯特罗蒂出事后，我和法拉利之间仅有的那点友谊也荡然无存了，他居然为了一己私欲而让整个意大利最出色的赛车手以身试险。"

法拉利则认为这是一次"愚蠢"的事故，他解释说卡斯特罗蒂"当时正处在情绪的迷惘期和激烈期，事故的原因很可能是一瞬间的失神"。法拉利还指出事故发生的当天早晨"他情绪低落，态度恶劣"，但他认为车手的恶劣态度跟他本人完全没有关系，虽然卡斯特罗蒂是他叫回来的。

更糟糕的事情还在后头。随着年度终极大战一千英里耐力赛的临近，举国上下对卡斯特罗蒂的哀悼之情也渐渐淡化。为了卫冕卡斯特罗蒂在上一年度的胜利，法拉利组建了一支由四辆赛车组成的强大车队。霍索恩又开心地加入车队并再次和老朋友科林斯搭档，但他决定不参加这次危险而特别的意大利赛事，而希尔因为还是一名新手，所以没有被选上。已经 50 岁的皮耶罗·塔鲁菲一直幻想着要赢得这个比赛，这是他自 27 年前首次参加这一赛事以来的梦想。这次他将替代卡斯特罗蒂驾驶一辆 3.8L、搭载 V12 发动机的 315 跑车参加比赛。一同参赛的还有科林斯以及活泼开朗的沃尔夫冈·冯·特里普斯，后者在 F1 比赛和跑车比赛中都展现出了巨大的潜力。路易吉·穆索在最后时刻因病退出，冯·波塔哥代替他驾驶 4.1L 的 Tipo 335 出战，法拉利原本还指望着穆索这位当前意大利最出色的车手开着这辆车夺冠。最后一名车队成员奥利弗·根德比恩开的依旧是速度较慢的 250GT 赛车，这辆车由始至终都让他痛苦不堪。

根据根德比恩的回忆，这次比赛前发生的一件小事足以说明法拉利是如何操控赛车手之间的相互竞争的。根德比恩当时想要开穆索的那辆车，因为他觉得自己在过去两年中的表现足以证明他在 GT 级别中的价值，他完全有资格开跑车。他和法拉利进行了会面并提出这一请求，但法拉利不同意，他还是得开着 250GT 去参加比赛。愤怒的根德比恩走出会议室来到工厂后面的院子里，他看到波塔哥走进了法拉利的办公室。几分钟之后波塔哥走出办公室，来到根德比恩身边点了一支烟，然后说道："法拉利说你想要我那辆车，但狗娘养的他居然说这并不会改变什么，因为无论你开什么车都能把我打败。"

公路赛因为太过危险而在很多文明程度较高的国家被禁止，墨西哥也因为 1954 年的一场导致八人（四名车手、两名机械师和两名观众）死亡的事故而取消了著名的卡雷拉泛美越野大赛。但是意大利的一千英里耐力赛却热度不减，赛道的观众人数已经飙升至 1000 万人。

政府派出了几千名警察和军队来维持赛道秩序，但依旧徒劳无功。赛车手们还是会不时遇到粉丝群，在他们经过时，人墙就像红色的海洋一样跟着移动。郊区赛道经常有小孩随意穿越高速公路或者在路肩上骑自行车。还有一些大胆的年轻人在车子高速通过时会去摸车的两边，他们认为这是自己勇气的展现——就跟西班牙人玩斗牛似的。还有一些农民则拒绝配合这项年度盛事，所以参赛选手有时在爬上山顶时会突然发现对面车道上有菲亚特轿车、拖拉机或是农运货车呼啸而来。

每个男人都幻想着能开着快速汽车在真正的赛道上行驶，穿越山区崎岖的弯道以及城市内狭窄的街道，在开阔的公路上猛冲和急速狂奔，也幻想着冲破一切法律道德和社会的制约。而一千英里耐力赛则是带着这一切疯狂的终极比赛，比利时记者雅克·埃克斯（Jacques Ickx）称这场比赛"把整整一生的跌宕起伏都浓缩在了几个小时里面"，而法拉利则用史诗般的语言描述道："如果没有在布雷西亚取得过胜利，任何一个赛车手都不能说自己是功德圆满的。"在这个世界最危险道路上的最艰难半天里，赛车手们几乎都是抱着视死如归的心态在比赛。

连波塔哥这样大胆的人都对这个比赛心有戚戚，他曾在早些时候告诉过美国记者肯·普迪（Ken Purdy）："我不喜欢一千英里耐力赛，因为就算练习过无数次，你也无法对那1000英里的旅程和意大利人有充分的了解。就像方吉奥所说，如果你还有意识，就千万不要开得那么快。整个一千英里耐力赛中有几百个转弯口，你稍不留意就有可能撞死一堆观众。赛道上永远都有观众，就算军队出马也无法赶走他们，所以我永远也不想参加这个比赛。"

但是波塔哥不仅参加了比赛，还开着当时最强大的汽车，并且没有经过任何练习。他和副驾驶埃德蒙·尼尔森（Edmund Nelson）试着开了一辆私人汽车探路，但刚刚开出布雷西亚几英里远就撞到了桥墩上，所以他们对这个超级复杂的路线几乎是一无所知。1955年斯特林·摩斯获胜并创下最快纪录时，他的领航员丹尼斯·詹金森（Denis Jenkinson）带了整整28英尺长的路线指引。尼尔森和波塔哥一样是新手，42岁的他是一名空军退伍军人，但退伍后他并没有回到家乡南达科他州。他在纽约广场酒店开电梯时认识了波塔哥，是他教会了波塔哥滑雪橇，在罗马和蒙特卡洛那些浮华的日子里，他是波塔哥的助手兼保镖，也是这个年轻贵族的倾诉对象。尼尔森对赛车一无所知，他陪在波塔哥身边的主要任务就是帮助波塔哥识别赛道两边那些用于标注路线的显眼红色箭头。

有人说波塔哥对于即将到来的灾难有所预感，因为赛前他在给朵莲丽写的信中坦言道："你知道的，我一开始并不想参加一千英里……但是法拉利说我必须参加……所以我可能在下个星期天就会英年早逝。"

除了五辆法拉利赛车，还有至少293辆尺寸大小各异的其他赛车参赛，其中既有最高时速小于100英里的750-cc菲亚特Abarth轿车，也有由摩斯和詹金森驾驶的4.5L玛莎拉蒂V12赛车。所有的参赛车辆都有一个编号，代表出发时间，波塔哥的编号是531，也就是说他是早上5：31出发的。比赛车辆将从前一天晚上11点开始陆续发车，这样能确保参赛车辆在前500英里的比赛中速度不会太快，因为该路段有很多危险的弯道以及狭窄的直线下坡道路，两边还种满了树。

最后出发的摩斯刚开了几英里，他的玛莎拉蒂刹车板就在一个弯道减速时断掉了，他和詹金森冲进了农田，所幸没有受伤。一开始领先的是科林斯，他开着3.8L的Tipo 315从布雷西亚到维罗纳（Verona）的平均时度约为118.4英里。之后在亚得里亚海沿岸崎岖的道路上，被车迷称为"银狐"的塔鲁菲超过了他，接着特里普斯也超过了他。波塔哥明显在小心翼翼地驾驶着，他时刻控制着体内的冲动，只比根德比恩开的 3L gran turismo 双座跑车领先了几分钟。

随后在罗马检查点上演了一出好莱坞大戏：波塔哥完成车辆检查即将继续比赛时，一个美丽的棕发女郎出现在人群中并向他冲了过来，她就是琳达·克里斯蒂安。波塔哥从法拉利车的驾驶座上站了起来把她拉入怀中并热情地亲吻了她，之后他放开琳达恋恋不舍地又亲了几口之后启动了车辆。大型 V12 发动机吼叫着，轮胎重重地摩擦在地面的石头上，波塔哥挥别哽咽的女子冲上了赛道。

在博洛尼亚南边的亚平宁山脉，他和尼尔森小心翼翼地开过海拔较高的积雪地区，顺利通过了危险的弗他山口和拉提科萨山口。之后博洛尼亚开始下起了毛毛细雨，法拉利车弹起了几颗小石子和猫眼石，这预示着他们来到了更加危险的双车道区域。车子并没有明显的损毁，但是当波塔哥在细雨中开进博洛尼亚的最后一个维修点为车辆加油时，他已经落到了第五名，并且和第四名根德比恩之间的差距还在继续拉大。法拉利当时也在现场，他告诉波塔哥，科林斯因为驱动桥损坏只能退出比赛，而塔鲁菲的车子尾部也传来不祥的异响，只能不断放慢速度。但是法拉利说，正如他所预测的那样，根德比恩无论怎样都比他速度快。（就在几分钟前根德比恩在此停留时，法拉利告诉他波塔哥正在缩小和他之间的差距）。

法拉利的暗示很明显：如果波塔哥不加快速度，那么他就会被根德比恩打败，要知道对方的车辆可远远不如他，这将是多么大的耻辱。在他即将重新出发时，一个机械师发现车辆左前方底部的一个控制臂弯曲并和车身上的轮胎发生了摩擦。机械师拿出了新的英格尔伯特轮胎想要给他换上，但波塔哥直接把车开走了。前方就是一马平川的波河平原，4.1L V12 发动机的强大动力具有绝对的优势，他不仅有信心追上根德比恩，也能超过蹒跚前行的科林斯和塔鲁菲。

更何况主办方从 1954 年起增加了一个特别奖项，奖励在赛事最后阶段表现出色的超快速车辆。这个奖项名叫塔基奥·努瓦拉里大奖，在比赛最后的 82 英里中速度最快的车手可以获此殊荣。这段路程从克雷莫纳出发，经过努瓦拉里的故乡曼图亚，最后到达布雷西亚。当时这个记录的保持者是斯特林·摩斯的梅赛德斯 – 奔驰，速度只有每小时 123 英里。就算无法取得整个比赛的冠军，波塔哥也很有希望能获得努瓦拉里奖，毕竟他本次比赛中驾驶的车在曼图亚城外那些新建的笔直平坦的道路上时速高达 180 英里。

波塔哥和尼尔森在帕尔马看到科林斯的破车停在路边，显然根德比恩的小跑车就在前方不远处了，老大哥塔鲁菲开着他的老爷车也在不断前进。波塔哥把大型 V12 发动机的力量全部释放了出来，车子就像一道红色的闪电般向前飞去，他们马上就要到曼图亚了。这一路走来，除了经过一些不熟悉路线的沿途小村庄时不得不在弯道上放慢速度外，其他时候波塔哥几乎都是马力全开，发动机转速表也一路直逼警戒线。透过赛道两边泛黄的山毛榉和杨树林，他和尼尔森甚至已经看到了位于瑟隆格（Cerlongo）那座高大的罗马式钟楼。在广阔的平原上，人们老远就可以看到这个地标性的建筑物。树林里站着很多人，一些当地农民带着他们的孩子一起围观这些神奇的车从他们面前飞驰而过。

通过瑟隆格蜿蜒的道路后，大约有 5 公里的直道通往圭迪佐洛（Guidizzolo）镇。赛道两边三三两两站着一些人，但他们对于赛车手来说不过是几个模糊的影子。位于第一名的塔鲁菲艰难地开过去了，后面跟着轻松驾驶的特里普斯，据说他当时是故意落后，想把获胜的机会留给他在法拉利车队的前辈。（塔鲁菲一直不肯承认这一点，但是专家们说情况确实如此。）

远处突然传来一声尖叫。为了近距离一睹冠军的风采，当地的一些观众跨过了赛道两边的警戒线，有一些胆大的甚至走到了沥青路面上，孩子们也跟在大人后面透过缝隙观看着。飞驰而过的车辆发出震耳欲聋的声音，孩子们还用手捂住了耳朵。突然在圭迪佐洛镇以南一公里处，一辆赛车像火箭一样高速驶来并冲进了人群，远远看去就像针尖上开出了一朵诡异的红花，场面极其惨烈。因为速度太快，波塔哥就像从大口径枪支里射出的子弹一样直直地飞向了人群，而在几百英尺开外的地方，他的法拉利车则颤颤巍巍地倒在路边一块标注着公里数的石头上。

突然失控的车像一个死亡风车般冲进了人群，在旋转中先是撞到了边上的沟渠，之后飞入前排的观众堆里并把一根柱子撞得粉碎。破碎的铝片和钢板在一阵剧烈的撞击声中纷纷飞向观众，波塔哥和尼尔森被甩到了树上，废铁般皱巴巴的车子一头栽进了路边的深沟渠里，原本神气活现的车子此时冒着黑烟，看上去死气沉沉。现场只剩下受害者的呻吟声和尖叫声，车子的发动机舱盖穿过了波塔哥的身体，这次事故一共造成了12人当场死亡，包括波塔哥、尼尔森和10名当地的观众，其中有5个是孩子，另外还有20人受了重伤。

就让一切到此为止吧。意大利全国上下一片哗然，人们因为悲伤、愤怒和沮丧而悲痛地哭喊着。几个小时之前各大报纸都还在实时报道赛事状况，现在却只剩下一片哀鸣。

当时最有影响力的报纸《信息快报》（*Corriere d'Informazione*）刊登的头条标题非常具有代表性："一千英里赛，孩子和男人的坟墓，够了！"

罗马教廷方面对此也感到非常愤怒，随即决定禁止这项活动。众议院和参议院只花了几小时就搜集了足够的选票来宣布永久禁止举办该项赛事。当时全国上下群情激奋，人们声讨着要找出肇事者并对其处以极刑。恩佐·法拉利成了替罪羔羊。

按照正常的逻辑，赛事的主办方，也就是布雷西亚汽车俱乐部应负首要责任，本次活动的负责人艾莫·马吉伯爵（Count Aymo Maggi）也脱不了干系。一千英里耐力赛举办多年以来发生了不少死亡事故：1938年，一辆蓝旗亚Aprilia在博洛尼亚越过边线后撞毁，造成10人死亡，其中7人是儿童。之后赛事被禁止过一段时间，但一年后也就是1947年再次满血复活。更糟糕的是，1954年的赛事规则取消了参赛车辆必须是双座以上量产跑车的这一规定。从那以后，参加这一赛事的几乎全是清一色的跑车，赛车手也往往是大奖赛的明星车手，比如阿斯卡里和卡斯特罗蒂，他们常常以每小时200英里的速度呼啸着穿过村庄。波塔哥对于自己悲惨命运的预测非常准确，但是意大利人往往会将责任归咎于那些不相干的人。

灾难发生后不久，车迷们最终以所谓正义的名义给了法拉利致命的一击：恩佐·法拉利被指控过失杀人。以下是起诉书的部分原文："恩佐·法拉利，摩德纳居民，生于1898年2月20日，作为法拉利赛车公司的负责人，其被指控过失杀人及因疏忽而导致他人严重的人身伤害。其公司位于摩德纳，主要业务为生产路跑车和专业赛车，在第24届一千英里耐力赛上，公司负责人法拉利为公司车队的车辆配备了由比利时英格尔伯特公司生产的轮胎，其中一辆车牌号码为BO81825、参赛序号为531的车辆由阿方索·卡比扎·德·瓦卡、马奎斯·德·波塔哥侯爵驾驶，因为轮胎的结构特点和使用方式（胎面厚度大约为8毫米，充气量为每平方厘米2.5公斤）与上述车辆不符（车辆的最高时速超过280公里，但上述轮胎最大只能承受每小时220公里的速度），最终导致轮胎过热且中央胎面脱落，车子爆胎驶出路面造成10名观众和两名车手死亡。"

这项指控跟1951年阿斯卡里受到的指控一样毫无道理也毫无根据，但意大利的司法体系从来就是这样行事怪异、令人费解，这种情况已经见怪不怪了。一旦发生赛车死亡事故，赛车手和汽车厂商常常同时被起诉，而那些没有承担起保护责任的人却往往逍遥法外。之后法拉利深陷各种法律纠纷、公众曝光、含沙射影以及莫须有的指控，直到四年后才得以洗清嫌疑。法庭应该很清楚，当时特里普斯、塔鲁菲和根德比恩都开完了全程，根德比恩还获得了努瓦拉里奖，而他们的车子所使用的都是相同的轮胎，使用方式也完全一样。轮胎问题确实是事故产生的原因之一，但根本原因是波塔哥在博洛尼亚的加油站拒绝换胎，也拒绝对受损的悬架和车身进行修理。法拉利唯一做得不对的地方就是他蛊惑波塔哥去超越根德比恩，从而导致了这个可怜的赛车手开着受损的车继续前进。车队的成员们私底下也将此事传得沸沸扬扬，就连根德比恩温柔的妻子都称法拉利为"暗杀者"。

除了法律方面的纠纷，1957年让法拉利不顺心的事还有很多。在一个月后的勒芒大赛上，捷豹第三次把法拉利杀得片甲不留。这一次，来自考文垂的绿色汽车包揽了前四名，法拉利赛车的最好成绩仅为第五名而且落后冠军长达227英里。科林斯和菲尔·希尔驾驶的Tipo 335跑了3圈气门活塞就烧掉了，霍索恩和穆索开的姐妹车在坚持了五个小时之后也被迫退赛。而车队在大奖赛赛季中的表现更是一塌糊涂。加诺的蓝旗亚——法拉利改型车日益老旧，但更为老旧的玛莎拉蒂250F却在方吉奥和意志坚定的贝拉手中焕发了生机。

然而，最错综复杂的情况还是发生在工厂内部。善于玩弄手腕的法拉利很喜欢建立一种二对一的模式来平衡各方的竞争和联盟关系，以期建立一种动态的相对稳定并把个人情感的影响降到最低。霍索恩和科林斯是多年的好朋友，两人的友谊可以追溯到一起在英国俱乐部开车的日子。卡斯特罗蒂遇难后，穆索被视作意大利赛车界最出色的人物，而让霍索恩与科林斯联合起来和穆索竞争就成了一件自然而然的事情。另外，穆索好赌成性，可爱的菲尔玛·布雷斯奇更是让他的生活一团糟。科林斯和霍索恩都是聪明诙谐、口无遮拦的年轻人，他们常常嘲笑穆索混乱不堪的私生活，并扬言要把穆索从车队的头把交椅上拉下来。被卡斯特罗蒂打败还好说，毕竟他是意大利人，但如果被两个英国人击败就太没面子了，更何况这两个英国人还经常鄙视意大利的食物、女人以及阿尔卑斯山南部地区所有的生活方式。

面对来自各方的巨大压力，穆索的回应是疯狂地开快车。但从资历上来说，他毕竟还只是车队的新手，而"哥俩好"的英国人形影不离并互相称对方为"我哥们儿"（mon ami mate），显然在短短的大奖赛赛季中，穆索的速度还无法和两人匹敌。不过方吉奥在德国大奖赛宏伟的纽博格林赛道上给"哥俩好"上了一课，1935 年努瓦拉里在该赛道上演的华丽一幕被完美重现，这让穆索偷着乐了一下。

德国大奖赛的赛道总长 312 英里，一共有 22 圈。方吉奥开了一辆油箱里只有一半油的玛莎拉蒂 250F 出发，因为他的车子重量更轻，一下子就把霍索恩和科林斯的法拉利远远甩在了身后。在赛事完成一半也就是跑到第 12 圈的时候，他已经领先了 32 秒。原本他打算开进维修点迅速加个油，结果意大利车在维修点常常上演的闹剧又开场了，所幸方吉奥的工作人员在一番大吼大叫、手舞足蹈、四处乱窜之后，车子总算加满了油，但整个过程却足足花费了 52 秒。这时候霍索恩和科林斯早就已经飞驰而过。他们以为方吉奥已经不具威胁，就开始在赛道上追逐嬉戏，展开了每小时一百英里的游戏，随意交换领头位置，在直道上并肩而行。只剩下最后一圈了，他们只要轻松地开过阿德瑙林地就可以获胜了。就在这时，罗莫洛·塔沃尼看着手中的计时器发现有麻烦了。方吉奥倾尽毕生所学，开始快速接近领跑车辆，在第 16 圈时法拉利车比他快 33 秒，但到第 17 圈时，这个差距缩小了整整 8 秒。罗莫洛·塔沃尼马上示意两个英国车手停止嬉戏全力应战，但于事无补。方吉奥已经无可阻挡，他越跑越快，每一圈都在刷新前一圈由自己创下的纪录，跑到第 20 圈时，他居然比前一圈快了整整 6 秒。

"哥俩好"的英国车手在前方不远处惊慌失措地前行着,他们感觉后面的玛莎拉蒂仿佛被魔鬼附体了一般。他们开过"卡岑巴赫"(Hatzenbach)曲折的下坡路,轮胎因高度摩擦而冒着热气,接下来是无比恐怖、噩梦般的"飞机场"弯道,两人瞪大双眼、手心冒汗。但方吉奥还是追上了他们,两人就像被无头骑士追赶的瑞普·凡·温克[1]一样,在这段恐怖的道路上跌跌撞撞地前行。很快,加诺V8发动机的尖叫声渐渐被科伦布强大的直列六缸发动机的怒吼声所掩盖,到第21圈时,方吉奥的玛莎拉蒂超越了法拉利801摇摇摆摆的车头并取代科林斯位列第二。方吉奥的这次超车野蛮而势不可挡,从玛莎拉蒂车轮上飞溅起来的石头打在科林斯的护目镜上迫使他放慢速度。下一个轮到霍索恩了,在开往阿德瑙桥那段绵长平坦的下坡道路上,方吉奥猛地向前超过了英国车手霍索恩。之后他再次加速,逐渐和身后的法拉利车拉大距离,最后以4秒的优势取得了胜利,展现出了史无前例的技巧和勇气。这也是他个人比赛生涯的一个巅峰。这一次胜利是方吉奥在国际性赛事中取得的最后一次胜利,他本人也因此而第五次问鼎世界锦标赛冠军,并成为无数人心目中最伟大的车手。

1957年赛季结束的时候,法拉利车队在F1比赛中颗粒无收,加上一千英里耐力赛的大灾难和卡斯特罗蒂的死亡,车队在这个赛季受到了前所未有的打击。吉蒂和工程师团队一直在努力打造V6迪诺,这款新车型将于9月份出现在摩德纳大奖赛(不属于世界锦标赛范畴)上。这款车的排量已经提高到了1.8L,并计划在1958年将排量增加到2.5L以参加F1比赛。在这一次比赛中,穆索和科林斯驾驶的车子再一次败在了玛莎拉蒂手中,不过这已经不重要了,不管输赢如何,恩佐·法拉利都要和这个纠葛的同城竞争对手说再见了。阿根廷生意失

---

[1] 美国作家华盛顿·欧文的《瑞普·凡·温克尔》(*Rip Van Winkle*)中的故事。

败、美国市场汽车销售惨淡，再加上竞赛成本日益上升，奥斯家族再次退出了汽车运动的舞台。从此以后，法拉利又成了国际赛车比赛中意大利荣耀的唯一代表，也是其最出色的标杆车队。但法拉利车队是否有足够的能力和海峡对面日益崛起的快速车队一较高下呢？

法拉利对于老对手范德维尔以及他那出色运用空气动力的范沃尔车有着深刻的了解。1958年范德维尔宣布了自己强大的车队阵容，其中包括性情冷淡却善于分析、才能出众的托尼·布鲁克斯，年轻奇才斯图亚特·刘易斯-埃文斯（Stuart Lewis-Evans）以及摩斯，摩斯当时还在其他车队效力，他将在赛季后半程加入范沃尔。法拉利不知道的是，将有一匹黑马出现在赛车领域中，它的创始人名叫约翰·库伯（John Cooper）。这位瑟比顿（Surbiton）小修车铺的老板和父亲一起用废品回收站里收回来的零件拼凑成整车，并在战后开始生产小型500-cc的赛车。1956年，库伯生产的二级方程式汽车就已经非常出色了，他将考文垂-顶点（Coventry-Climax）四缸发动机安装在车辆中部、位于驾驶员后方的位置上。这种布局既有助于减轻重量（因为不需要传动轴）、降低车辆的重心（车手的脚可以往前伸出去），又因为发动机的重量主要集中在底盘中央，车子的抓地力和转弯性能也可以有所提高。库伯和他的好友兼竞争对手科林·凯普曼（Colin Chapman）对这种新布局充满了信心，所谓的"后置发动机"其实是"中置发动机"，只不过因为发动机位于驾驶员的后方，所以大家都称其为"后置发动机"。而在实际应用中，中置发动机则指的是将发动机装在轮轴中，而后置发动机的车辆，例如大众，则是把发动机安装在后轮的后面。

一大批新型车手马上就适应了这种出色的车，包括罗伊·萨尔瓦多里（Roy Salvadori）、澳大利亚明星车手杰克·布拉汉姆（Jack Brabham）以及新西兰车手布鲁斯·迈凯伦（Bruce McLaren）等。

库伯赛车开始在 F2 的排名中独领风骚，并准备将触角伸向大奖赛赛场。1957 年，萨尔瓦多里在英国大奖赛上一鸣惊人，获得了第五名，成为第一个开着后置发动机车辆在 F1 比赛中获得名次的选手。

虽然库伯的车取得了不俗的成绩，但法拉利还是对他们充满了鄙视，无论是英国修车铺还是他们手工作坊里生产出来的车，抑或是新的后置发动机技术，都让他嗤之以鼻。当吉蒂向法拉利说起后置发动机车辆的操控非常好，并且在转弯时依旧可以保持很快的速度，法拉利又老生常谈地提出了他那"老牛拉破车"的理论，这个话题也很快就不再被提及。库伯和凯普曼的世界日新月异，设计革新层出不穷，这使得"伟大的厂商"法拉利成了十足的"井底之蛙手工业者"。

不过，因为全新 246 迪诺的引入，1958 年赛季对于法拉利来说依旧是比较乐观的。马西米诺团队在加诺 V6 发动机的基础上设计的这款 2.4L 车型拥有 270 马力的输出功率，车身结构也变得更加轻便稳定。这款车型在科林斯、霍索恩和穆索的手中预计会所向披靡。老旧的 801 已经被淘汰，现在法拉利唯一担心的就是方程式赛车规则的更改。航空汽油已经取代甲醇汽油成为大赛强制使用的燃油，而迪诺车在使用新燃油后的表现非常好。法拉利强大的情报网传来消息称范德维尔的团队遇到了麻烦，他们的四缸发动机在换用汽油之后出现了问题。所以玛莎拉蒂现在只有几个独立参赛的小车队，而范沃尔车队显然还没有准备好，法拉利的胜算越来越大。

然而好景不长，高调问世的 F1 赛车迪诺一出场就被打了个措手不及。1958 年 1 月 15 日，赛季的第一场赛事在布宜诺斯艾利斯拉开帷幕，比赛中发生的轰动事件甚至惊动了马拉内罗的法拉利。范沃尔和 BRM 因为还没有成功让赛车磨合汽油而没有参赛，所以法拉利车队的对手只有几辆玛莎拉蒂 250F 以及由苏格兰酒厂继承人罗伯·沃克（Rob Walker）派出的一辆库伯车，车手是斯特林·摩斯。这辆库伯小车被方吉奥戏称为"蜘蛛",面对强大的红色法拉利战队,这辆车简直就像玩具车一样。"蜘蛛"车的四缸考文垂－顶点发动机根本不是赛车专用,它原本是用在消防泵上的,就算调整到最佳状态,其输出功率最高也不会超过 190 马力,也就是说比迪诺少整整 80 马力。更糟糕的是,赛车搭载的是带螺栓的镁轮毂,这就意味着换胎需要很长时间。虽然摩斯在练习赛中的圈速非常快,但法拉利的战略专家们一致认为,库伯单靠一套邓禄普轮胎是无法跑完全程的(他们的根据可能是二战前汽车联盟的后置发动机车型在比赛中轮胎磨损非常严重,但事实上两者的技术并没有相似之处),所以他们认为库伯绝对没有可能夺冠。悲剧在一开始就上演了,科林斯的传动轴在起跑线上就坏了,之后因为油压下降,霍索恩在维修点花了很长时间检查原因。这样一来只剩下穆索一个人和摩斯竞争,当时摩斯开得很有技巧,他利用转弯处的油点和橡胶为保护垫来减少轮胎的磨损。小车呼啸着往前冲,穆索显然已经落后到了第二的位置上,但他认为库伯车肯定会进维修点换轮胎。然而随着比赛的继续,塔沃尼发现摩斯显然不打算换轮胎了,所以科林斯在罗马的维修点疯狂地朝穆索挥手,示意他赶紧加速。穆索在几圈以后终于反应了过来,但这时想要超越英国车手摩斯已经来不及了,最后库伯车以两秒的优势夺得了比赛的冠军。法拉利维修点随即爆发了剧烈的争吵,穆索宣称没有人通知他这一情况,他并没有看到科林斯的示意。霍索恩获得了第三,他也站在穆索这一边,这导致意大利车手和两个英国车手之间的矛盾进一步加剧。

  法拉利车队之后在意大利和英国取得了一些小型赛事的胜利,然后前往摩纳哥参加 F1 大赛的重头戏。这一次,他们遭遇了卷土重来的范沃尔车队,对手非常强大,他们在 1957 年赢得了佩斯卡拉和蒙扎比赛的胜利。参赛的还有三辆讨厌的库伯车,车手分别是布拉汉姆、萨尔瓦多里以及莫里斯·特兰迪尼昂(摩斯加入范沃尔车队后,接手了沃克的那辆深蓝色车），最终他们其中的一辆疯狂小车再次夺冠。一如1929年以来的所有赛事，霍索恩和摩斯在比赛的初期阶段便呈现出胶着的状态，他们在地中海公国港口沿岸的赛道上你追我赶，车子开过闪闪发亮的赌场，又飞速穿过海边长长的赛道，结果他们的法拉利车和范沃尔车都坏掉了，这让慢速跟在后面的特兰迪尼昂钻了空子获得冠军。法拉利在马拉内罗大发雷霆，邪门的库伯车已经连续两次赢得世界锦标赛，如果把1957年底范沃尔在意大利的胜利也算上的话，法拉利口中那些"没用的英国车"已经在过去的4次比赛中获得了连胜。

不过法拉利在勒芒稍微挽回了一些面子，奥利弗·根德比恩和菲尔·希尔开着250TR敞篷跑车在恶劣的天气中艰难地赢得了胜利。过去几年一直纠缠不休的捷豹这次没有参赛，法拉利车队唯一的竞争对手是阿斯顿·马丁，这次他们获得了第二。获得第三的1600-cc保时捷在比赛中展示出了强大的耐力和速度。法拉利一共派出了十辆车参赛，但只有3辆跑完全程，这和指挥官在媒体面前的豪言壮语截然相反："我的车必须有漂亮的外观，当然更重要的是它们不能在赛道上停下来，要不然人们就会说：'这么漂亮的车跑不完比赛真是太可惜了。'"

这次的二十四小时耐力赛中，有几个来自北美的新面孔引起了大家的注意。有一个傲慢的加利福尼亚人名叫丹·格尼（Dan Gurney），身材壮硕的他在参加了几次比赛后展示出了过人的才能，因此被希奈蒂看上并带着他和北美赛车队（法拉利工厂时有时无的助力）一起来参赛。比赛进行到第七个小时，格尼正在维修点里休息，他的副驾驶布鲁斯·凯斯勒（Bruce Kessler）和一辆独立参赛的D型捷豹相撞，导致对方当场身亡，自己也受了重伤。希奈蒂派出的另一辆车原本计划由18岁的里卡多·罗德里格兹（Ricardo Rodriguez）和16岁的佩德罗（Pedro）（因为年龄太小不允许驾驶）两个墨西哥年轻人驾驶，他们的父亲唐·佩德罗·罗德里格兹（Don Pedro Rodriguez）为车队提供了不少赞助。他在阿卡普尔科有很多产业，还帮墨西哥贵族管理着一系列高级妓院。最终让·贝拉的哥哥乔斯（Jose）代替小佩德罗参赛，不过后来比赛进行到一半时他们的车子因为过热而退出了比赛。

捷豹的官方车队并没有参赛，而阿斯顿·马丁也只参加了几项主要赛事，所以法拉利几乎是稳操胜券。虽然有几辆快速的玛莎拉蒂带来了一些麻烦，紧追不舍的保时捷也表现出了令人惊叹的勇气，但是它们所用的小型风冷式发动机却拖了后腿。总体来说，锡布灵、布宜诺斯艾利斯、塔格·弗洛里奥和纽博格林这些世界制造商锦标赛基本上由法拉利独领风骚，一直持续到20世纪60年代中叶福特汽车的强势来袭。

但令意大利汽车体育的支持者感到伤心的是，这种一家独大的情况在F1赛场上却未能体现。特兰迪尼昂在蒙特卡洛出人意料地夺冠后，坏消息接踵而来。可恶的灰绿色范沃尔居然在荷兰大奖赛布满沙丘的赞德福特赛道上再次取得了胜利。斯特林·摩斯从头到尾一直领先，而霍索恩开着操作艰难的迪诺远远落后，只获得了第五名。迪诺车在赞德福特的快速弯道上表现得极不稳定，连开着小型2L莲花-顶点（Lotus-Climax）的新手克利夫·艾利森（Cliff Allison）都比霍索恩的成绩好。愤怒的霍索恩当即写了一封措辞非常尖锐的信给法拉利本人。位高权重的法拉利一定不会允许霍索恩这种无礼的行为，但他是个聪明人，甚至觉得这个英国车手现在是车队最好的车手之一，如果连他都无法驾驭迪诺，那就真的没人能驾驶这辆车了。所以他的回信出奇地谦逊，他非常温和地告诉霍索恩，现在公司正在努力对车辆进行修改，希望在比利时大奖赛上情况有所改观。

但是一切最终又落空了。在斯帕的快速赛道上，托尼·布鲁克斯那种灵活又勇敢的驾驶风格发挥了得天独厚的优势，轻松赢得了比赛。

科林斯最终因车辆过热而退赛，穆索的车则在马斯塔直道尽头发生了旋转，当时速度高达每小时160英里，情况十分危险。霍索恩创下了最快圈速的记录，但在最后一个弯道时他的发动机爆缸了，尽管如此他还获得了第二，算是为车队赢回了一些尊严。

车队垂头丧气地回到了马拉内罗。吉蒂马上意识到，英国人比他们早一步认识到了新科技的好处，包括后置引擎技术、现代化车身、螺旋式弹簧悬架、独立悬架、镁轮毂以及碟刹技术。而这么多年来，法拉利的工程哲学只有过一次重大的改变，那就是10年前兰普雷迪导入的大排量自然吸气引擎。法拉利脑海中有一个根深蒂固的思想，他就像一个对教义无比坚持的教皇，认为发动机代表一切，车辆的所有缺陷都可以通过强大的原始动力来弥补。确实，他的赛车在动力系统上从不让步，在今后的20年里依旧如此。但是库伯那些用着拼凑发动机、有着蜘蛛般外形的车却正在把赛车运动推向一个截然不同的发展方向。法拉利自诩为快速汽车的老前辈，他如今却已经被远远甩进了老旧思想的尘埃里。

当工厂员工互相站队扯皮推诿时，两个英国车手的关系也越来越紧密，这样一来穆索变得更加孤立无援。作为意大利重获荣耀的希望之星，他承受的压力也越来越大，无时无刻不被提醒着要捍卫自己的信仰。他的发挥越来越不稳定，法拉利像一个可怕的恶魔一样缠着他，不断地要求他加快速度、获得更多的胜利、为法拉利红赢得更多的荣耀。美国印第安纳波利斯代表团来意大利进行第二次年度访问时，他们在蒙扎赛道上开展了一项赛事名叫"两个世界的比赛"（Race of Two Worlds，该赛事在一年前受到欧洲车队的抵制）。在这次比赛中，穆索开了一辆身经百战的375GP，其使用的4.1L V12发动机是德·波塔哥撞毁的那辆车上用过的。穆索在练习赛中的速度非常惊人，达到了每小时174英里，当车子在赛道两边的护栏间穿行时，顺畅得就像排水管里落入的大理石。车子在正式的比赛中烧坏了，但穆索用实际行动说明，他可以为了法拉利车队和国家的荣耀贡献自己的所有，包括生命。

两周后在兰斯，穆索贡献了自己的一切。在法国东北部的香槟区，赛车族像往常一样聚集在一起过周末，他们在比赛之外是非常独特的群体，很喜欢聚在一起找乐子。有活泼开朗、年轻张狂的赛车手和他们的妻子、情人或女朋友，也有一小部分记者、摄影师和游荡者，他们就像优雅的高级马戏团一样，在举行各种汽车赛事的大洲间穿行。法国大奖赛期间负责车手接待的酒店是莱迪奥酒店（Hotel Lion d'Or）。练习赛在一个阳光灿烂的周末展开，优雅的酒店里住满了赛车队选手以及他们的女人们。穆索带了菲尔玛·布雷斯奇，科林斯当然也把妻子路易斯带去了，法拉利和他曾经最喜欢的英国车手之间日益严重的分歧就来源于这个女人。

法拉利认为科林斯已经失去了斗志，他自以为婚姻会让男人失去好胜心。科林斯也从马拉内罗的别墅搬了出去住到蒙特卡洛的游艇上，两人的关系进一步恶化。法拉利认为这是一种背叛行为，作为反击，他让塔沃尼把科林斯的名字从F1的参赛名单中删除，只给了他一辆用于F2的Tipo 156。科林斯对这次降级大为光火，但他得到了同伴霍索恩的支持。整个车队里唯一可以和范沃尔的斯特林·摩斯和托尼·布鲁克斯竞争的两个赛车手联合在一起逼迫法拉利让步，科林斯终于重新回到了F1的队伍中。

穆索之后又收到了一封匿名电报，要求他在比赛中全力以赴，这让原本就紧张的局势绷得更紧。这封电报的目的很明确，法国大奖赛的奖金非常丰厚，大约有5万美元，如果他能获胜，那么他高筑的赌博债务危机就能得到解决。所以路易吉·穆索在兰斯不仅背负着国家的希望，更关系到他个人财务问题的解决。

这次比赛的赛道呈不规则的三角形，大致由 3 条 6 英里长的法国道路组成。霍索恩的 Tipo 246 在资格赛中刷新了圈速，他在比赛进行到第 11 圈时一直保持着稳定的领先地位，但是穆索开始追赶他了。两辆车穿过一系列维修点和看台，穿行在一片完美的葡萄园里，这一切看起来是如此不协调。穆索距离霍索恩仅有一步之遥，前方是一个平坦开阔的右转弯，包括方吉奥和霍索恩在内的很多车手在这里都会把油门踩到底，穆索也是这么做的。但过大弯时边上还有一辆慢速行驶的玛莎拉蒂，这让穆索稍微驶出了路边，他的车子突然以长弧线的角度朝左边歪了过去，外轮磕到了沟渠边沿，时速高达 150 英里的法拉利车发生了侧翻，可怜的穆索摔了出去当场死亡。霍索恩从后视镜里目睹了悲剧的发生，他坚强地继续前进获得了胜利。这是一次令人难忘的赛事，穆索在这次悲剧中丧生，而胡安·曼努埃尔·方吉奥也在这次比赛后宣布退役。

意大利又失去了一个英雄，法拉利悲痛地说："我失去了一个最重要的意大利车手。"不过他和另一个关键幸存者的关系才刚刚开始。法国记者伯纳德·卡耶（Bernard Cahier）和他的美国妻子琼在悲剧发生后那些最令人悲痛的日子里一直陪伴着菲尔玛·布雷斯奇。据说当时穆索的遗孀和很多家人都去了兰斯，并对布雷斯奇百般辱骂，甚至还想拿走穆索送给她的首饰。恩佐·法拉利是何时、如何介入此事的并不清楚，但 1958 年夏天他把布雷斯奇护到了自己的羽翼之下，可以说布雷斯奇是法拉利继妻子劳拉和情人莱娜之后的又一个女人。两人之间的关系外界不甚清楚，不过法拉利在博洛尼亚为布雷斯奇开了一间小服装店，后来又搬到了佛罗伦萨。

接下来的几年里，法拉利都会在周四下午去看望布雷斯奇，好几个法拉利的熟人都说他"回来的时候脸上挂着微笑"。六十多岁的法拉利依旧每天将社交日程排得满满的，他不仅要天天和劳拉打擂台，还要照顾莱娜和皮耶罗,如今又多了一个菲尔玛,不过这一次法拉利聪明地把她放在了远离其他几位主角的角落里。很明显,要做些什么来改变这个复杂的局面了。

与此同时,法拉利还要忙着争取锦标赛的胜利。穆索去世后,霍索恩和科林斯成了车队里最有话语权的赛车手,两人在银石的英国大奖赛上包揽了冠亚军。当时范沃尔的车对赛道不太适应,科林斯惊艳全场,以足足半分钟的优势打败队友获得了冠军。虽然被自己的伙伴击败了,但霍索恩对此毫不在意,最后一圈结束后,他在贝克特转角处从摄影师朋友那里取了一大杯啤酒,之后回到法拉利维修点举杯庆祝。

然而"哥俩好"的日子很快就被打破了。彼得·科林斯在接下来的德国大奖赛中发生了严重事故,当时托尼·布鲁克斯驾驶范沃尔处于领先地位,一个名叫"弗兰兹坦"的危险坡道后方有一段狭窄又高低不平的道路,科林斯在那儿开始追赶布鲁克斯。布鲁克斯超越霍索恩和科林斯的场景可能使科林斯想起了一年前方吉奥无情地超越他和霍索恩。之后三人在经过一个上坡右转弯时,科林斯的 Tipo 246 发生了大幅度侧滑,车的后轮撞到了路口外侧的边沿上。霍索恩透过风挡玻璃看到红色的法拉利正在疯狂地旋转,他艰难地想要从飞扬的尘土和法拉利碎片中加速穿过,但是离合器坏了,他只得停了下来。他无助地站在车旁等待着科林斯的消息,一个小时以后他终于回到了维修点,得知他的朋友已被送往波恩医院,但因为头部受伤严重,可怜的科林斯不幸罹难。巧合的是,科林斯和路易吉·穆索都是在比赛进行到第 11 圈时发生事故的,而两人的车号都含有 2 这个数字。

得知消息的法拉利也惊呆了。在短短几个星期之内,他强大的"青春队"就折损了两员大将。媒体界也再次一片哀号,梵蒂冈方面也再次站了出来,教廷的官方报纸《罗马观察报》(*Osservatore Romano*)

称法拉利为"工业界的萨图恩[1]，不断吞食自己的孩子"。另外一家天主教报纸则在几个月后呼吁禁止所有类型的速度比赛，耶稣会神父莱奥纳多·阿佐利尼（Leonardo Azzollini）在《天主教文明》（*Civilta Cattolica*）中写道："所有的速度竞赛，无论是在环道还是在公路上，也不管组织如何，都应当被制止。"直到20世纪60年代中期，梵蒂冈方面才渐渐停止对法拉利和整个赛车运动的抨击。

随着德国赛场上那场悲剧的发生，路易斯·科林斯平静的生活也结束了。她悲痛欲绝地回到摩德纳并想要从科林斯的队友那里寻求一些精神的慰藉。法拉利和她见面并表示对于她的遭遇感同身受，并建议她回到大奖赛赛事中去，这样可以重新审视这项运动，也就不会那么沮丧和痛苦了。法拉利安慰她说会陪她一起参加，并答应带着她在接下来的著名赛事中拜访一些老朋友。路易斯答应了，她约法拉利9月7日的周末在赛场上见。

其间在葡萄牙波尔图举行的比赛上，摩斯开着范沃尔又获得了一次冠军，这样一来他在世界锦标赛中的成绩就略微比霍索恩好一些。而这一次的比赛也再次证明，246所采用的鼓式制动器劣势明显，远远比不上范沃尔以及回归后的BRM所采用的盘式制动器。包括菲尔·希尔在内的很多车队成员都认为严重老旧、受热过度的鼓式制动器是造成科林斯事故的部分原因。有人提出了安装新式制动器的想法，法拉利也勉强同意了。讽刺的是，科林斯自己的法拉利路跑车上安装的却是一套英国产的邓禄普碟式制动器，科林斯去世后，车子便被送回了工厂。在霍索恩的强烈要求以及在吉蒂和一些激进工程师的支持下，这套碟式制动器被从科林斯的车上拆下来安装到了霍索恩的迪诺车上。因为改装工作涉及大量细致的工作，包括轮轴的机械加工以及

---

1 罗马神话中的神祇，食人肉。

对博拉尼钢丝轮的改造，所以公司还从英国请了两名邓禄普制动器专家对他们进行指导。

意大利大奖赛对法拉利来说无疑是最重要的一项赛事，这是他击败对手的最佳场所，整个车队在每年的这个时候也总是热情高涨。全国的媒体都会像庆祝基督再临一样大肆庆贺车队获得的成绩，但如果失败了，媒体也会毫不留情地提出流放或者更坏的建议。希尔已经在跑车和F2比赛中摸爬滚打了很多年，但排名一直不怎么样，这一次他终于获得了出战F1的机会。除了希尔之外，参赛的还有霍索恩、特里普斯和根德比恩。特里普斯幽默风趣又彬彬有礼，因此很受人喜欢；而根德比恩和希尔一样，一直被看作是跑车的专家，鲜少出现在F1的赛场上。

法拉利会在练习赛的最后一天出现在现场，然后回摩德纳，这都是他此后多年众所周知的一个习惯。路易斯·科林斯如约在比赛当天来到现场并见到很多朋友，包括已经退休的皮耶罗·塔鲁菲和他的妻子。但恩佐·法拉利却不见踪影，他对自己的违约也没有留下只言片语的解释。

托尼·布鲁克斯代表范沃尔赢得了比赛，托尼·范德维尔对此非常满意，因为他亲眼看着自己漂亮的绿色汽车在法拉利的家门口击败了对手。霍索恩的离合器在比赛中发生了故障，他示意当时速度很快的希尔（他在这次首秀中表现非常出色，领跑了前5圈）跟在他身后，这样才得以维持了他第二名的位置，而希尔则得了第四名。这种宝贵的团队合作让霍索恩的锦标赛分数又增加了关键的一分。虽然他只获得了一次大奖赛的冠军，但是他的平均成绩比较好，所以如果摩斯想要获得世界锦标赛冠军就必须在本年度的最后一次比赛，也就是五个星期以后的摩洛哥大赛中胜出，同时他还必须拿到最快圈速的那一分，这样才能从霍索恩手里夺走冠军的头衔。

摩斯确实在卡萨布兰卡那令人尖叫、风沙漫天的 Ain-Diab 赛道上再次夺冠，但完美队友希尔再次发挥团队精神把亚军让给了霍索恩，同时也让他成为世界锦标赛冠军，尽管摩斯获得了四次冠军而霍索恩只获得了一次，尽管范沃尔毫无疑问是本赛季速度最快的车。这样的结果让摩斯和范德维尔都非常沮丧，但是很快，这种沮丧就转变成了深深的哀伤。他们的朋友，也是车队的成员，范沃尔赛车手斯图亚特·刘易斯-埃文斯在比赛后半段发生车祸并且严重烧伤，几天以后去世了。这一年对于霍索恩来说充满了悲剧和沮丧，而刘易斯-埃文斯的死亡成了压倒他的最后一根稻草。显然从纯粹的速度来看，摩斯更有实力获得冠军，但霍索恩通过积分制度侥幸从他那里夺回了世界锦标赛的冠军，这稍稍弥补了科林斯去世带来的伤痛。虽然麦克·霍索恩是一个非常出色的赛车手，完全有资格获得这个头衔，但是摩斯的很多支持者却对此颇有争议。在过去的五年中，霍索恩一直在马不停蹄地参加各种国际比赛，在他不断进步的过程中见到了太多惨剧的发生，心灰意冷的他决定在卡萨布兰卡比赛结束后正式退休。

在所有车手中，法拉利最喜欢的就是霍索恩，他不断劝说霍索恩不要在 29 岁这样的黄金时期退出。法拉利之后曾说霍索恩"对自己的能力和前景惴惴不安。他冷静勇敢，反应速度非常快，在任何情况下都能走出困境，不会这样突然崩溃"。他也提到霍索恩有点"心不在焉"。但朋友们则称霍索恩一直非常乐观开朗，他无论在生活上还是酒场上都是非常强大的一个人，就算在职业生涯的最后几个月，他依旧对赛车怀有强烈的的赤子之心。令人难过的是，他这种享受生活的态度最终让他付出了生命的代价。霍索恩回到英国后开始从事一些他感兴趣的生意，出于工作需要，他经常从家乡法纳姆前往大伦敦处理业务。1959 年 1 月的一个上午，他开着崭新的、动力强劲的 3.8L 捷豹轿车前往伦敦，路上他遇到了富有的运动员、车队老板罗伯·沃克开着一辆梅赛德斯-奔驰 300SL 鸥翼（Gull Wing），也正要去伦敦。有人说两人在酒吧喝了几杯后才继续上路，在酒精的作用下两人的车速明显快了很多。两人开过一个名叫猪背岭（Hog's back）的山坡后开上了吉尔福德（Guildford）周边宽阔的下坡四车道，这时霍索恩把捷豹车的速度提升到了每小时 120 英里，并把沃克甩在了身后。后来发生了什么至今仍是个谜，有人说霍索恩撞到了一辆慢速行驶的火车，也有人说他的车在光滑的人行道上失去了控制。我们唯一能肯定的是，广受欢迎的冠军选手霍索恩，11 年前还在萨里（Surrey）的高速上学习如何驾驶，而这一天他的捷豹车撞到了路边一棵坚硬的英国橡树上，车子几乎压扁了一半，当场死亡。最终，法拉利的"青春队"消失于无形，他再也无力抵抗英国的新兴势力以及他们华丽的新汽车，而前方依旧有无尽的变数在等待着跃马的主人。

15 / 第十五章
死亡阴影

　　死神一如摩德纳冬日里的雾气般对法拉利如影随形。厄运在1956年春天迪诺去世后久久不愿离去，考虑到赛车行业的高危性，法拉利的重生能力也着实令人惊叹。在卡斯特罗蒂遇难之前，法拉利车还没有遭遇过什么重大车祸。但是现在不同了。在过去的三年中，至少有16人（包括圭迪佐洛路边的观众）死于法拉利车的事故。而且现在他强大的"青春队"已经瓦解殆尽，法拉利需要在即将到来的1959年赛季招募一批新的赛车手。

　　梵蒂冈方面和意大利媒体同时对法拉利展开了各种无休无止的抨击，尽管他们的动机截然不同。教廷方面认为赛车运动违背道德，理应被禁止；而意大利媒体则不断挑衅和指责法拉利在赛场上的失利。玛莎拉蒂淡出之后，法拉利车队成了意大利的唯一希望，也成了意大利在国际赛车舞台上的半官方代表，马拉内罗工厂已然不再是一个简单的制造商，而成了一个纯粹的沙文主义载体。因此法拉利车的每一次胜利或失败都在民众心中被冠上了民族荣辱的帽子，尤其是意大利本土车手驾驶时更是如此。但卡斯特罗蒂和穆索死后，民众一度非常沮丧失落，斟酌之下法拉利做出了一个决定：与其为了组建一支纯意大利车手的车队而磨破了嘴皮子，倒不如把努力方向转到寻找最优秀的赛车手上，不论其国籍如何。而且，如果英国人、德国人或者美国人在比赛中遇难身亡，国人对法拉利的指责也不会这么激烈。这么做就算没别的什么好处，至少能求个清静。

吉蒂和工程人员对法拉利的游说初见成效，已经基本说服法拉利相信英国人的后置发动机将成为未来发展的趋势。1959年的大奖赛中，公司对迪诺车进行了简单的改造，值得庆幸的是这次改造用上了英国的碟刹技术（这是法拉利继轮胎之后又一次采用非意大利生产的重要机械部件），之后公司又陆续采用了螺旋式弹簧和柔软度更高的悬架。到了1959年末1960年初，迪诺车型已经成为了大奖赛赛场上最先进的旧车型之一。

两个性格截然不同的男人将被法拉利选为车队的领头人。其中一位名叫让·贝拉，他身材短小略显迟钝，性格固执而任性，曾在玛莎拉蒂车队效力，在一次事故中失去了一只耳朵。还有一位名叫托尼·布鲁克斯的英国人，他出身良好，曾接受牙科培训，谦逊大度的他有着纯粹的勇气和类似于英国皇家空军飞行员的良好气质。在赛场上，贝拉是横冲直撞、无比勇猛的类型，布鲁克斯则颇具灵巧而智慧，被很多人看作是史上最快的赛车手之一。两人从一进公司就不太对头，贝拉只会说法语，而布鲁克斯说英语和一点点意大利语。虽然布鲁克斯的速度更快，但从年龄和资历上看，贝拉认为自己才是车队的头号车手。当然法拉利是不会给出明确的头衔的。

加入车队的还有菲尔·希尔，不过法拉利一直不认可他的能力。跑车明星根德比恩和克利夫·艾利森也确定为车队成员，后者是前途一片光明的年轻英国车行老板。路易吉·希奈蒂还挖掘了一个名叫丹·格尼的后备车手，虽然他参加的赛事不多，却显示出了无比出众的才能。格尼带着妻子和两个孩子一起来到摩德纳参加在赛车场举行的测试。和之前很多人一样，他在皇家酒店住了几天等待召唤。在一个寒冷的早晨,他开着小型的大众汽车沿着艾米利亚古道往西走了几公里,来到被大雾笼罩着的巨大赛车道上。法拉利、塔沃尼以及一些机械师在那里等着他,随行的当然还有无所不在的当地媒体,他们似乎在赛车道上扎了根一般。赛道的维修点上停着两辆双座跑车和一辆F1赛车,法拉利穿着厚重的冬装大衣,戴着软呢帽看着格尼。格尼弯下身子钻进了其中一辆跑车的驾驶座,法拉利没说什么。格尼的速度快得惊人,他显然是一个热切勇敢、能力非凡的奇才。法拉利很善于挖掘这些才能,他很快就和格尼签了合约,当然报酬并不是很高——每周163美元,外加奖金和50%的赞助费。(没有人向格尼说明奖金和赞助费的来源及金额,格尼自称似乎从来没有收到过这笔钱,而他在为法拉利开车的这个赛季中一共只赚了7000美元。)

法拉利称丹·格尼为"伟大的海洋"(il grande Marine),如果格尼没有在之后的赛季跳槽去BRM的话,他很可能成为马拉内罗的重要明星车手。当他收拾行李去英国的时候,他的才能已经为大家所熟知,尽管还是一名新手。如果他当时留下来,肯定能在1961年法拉利车队大放异彩的过程中趁机名扬四海,并在世界锦标赛的舞台上和希尔及特里普斯一争高下,他也肯定能成为有史以来最出色的赛车手之一。

第二年,另一位美国车手来到摩德纳取代了格尼的位子,他就是里奇·金瑟尔(Richie Ginther)。20世纪50年代的南加州公路赛中涌现出了一大批出色的赛车手,金瑟尔就是其中之一。在出名之前,他曾在1953年和1954年的墨西哥公路赛中充当菲尔·希尔的随车机械师。金瑟尔块头不大,留着板寸,沉默寡言的他在摩德纳安了家,虽然在赛道上没有取得什么不朽的成绩,但他在试车领域的成绩无人能及。正是他和吉蒂一起发明了后扰流板这种空气动力辅助设计,这在汽车高速行驶过程中能有效提升车辆的稳定性。当然,发明这种装置的初衷并不是为了加强车的路面控制,而是为了驱散驾驶室里排出的尾气，所以这一发明其实纯属巧合。

不断有美国车手加入法拉利车队，而菲尔·希尔是其中的异类。他已经在法拉利车队逗留了四年，虽然能力很出色，却始终得不到法拉利的认可。他天生是一个很紧张敏感的人，很难被挑剔又愤世嫉俗的摩德纳人喜欢。他很喜欢歌剧和古典音乐，对赛车在内的各方面知识都有所了解，这样一来人们反倒觉得他玩物丧志，注意力不够集中。他说着一口流利的意大利语，因此对车队的政治氛围十分清楚。菲尔回忆说："他们是一群奇怪的人，法拉利周围围绕着一群奴颜婢膝的人，一直觍着脸想要讨主人的欢心和认可。"布鲁克斯一直没在摩德纳定居，也一直对车队内的各种权术阴谋敬而远之，贝拉则一直是一个不太好惹的局外人。希尔和他们两个都不一样，虽然他早就清楚地意识到一切都是毫无意义的逢场作戏，但他还是希望能在公司体制内工作。

车队成员中的新手沃尔夫冈·冯·特里普斯伯爵对付这一切游刃有余，他是来自德国的贵族，和著名时尚设计师、业余车手约翰·韦茨（John Sweitz）是好朋友。他很快就发现法拉利对上层社会的人青睐有加，而车队派出去参加各种比赛的车其实大有文章。几乎每一辆车都是不一样的，而有些车只不过是把一些老车型修修补补就给了车手，所以特里普斯（朋友往往称呼他为太妃糖）跟韦茨说，他打算花点钱贿赂车队的管理层以确保能开上最好的车。内部贿赂在当时拜占庭氛围的车队里并不罕见，甚至连一些外部的合约方也参与其中。当时路易吉·希奈蒂的北美赛车队（NART）已经成了法拉利的左膀右臂，他们在诸如锡布灵和勒芒等长距离比赛中都有比较出色的表现，车手们所使用的也都是最新、最有竞争力的车型。不过为了避免拿到翻新车以及落后的发动机和拼装的变速箱，确保零件供应不断，希奈蒂也付出了不少。他的儿子小路易吉（Luigi Jr），也就是大家口中的"可可"（Coco）说："我们没有选择，我们只有付了足够的钱，他们才不会诓我们。"

在希奈蒂的努力下，美国客户对法拉利车的好感与日俱增，车辆生产业务蒸蒸日上。1959年法拉利公司一共生产了248辆乘用车，其中大多数的车身都是由宾尼法里纳和斯卡列蒂打造的，而其中的百分之四十都销往了美国。据说吉贝尔第经常对员工大叫："快点把希奈蒂要的车生产出来，我们需要美国佬的钱！"宾尼法里纳当时主要负责设计，斯卡列蒂则主要负责乘用车的车身生产。偶尔一些特别的项目也会交给其他的车身厂负责，但漂亮生动的法拉利车身（这一时期的产量很多）几乎都是来自以上两个厂家。虽然有了漂亮的外衣，但车子的性能还跟原来差不多，法拉利对此也不以为意。他依旧坐他的菲亚特1100，司机依旧是忠诚的佩皮诺·维德利。不过他的不动产越来越多了，他在摩德纳以及更远的博洛尼亚都有置业，还在离车队不远的转角处买下了一栋巨大的四层罗马式别墅。这栋别墅就位于艾米利亚古道上，面对着加里波第广场，也是摩德纳最大的房产之一，面积以及豪华程度都超过了街西的奥斯家族。法拉利夫妇及法拉利的母亲搬进了豪宅，里面的房间很多，他们只住了其中的很小一部分。阿达尔吉萨妈妈很明智地把自己的住处安排在了远离劳拉的三楼。

法拉利还有另外一栋房子，虽然没有那么显眼，但是也很不错，它位于亚得里亚海沿岸的维塞尔巴（Viserba），在瑞米尼以北几英里。每年夏天当摩德纳酷热潮湿、蚊虫肆虐时，这里就成了最佳的"避暑胜地"。劳拉在年中的几个月里常常住在这儿，法拉利也经常造访，其频繁程度远远超过大家的想象。

搬到加里波第广场的豪宅后，法拉利的生活习惯也发生了变化。他之前经常光顾皇家酒店[很快被摩德纳一家著名餐馆的老板菲尼家族（Fini family）收购了]，但现在把寻欢作乐的场所改在了摩德纳大酒店，这里距离劳拉的监视圈大概一个街区。大酒店位于奥斯家族住所对面的艾米利亚古道上,与法拉利的新家有一个街区的距离。法拉利就像一只上了年纪的狮子,变得越来越有领地意识,他的活动范围主要包括:每天开车去马拉内罗工厂,偶尔去卡斯特尔维特罗看望莱娜和皮耶罗,在附近的试车场参加一些试车活动,每周四下午去博洛尼亚看望菲尔玛。而他每天早上的安排也是固定的:先去看望母亲,然后在理发店刮个胡子,接着去迪诺的墓地,之后在法拉利车队的办公室处理公务。中午之前他肯定会和佩皮诺开车去马拉内罗,午餐则往往在马路对面原来的培训学校(再之前是骡厩)那里吃。后来这里也渐渐成了一个小型的餐厅兼客栈,名叫卡瓦利诺。

"白天的法拉利和晚上的法拉利是截然不同的两个人,"这是法拉利一个女性朋友给出的评价,"白天他是只谈生意的老板,但到了晚上他就像变了一个人似的。法拉利对女色颇为沉迷。"法拉利对女人的欲望非常强烈,就算是在60岁以后也依然如此。摩德纳大酒店是摩德纳的活动中心,酒吧里充斥着各色美丽的女子,有专职的也有兼职的,法拉利深深陶醉其中。有时候他和自己的追随者(包括车手)同时看上了某个女人,便往往利用自己的地位横刀夺爱,而这时的法拉利也是很有幽默感的。有一次,一个来此寻欢作乐的阿根廷人(后来也成了汽车生产商)看上了一个卖笑女并把人带到了楼上的房间里,法拉利聚集了一小群和他一样不怀好意的男人在房间的门缝里塞上报纸点了火。然后就在大厅等着,看到当事男女裹着床单从火海中仓皇逃出,他们爆发出一阵阵哄堂大笑。

很多这样的恶作剧都是在比耶拉俱乐部的名义下开展的。在很长的一段时间内,这个古老的俱乐部其实就是一个以法拉利为中心的汽车运动团体,成员包括很多赛车手、富有的客户、游荡者以及一些媒体成员和少量护卫,他们定期聚集在大酒店或者皇家菲尼酒店这样的地方寻欢作乐。毫无疑问,这些场合少不了恩佐·法拉利。

法拉利有一次为俱乐部成员找来了一些自行车，并在摩德纳街道上即兴组织了一次比赛。在这次两个轮子的比赛中，美国记者彼得·科尔特林（Peter Coltrin）不敌意大利选手撞到了路边的石头上，为了取悦同伴，他还故意很夸张地跌倒。那时俱乐部里有一小部分美国人，彼得·科尔特林就是其中一员，他在那段时间里为法拉利神话的塑造贡献颇多。这个加利福尼亚人不仅在摩德纳定居，还娶了当地一个颇有姿色的女子为妻。当时在摩德纳有很多像科尔特林这样四处游荡的汽车爱好者，他们深深沉迷于摩德纳的汽车业。美国大街上满地都是艾森豪威尔时代的汽车，他们对这种毫无美感的车毫无兴趣。他们来到意大利之后发现这里不仅有快速的汽车、漂亮的风景还有优雅的女人和精致的食物。二战以后美元变得非常值钱，所以意大利的物价对他们来说简直便宜得不可思议。

追随科尔特林的还有两位女作家，一位是高挑优雅的洛根·宾利（Logan Bentley），另一位是她娇小的黑人同伴戴安娜·巴特勒（Diana Bartley），走路的时候挂着拐杖。她们和菲尔·希尔的偶像、著名作家兼赛车手丹尼斯·麦克拉盖奇（Denise McCluggage）一起为当时的美国汽车杂志——《公路与赛道》（*Road & Track*）、《跑车画报》（*Sports Cars Illustrated*，之后改名为《名车志》）、《城里城外》（*Town & Country*）、《纽约先驱论坛报》（*New York Herald Tribune*）和《运动画报》（*Sports Illustrated*）——写了大量的文章。她们在文章中热切翔实地描述了摩德纳的汽车繁荣。除了以上这些作家，格里菲斯·博格森（Griffith Borgeson）和亨利·曼尼三世（Henry Manney III）当时也在摩德纳，后者脾气暴躁，留着胡子，爱穿花呢衣服，他充满反讽和幽默感的笔调为《公路与赛道》杂志增色不少。这些作家在不经意间塑造的法拉利神话形象让美国人沉迷至今。

这些派遣记者在摩德纳追求美好生活方式的同时，很多人却忽略了一个事实，那就是 1959 年赛季对法拉利车队来说是一个十足的灾难。整个车队只有布鲁克斯在兰斯和 AVUS 获得了两次胜利，因为这两个赛道拼的是车辆强劲的动力而不是灵活的操控。也是在兰斯的比赛上，贝拉在打了罗莫洛·塔沃尼之后离开了车队。这个活跃的法国赛车手已经厌倦了车队的政治氛围，同时对争夺车队头把交椅（虽然没有正式任命，但这个位子很明显是布鲁克斯的）的无止争斗也心灰意冷。他的车子在这次比赛中因为气门烧坏而不得不在第 29 圈退出了比赛，这也让他萌生了去意。他在退役前的表现非常出色，曾两次打破圈速记录。比赛当天天气酷热难耐，在愤怒和疲劳中，他的右手重重地打在了车队经理塔沃尼的脸上。如果这么做的是一个超级明星，比如方吉奥和阿斯卡里，那么这种严重的叛逆行为可能会被原谅，但贝拉还没有那么值钱，所以他被车队开除了。几个星期以后在 AVUS 赛道，贝拉开了一辆保时捷参赛，在经过 43 度的北弯道时车子失去了控制，他被甩到了一根旗杆上当场身亡。

塔沃尼这段日子也非常不好过，除了贝拉那样脾气暴躁的赛车手，那些情绪化的工程师、性情古怪还常常罢工的机械师以及法拉利本人都对他颇有微词，因为他们实在太渴望成功了，他们的各种要求像教堂的钟声一样频繁又响亮。一般公司解决矛盾的方法是关起门来开会，他们却不是这样的。有一次，阿贝托内公路上的路人们惊讶地发现法拉利工厂的大门口站着两个男人，虽然路上车水马龙，两人还是当众愤怒地朝对方尖叫。这两个人就是法拉利和塔沃尼。

这种不断的争吵还时不时发展成斗殴，让英国车手布鲁克斯非常鄙视，但他还是专心致志地为世界锦标赛冠军而努力着。年底，战后首次美国大奖赛在锡布灵机场赛道上举行。不过布鲁克斯的车子在出发时就和队友特里普斯撞上了，于是他叫了维修人员过来检查车子的受损程度。对于法拉利的忠实粉丝来说，这一行为简直不可原谅，因为他们觉得布鲁克斯应该毫不犹豫地继续比赛。但布鲁克斯曾经因为机械故障遭遇过好几次事故，所以他坚定地认为需要检查车辆。他对于开车有自己的想法，对法拉利车队的情感旋涡他也选择置身事外。完成检查后，他从第15位一直追到第三位。这一结果注定了他只能落后于库伯车队的澳大利亚籍车手杰克·布拉汉姆，在世界锦标赛中位列第二。所以意大利媒体一直指责布鲁克斯没有开着受损的车辆继续比赛。

吉蒂的1.5L V6 F2车辆非常成功，这也成为车队在赛场上的唯一亮点。1958年，FIA毫无预兆地突然宣布1961年的F1赛事中，发动机排量将从2.5L降至1.5L。这样一来吉蒂开发的车型将会非常适合参赛，他终于说服了一直深信"老牛拉破车"的老板设计了一款成功的后置发动机赛车。

1961年对恩佐·法拉利来说也是非常不愉快的一年。他的赛车被库伯汽车和莲花汽车无情地击败了。布鲁克斯和格尼离开了车队，现在公司的赛车手只剩希尔、艾利森、特里普斯和有点疯狂的威利·迈雷斯（Willy Mairesse）。他脸色阴沉、睡眠惺忪，干枯的手臂让他看上去死气沉沉，这个比利时人和他的同胞奥利弗·根德比恩截然相反。狂野的威利·迈雷斯唯一让人记住的就是他发生了多次车祸，而在1969年，他服用了大量安眠药后在奥斯坦（Ostend）结束了自己的生命。

带四凸轮轴的迪诺车虽然发动机动力强劲（转速达到8500转时大约有280马力），但是比起轻型成熟的英国车，这款头重脚轻、体型庞大的车显然没有什么竞争力。这款车参加的首次比赛是摩纳哥大奖赛。在练习赛中艾利森的车发生了严重的碰撞，他跟当时的很多参赛选手一样都没有系安全带，车子撞到了路边的石头，他被重重地甩了出去，脸部和头部都受了伤，整个赛季都无法参赛。[艾利森告诉作家艾伦·亨利（Alan Henry）说，当时他在法国医院里醒过来时满嘴法语。"这很奇怪，因为我根本不会说法语。"艾利森很困惑，现在他已经退休了。]

　　人们期待已久的法拉利后置发动机车型246终于登场了，由金瑟尔驾驶，这成了摩纳哥大赛的重磅消息。之前在摩德纳，希尔和试车手马蒂诺·塞维里（Martino Severi，他在摩德纳试车场的速度无人能及，但在其他赛道上的速度则不尽如人意）都对车辆进行了测试，当时车辆的操控非常出色。但车子的变速箱在正式比赛中反应迟缓，金瑟尔只获得了第六名。希尔的表现则非常好，他开着旧车型获得了第三名，仅次于摩斯的莲花18和布鲁斯·迈凯伦的库伯。

　　几个星期之后的勒芒大赛传来了好消息，根德比恩和法国记者保罗·福莱尔（Paul Frère）驾驶 Tipo 250 TR 获得了二十四小时耐力赛的冠军。NART 车队派出的一辆类似车型获得了亚军。这个胜利一雪上年度被阿斯顿·马丁打败的耻辱[当时由罗伊·萨尔瓦多里和卡罗尔·谢尔比驾驶，之后谢尔比建立了自己的赛车品牌——眼镜蛇（Cobra），并成为法拉利的主要竞争对手。]

　　而在其他的F1比赛中，法拉利车队的表现则一塌糊涂。英国赛车在这些比赛中所向披靡，虽然法拉利车队在斯帕的比利时大奖赛上派出了迈雷斯，但这也于事无补。这个赛道无疑是欧洲最危险的一个赛道，这一次威利乱糟糟的驾驶方式倒是没出什么错，他和英国车手克里斯·布里斯托（Chris Bristow）纠缠着进入一连串蜿蜒恐怖的下坡路，布里斯托的车子在右转弯时越线冲出了围栏，他当场死亡。在赛事接近尾声的时候，另一个出色的英国车手艾伦·斯泰西（Alan Stacey）也在马斯塔直道上发生了死亡事故，车在转向时失控，原因可能是一只鸟飞到了他的脸上。法拉利车队成绩最好的是菲尔·希尔，他获得了第四名，但落后冠军整整一圈。

　　在法国大奖赛上，由希尔、特里普斯和迈雷斯驾驶的三辆法拉利全军覆没；在英国大奖赛上，希尔和特里普斯分别获得了第五和第六名；而在葡萄牙，车队什么名次都没拿到。但是德国大奖赛让法拉利车队备感欣慰，比赛要求参赛车辆为 F2 赛车，因为保时捷在这一级别中的表现比较好，所以德国人直接将所向无敌的英国 F1 赛车拒之门外。意大利也打算效仿德国的做法，但他们则要收敛得多。ACI（Automobile Club of Italy，意大利汽车俱乐部）宣布，蒙扎的意大利大奖赛将采取一种混合道路比赛方式，既有专业赛道也有公路赛道。莲花和库伯代表队表示坚决反对这种规则，因为颠簸的倾角道路可能会使悬架脱离脆弱的车。意大利的战术奏效了，他们深知身经百战的法拉利车队完全可以克服崎岖的倾角路面，如果英国车队因此而退出，那么本土车队绝对可以轻松取胜。但法拉利却差点退赛，因为指挥官和蒙扎的管理层在车队安排方面有了一些分歧，于是他扬言要退赛。之后蒙扎方面赶紧安抚了法拉利，在希尔、金瑟尔和迈雷斯的手中，246 车型包揽了前三名。这款车型已经相当老旧，蒙扎的这次比赛可能是它们最后一次出战了。除了几个独立参赛的选手，车队几乎没有遇到什么强劲的对手，所以三辆法拉利全程保持了整齐的队形。虽然胜之不武，但是意大利媒体欣然接受了这一结果。

虽然在回顾 F1 历史的时候，法拉利车队往往被描述成获奖累累，但其实自 1952—1953 年的阿斯卡里时代结束后，车队不断地在走下坡路。除了 1956 年法拉利吸纳了方吉奥和加诺设计的蓝旗亚 D50 之后赢了几场，法拉利自己的车在七个赛季中只获胜了八次（1954 年两次，1955 年一次，1957 年没有，1958 年和 1959 年两次，1960 年投机取巧获得一次）。自 1954 以来，他三次赢得了勒芒和锡布灵大赛，两次赢得了一千英里耐力赛，五次赢得布宜诺斯艾利斯一千公里大赛，并赢得了无数次跑车的比赛，且借此大大提升了品牌形象。但法拉利的胜利大多都是在对手实力很弱的情况下取得的，在面对梅赛德斯 - 奔驰、捷豹、蓝旗亚和阿斯顿·马丁等强大厂商派出的车队时，来自马拉内罗的红色赛车往往不堪一击。

法拉利多年来的成功并不是凭借先进的技术和高超的技艺，而是坚持不懈地参加各种比赛，不管对手多么强，法拉利车队总会出现在起跑线上并在比赛中尽自己最大的努力。这些表现一定程度上归功于法拉利永不妥协的骄傲，但是他的这种固执也有弊端。显然，英国车带来了后置发动机、轻型的车身、碟式刹车、螺旋式弹簧、镁轮毂，以及树脂玻璃车身等一系列革新浪潮，而法拉利却拒绝接受新事物，这让他付出了惨重的代价。包括霍索恩、吉蒂、希尔和罗基在内的很多人都建议法拉利抛弃陈年的偏见，如果法拉利能马上听从他们的建议，那他一定会非常成功。但法拉利却花了整整三个赛季的时间才听进去这些建议，这让车队的高层无比纠结，也让车队在赛道上经受了重大失败。这绝对不是一个开明大胆、有远见的工程师的做法。赛车历史学家迈克·劳伦斯（Mike Lawrence）对此做出了非常尖刻的评价，他说："为法拉利辩护的人总是说，法拉利对非自己公司原创的东西有所抗拒，其中一个例子就是法拉利很晚才采用碟式制动器。但如果法拉利真的那么注重原创的话，这个品牌根本就不会诞生，因为他从来没有给赛车运动带来过任何新的东西，一次也没有。"如果金瑟尔和吉蒂没有在无意中发明后扰流板，那么劳伦斯这个尖锐的言论几乎让人无从反驳。

1960年底，法拉利舍弃了他多年来使用的"指挥官"头衔，表示更乐意被称为"工程师"，除了少数几个敢对他直呼其名的人之外，其他人都这么叫他。这个称呼基于博洛尼亚大学在7月份给他颁发的一个工程方面的名誉学位，法拉利对此感到非常自豪。但事实上他在技术方面并无天赋，用吉蒂和罗基的话来说就是"从来没有亲手画过一条线"。

法拉利的朋友，非正式的传记作家吉诺·兰卡蒂曾经讲过一个故事，据此可以对法拉利做决策的方式有所了解。根据兰卡蒂的回忆，当时他收到邀请和法拉利一起去博洛尼亚参加颁奖典礼，于是他们约好了在卡瓦利诺吃早餐。去往博洛尼亚要沿着艾米利亚古道走25英里左右，大家开始讨论采用何种交通方式过去。一开始大家建议开公司的GT赛车过去，但法拉利说这样太惹眼了。这些年法拉利一直开的都是简陋的菲亚特、阿尔法·罗密欧和蓝旗亚轿车，最后才开始开自己公司的车。但这一天他觉得自己的车也不合适。佩皮诺·维德利建议开劳拉弟弟的那辆标致404过去，这辆车当时刚好在公司。但法拉利又拒绝了，毕竟意大利最出色的汽车生产商开着一辆法国车去出席活动好像有点不太合适。法拉利也不同意坐火车，而众所周知他也是从来不坐飞机的。讨论一直僵持着，最后大家决定开着标致车过去，但会将车停在会议地点一公里以外的地方，然后两人冒着博洛尼亚的酷热步行去大学参加活动。

15岁的皮耶罗·拉尔迪慢慢地、小心翼翼地走进了人们的视线。这个男孩遗传了他父亲的高个子和大下巴，现在包括塔沃尼、杰罗拉莫·加尔迪尼（Gerolamo Gardini，车队的财务总监）、巴兹、希奈蒂在内的很多人都已经知道了他的存在，他们也都被邀请去过莱娜·拉尔迪在卡斯特尔维特罗的家中。如果法拉利说"我们走远路回家"，那就暗示他在回摩德纳之前会先去莱娜那里。渐渐地，法拉利身边比较亲近的一些人都知道他还有一个儿子，但是人们并不知道这将对公司产生什么影响。不过也有人并不知情。加埃塔诺·弗洛里尼（Gaetano Florini）当时在公司负责客户车辆的销售，他在1961年的意大利大奖赛上看到皮耶罗跟随在法拉利身边，还以为他是溜进来拍照的粉丝，于是迅速冲上去踢了他一脚。惊慌失措的佩皮诺·维德利赶紧把他拉走并把事实告诉了他。于是通过这种怪异的方式，皮耶罗·拉尔迪的存在渐渐为人所知，到了60年代早期，大家都知道法拉利有这么一个私生子。

吉蒂设计的后置发动机新车型——Tipo 156 大奖赛车完成了，车子将会参加 1961 年的赛事，劳拉·法拉利一反常态地开始介入这些事情。劳拉一直给人以神秘感，无论是她的出身还是她 60 年代初突然的活跃都让人费解。多年来，虽然她对法拉利的事业和私生活都有诸多影响，但她一直比较低调，和法拉利的社会关系以及两性关系都比较疏远。虽然两人从一开始建立的联盟关系就不太稳定，但迪诺的去世尤其让两人的关系进一步恶化。有时候在公众场合能看到法拉利夫妇和阿达尔吉萨一道在菲尼、奥雷斯特（Oreste）餐厅以及卡瓦利诺用餐，法拉利会坐在两个女人之间，也有人说曾看到他们在吃饭时突然大吵起来。

晚年的劳拉·法拉利精神状况不太稳定，但这段时间她突然积极地参加各种活动似乎并不是精神方面的原因。据了解，那时候的劳拉开始出席一些赛车活动，而塔沃尼或者吉蒂则充当她的司机，当然这并不是什么愉悦的差事。在去往各种比赛场地的路上，一旦有教会、天主教堂、修道院或任何景点，劳拉都要跟个观光客似的停下来游览一番。劳拉还随身携带着一个公文包，里面装满了数不清的里拉，但她从不付钱，看到有什么感兴趣的就直接从货架上扫下来，付款的差事则留给随从们去做。

在赛场上，她常常穿着一身摩德纳人最爱的黑色衣服，安静地坐在维修点的角落里。

她至少去过一次美国去参加锡布灵十二小时耐力赛，不过她当时戴了一顶不合时宜的白色太阳软帽，这顶帽子之后也出现在巴哈马拿骚的一个时尚、非正式的赛车活动上。在那次比赛中，劳拉一直和希奈蒂一家待在一起，显然小路易吉是她的好朋友，在她和法拉利的斗争中，他总是站在她这边。据说劳拉只带了一个小手提箱去拿骚（很明显没带公文包），不过她在晚宴的时候却打扮得很优雅，大家都想知道这么小的箱子是如何装下她那些华丽的衣裙的。

有些人说是法拉利故意让劳拉出门旅行的，这样他就有机会可以和菲尔玛及其他女人偷情了，对象包括一个经常来找他的热情的巴黎女子以及一个富有的沙特尔（Chartres）客户，她拥有一栋巨大的城堡。但这种推测根本站不住脚，因为这么多年来法拉利一直都在劳拉的眼皮底下四处猎艳，他不太可能突然为了追女人而把劳拉送到遥远的地方去。而劳拉·加略罗·法拉利没其他什么优点，在这方面却可谓身经百战，这种小把戏是骗不倒她的。

劳拉当时已经快要 60 岁了，从她认识法拉利的那天起，她对赛车就没有什么特别的兴趣。肯定是某种特别的原因，才让她开始离开加里波第广场舒适安逸的生活开始在全世界奔波，陪在她身边的还是一群对她毫无兴趣甚至怀有敌意的赛车手。所有人，包括后来对她的指手画脚无比厌倦的人，都没能说出一个让人信服的理由来解释这种奇怪的行为。

还有些人认为，随着法拉利王国的不断壮大，法拉利的情报网已经无法提供足够的信息，所以劳拉替丈夫去亲身感受现场。虽然劳拉和法拉利的婚姻关系从来不怎么好，但两人在公司发展方面有着稳固的合作关系（公司在 1960 年正式成立，名叫法拉利赛车运动及汽车生产公司，也就是 SEFAC，夫妻俩是最大的股东）。很可能是出于公司经济利益的考虑，劳拉开始走出工厂去世界各地了解运营情况，而这一点她的丈夫是做不到的。对于围绕在法拉利身边的那些谄媚小人，劳拉一直高度戒备，而对于工厂内拜占庭式的政治氛围，劳拉的评论也比较尖刻。当时公司的一些年轻人开始掌权，其中就包括吉蒂。这个长得圆乎乎的托斯卡纳人精力充沛而且很有想法，大家都亲切地称呼他为"托斯卡纳乔"或者直接叫他"托斯卡纳人"。很可能是因为年轻人的掌权让劳拉和法拉利感到紧张了,当然这也是猜测而已。不管怎么说,劳拉·法拉利对丈夫有着重大而长远的影响,据他们度假别墅的邻居说,当劳拉在亚得里亚海沿岸躲避波河流域的酷暑时,恩佐每天至少要打五次电话给她。而这些电话讲的都是生意上的事情,由此可见,两人在事业上的关系非常密切。

除了劳拉,法拉利的家里还有另外一个女人,不过这个女人和生意无关,那就是他的母亲。法拉利每天早上都会去看望母亲,虽然母亲常常把他打扮得像个孩子,但他在固执的母亲面前一直是一个孝子。据说法拉利的母亲在生气的时候会大叫:"我的好儿子在很小的时候就已经死了!"但这只是一种夸张的玩笑话,法拉利母子之间的亲密关系一直持续到母亲离世。法拉利的母亲虽然和儿媳妇一样是个泼辣的女人,总是喋喋不休地责怪儿子,但她骨子里很爱儿子。有时候,她会在晴朗的早晨步行至公司走进儿子的办公室,当着一群正在开会的员工的面问:"我的小男儿还好吗?"大家可以想象一下,伟大的法拉利工程师正和往常一样一本正经地讨论工作,突然被人叫作"小男儿",这场景一定十分可笑。

这些年里的劳拉·法拉利始终是一个谜,一些熟人回忆起来的情况也各不相同。有些人说她行动怪异,有时会在餐馆的桌子上抢小费,还当着店员的面从货架上拿走食物,大家猜测可能是梅毒的后遗症让她的情况逐步恶化。可以肯定的是,劳拉在70岁以后的精神状况和行动能力都每况愈下。但有很多人说以上这些只是法拉利的盟友对劳拉的中伤,现实生活中的劳拉是一个睿智、谦和、细心的女子,虽然她有时候会装一下可怜,但她对法拉利的事业帮助极大。例如,小路易吉·希奈蒂就坚定地认为劳拉是各种流言蜚语的受害者,虽然法拉利对她百般虐待,她却依旧深爱着法拉利。据说在两人关系最差的60年代初期,劳拉还曾叹息道:"我依旧爱着法拉利。"

劳拉·法拉利的真实状况究竟如何？她是一个疯癫的女人还是正常的女子？也许是两者的结合。并没有证据可以表明劳拉患了梅毒，但熟悉法拉利家庭的人却认为迪诺和劳拉都有这个病，而他们最终也都是死于这个疾病。然而一切都只是大家的猜测而已，并没有明确的医学鉴定结果。

虽然妻子带来了诸多困扰，但法拉利的社交日程依旧排得满满的。不过除了在蒙扎测试新车的那几天，法拉利在最后的60年里几乎从来不在外面过夜。当然他还在不断地和感兴趣的女人纠缠不清，这其中就包括那个巴黎的女人，只要法拉利给她一个电话，那个女人就会马上飞奔南下，穿过阿尔卑斯山来和法拉利见面。但是法拉利并不放纵。有一个在餐厅工作的摩德纳人说，有一天晚上法拉利正在进行一个浪漫的晚餐，他的约会对象兴致很高并颐指气使地又点了瓶香槟，但是法拉利马上对服务生说："请给她一瓶矿泉水。"

法拉利似乎很喜欢孩子。他经常问候车队高级雇员的孩子们，还在60年代初组织了一个青年俱乐部，偶尔还会组织一些活动。这个组织由一些热心人士组成，他们每周一都会聚在一起和"伟人"讨论关于汽车方面的话题。多年来，法拉利捐了大笔的钱给摩德纳医院和米兰的马里奥·内格里药理研究所（Mario Negri Institute），这家研究所主要致力于肌肉萎缩症的治疗。

虽然私生活波澜不断并且没有任何停歇的迹象（法拉利自己也不希望停歇），但是在未来F1赛场上，法拉利已经看到了一些希望。在吉蒂、罗基和另一名工程师莫罗·弗戈艾里（Mauro Foghieri）的努力下，新的Tipo156大奖赛车进展神速，一辆后置发动机的赛车终于问世了。车辆的底盘借鉴了英国车的做法，使用了轻便的管状结构，还有独立的螺旋式弹簧悬架。和所有法拉利的经典车型一样，这辆车的优势主要在发动机的强大动力上。这款车最初的发动机是一款旧型

2.5L 65度的缸体，之后吉蒂和罗基又开发了一款新的120度V6发动机，新机型的重心更低而且更加契合新底盘。两款发动机在动力方面都比英国车强，而英国方面因为起步晚、资金少，要到下一个赛季才能开发出拥有1.5L V8发动机的考文垂－顶点。更妙的是，保时捷的F1赛车不仅超重而且动力不足，所以1961年对于跃马车队来说简直无人可挡。鉴于过去几个赛季都不如人意，这一局面实在令人高兴。

新车型的确让人惊艳。除了漂亮的车身，新车的前脸上还加了前卫的双孔设计（这种设计首次出现在美国赛车手坦普尔·布埃尔的玛莎拉蒂250F上），还有法拉利唯一不肯抛弃的：博拉尼钢丝车轮。

法拉利车队里清一色的外籍车手，没有一个意大利车手。当然法拉利也依旧没有任命谁为头号车手，尽管菲尔·希尔和特里普斯都是公认的老手，还有里奇·金瑟尔，他在希尔的介绍下已经对车队的政治氛围了如指掌。狂野的威利·迈雷斯当然也名列其中。一群富有的运动员发现法拉利车队居然没有一个意大利人后马上组建了一个叫作"圣安布鲁科斯"（Sant'Ambrocius）的车队，专门培养年轻车手并通过"租借"的方式搞到了一辆156，交给了25岁的米兰车手詹卡洛·巴盖蒂（Giancarlo Baghetti）参加一些赛事。当时大奖赛赛场上的民族主义依旧盛行，除了意大利之外，德国、英国和法国也都想在F1的赛场上为国家荣誉而拼搏。法拉利因为车队没有意大利籍车手而受到了各方面的指责，但在他看来，相比卡斯特罗蒂和穆索遇难时候的狂轰滥炸，这些谴责不过是小巫见大巫而已。

锡拉库扎大奖赛（Syracuse Grand Prix）是156参加的首次比赛，这是在西西里岛海边城市举行的小赛事。巴盖蒂和金瑟尔的出现非常引人注目，不过金瑟尔因为车辆问题最终没有参赛。新秀巴盖蒂凭借V6发动机强大的动力赢得了比赛，丹·格尼开着保时捷几次发难都被他成功阻挡了。对于车辆和车手来说，这都是一次令人惊艳的亮相，在之后的赛季中车队也接连获得了很多胜利。

在决赛的悲剧来临之前，1961年对法拉利来说非常成功。在勒芒大赛上，希尔和根德比恩遥遥领先获得冠军，英国绅士车手、工程师麦克·帕克斯（Mike Parkes，他加入法拉利车队，主攻跑车）和迈雷斯则获得了第二。劳拉在现场亲历了这伟大的时刻。当然在这次比赛中，除了小排量的保时捷之外并没有其他有力的竞争对手。大奖赛的情况也是如此，英国人脆弱的1.5L顶点4完全无法和156匹敌。不过在摩纳哥，摩斯还是展现出了一个伟大赛车手的实力，他开着罗伯·沃克的微型莲花18获得了冠军。金瑟尔的表现也很不错，他一路对冠军紧追不舍并最终获得亚军。

在赞德福特的荷兰大奖赛上，特里普斯获得了冠军，希尔力压苏格兰车手吉姆·克拉克（Jim Clark）最终夺得第二名，对方的座驾是一辆细长型的莲花21。在斯帕，法拉利车在动力方面的30马力优势得到了良好的发挥，希尔和特里普斯两人分别获得了冠亚军，金瑟尔获得第三名，而根德比恩开着一辆黄色（比利时的代表色）156获得了第四名。在兰斯宽阔的三角形赛道上，巴盖蒂获得了冠军，在这次比赛中，他的队友格尼一开始保持领先，于是他不断追赶，终于在最后时刻超过了对手。在安特里（Aintree）举行的英国大奖赛上，法拉利车队再次发威包揽了前三名，特里普斯超越队友希尔和金瑟尔获得冠军。而最后在世界锦标赛冠军的争夺中，温文尔雅、性格随和的德国车手和喜怒无常、全情投入的美国车手势均力敌。谁能在接下来的意大利大奖赛中夺冠，谁就能在世界锦标赛中胜出。这次比赛依旧在蒙扎举行。恩佐·法拉利心情不错，他像往常一样在正式比赛的前一天去了现场，却在正式比赛的时候回家了，并没有亲眼目睹即将举行的盛会。

法拉利车队一共派出了五辆车参加比赛，其中三辆先锋车分别由特里普斯、希尔和金瑟尔驾驶，还有两辆则由巴盖蒂和里卡多·罗德里格兹驾驶，19岁的罗德里格兹对比赛有着高昂的热情。他们的对手是英国的莲花和库伯车，参赛车辆都是小型的四缸发动机，虽然很有新意竞争力却不强。看来，这次法拉利车队又会大获全胜，而且车队的两名选手还将争夺锦标赛冠军的头衔。

这次的比赛距离比较长，除了公路赛道还有崎岖的倾角赛道。为了保存发动机的实力，法拉利车将传动比率设置得比较高，但这样会导致车辆在比赛初期相对落后。勇敢的克拉克抓住了这个机会，他开着灰绿色车头的莲花车在比赛一开始就超过了法拉利车。到第2圈时，特里普斯和克拉克相继冲过维修点前面的直道，随后开上了一个叫"帕拉波利卡"（Parabolica）的180度右转弯。特里普斯开的法拉利车在时速高达120英里的情况下紧急刹车，直接撞上了苏格兰车手的莲花车，两辆车的车轮碰到了一起。这一碰撞导致法拉利车的轮子旋转起来，车子飞出赛道越过路堤最后落进正在铁丝栅栏后面观看比赛的观众中。特里普斯从车里飞了出去，被仰面朝天地甩到了赛道上。

灾难就在一瞬间发生了，距离赛道几英尺远的地方躺着包括特里普斯本人在内的15个人的尸体，另外还有几十个人受伤。又一个悲剧发生在法拉利车的车轮下。

菲尔·希尔孤独地继续比赛，最后夺得了悲情的冠军头衔。按照意大利奇怪的司法规则，克拉克被指控过失杀人。和之前的法拉利以及阿斯卡里案件一样，是大赛组织者因为疏于管理而让无辜的观众在近距离的危险地带观看比赛，这才导致了悲剧的发生，却让克拉克当了替罪羔羊。如果要指控谁，那也应该是组织比赛的官方。跟前面的案例一样，在走了一系列法律程序、过了足够长的一段时间后，克拉克被判无罪。

媒体再次哭声一片，梵蒂冈方面也一样。为了掩护自己，法拉利也表达了对遇难车手的哀悼之情。相比希尔，据说法拉利更喜欢特里普斯，不过法拉利从来不是一个感情丰富的人，他根本不在乎到底由谁来驾驶他的车。这次也并不例外。可怜的特里普斯被埋葬在了家族的城堡里（他的灵柩由一辆引擎严重过热的法拉利GT车运到了墓地）。之后不久，法拉利对他的一位牧师朋友说："我假装对冯·特里普斯的去世表示悲痛，我想我做得很好。"

原本充满希望的赛季如今却陷入了一片黑暗。这个时期还发生了著名的"逼宫"事件，至少有八个关键人物离开了法拉利车队，包括车队经理罗莫洛·塔沃尼、首席设计师卡洛·吉蒂、金融奇才德拉·卡萨（Della Casa）以及费德里克·吉贝尔第和吉奥托·比扎里尼（Giotto Bizzarrini）等在内。除了一些当事人的公开声明，这次决裂的具体原因外界并不太清楚。但大多数人的说法是劳拉不断介入车队运营而导致团队产生了不满。不过就算劳拉的行为有所怪异，这个原因听上去也太肤浅了一点。但可以肯定的是，劳拉在旅途中总是对吉蒂和塔沃尼指手画脚百般挑剔，所以他们之间的关系不太好。不仅如此，劳拉还开始广泛介入公司的各项事务，包括德拉·卡萨负责的财务事宜以及吉贝尔第负责的车辆销售业务。但是"逼宫"的真实原因恐怕比这些还要复杂得多。

公司的业务范围和影响力正在不断扩大，所以这次事件很可能只是为了争夺公司的控制权。当时法拉利公司的员工已经接近500人，公司在1961年总共生产了441辆乘用车，20多辆F1、F2赛车以及参加主要耐力赛和爬坡赛的跑车。法拉利自己是一个工作狂，无论周末还是假日（他自己回忆说他在复活节的周日和圣诞节都不会休息）都会坚持工作，这种高强度的工作节奏让他的一些老员工感受到了巨大的压力。

法拉利在涉及公司或工厂的问题上都是高度自恋的，任何一个妨碍他或者威胁到他王者地位的人都会让他心生嫉妒。他喜欢像巴兹和罗基那样安静而忠诚的员工，他们会心甘情愿地在伟人的阴影里默默工作。但塔沃尼、吉蒂还有其他赛车手都不是这类人，他们丝毫不关心法拉利的个人形象。然而法拉利又确实需要出色的经理人、设计师还有勇敢的赛车手来提升自己和公司的知名度以及影响力。因此对法拉利来说，任何一个过于成功的员工都有可能是一个威胁，他不会予以重任。法拉利从来没打算和任何人分享荣光，他从1961年开始就通过一系列非正式的回忆录来塑造自己高大的形象。

很多法拉利的追随者都不断赞美法拉利语言能力出众，称他是块当作家和记者的料。他们以法拉利在1962年出版的《My Terrible Joys》为例，对法拉利的笔头功夫赞赏有加。诚然，书中法拉利的表达能力确实很出色，他采用了一种古典的、散文般的表达方式，这种表达方式多见于19世纪意大利的书信中，但法拉利是否能有时间和精力写完一本完整的书还有待商榷。《My Terrible Joys》这本书完全是艺术性的自我陶醉，书中很多地方都流露出关于作者本人的蛛丝马迹。书中完全没有提到过希奈蒂，而法拉利一半以上的车都是由他售出的；也没有提到玛莎拉蒂、奥斯家族和其他竞争对手。科伦布在书中倒是有不错的形象，但读者可以清楚地感觉到作者非常不喜欢老对手里卡特和方吉奥。对于法拉利初期的赛车手生涯，作者进行了大量的渲染，并塑造了一个性格温和、意志坚定、具有牺牲精神、常常被误解的工匠在艰难无情的世道中不断努力的形象。

这些显然都不是出自法拉利的手笔，而是由一个叫詹尼·罗吉（Gianni Roghi）的人代笔完成。此人是米兰很有名的一个记者，他在法拉利身边待了一年并做了很多记录，显然也按主人的原话记录了很多小事情。他获得的报酬不是现金，而是一辆崭新的法拉利250GT跑车。但是命中注定他没多少机会驾驶这辆车，两年以后他去非洲做一个野生动物的项目时遭遇大象袭击，不幸身亡。有意思的是，阿斯卡里、方吉奥、霍索恩、希尔以及后来的苏尔特斯（Surtees）、劳达和谢克特（Scheckter）这些为法拉利车队赢得世界锦标赛冠军的车手均在获得这个称号后离开了车队。只有霍索恩和谢克特是退役离开的，他们在法拉利车队服役的日子也都不是什么愉快的经历。1961年末，菲尔·希尔和公司的关系也越来越差，很多人都知道这个加利福尼亚车手几乎从来没有得到过车队老板的赞赏，就算他为法拉利赢得了世界锦标赛冠军后也没有得到过任何正式的认可。

所以，自我价值实现的需要很有可能是这次大清洗中塔沃尼、吉蒂、德拉·卡萨和吉贝尔第（后二人后来又回到了车队）离开的原因，当然劳拉的不断介入也是原因之一。再者，在工厂日益壮大的情况下，法拉利想要把权力集中在自己手中以巩固自己在公司内的独裁地位。这场战争怎么看都是典型的意大利风格，参与者不断通过大声吵闹、互相诋毁以及各种充满了戏剧感的情节来推动发展。和法拉利意见相左的人往往会提出一堆要求并威胁说如果法拉利不答应，他们就会离开车队。虽然法拉利是一个夸夸其谈、形象高大的人，有时候也会屈服于意志坚定的敌人，但这一次他并没有妥协。法拉利在面对一系列大规模的狂轰滥炸时丝毫没有动摇，最后那些闹事的人只得灰溜溜地离开。这让意大利赛车界无比震惊，法拉利车队虽然受到了很大的打击，但是依旧屹立不倒。

想要加入法拉利车队的人还有许多。法拉利为了从中寻找人才而召集公司的低级雇员开了一个会，会上他对大家说："你们的前辈都离开了，现在你们必须负起责任。"他迅速提拔了莫罗·弗戈艾里和安吉洛·贝雷（Angelo Bellei）两个年轻人，这两个专业的工程师接替了吉蒂的工作。他们的任务是生产真正的路跑车，而不是现在这样只把一些废旧的赛车稍微改造一下。而弗戈艾里则接替了吉蒂在赛车设计方面的工作。他们一开始只是协助佛朗哥·罗基、沃尔特·萨尔瓦拉尼（Walter Salvarani）、巴兹等公司老员工的工作，之后才能自己主导。弗戈艾里和贝雷之后都在公司工作了很多年，也成为公司忠诚宝贵的一员，其中弗戈艾里的才能更是出众，他后来的知名度甚至威胁到了法拉利。

弗戈艾里被提拔的时候年仅26岁，但他早在童年时期就已经和法拉利公司有所联系了。他的父亲雷克吕斯（Reclus，一个法国名字，因为莫罗的爷爷曾经是一名共产党的反对者，所以他把家安在了蓝色海岸）是一名打样师，20世纪30年代末，原来的法拉利车队在生产阿尔法·罗密欧158车型时，他父亲就参与其中。1960年，莫罗从博洛尼亚大学毕业并获得了工程专业的高级文凭，他的父亲又回到公司，随后把儿子推荐给了法拉利。莫罗·弗戈艾里一开始打算移民美国从事航空业的工作，但法拉利打电话劝他留在了摩德纳。年轻的弗戈艾里聪明灵巧、意志坚定而且精力充沛，从他出现在马拉内罗的那一天起，就注定会对法拉利公司的命运产生重大的影响。

除了提拔弗戈艾里，法拉利还聘用了埃乌杰尼奥·德拉戈尼（Eugenio Dragoni）为新的车队经理。埃乌杰尼奥是一名富商，在米兰从事香水生产生意，也是一个非常固执的人。在所谓的"变革"之后，法拉利非常成功地对自己的团队进行了重组，但他的赛车事业依旧没有起色。特里普斯死了，法拉利自以为是地认为菲尔·希尔也失去了好胜心。然后里奇·金瑟尔也退出了，这个加利福尼亚车手在参加的为数不多的大奖赛中展示出了出色的才能，同时也是一个很有天赋的试车手，但对赛车怀抱热情的他以不可思议的低薪和法拉利签订了合同。而他自始至终都是车队的一个兼职车手，因为他从来没有正式出现在F1赛车的参赛名单中。按照他和法拉利签订的合同，在车队负责多项事务的他却没有一个正式的职位。

1962 年，法拉利想要邀请金瑟尔重回车队，两人在法拉利的马拉内罗办公室进行了会面。办公室是一间昏暗单调的房间，装饰得像个神龛似的。房间几乎空空如也，只有一张小小的会议桌放在中间，还有一张大照片正对着法拉利巨大的办公桌，上面是微笑的迪诺，照片底下是一个插着鲜花的花瓶。在这种奇特又略显诡异的环境中，法拉利占有明显的心理优势，他递给金瑟尔一份基本上和上一年度没有什么区别的合同。金瑟尔浏览了一下拒绝签字，法拉利于是黑着脸说："要不签字，要不你就永远别想参加 F1 大赛。"金瑟尔把合同揉成一团，扔到了法拉利的膝盖上。

法拉利什么都没说，只是叫来了一个助手并专横地说道："把金瑟尔先生的车钥匙拿去，打开后备厢看看千斤顶还在不在。"里奇·金瑟尔在马拉内罗短暂而辉煌的职业生涯就这样以一种不太美好的方式结束了，不过他之后仍在 F1 赛场上驰骋了四年。

这样一来，F1 的参赛队伍就需要重组，那些喜怒无常、咄咄逼人的自我主义者可是取得成功的关键要素。如果法拉利能找到一种方法，让名不见经传的农民也能开车，那他早就那么做了，这样在无尽的谈判中他就可以占据主导地位，因为那些人只在乎收入和自己的荣誉，对品牌背后的男人则毫不在意，和他们的谈话与交流会简单得多。

1962 年赛季车队的领头人是菲尔·希尔，他获得这个位置主要靠的是资历而不是因为对法拉利车队的热情。威利·迈雷斯、奥利弗·根德比恩、詹卡洛·巴盖蒂和里卡多·罗德里格兹都回来了，同时加入的还有一个名叫洛伦佐·班迪尼（Lorenzo Bandini）的 26 岁佛罗伦萨人。他是一个车行的老板，也是一个初级方程式的明星。在德拉戈尼的强力推荐下，他加入了法拉利车队，德拉戈尼认为这个热情满满的年轻人将是意大利赛车的未来，也将是阿斯卡里、卡斯特罗蒂和穆索的继承人。虽然大家往往会低估希尔的实力，但必须承认这支车队的实力并不是特别强。当然希尔和根德比恩都是耐力赛的好手，尤其在勒芒大赛中的技巧更是高超。而罗德里格兹和迈雷兹则擅长圈速竞争，但谨慎性不足。虽然巴盖蒂上个赛季的表现令许多专家都感到很惊讶，但他能在这个领域停留多久还是个未知数。

更糟糕的是，弗戈艾里发现吉蒂设计的底盘有很多不足。在光鲜的外表下，156车型其实已经非常老旧，车身还采用纤细的、没有弹性的落后管状结构，这跟几十年前阿斯卡里和维洛雷西驾驶的车没有什么区别。车无疑是落后的，只有发动机还不错，输出功率比上一年度的英国顶点赛车高出20马力，所以弗戈艾里开始思索对车进行改造的方法，以便能迎接来自英国赛车的挑战。

英国新技术的浪潮即将吞没古老的马拉内罗工匠。在英国，不仅各个地区都涌现出了一大批优秀的赛车手，同时考文垂和BRM公司也已经完成了小型高功率的V8发动机开发。据说这款发动机在马力和扭矩方面都和法拉利的V6发动机不相上下，但重量要轻得多。这款发动机被安装在成熟的单体式底盘（一种类似于航空技术的底盘，车身并非挂在车架上，而是整个结构的一部分）上，这是由科林·凯普曼、洛拉的埃里克·布罗德利（Lola's Eric Broadley）等人设计的。相比之下，弗戈艾里和法拉利公司正在疯狂改造的车突然之间变成了真正的"牛车"。大家向法拉利提议多花时间和金钱改进车的底盘、悬架和空气动力，但法拉利坚持认为对于赛车来说，出色的动力才是最重要的，所以他要求将开发工作的重点放在动力上，要想方设法让老旧的V6发动机产生更大的动力。

1961年12月底，升级版的156终于在汽车媒体面前亮相了。法拉利精心策划了这一次公众活动，给人以纯粹的剧院气息。指挥官充当了高贵的主持人，回答了关于新产品的一系列问题，之后请媒体拍照。

法拉利最想拉入车队的赛车手无疑是超级明星斯特林·摩斯。两人的关系从 1961 年开始日益密切起来，摩斯在那个赛季开的是赞助商罗伯·沃克的短轴距版 250 GT Berlinetta 双座跑车（漆成了沃克的深蓝色），并参加了很多跑车赛事。十来年前因为巴里事件，摩斯曾发誓永远不会为法拉利开车，现在这个誓言有所松动，因为法拉利非常敬重摩斯那种对赛车纯粹的热情和坚忍不拔的毅力。斯特林·摩斯是一个特别纯粹的赛车手，法拉利认为他拥有别的车手所没有的能力，这是一种天生的吸引力。法拉利公开表示非常欢迎摩斯加入车队，这让他车队的士气受到了严重的影响。摩斯还造访了马拉内罗，并和法拉利在卡瓦利诺的专用餐桌共进了一个长长的午餐，这让情况变得更加糟糕。当时工厂内有流言说，搭载着全新 185 马力、120 度 V6 发动机的 156 车型将会被运到英国去，然后车身会被刷成沃克蓝，而车手自然就是摩斯。可惜，两人的联盟最终并没有形成，在 1962 年复活节的那个星期一，摩斯驾驶着莲花-顶点 V8 在古德伍德（Goodwood）发生严重车祸，受了很严重的伤，之后因为头部的伤势几乎致命，摩斯华丽的 F1 生涯也就此终结。这样一来，就算他的才华再出众，法拉利也绝对不会用他了。因为顶点 V8 发动机，新的英国赛车强大得令人结舌，跃马车队在 1962 年的大奖赛上被杀得片甲不留，一次胜利也没拿到。虽然之后在勒芒大赛中，因为没有遇到什么竞争对手，希尔和根德比恩卫冕了冠军，但法拉利更看重 F1 比赛。跑车比赛是重要的销售工具，虽然勒芒等长距离赛事让工厂再次获得了制造商锦标赛的冠军，但跟大奖赛中的荣耀相比，这些都黯然失色。

1962 年赛季的表现令人极度沮丧，尤其相比于上一年度的独领风骚，更加显得落寞。法拉利不肯承认失利的原因是派出的车太过老旧，而是不断指责可怜的赛车手们。作为关键人物的德拉戈尼很不理智地将矛头对准了希尔和巴盖蒂，却不断安抚班迪尼。法拉利抱怨希尔在特里普斯出事后就一直没什么心思开车。实际上就算希尔的热情度下降，那也是因为厌倦了团队内部无尽的中伤诋毁和阴谋诡计，而不是其他原因。1962 年末，精疲力竭、精神沮丧的希尔离开法拉利加入了命运多舛的 ATS 车队，这个车队由 24 岁的乔瓦尼·瓦尔皮伯爵（Count Giovanni Volpi）、工业家杰米·奥尔蒂兹·帕蒂诺（Jaime Ortiz Patino）和乔治·比利（Georgio Billi）联合创立。

ATS 车队[公司一开始叫图力士姆运动汽车公司（Società per Azioni Automobili Turisimo Sport Serenissima）]的主要成员塔沃尼和吉蒂，也都是从法拉利车队出去的，他们在宣布加入的时候引起了很大的轰动。但车队从一开始就注定了失败，瓦尔皮很快因为与合伙人意见不合而退出了公司。吉蒂设计的燃油喷射式 V8 发动机动力很好，但底盘却跟他在法拉利时的平庸之作相差无几。瓦尔皮退出以后，车队面临严重的资金问题，这让所有成员都陷入了窘境。

有趣的是，造成 1961 年混乱的女人劳拉·加略罗·法拉利却退出了圈子，就是因为她的介入，塔沃尼、吉蒂以及其他人才会选择离开，这才有了后来命运悲惨的 ATS 车队。她的退出跟她的出现一样突然，连续两个赛季定期出现在各种赛事现场的劳拉又突然从汽车运动圈子里消失了。她回到了自家的海边别墅里，并继续在亚得里亚海的维塞尔巴避暑。

但是少了麻烦的劳拉，一些其他因素又开始困扰法拉利了。意大利的经济一直不稳定，政府也一直处于混乱状态，德·加斯贝利去世后的 10 年中，一共有 10 个政府统治过意大利。中间派的基督教民主党具有微弱的优势，但他们的势力也不够强大，需要不断和社会主义分子、右翼及一些小党派结盟。在匈牙利入侵后，共产党已经脱离了莫斯科的控制，他们在波河流域的实力非常强大并在工会里拥有绝对的控制权。法拉利工厂和摩德纳的其他公司一样经常遭遇罢工和停工。

虽然全员罢工的情况不是很多，但是总有那么一小部分人消极怠工，尽管有时候只是几个小时，可这样一来工厂的作息和节奏就全被打乱了。

不知道是因为意大利政局动荡，还是因为赛车场上的失利，抑或是年事已高，当然更有可能是在以上三个原因的共同作用下，1962年法拉利开始考虑出售自己的公司。第一个主顾是从得克萨斯远道而来的石油巨贾约翰·梅科姆（John Mecom）父子，他们从1957年开始就是法拉利的忠实客户。父子俩在中东拥有大片的油田，却常常待在欧洲。两人都曾造访过马拉内罗无数次，儿子小约翰比他的父亲更热衷于赛车。因为他们有钱有势，所以在摩德纳时法拉利也会定期和他们见面。1962年小约翰在欧洲度蜜月期间从美国空运了一辆雪佛兰过来，他在摩德纳停留时把车给了法拉利。之后不久，法拉利就和两位梅科姆先生开始讨论收购工厂事宜，价格方面还没有谈好，预计在2000—2500万美元之间。因为这项交易最后并没有达成，所以也很少被公众提及。但是根据小约翰的回忆，双方当时已经谈得八九不离十了，突然半路杀出个竞争者，并且非常有钱，所以梅科姆认为没有继续谈下去的必要并主动选择了退出。[之后小约翰组建了自己的车队，1966年格拉汉姆·希尔（Graham Hill）代表车队夺得了印第安纳波利斯500的冠军，车队之后一直活跃在赛车领域，还买下了美国橄榄球联盟新奥尔良圣徒队的特许经营权。]

把梅科姆父子和他们的百万美元踢出局的并不是更加富有的运动员，而是世界第二大汽车公司。福特汽车公司一直和底特律汽车制造联席会存有协议，规定不能参加任何赛车比赛，但是福特在1963年6月宣布废除这一协议，公司将会参加大量的赛车活动。福特正确地把握住了美国青年市场的发展方向以及他们对高性能路跑车的需求，这也造就了他们传奇车辆——野马（Mustang）的巨大成功，新的宣传词就叫"全性能"（Total Performance）。其实当时也不是福特方面主动寻求收购法拉利。1963年2月，福特位于德国科隆的福特-威克股份有限公司（Ford-Werke AG）传出消息说米兰的德国领事告诉他们，意大利的一个小型赛车生产商正在寻求和主流汽车厂商进行合作。后续的调查显示，这个遇到问题的公司就是法拉利公司。（法拉利则说是福特主动和他联系的，但这明显站不住脚，因为只有法拉利放出消息要出手公司，对方才会打电话来。）

李·艾柯卡（Lee Iacocca），福特汽车公司后来最耀眼的人物，认为收购法拉利大有可为。他看中的东西简单明了，那就是知名度。之前他也曾开玩笑说要收购劳斯莱斯，以便在新兴的美国市场和通用汽车抗衡。而收购法拉利只需要花很少的钱，所以这是一个更好的选择。

1963年4月中旬，马拉内罗迎来了一大批工程师、会计和管理人员，他们对法拉利的库存进行了细致的盘点，连一颗螺栓都不放过。他们最后得出结论，这个亚平宁山脚的小汽车厂商确实令人惊艳。公司办公区毗邻阿贝托内公路，东边是狭长的双层开放式展厅，在开放式的工位上一辆辆赛车整齐地排列着，还有最出色的机械师负责看护车辆。地板是红色的地砖，跟所有其他工作区域一样一尘不染。在天主教堂般的赛车车间后面是工程设计和制图区域。呈三角形的办公楼后面还有大片的区域，分别是铸造和车辆装配车间。马路对面则是卡瓦利诺餐馆，沿着公路向福尔米吉村方向走可以看到一栋巨大的三层别墅，那里平时住着法拉利本人和一些尊贵的客人。法拉利车队的老办公区位于摩德纳市内，现在外墙贴了难看的砖，那里是公司的客户销售和交车中心，也是法拉利在市区的办公室。

里奥·莱文（Leo Levine）将这次试图收购法拉利的情况写入他为福特赛车所写的历史著作——《尘埃和荣耀》（*The Dust and the Glory*），这可能是唯一完整准确地描述法拉利公司设施的文献，现在还保存在福特的公司档案里。会计人员审核了大量的账本，发现法拉利公司的盈利状况良好，就算没有菲亚特和意大利汽车俱乐部的补贴，公司也不会亏损。

福特拟收购的价格是1800万美元（居然比之前梅科姆父子的报价还要低），收购后福特将全权获得"法拉利"品牌名及旗下所有的商标、专利与后续技术发明的所有权，还有法拉利和家人所持有的SEFAC公司90%的股份。公司名字将更改为福特－法拉利，跃马标识还会出现在公司的新标识中。法拉利本人的职务为副总裁，他最感兴趣的赛车部门还归他所有，且拥有其中9%的股份，剩下的10%归福特所有，但前提条件是法拉利生产的赛车必须由福特指定，包括但不限于传统的F1赛事和耐力赛所用车辆。

福特的分部总经理助理唐纳德·弗雷（Donald Frey）来到摩德纳负责项目谈判，一切进展都非常顺利。当时是5月初，正值摩德纳最舒服的一段时期，天气温暖晴朗，也不会很潮湿。弗雷四十多岁，戴着眼镜，看上去天真无邪，但事实上精明能干。他能断断续续地说点意大利语，这让法拉利非常惊讶，两人相处得非常愉快，至少在表面上相谈甚欢。两人在一起度过了很多个夜晚，有时他们会去加里波第广场，在法拉利家附近看歌剧，有时则去那里的餐厅用餐。有一天晚上，法拉利还找了几辆超快速的旅行车带弗雷去亚平宁山上吃饭。法拉利努力地开着车在500英尺的陡坡上飞驰，想吓唬一下底特律来的弗雷，没想到弗雷很镇定地坐在车上，反倒是开车的法拉利越来越手忙脚乱。两人在山上吃了饭，还喝了不少香槟，回摩德纳的时候法拉利依旧开得很快，车子最后被一个当地的巡警拦了下来。法拉利很生气，颐指气使地亮出了自己的身份并要求警察放行，但因为事发地点离他的地盘比较远，他的影响力不起作用，所以最终还是被开了一张超速罚单。在接下来的旅程中，指挥官可就开得慢多了。

会谈还在继续，意大利、美国和瑞士（法拉利在那里有一系列的控股公司和银行账户）的律师也出席了会议，请领导签字的文件堆成了山。弗雷如今已是美国西北大学的教授，根据他的回忆，当时法拉利花了很长时间对福特和法拉利的标识进行涂涂画画，希望能把两者完美地结合成公司的新标识。法拉利出售乘用车业务的意向很高，价格也谈好了，现在就只剩下一些例行的法律手续没办了。但是法拉利对赛车部门的态度却截然不同，双方就赛车部门的归属问题在位于皇家菲尼酒店对面，法拉利家房子一楼的啄木鸟饭店（Tucano）举行会面并进行了一些非正式的讨论，但并没有达成共识。

到了5月的第三周，法拉利有可能要被福特收购这一消息已经尽人皆知了。媒体对此反应强烈，失去法拉利对他们来说就像失去西斯廷教堂那么严重，菲亚特、蓝旗亚和阿尔法·罗密欧的代表也蜂拥而来。当时有小道消息说，合同约定的收购费用大概也就是一万美元（弗雷说这完全是无稽之谈）。这样一来，大家都觉得美国的巨人要来毁灭马拉内罗勇敢的大卫了。但是这一切混乱仅限于工厂外部，工厂内的一切都很平静，原因很简单，因为赛车队这个关键的归属问题还没有开始讨论，而这无疑是法拉利最看重的。

弗雷在一个晴朗的星期四早晨来到了马拉内罗，他已经厌倦了当地的居住环境，也厌倦了这里单调的饮食，所以搬到了米兰漂亮的萨维亚酒店并开始每天两地跑。和往常一样，会议地点安排在法拉利诡异的办公室里，照片上的迪诺在弗雷背后微微笑着。两人这次面对面的讨论将决定法拉利车队和赛车项目的未来，他们没有请律师也没有其他顾问，决策权完全在二人手中。

法拉利先开口询问了新组织在未来的总体运营方式。"工程师博士，"他经常这么称呼弗雷，"如果我想参加印第安纳波利斯而你不想参加，最后我们会不会参加？"

弗雷毫不犹豫地回答："不会参加。"

法拉利僵坐在椅子上，一言不发。过了一会儿，他站起来瞟了弗雷一眼，说："我很高兴认识你。"弗雷马上就明白了他的意思，谈判结束了。法拉利无论如何都不会把赛车事业的主动权交给福特汽车公司，在路跑车方面，福特可以随心而为，但是如果法拉利不能全权掌控赛车部门，他是绝对不会同意把公司卖给福特的。而相对地，福特也绝对不会允许在自己的公司内还有独立运营的组织。这样一来，双方就产生了无法逾越的鸿沟。弗雷迅速离开了摩德纳，第二天就回到了迪尔伯恩（Dearborn），除了带回来一本法拉利的非正式传记《My Terrible Joys》，谈判毫无成果，他的腰围倒是涨了好几圈。他把情况报告给亨利·福特二世，拥有世界最大汽车帝国之一的他也是一个像法拉利一样拥有钢铁意志的男人，但却比法拉利强大得多。他说："既然这样，那我们就把他踢出赛车场吧。"由此，史上最贵最复杂的一个赛车项目开始了，福特的目标就是要赢得勒芒等主流耐力赛的胜利，摧毁马拉内罗那个拒绝他们的男人。

有一小群富有的加利福尼亚商人和汽车运动爱好者这时也想收购法拉利公司，而法拉利当时也很想出售。他们其中的一个领头人叫奇克·范德格里夫（Chick Vandergriff），是好莱坞赛车的老板，德高望重的他同时也是法拉利车在美国的著名经销商。他回忆说，当时的收购价格已经下跌到了700万美元，但是后来菲亚特开始向法拉利公司提供资金支持，所以预备的谈判并没有展开。由此可见，法拉利在20世纪60年代中期确实想要出售公司，并且收购价格还持续走低。

有一个人也听说了福特退出谈判的消息，这个人就是法拉利的对手卡罗尔·谢尔比。高大干练的谢尔比是得克萨斯人，曾在1959年获得过勒芒大赛的冠军，但之后因为心脏问题结束了赛车手生涯。谢尔比从50年代起就不喜欢法拉利，法拉利也一样不喜欢他，现在两个人的车将在赛道上狭路相逢。

1961 年，谢尔比给通用汽车提出了一个建议，当时英格兰萨里的 AC 汽车公司生产了一款名叫 ACE 的敞篷跑车，拥有简洁的铝制车身，非常适合小型雪佛兰 V8 发动机。谢尔比建议将这款"混合车"导入日益繁荣的美国赛车市场，但是通用汽车拒绝这个提议。之后他又联系了福特，福特给他提供了一款产自迪尔伯恩、拥有类似尺寸的 289 立方英寸 V8 发动机，这就是"眼镜蛇"赛车的来源。有了福特大规模的资金支持，谢尔比美国公司不仅在本土的很多比赛中获得了胜利，同时也在欧洲大陆和法拉利的豪华旅行车进行了同场竞争。

1962 年，FIA 针对豪华旅行车设立了一个制造商锦标赛，这个级别规定参赛车辆的生产数量必须在 100 台之上。1962 年 2 月 24 日，法拉利发布了著名的 250GTO，但这款出色的车型只生产了 39 台样车，法拉利认为这款车是早期 250GT 的衍生车，所以应该符合数量的要求。GTO 是法拉利工厂生产的最后一款前置发动机车型，也是法拉利最后一款路跑车型。这款车的目的就是为了在 1962 年那个寒冷的早晨打败"眼镜蛇"，赢得新的 GT 锦标赛。在这个赛季它做到了，但是 1964 年，赛车专家丹·格尼驾驶着加利福尼亚的漂亮赛车超过了法拉利并夺走了冠军头衔。福特汽车公司和他的盟友——固特异轮胎和橡胶公司毫不在意地向这个项目注入了巨额资金。不过美国产的赛车使用的都是推杆发动机和漂亮的轻型车身，这样的赛车居然可以打败意大利生产的高级跑车，这让全球的热心人士都非常难过。GTO 外观漂亮又性感，但跟大多数法拉利的车型一样，它的成功主要来自本身的神秘感和对手的实力不足。

与此同时，围绕着恩佐·法拉利私生活的戏剧还在不断上演。年轻的皮耶罗·拉尔迪被摩德纳的欧洲学校录取了，她的英语老师——一位名叫布伦达·维埃诺（Brenda Vernor）的金发女郎来摩德纳度假后就再也没有离开。她爱上了法拉利车队中一个勇猛的赛车手麦克·帕克斯。帕克斯不仅在耐力赛车手排行榜上的排名不断上升，同时还是一个小有名气的车辆开发工程师。维埃诺在摩德纳的欧洲学校任教赚取生活费，她之后成了法拉利的私人秘书之一，在工厂内也有一定的影响力。对于劳拉·法拉利是何时得知皮耶罗的存在的，我们只能根据情况进行推测。由于法拉利的母亲在1965年去世时已经知道了这个孙子的存在，所以劳拉肯定也已经知道了。不过据可靠消息，1963年的一天，皮耶罗无意中闯进了法拉利的办公室，看到劳拉正坐在法拉利办公桌的对面，虽然劳拉没认出他，但他还是迅速逃离了现场。

这个时候菲尔玛·布雷斯奇已经离开了博洛尼亚，她在佛罗伦萨开了一家服装店并在那里待了很多年。虽然菲尔玛不在身边，但是法拉利从来不缺乏女性伴侣，他在卡斯特尔维特罗以及摩德纳大酒店和皇家菲尔酒店的猎艳持续了好多年。对于法拉利来说，女人和征服女人永远是私生活的核心主题（20世纪80年代，他还在玛莎拉蒂附近的希罗·梅诺蒂大街上为他的女朋友开了一间酒吧）。就连很多和法拉利关系密切的伙伴也不知道，对法拉利来说，汽车和性到底哪个更重要。

1963年赛季车队的表现非常好，他们在勒芒大赛中几乎没有遇到什么对手，轻而易举地再次获胜（主要厂商几乎都没有参加这次比赛，只有保时捷参加了小排量级别的比赛）。洛伦佐·班迪尼和洛多维科·斯卡尔菲奥蒂（Lodovico Scarfiotti）驾驶着全新的中置V12发动机车型250P获得了胜利，这让整个意大利为之沸腾。法拉利车队的意大利赛车手开着意大利生产的车包揽了前六名，这简直就是民族的胜利。当时冠军的唯一竞争对手是队友迈雷斯和他的新副驾驶——英国人约翰·苏尔特斯。两人的姐妹车250P刷新了圈速纪录（苏尔特斯驾驶时），他们在前15个小时一直保持领先，超过最终的冠军足足两圈。不过因为维修点的检修工作不到位（对 SEFAC 公司来说也不罕见），车在赛道上忽然起火，迈雷斯从行进中的车上跳了下来，手臂受了重伤，导致后面的好多比赛都没法参加。

苏尔特斯的到来受到了大家的欢迎，只有德拉戈尼和帕克斯例外，前者对大多数外国人都没什么好感，而后者则瞧不起自己的工人阶级同胞。但苏尔特斯是个伟大的运动员，他已经为 MV-AGUSTA 公司赢得了世界摩托车锦标赛的冠军，且敢于尝试，同时还是一个汽车和底盘调试的高手。摩托车和汽车的比赛规则完全不同，像他一样能成功转型的人并不多，代表还有努瓦拉里、罗泽迈尔和瓦兹。能转行已经是非常了不起的事了，更何况他居然这么快就成为了这个行业最出色的选手之一。

F1 的参赛队伍将以苏尔特斯和受伤的迈雷斯为中心，而车辆依旧是老旧的 156，弗戈艾里对它进行了简单的改造。同时，他和贝雷还在设计两款新的发动机：四凸轮轴的 V8 发动机和一款平铺式的十二缸发动机。1963 年的车辆都搭载了硬性框架和传统的单孔式前脸，冒牌的镁金属轮毂替代了好看但沉重的博拉尼车轮。这款发动机虽然装上了博世公司的燃油喷射器，但和强大的顶点及 BRM V8 发动机相比还是差很多。车的底盘也非常落后，和重量更轻、结构更稳固的英国车形成了鲜明的对比。看来，这个赛季的日子不太好过了。

大家开始称呼苏尔特斯为"大约翰"，这个称呼并不是因为他的体型，而是因为他强大的内心。多亏了这个男人，老旧的 V6 发动机慢慢获得了新生。苏尔特斯和弗戈艾里以及博世公司的燃油喷射技术专家合作得很好，他们慢慢地在速度上超越了飞驰的英国车——光彩夺目的克拉克和他那体型纤细的莲花 25。因为班迪尼已经在一年前离开车队并加入了意大利中南（Centro Sud）车队，所以德拉戈尼的民族主义也不复存在。受伤的迈雷斯暂时由运动汽车专业选手斯卡尔菲奥蒂替代，直到纽博格林的德国大奖赛才能复出。在德国大奖赛上，苏尔特斯为法拉利赢得了1963年赛季唯一的一个F1冠军，他一路刷新着圈速，这让马拉内罗方面欣喜万分。自两个赛季前在意大利大奖赛上接连发生的悲剧，车队已经好久没有获得过这样的荣誉了。在大约翰获得冠军的同时，可怜的迈雷斯则在这次比赛中结束了他的职业生涯。狂野的威利在进入可怕的"飞机场"弯道时车冲过了头开始打转，他不仅撞死了一名救护车上的工作人员，自己的手臂也受了粉碎性的伤害，他再也不能驾驶法拉利大奖赛汽车了。

几个星期以后，苏尔特斯又在意大利的恩纳（Enna）赢得了一场非锦标赛的赛事，班迪尼开了一辆以私人身份参赛的BRM（之后归还给车队）紧随其后。虽然车队在之后的赛程中运势不是很好，苏尔特斯和班迪尼在最重要的意大利大奖赛上都发生了机械故障，但至少这一次背靠背的胜利非常值得庆祝。新款四凸轮轴V8发动机马上就要完工了，1964年的F1比赛对于公司来说充满了希望。

在蒸蒸日上的汽车市场方面，法拉利公司也一样前途无限。美国人的热情丝毫未减，1963年公司的乘用车产量接近600台（只有两台之差），预计1964年会远远超过这个数字。20世纪50年代末60年代初，宾尼法里纳和斯卡列蒂设计的车身都很漂亮，拥有雕塑作品般的美感，但进入60年代中期后，宾尼法里纳的设计师们开始走个性化路线，车身变得圆滚滚的，有时候还配上奇怪的"长鼻子"。这种奇怪的美学设计，加上双车灯、粗制滥造的顶棚和刚出现不久的侧面板，导致330GT、365GT 2-Plus-2、275GTB这些60年代末70年代初的一些车型都不怎么美观，希奈蒂和其他经销商均表示几乎没法卖出去。甚至，车的配色也变得很奇怪，希奈蒂说有一次，他们正在纽约卸载一些刚刚运来的车，发现一辆330GT的两个前大灯就跟猫头鹰的眼睛似的，淡黄色的车身居然配了绿色的内饰，还有一辆红棕色的车居然搭配了淡蓝色的座椅，这实在是太恐怖了。不仅如此，车的做工也变得越来越差，除了闪闪发光、魅力十足的发动机和跃马标识，车的底盘不过是几根管子简单地焊接在了一起，所用零部件也都很廉价粗糙，车身很容易生锈或漏水。车上的电线安装随意，就算是最优秀的机械师也搞不清楚它们的布局。车子的离合器是其最大的弱点，有一次离合器发生爆炸并炸掉了女客户的一只脚。所幸希奈蒂父子没有被卷入法律纠纷，他们为客户换了车，然后把事故车又卖给了一个毫不知情的新客户。

车的操控性也不尽如人意（除了在短距离、喧闹而宽阔的道路上前行时），博洛尼亚的牵引车生产商费鲁吉欧·兰博基尼（Ferruccio Lamborghini）因为不堪忍受这些缺点而在1962年自己设计了一款豪华旅行车。这个故事可能是杜撰的，但兰博基尼曾告诉别人，他开车去马拉内罗抱怨他新买的法拉利性能不佳，结果不仅吃了闭门羹，还饱受酷热天气的折磨，于是他就决定要生产自己的汽车。不管情况是否属实，他确实雇用了一个工程师团队，领头人是曾经在法拉利工作过的吉奥托·比扎里尼。他们自行开发了一款V12超级汽车，这款汽车的品质和可靠性都比法拉利车更胜一筹。比扎里尼曾经在法拉利担任过GTO项目的工程师，在他的手下诞生了一款24阀门、3.5 L排量、十二缸发动机的新车。1964年，兰博基尼在日内瓦车展上展出了第一辆成品汽车，这让法拉利非常不高兴。法拉利的350GT有着青蛙眼睛一样的前脸，在外形上非常不讨喜，一系列二线的旅行车开始在做工和性能上赶超法拉利。不过兰博基尼对赛车比赛不感兴趣，所以两人并没有在赛道上拼杀过。

相比于对手费鲁吉欧·兰博基尼，法拉利还有其他的事情需要忧心。收购案被法拉利拒绝后，福特汽车公司方面非常生气。有消息称艾柯卡和福特公司在美国和英国集结了一大批人，其中不乏有才华的工程师和经验丰富的赛车手,他们准备在法拉利最擅长的运动赛车领域大干一场。他们的使命是赢得勒芒二十四小时耐力赛,同时尽可能地在其他国际性重大公路赛事中胜出。自1954—1955年遭遇梅赛德斯 - 奔驰车队的进攻以来,法拉利还没有遇到过这样的情景。老旧的GTO已经被眼镜蛇跑车打败了,如果法拉利想要保住GT级别的世界锦标赛冠军,就必须对车型进行改造(虽然制造商锦标赛总冠军的头衔暂时没有威胁)。

公司开始制定1964年F1赛车的计划。贝雷的小型V8可以用来对抗英国车,但面对来自美国的怪兽(福特),以及他们原始却高效的V8乘用车,法拉利必须拥有新的武器。法拉利决定生产一款中置发动机的豪华旅行车,使用科伦布久经考验的V12发动机。这款机型已经得到了改进,但是跟20年前天才设计师设计的型号很像。新车被命名为250LM(代表勒芒)。国际规定要求参加GT大赛的车辆产量必须超过100台,但这款手工打造的车辆定价为每台22000美元,这个价格在1964年无异于天价,一百台的销售量几乎没有可能达成。

当时法拉利的心情还不错,1957年一千英里耐力赛事故导致的法律纠纷已经解决了,他肯定会被判无罪。他还和菲亚特的阿涅利家族签订了非正式的合同,双方启动了好几个联合项目,法拉利也因此获得了源源不断的资金。他在4月份正式向FIA的国际运动委员会(Commission Sportive Internationale)提出申请,希望制裁委员会准予250LM参赛。但因为这款车型一共只生产了10台,所以这一申请被无情地驳回了,委员会要求法拉利在7月份再次申请。因为时间紧张,所以法拉利请自己在意大利汽车俱乐部的朋友出面向FIA官方施压。众所周知,所谓的制裁执行得并不严格,对于汽车生产台数的要求常常被人偷换概念(比如GTO)或者直接无视,于是法拉利在7月份再次提交了申请。这一次,巴黎方面派出一个代表团到法拉利工厂实地考察。代表团在工厂里发现了 7 台已经完工可以交付的 250LM，另外还有 7 台正在装配，四台半成品还没有装发动机和变速箱，还有九台光秃秃的底盘，再加上正在生产的 4 台以及 6 个准备好的斯卡列蒂车身，一共算是 37 台车。于是，法拉利再次被无情地拒绝了。这让他非常抓狂，他愤怒地尖叫着，扬言要退出比赛，声称再也不会代表忘恩负义的国人出战。为了让威胁更有力度，他甚至还把自己的赛车执照交了回去。整个夏天，风波起起伏伏，但最终法拉利不得不接受现实。他怒气冲冲地宣布，他的大奖赛车队将会披着蓝色的外衣代表美国参加美国大奖赛和在墨西哥举行的比赛。

讽刺的是，美国本土最著名的福特汽车公司在这个美丽的国度里给了法拉利沉重的打击，把法拉利从汽车运动的巅峰拉了下来。不仅谢尔比的"眼镜蛇"实力大增，同时福特公司也正在打造全新的赛车来对抗当时世界上最快的车型——中置引擎的 275P。在英国的斯劳（Slongh）刚刚成立了福特先进车辆部门（Ford Advanced Vehicles）后，谢尔比、原阿斯顿·马丁的车队经理约翰·威尔（John Wyer）、设计师罗伊·伦（Roy Lunn）和埃里克·布罗德利（Eric Broadley）、优秀的机械师菲尔·雷明顿（Phil Remington）在 1964 年春天完成了对 GT40（名字的含义很简单，因为车子的高度是 40 英寸）的测试。这款中置发动机的双座跑车非常漂亮，它车头扁平，搭载改良后的 289 立方英寸的推杆式量产车发动机，在技术上远远超过法拉利的置顶凸轮轴发动机。

因为车子在测试中的表现一般，又在纽博格林的一千公里大赛中发生了机械故障，所以福特在勒芒大赛中只派出了三辆这种漂亮的小车。法拉利则派出了至少六辆 275P（公司派出了四辆，另外两辆分别来自希奈蒂的 NART 和英国的一个经销商）。苏尔特斯和班迪尼组队，他们在练习赛中的速度最快。两人在危险狭窄的 8.36 英里公路赛道上的平均速度达到了不可思议的每小时 135.6 英里。但福特的三辆车也紧随其后，两两组队的赛车手分别是菲尔·希尔和布鲁斯·迈凯伦、法国人乔·施莱瑟（Jo Schlesser）和英国人"迪奇"·阿特伍德（"Dickie" Atwood），以及美国车手马斯特恩·格雷戈瑞和里奇·金瑟尔。资格赛结束后，所有的法拉利和福特汽车均位列前 13 名。

当时二十四小时耐力赛都是按照传统的"勒芒起跑方式"开跑，赛车手们快速跑过赛道，然后上车、发动车辆、冲出去。这场"马拉松"在温暖 6 月的下午四点正式开始，和预料的一样，三辆法拉利在跑完第 1 圈的时候保持领先，排在第四名的是金瑟尔驾驶的蓝白色 GT40。当战火蔓延到 3.5 英里的慕尚（Mulsanne）直道时，金瑟尔突然超过了罗德里格兹、乔·邦尼（Jo Bonnier）和苏尔特斯驾驶的三辆法拉利。金瑟尔回忆说，他当时透过挡风玻璃看到道路两旁的树木迅速后退，只能看到景物模糊的影子，而且方向盘变得很轻。他鼓起勇气迅速瞟了一眼转速表，发现当时的转速已经达到 7200 转，所以他迅速推断出自己的时速应该已经接近 210 英里。

在最初的一个半小时里，金瑟尔一直保持领先，但因为在维修点浪费了时间，苏尔特斯又反超了回去。最终，金瑟尔－格雷戈瑞和希尔－迈凯伦车上的克罗蒂（Colotti）变速箱都坏了（讽刺的是，这些变速箱是由法拉利原来的一个员工在摩德纳生产的）。但是，菲尔·希尔在这次比赛中跑出了最快圈速，GT40 也展现出了巨大的潜力。显然，大战一触即发。

这次比赛的胜利最终属于法拉利车队，法国车手让·贵切特（Jean Guichet）和尼诺·瓦卡雷拉（Nino Vaccarella）的 275P 获得了冠军，车队还包揽了前三名。之后丹·格尼和鲍勃·邦杜兰特（Bob Bondurant）驾驶的谢尔比眼镜蛇切实打败 GTO 获得了 GT 级别的冠军，这也为福特挽回了一些颜面。

两大巨头的勒芒对峙还有有趣的后文。谢尔比和他的同事把其中一辆 GT40 带回迪尔伯恩（Dearborn）进行了风洞试验，通过和航空业的空气动力专家合作，他们发现这辆车发动机管道和车身方面的缺陷影响了超过 75 马力的动力。由此可见，法拉利车的车速真不怎么样，只是车身更轻，所以发动机的马力也更大。但 GT40 在直道上的速度非常快！法拉利车虽然常常有流线型的漂亮车身，但在关键的空气动力性能上却没下什么功夫。马拉内罗工厂只有一个很小的风洞，只能对按比例缩小的汽车模型进行测试。虽然工程师们要求更换新设备的呼声很高，但是法拉利毕生都不肯在先进的设备上多花钱。法拉利一直坚持自己最初的观点，他一辈子都坚信汽车出色的马力比什么都重要，也是取胜的关键所在。

虽然福特不断带来威胁，但是 F1 赛事在整个夏天都进展得出奇顺利。意志坚定的苏尔特斯开着全新的 V8 车型赢得了德国大奖赛、奥地利大奖赛和意大利大奖赛。法拉利也并没有食言，当车队参加 10 月沃特金斯·格伦的美国大奖赛时，车真的刷成了蓝白色，并由希奈蒂的 NART 为代表参加了比赛。法拉利想要通过这种方式让 FIA 和 ACI 同意 250LM 参加 GT 级别的比赛，但最终还是无果。不过后来他也扳回了一局，他说服蒙扎大赛的管理者取消了随后赛季的耐力赛，这避免了在家门口被"眼镜蛇"击败的耻辱。

这个赛季中，法拉利车在北美最后两个大奖赛中都有不错的成绩，吉姆·克拉克的莲花和格拉汉姆·希尔的 BRM 也都属于这个级别。苏尔特斯的勇气和智谋让他在整个赛季中都有不错的表现，他在沃特金斯·格伦的比赛中仅次于格拉汉姆·希尔获得了第二名。如此一来，谁能夺得世界锦标赛冠军就要看 10 月 25 日在墨西哥城的表现了。苏尔特斯开了他熟悉的 V8，班迪尼则开了一辆更加先进的 V12 型，佩德罗·罗德里格兹为了纪念两年前在这个赛道上遇难的哥哥里卡多而开了一辆旧的 V6。

克拉克在赛事刚开始时保持领先,他在这个赛季中也常常有这样的表现。格尼开着他的布拉汉姆排在第二,格拉汉姆·希尔则勇猛地超越班迪尼位列第三。苏尔特斯的起步不够快,他只能不断追赶前面的车。在第 31 圈进入赛道唯一的"发夹弯"时,班迪尼的法拉利冲过头撞上了希尔的 BRM,这一碰撞导致英国车手的排气系统故障,希尔只好进了维修点进行检修。克拉克看似胜券在握了,但在最后一圈,车的油压出了问题,一路高歌猛进的小型顶点车骤然停了下来。这样一来,格尼变成了第一名,班迪尼紧随其后。突然之间,法拉利维修点的工作人员意识到,如果位于第三名的苏尔特斯能获得亚军的话,他在世界锦标赛的排名就能比格拉汉姆·希尔高一分,那他就是冠军了。于是他们疯狂地示意班迪尼放慢速度,好让苏尔特斯超过他,摘得世界锦标赛的桂冠。

这完全就是靠投机取巧获得的胜利(虽然约翰·苏尔特斯完全有资格获得世界冠军)。格拉汉姆·希尔在整个赛季中的总体成绩非常好,但规则就是规则,最终法拉利摘得了锦标赛的桂冠。英国媒体一开始怀疑班迪尼是故意把希尔的车撞坏以帮助他的队友夺得冠军。但是不要说官方,连希尔本人都否认这一点。这位英国赛车手留着大胡子,有着君王般的气势,蓝色的头盔上面印着伦敦赛艇俱乐部的徽章,他把自己的姿态放得很高,轻蔑地说:"他当然不是故意的,他的驾驶技术太臭了。"

不管怎么样,国际锦标赛的冠军时隔三年又回到了马拉内罗手中,约翰·苏尔特斯也成了大家心目中类似于民族英雄般的人物,达到了非意大利籍车手的最高位置。当时 31 岁苏尔特斯头发已经开始花白,他是一位非常忧郁也非常具有竞争力的赛车手,法拉利似乎也是真心喜爱他。和法拉利本人一样,苏尔特斯也是白手起家,他在学习机械期间退学，之后成为摩托车以及赛车场上的明星。在赛车这件事情上，两人都是"一根筋"，车队的很多半吊子赛车手虽然为车队开车，但是从来不自己摆弄车，而苏尔特斯可以在实验室和弗戈艾里一起工作很长时间，也会去公司的发动机车间帮助提升发动机的动力和可靠性。他是一名真正的赛车手，在所有赛车手中，数他和法拉利的关系相对密切一些。

在公司外，两人也经常在一起。很少有人像苏尔特斯那样，能有幸被法拉利邀请去他位于维塞尔巴的海边别墅做客，两人会在那里讨论战术和未来的车型设计直至深夜。他们还会花很长时间在卡瓦利诺吃午餐，法拉利幽默地按照酒精度数把酒分为"F1、F2和F3"。苏尔特斯的生活很健康，他喝酒不多，所以一般都是选择温和的"F3"，也因此常常被法拉利嘲笑。两人之间这种紧密的关系让德拉戈尼非常不爽，因此他在车队里还是继续力挺班迪尼。但现在车队所有的注意力都集中在了冠军身上，班迪尼（对德拉戈尼持续不断地为他辩护感到非常尴尬）被迫变成了陪衬。

随着苏尔特斯获得一连串胜利，250LM被拒绝参赛的尴尬事件早已被人遗忘，车队已经在为1965年的比赛做准备了。很明显，法拉利车队会再次代表意大利出战。前途似乎一片光明。然而在遥远的迪尔伯恩、密歇根、英国小镇切尔西和莲花汽车公司所在的赫特福德郡（Hertfordshire），一些势力正在悄然崛起，他们将对法拉利的声望产生前所未有的影响，也将彻底打破法拉利本人和他的"信徒"们精心打造的"不败神话"（尽管"不败"并不存在）。

16 / 第十六章
崛起的竞争对手们

因为出身背景相似，加上两人都对老式快速汽车怀有特殊的感情，所以恩佐·法拉利和塞尔吉奥·斯卡列蒂的关系很好。四十多岁的斯卡列蒂，早在30年代就认识法拉利了，那个时候十几岁的斯卡列蒂在原法拉利车队工作，帮忙修理阿尔法·罗密欧的翼子板。斯卡列蒂也是摩德纳人，私底下两人会说口音浓重的当地方言，高贵的罗马人和托斯卡纳人可听不懂这些方言。战后，斯卡列蒂在摩德纳火车站旁边开了一间小小的车身厂，之后搬到城市西郊艾米利亚古道上一个更加开阔的地方。斯卡列蒂虽然没有接受过正式培训，但他具有工匠的天赋，对比例和尺度有先天的敏感度。他的这家车身厂打造了很多经典汽车，例如 Testarossa 和 250GT Spider California 等，其中的代表作就是 250GT 短轴距双座跑车和 GTO。

虽然大多数法拉利车的正式外观设计都是由远在都灵的宾尼法里纳完成的，但法拉利觉得斯卡列蒂粗糙的工匠之手更贴近自己的现实生活。每个星期四他都会接到"工程师"打来的电话，对方通常会说："好的，斯卡列蒂，你进展得怎么样了？"答案总是像镌刻在了石头上千篇一律，斯卡列蒂会回答说还没有什么计划，于是两人会一起吃午餐。一切看上去似乎都是即兴而发，但事实上两人的这种日程安排持续了二十多年，直到 20 世纪 80 年代中期法拉利的健康状况开始恶化才停止。根据斯卡列蒂的回忆，两人最开始的话题往往围绕着汽车展开，比如参加了哪些国际赛事，获得了多少收入，等等。后来，两人的话题渐渐从汽车转移到了女人身上，法拉利常常回忆年轻时的事情，他说过无数次自己在战争期间生病时的痛苦遭遇，以及在博洛尼亚附近的战地医院里听到一楼传来钉棺材的声音。两人的午餐带有浓重的摩德纳风味，由奶油酱汁和大量的香槟组成，这些其实都衬托了法拉利的核心性格——一个循规蹈矩、有规律的、可预见的摩德纳人。他是一个寻求简单快乐的简单男人，而这些快乐往往只有在他熟悉的地方才能找到。

冬天马上就要过去，这也就意味着 1965 年赛季即将来临，法拉利也即将面临几个大的挑战。从 1966 年开始，方程式赛车的规则要求参赛车辆必须是 3L 的普通发动机，也允许 1.5L 的增压发动机参赛，所以这个赛季对平铺式十二缸 V8 发动机的 Tipo 158 来说，应该是最后一次参加 1.5L 方程式比赛了，这也就意味着法拉利需要开发一系列全新的发动机和底盘。同时福特在耐力赛中的威胁越来越大，如果想要保持在勒芒大赛和制造商锦标赛中的优势，公司必须生产出新的跑车。

与此同时，公司在量产车方面也有了新的竞争对手。保时捷新出的 911 系列在蒸蒸日上的豪华旅行车市场成了法拉利的有力竞争对手，捷豹的新车 XKE 双座跑车和敞篷跑车的表现也非常不错，就连兰博基尼和老旧的玛莎拉蒂也在不断侵蚀跃马品牌的市场份额。量产车是法拉利公司收益的重要来源，并负担着整个赛车项目的费用支出，所以这些车辆的销售额下滑将直接导致十分严重的后果。

福特对法拉利的威胁还远不止在主要的耐力赛上。针对即将实行的 3L 规则，福特向英国的考斯沃斯工程公司（Cosworth Engineering Ltd）投入了大量的资金，这家公司是由两位天才工程师弗兰克·考斯廷（Frank Costin）和基斯·达克沃斯（Keith Duckworth）创立的，主要从事发动机的生产。据说公司正在生产一款性能出众、四凸轮轴的紧凑型V8发动机。而BRM正在打造一款动力强劲的十六缸发动机，也对法拉利具有一定的威胁。总之，激烈的竞争经过四年的发酵已经上升到了白热化的程度。

在法拉利跌荡起伏、精心动魄的赛车史中，1965年绝对是灾难性的一年。甚至在勒芒耐力赛中，车队的表现也一塌糊涂，工厂派出的车辆在残忍激烈的竞争中很早就坏掉了。福特代表队也一样，来自迪尔伯恩的车队带来了先进的车辆，但他们因为缺乏大赛经验而再一次输给了法拉利。不过这辆法拉利不是来自官方车队，而是来自希奈蒂的北美赛车队，而且车子还是一辆名不见经传的250LM。NART车队的车手主要是一些以短时速度取胜的选手，他们在勒芒这种长距离的赛事中其实很难获得好成绩。

驾驶法拉利车获胜的两名车手是乔臣·林特（Jochen Rindt）和马斯特恩·格雷戈瑞。乔臣是一名年轻的奥地利赛车手，他在开轮式F2和F3赛事中小有名气，在竞争激烈的短途50英里比赛中表现也不错。而马斯特恩·格雷戈瑞则更擅长长途驾驶，他在一些类似勒芒大赛的长距离赛事中积累了十年以上的经验，虽然鲜有获胜，但至少他的队友经验丰富。两人都不太出名，而且车型老旧，所以他们获胜的希望原本非常渺茫。

比赛刚刚进行了一小段时间，格雷戈瑞将车开进维修点进行第一次加油并更换主驾驶，这位原福特车队的赛车手惊讶地发现自己居然处在第四名的位置上。包括林特在内的所有人都认为这辆老旧的汽车跑不了多远，更别提领先了。格雷戈瑞朝维修点对面瞟了一眼，发现林特居然还穿着便服！一个机械师慢慢地走到车边上，打开发动机盖，例行公事地打了个手势示意车辆坏了，比赛结束。所有人脑袋里想的估计都是好好吃一顿然后早点睡觉之类的，只有格雷戈瑞例外。他愤怒地跳下车强迫林特穿上赛车服继续比赛。奥地利车手居然乖乖地照做了，但格雷戈瑞觉得他也许会故意损坏发动机也说不定。林特继续保持前进，甚至已经开始慢慢接近颤颤巍巍的领头车。苏尔特斯的搭档是斯卡尔菲奥蒂，当夜色渐渐笼罩在巨大的赛道上时，他们的刹车出了问题，两人艰难地往前开着。他们以每小时200英里的速度在黑夜里驰骋，只有闪烁的彩灯和内场的篝火照耀着赛道指引他们前进。

班迪尼的275 P2车坏掉了，罗德里格兹和瓦卡雷拉的365 P2也坏掉了。黑暗中，格雷戈瑞追上了丹·格尼的眼镜蛇赛车，两人纠缠了好几圈，最后位于第三名的眼镜蛇顶不住压力也坏掉了。这时林特和格雷戈瑞还认为他们的车子肯定没法跑完全程，不过现在的成绩已经很让人自豪了。

破晓时分，他们已经接近了头车，只有一辆类似于250LM的法拉利车还在和他们竞赛，驾驶那辆车的是比利时业余选手皮埃尔·杜梅（Pierre Dumay）和塔夫·戈瑟林（Taf Gosselin）。到了中午，比赛只剩下四个小时了，这个时候格雷戈瑞和林特已经胜利在望，但两人在之前的赛事中饱受车辆的伤害，至今仍心有余悸。他们疲惫不堪，一直在担心老旧的发动机会突然漏水、发出当当响声或者抖动起来。终于，被"虐待"已久的车子在距离终点不远的地方停了下来。

NART的参赛车辆使用的是固特异的轮胎，而比利时人的车子则装载了邓禄普轮胎，这也是法拉利车队为F1签约的供应商。下午一点，比利时人的法拉利车在慕尚直道上爆了后胎，飞出来的橡胶损坏了一块后扰流板。车子花了不少时间才从赛道上开到维修点，看来冠军非林特和格雷戈瑞莫属了。这个时候埃乌杰尼奥·德拉戈尼想到了一宗好生意。小路易吉·希奈蒂回忆说，当时德拉戈尼留意到了邓禄普和法拉利公司的合同关系，所以让比利时车而不是用固特异轮胎的

NART 车辆获胜对每个人来说都是最好的。德拉戈尼的提议非常简单，如果车队把冠军让给比利时人，法拉利就会在一些新的客户车上给希奈蒂较大的折扣。这个交易很有诱惑力，折扣可以让希奈蒂的利润大大增加，但代价是他需要拱手让出勒芒大赛冠军的荣誉。最终，希奈蒂拒绝了德拉戈尼的提议，虽然希奈蒂在过去一直对法拉利品牌忠心耿耿，但是现在双方的关系再添嫌隙。于是，错误的车辆带着错误的赛车手搭载着错误的轮胎在世界最著名的耐力赛上获得了冠军。虽然获胜的是一辆法拉利赛车，但马拉内罗方面并没有多少喜悦。

如果说恩佐·法拉利是失望的，那亨利·福特二世则是愤怒的。当唐·弗雷向老板报告比赛结果后，福特耸了一下肩膀说："好的，被踢出去的是你自己。"弗雷认为他们还是有希望赢的，只是当前的资金不太够，于是福特回答说："在钱方面我有说什么吗？"于是，大笔的资金被投入到了福特和法拉利的战争中，这也标志着法拉利在勒芒独领风骚的时代快结束了。1965年初夏，当格雷戈瑞和林特跌跌撞撞地冲过终点线的时候，法拉利车辆获得了最后一次勒芒大赛的冠军，这也标志着跃马标识在国际耐力赛中长期以来的霸主地位即将易主他人。

1965年，阿达尔吉萨·比比妮·法拉利因为被一个煮过头的鸡蛋噎住而意外逝世。阿达尔吉萨是恩佐·法拉利生活中很重要的一部分，她的去世敦促法拉利做出了一个重大决策。阿达尔吉萨确切地知道皮耶罗·拉尔迪的存在，而且一直坚持要让这个孩子的存在合法化，并在生前威胁说如果法拉利不同意，她就自己认下孩子。最终两人达成协议，皮耶罗将在劳拉去世之后成为法拉利合法的儿子。由此可见，皮耶罗当时在摩德纳非常出名，这让劳拉·法拉利极度生气和难过。只要这个高大魁梧的男孩子出现在工厂，劳拉就会尖叫着朝他大喊"混蛋"，而皮耶罗当时的工作也不顺利，所以他也想尽一切办法回避劳拉。法拉利把母亲安葬在了圣卡塔尔多的家族墓地里，之后他不顾劳拉的愤怒，遵守诺言承认了皮耶罗的合法身份。

虽然法拉利和福特的谈判破裂了，但他和美国之间的联系却不可避免地进一步加强了。得益于在美国市场稳固的销售网络和经销商，在希奈蒂、内华达的博彩业老板兼狂热的汽车收藏家威廉·哈拉（William Harrah，法拉利西海岸的分销商）、加利福尼亚赛车手兼经销商约翰尼·冯·诺依曼（Johnny Von Neumann）等人的努力下，法拉利在美国市场的事业蒸蒸日上。但是希奈蒂的时代已经不再。他曾在50年代负责法拉利在整个美国的专卖事宜，但现在他的特许经营范围在日益缩小。他曾经和法拉利一起克服了很多困难，由此建立起的稳固联系看上去似乎牢不可破，但现在也开始慢慢有了裂痕。希奈蒂渐渐淡出历史舞台，这个老朋友如今在恩佐·法拉利的心目中不过是远在他国的棘手经销商。20世纪60年代中期，法拉利的车辆外形都比较丑陋，但日益增长的美国经济对欧洲的一切都有着极高的兴趣。如今，恩佐·法拉利的形象已经达到了一种神秘的境界，他的追随者们往往认为法拉利是一个专横但可爱的男人，像个苦行僧一般不断地为自己深爱的车辆默默奉献着。但是很多人不知道，法拉利曾经多次想把路跑车业务出手，目前他正努力和菲亚特在经济上建立深度合作。

1965年，法拉利公司和都灵的大型汽车集团进行合作，计划生产一款用于公司量产车的四凸轮轴2L V6发动机。这款由佛朗哥·罗基设计的发动机将会用于两款迪诺车型。第一款是中置发动机、宾尼法里纳车身的双座跑车，它也成为法拉利历史上最漂亮的车型之一；另一款则是前置发动机的双座跑车，这款车相对而言没有前者那么成功。206迪诺车型的发动机安装在驾驶左后方，虽然由菲亚特生产，而且车身出自宾尼法里纳之手，但车辆是以法拉利的名义售卖的。还有一款名叫菲亚特·迪诺的前置发动机车型则没有使用法拉利的商标，只是在发动机上标注了由法拉利公司设计。这个项目主要由菲亚特运作，法拉利本人的想法是生产一款用于 F1 的 3L 平铺式发动机,但这样的项目生产成本很高,并且生产出来的快速超级跑车跟菲亚特的市场定位不太相符。最终菲亚特的计划被采纳,这充分说明阿涅利家族和他们的巨头公司将对法拉利公司产生巨大的影响,并最终会全面接管法拉利公司。法拉利的一些熟人说这个其实是法拉利一直以来想要的结果,他和梅科姆以及福特接洽只不过是吸引菲亚特参加谈判而已。

35 岁的约翰·弗兰克海默(John Frankenheimer)在好莱坞如日中天,他在过去三年中拍了很多在商业和艺术上都很成功的影片,例如《满洲候选人》(*The Manchurian Candidate*)、《五月中的七天》(*Seven Days in May*)和《阿尔卡特兹的养鸟人》(*Birdman of Alcatraz*)。弗兰克海默还是一个十足的汽车爱好者,他雄心勃勃地想要拍一个名叫《大奖赛》的 F1 赛车大片。1965—1966 年赛季中,影片在欧洲的很多地方进行了取景,弗兰克海默本人也来到了摩德纳并寻求法拉利的支持。当时出演电影主角的是意大利著名演员阿道夫·塞利(Adolfo Celi),而这个角色很大程度上是以法拉利为原型的,他们希望得到法拉利本人的支持,但也不是非要不可。

法拉利一开始断然拒绝这个要求。虽然弗兰克海默极力恳求,但法拉利无论如何都不肯对影片的拍摄提供帮助。直到当年秋天弗兰克海默再次来到欧洲时情况才有所改观。他在摩纳哥大奖赛上为法拉利拍摄了一段 45 分钟的脚本样片,法拉利发现弗兰克海默对赛车运动有着精辟而准确的认识,所以才表示愿意提供支持。弗兰克海默操着一口流利的法语,两人在卡瓦利诺吃了几次午餐后,法拉利就觉得这个人肯定会在大屏幕上好好对待他的赛车运动和汽车。根据弗兰克海默的回忆,他们在一次长时间的就餐中将话题引到了路跑车是否应该装空调这个令人头疼的问题上,法拉利说美国客户喜欢这个昂贵、费油又恼人的装置,但欧洲客户却截然相反。法拉利叹息着说:"你说我该怎么办？如果只在一小部分汽车上装空调，而另外一些则不装，那成本可是非常高的。"弗兰克海默想到了一个办法，他向法拉利提议，为什么不给所有的车子都装上空调，然后让客户自己决定到底是开还是不开。这让法拉利非常高兴，他迅速在一些产品线上采用了这一方案。与此同时他也对影片的拍摄表示肯定，还让弗兰克海默在工厂里拍了一些镜头。在影片里的一次终极大战中，其中的一个主角——伊夫·蒙坦德（Yves Montand）在蒙扎赛道上身亡，开的车子很明显是一辆法拉利。法拉利对于赛车手死在赛道上没有意见，但他很介意自己的车辆在赛道上输给竞争对手，所以他不同意这么拍，他还在影片拍摄的最后阶段特地到蒙扎待了几天。斥巨资打造的美国大片充满了无穷的光芒和魅力，这让法拉利非常感兴趣。

电影《大奖赛》也促成了法拉利公司和凡士通轮胎公司的合作。当时凡士通在美国赛车界的霸主地位受到了挑战，对手是同在阿克伦城（Akron）的固特异。20世纪60年代这次著名的"轮胎战争"消耗了上亿美元的资金，两大巨头在四大洲的各个赛车场上都展开了激烈的交锋。一开始，双方的竞争仅限于印第安纳波利斯和代托纳比奇（Daytona Beach，赛车圣地），但是很快战火就烧到了大奖赛现场。因为卡罗尔·谢尔比的原因，固特异首先在欧洲站稳了脚跟，它不断和赛车队签订慷慨的赞助合同，还拿下了弗兰克海默电影的独家赞助。作为反击，凡士通跟另外几支大奖赛车队签订了赞助合同，其中就包括法拉利车队。SEFAC 在 1966 年的赛季中全程使用了由凡士通英国布伦特福特（Brentford）工厂生产的轮胎。但因为美国比赛不使用雨天专用轮胎，而凡士通也没有这种轮胎的库存，所以法拉利车队的雨天轮胎依旧由邓禄普供应，直到凡士通公司研制出同类产品。

可能很多人会以为，法拉利会因此狠狠地敲凡士通一笔，但事实并非如此。凡士通当时的赛车部门负责人是 H. A."驼峰"·惠勒

("Humpy" Wheeler），他如今在北卡罗来纳州夏洛特市管理着漂亮的夏洛特高速赛道。他说："法拉利唯一在乎的就是品质。跟当时很多车队提出的天价赞助费相比，法拉利要求的价格相对合理，对他来说唯一想要的就是最好的轮胎。凡士通投入了几百万为赛车和乘用车开发各种轮胎。而固特异获得了弗兰克海默的电影《大奖赛》的独家赞助权，这让雷蒙德·凡士通（Raymond Firestone）非常愤怒，他不惜一切代价想在欧洲找一个代言人。当时法拉利的名号是业内最著名的，所以就有了这一次交易。具体花了多少钱不得而知，因为当时很多钱都来自内部预算，但和公司花在印第安纳波利斯和南部赛车比赛中的巨额资金相比，这点钱也不算什么。"

法拉利本人一直在孜孜不倦地塑造和强化自己"孤独的梦想家"的形象。这个孤独的梦想家不断遭遇挫折，但从不放弃，持之以恒地和一些强大势力（比如福特）做斗争，这种形象让法拉利赢得了大量的同情。法拉利成功地营造出了一种画面：小小的几间房子里，有一些敬业的手艺人正在把一些漂亮的金属手工打造成精细的汽车。所以马拉内罗工厂的访客原本都以为自己会看到一个脏兮兮的工棚，里面挤满了汗流浃背的摩德纳人，他们就像文艺复兴时期那些青铜雕塑一样饱经沧桑。但出乎意料的是，他们看到的是一个完全现代化的工厂，设备先进，员工接近 1000 人，每年可以量产超过 650 台汽车，同时公司还拥有一个很大的赛车队。每当和类似福特这样的竞争对手相比，法拉利总被视作弱势的一方，但英国的 garagistas 在过去五年中不断打败法拉利。双方的实力也越发悬殊，法拉利就好像那被小人国打败的格列佛一般。

但是神话般的形象也无法在 1965 年挽救法拉利车队的命运。沉默寡言的苏格兰车手克拉克开着灵活的莲花 33 在 F1 的赛程中独霸全场，年中就锁定了国际锦标赛冠军的头衔。而大约翰，也就是英国朋友口中的"衬衫袖子"（Shirtsleeves），在最佳状态时也只能排在炙手可热的克拉克后面。在南非的第一次比赛获得亚军之后，苏尔特斯一直在走下坡路，而在这一整年中他不断遭遇机械故障、底盘设置糟糕和输出动力不足等问题，同时还遭到了德拉戈尼强烈的民族主义抵抗。德拉戈尼还在不断讨好法拉利和媒体，希望能提高班迪尼的地位。还有麦克·帕克斯，他对苏尔特斯的技艺非常鄙视，更何况苏尔特斯还是工人阶级出身，所以他公然表示垂涎苏尔特斯在F1赛事名单中的位置。对于这一切的纷争，法拉利再次选择袖手旁观，因为在他的心目中，分歧是快速汽车诞生的源泉，这种内部争斗也被他视作更多胜利的来源。但这次情况显然不是这样，苏尔特斯的才能在车队成员中遥遥领先，就算德拉戈尼给班迪尼提供最好的车辆，同时帕克斯也不断推波助澜，可大约翰依旧是唯一一个能够和英国人匹敌的车手，而那些莲花、BRM和布拉汉姆都比法拉利车要敏捷轻巧得多。这个赛季对法拉利车队这个顶级赛车手来说非常糟糕，他只在英国大奖赛中艰难地获得了一个第三名。最终，他于9月底在多伦多郊外的摩斯港公园（Mosport Park）发生了严重的车祸，当时他开的是一辆自己的洛拉－雪佛兰跑车，而不是法拉利车。因为法拉利车队不参加最新流行的北美系列赛事，他就开了一辆英国车以独立身份参加了北美大奖赛。身受重伤的他住在多伦多的医院里。当时他和恩佐·法拉利的关系依旧很密切，虽然不是开法拉利车出的事故，但公司依旧负担了他的医药费，同时老板还在他养病期间打电话询问他在事故中严重骨折的左腿的恢复情况。法拉利还开玩笑说，公司在下一个赛季可以为这位明星车手打造一辆自动档的汽车。

1966年赛车界发生了很大的变化。大奖赛的规则从1.5L上升到了3L（非增压），这样一来各赛车队就需要开发新的赛车。因为法拉利在过去15年中一直在生产强大的3L排量赛车，福特－考斯沃斯V8

在一年后才能问世，而像库伯这样的车队则要依赖玛莎拉蒂十年前的V12车型来比赛，所以大家都认为这个赛季的胜利对法拉利车队来说简直是囊中之物。杰克·布拉汉姆的车队仅对一款彻底过时的V8乘用车发动机进行了改造，而BRM的发动机专家还在不断调试他们的新机型，这个机型有着超级复杂的结构，零件就像瑞士手表那么多。是的，虽然明星车手的健康状况还是个未知数，但法拉利在赛车场上貌似已经无敌了。

安吉洛·贝雷当时已经从赛车部门调离去专门负责路跑车工程相关的工作，于是开发新3L大奖赛车的任务就交给了弗戈艾里。他才能出众，有时还有点神经质，公司当时大部分的资金都用在4L P3跑车的开发上，以在勒芒等赛事中和福特对抗，所以弗戈艾里在开发F1赛车时只能利用一小部分资金。因为缺乏开发新发动机的金钱和人力，他勇敢地对一款旧的3.3L跑车发动机进行了改造。这款机器非常笨重，还是二十多年前公司刚刚成立时科伦布设计的。

1966年春天，Tipo 312的早期原型车开上了摩德纳试车场，腿伤还没有完全康复的苏尔特斯对车子进行了测试。同时参加测试的还有一辆小型轻量V6单座车，打算用来参加在新西兰和澳大利亚举行的塔斯曼（Tasman）系列大赛。这次的结果非常令人惊讶，在部分摩德纳的赛道上，体型和排量都比较小的塔斯曼车居然在圈速上比V12快了2.5秒。而V12赛车粗糙又笨重，前后重心不稳，不仅不伦不类而且速度还很慢，苏尔特斯当即确定，这辆车就算是跟毫无组织的英国车队竞争也绝对不会有什么胜算。法拉利和苏尔特斯的关系至此走到了尽头，法拉利车队的表现也迅速跌入低谷。

既然V6是两辆新车里速度较快的那一辆，那么破旧的V12将由谁来驾驶呢？苏尔特斯还是班迪尼？这一点在车队内部又引起了争论。作为车队的队长，苏尔特斯接到了这个使命，毕竟这是车队为方程式开发的主流车型,为了车队的荣誉,必须由车队的头号车手驾驶。另外,因为法拉利的路跑车搭载的都是V12发动机,所以法拉利也希望这辆车的出镜率越高越好,毕竟品牌长期以来的知名度都是和这个机型直接相关的。所以苏尔特斯注定要开着这辆车进行徒劳无功的努力,而班迪尼则轻松上阵,开了一辆理论上没什么竞争力,但事实上动力几乎和312车型不相上下的车,而且操控起来毫无压力。这样一来,德拉戈尼就更有理由说他支持的赛车手只开一辆小车就能打败苏尔特斯了。而帕克斯也在不断纠缠法拉利和弗戈艾里,他也想要参加F1的比赛。德拉戈尼在公司外对媒体有着很大的影响力,所以意大利媒体也力挺班迪尼,并希望他取代了受了伤且情况不太稳定的苏尔特斯成为车队的头号人物。在这一切闹得沸沸扬扬的时候,弗戈艾里和他的工程师团队向法拉利报告了夸大的动力数据和测试成绩。(这种情况并不奇怪,在向老板报告时,法拉利的车队经理经常"自行修正"大奖赛中的练习成绩,让一切看上去都比实际要好得多。)总之,法拉利的内部政治在这段时间里动荡多变,压力大到让人无法忍受。终于有人脾气爆发了,这个人就是约翰·苏尔特斯。

  苏尔特斯英勇地在雨中的斯帕赛道上夺得了冠军。当时有超过七辆车都在第1圈就发生了事故,其中包括全部三辆BRM;而比赛进入后半段时,大型赛道被雨水笼罩,更多的车辆出现了问题。但苏尔特斯还是打了一场硬仗,他的对手是勇敢的林特和他那辆笨重的改装库伯-玛莎拉蒂,两人的纠缠一直持续到终点。德拉戈尼则认为当时并没有什么有力的竞争对手,所以他嘲笑苏尔特斯没能全场保持领先,这也进一步恶化了两人之间的关系。苏尔特斯和公司的关系在一个星期后的勒芒大赛中彻底崩离。当时法拉利遭遇了强大的7L Mk II福特GT,车子背后是包括赛车手、工程师、车队经理和机械师在内的一整个盎格鲁-美利坚经营团队。法拉利车队派出了三辆P3车型应战,这些车均搭载着皮耶罗·德罗戈（Piero Drogo）摩德纳车身厂生产的漂亮圆形车身，其中第一辆由苏尔特斯和帕克斯合作驾驶，第二辆由班迪尼和法国长距离赛事明星车手让·贵切特驾驶，第三辆由希奈蒂的NART派出，车手是罗德里格兹和里奇·金瑟尔（他离开法拉利车队后，在1965年末赢得了墨西哥公开赛，名声因此有所回升）。

苏尔特斯到达勒芒时才得知洛多维科·斯卡尔菲奥蒂将作为他们这辆车的三号车手参赛。这是一种变相的宣告，公司认为他在只有一个副驾驶的情况下根本无法完成这段长距离的赛事，这件事情导致了双方关系的彻底破裂。苏尔特斯不想和斯卡尔菲奥蒂一起参赛，但德拉戈尼拒绝了，法拉利也在电话中坚定地回绝了他的要求。怒气冲冲的大约翰随即迅速收拾行囊去了英国。又一个世界锦标赛冠军在愤怒中离开了法拉利王国。苏尔特斯很快就被库伯-玛莎拉蒂车队签走了，之后他还自己组建了一支中等水平的F1车队。

法拉利车队拥有一堆强大的维护者和谄媚者，他们迅速开始传出一种言论，称苏尔特斯是因为犯了一些错误才被车队开除的，这些罪名包括向媒体诉苦、不服从上级管理以及在摩斯港公园事故后开车技能不断下滑。据说公司安排了法拉利的助手佛朗哥·戈齐（Franco Gozzi）在比利时大奖赛后就将苏尔特斯开除，但因为他获得了冠军，所以这一决定也被延迟了。按照法拉利拥护者们的说法，勒芒练习赛上发生的事件成了压死苏尔特斯的最后一根稻草。事实上是苏尔特斯放弃了法拉利车队，但对于法拉利公司来说，被一个世界锦标赛冠军遗弃是一件很没面子的事情，于是就有了"开除"一说。

尽管内部争斗沸沸扬扬，公司还在外部故意误导舆论，法拉利本人也还是装出一副天真无邪的样子，这也是他最擅长的。他表现出对苏尔特斯的高度赞赏，并对他的离去表示百般不舍，表面上不仅亲自为这位赛车手送行，还给他买了一张去伦敦的头等舱机票。但事实上呢？之后不久，约翰·弗兰克海默在蒙扎为他的电影《大奖赛》拍一段私人影像，法拉利那天也开车过去观看拍摄情况。这时，苏尔特斯开着他的库伯-玛莎拉蒂出现了，他想要在赛道上跑几圈做测试。当时弗兰克海默表示同意，但法拉利不仅拒绝和车队曾经的明星有任何交谈，还严词拒绝了他的要求。法拉利扬言只要自己在试车场，苏尔特斯就别想进行任何试跑。

约翰·苏尔特斯的离开在法拉利家庭内部也引起了纷争。当时法拉利还深陷和劳拉以及情人莱娜·拉尔迪之间的三角关系，有时候这些敏感的事情，例如大约翰的离开，也会让一切更加混乱，几人之间的不合甚至还会发展成公开的大吵大闹。苏尔特斯在摩德纳时，法拉利在绿树成荫的韦托里奥·威尼托大道上为他买了一间公寓。他回英国的那一天，法拉利打电话给一位年长的女性朋友，她丈夫是一名记者，也是法拉利的老朋友。法拉利叫她到苏尔特斯那里拿公寓的钥匙，然后交给劳拉（根据这位女士的回忆法拉利确实是这么说的）。于是这位女士就照做了，她从苏尔特斯那里拿了钥匙而且很负责任地开车到马拉内罗，找到了正在卡瓦利诺吃饭的劳拉并把钥匙递了出去，结果劳拉的脸色马上就变得难看无比。几小时后，这位女士就接到了法拉利尖叫怒骂的电话。

这位泼辣的摩德纳女人深知法拉利的习性，她毫不犹豫地吼了回去。最终经过一系列的电话怒吼之后，两人终于搞清楚了情况。原来法拉利其实是想把钥匙给莱娜，让皮耶罗母子搬到苏尔特斯空出来的房子里。当劳拉拿到钥匙时，她瞬间就明白了法拉利的用意，所以她就像一只受伤的孟加拉虎一样扑了上去。想要在摩德纳过上三宫六院的生活，这就是所要面对的风险。

虽然大约翰·苏尔特斯的离去对车队是一个沉重的打击，但就算他还留在车队，也未必能够挽救车队在勒芒惨败的命运。野兽般的福特车辆主导了赛车场，它们在亨利·福特二世面前轻而易举地包揽了前三名。最快的一辆法拉利车是代表英国参赛的275GTB，赛车手是皮尔斯·卡里奇（Piers Courage）和罗伊·派克（Roy Pike），他们落后冠军几百英里，排在第八。福特车的发动机非常强大，这些发动机在开发的时候就是针对南方赛车而设计的，它们显然在各方面都比法拉利的330P3要厉害得多。然后法拉利的辩护者们又开始嚷嚷说，来自美国的巨人即将吞没马拉内罗的小工厂。但他们故意忽略了一个事实——马拉内罗的这个工厂多年来都是F1赛车场上的巨头，却被杰克·布拉汉姆投入甚少的V8打败了，要知道这款车只是把一款六年前的通用汽车旧缸体进行了改造而已。

像法拉利这样拥有大批出色敬业工程师的大赛车公司，本没有理由会在自己最擅长的领域输给英国小车队，是车队老板潜意识里的保守主义和在他领导下的公司氛围导致了这个结果。就像我们之前说过的那样，法拉利早期的成功很大程度上是因为没有遇到什么竞争对手，当他遇到强大又投入的对手时，公司输掉比赛的频次就会迅速上升。

在1966年赛季中，法拉利的F1车队只获得了一次大奖赛的冠军，也就是斯卡尔菲奥蒂在意大利大奖赛上获胜的那一次，因为当时很多竞争对手都发生了机械故障。这让法拉利车迷们兴奋异常，每次法拉利车队在蒙扎取得胜利时他们都会这样。当他们得知斯卡尔菲奥蒂是继1952年阿尔伯托·阿斯卡里之后又一个开着意大利赛车获胜的意大利车手时，这种喜悦之情就更甚了。这种时刻对于这个民族的汽车爱好者来说无疑带上了一些宗教色彩。除了马拉内罗工厂那些极度狂妄自大的人，所有人都清楚这种快乐持续不了多久。即将攻城略地而来的英国人拥有资金雄厚的福特－莲花和全新的DFV福特－考斯沃斯V8——这款发动机将会获得更多的大奖赛冠军（同时还有美国的印第安纳波利斯大赛），历史上没有一支车队能与之匹敌。在这款先进的发动机面前，法拉利的 V12 就像卡车的柴油发动机那般落后。杰基·斯图尔特（Jackie Stewart）、吉姆·克拉克、格拉汉姆·希尔和丹尼斯·休姆（Denis Hulme）将在接下来的几年开着福特车在赛车场上独霸天下。这是法拉利竭尽所能也无法企及的高度。

德拉戈尼明目张胆的拉票活动甚至已经影响到了车队的前景。很明显，车队在苏尔特斯离开后遭受了很多损失。替代他的是帕克斯，他并不是一个出色的 F1 车手，虽然他在跑车领域非常出色，却无法驾驭危险苛刻的单座跑车。斯卡尔菲奥蒂也只适合开跑车，在大奖赛中缺乏冲劲。只有洛伦佐·班迪尼是称职的头号车手，但作为意大利赛车希望的承载者，他承受了巨大的压力，这让这位简单又高尚的男人常常想要发挥出超出自己思想和身体极限的能力。这一切主要都是德拉戈尼促成的，他强烈的民族主义作风赶走了苏尔特斯，现在车队里大多都是积极性很高但能力一般的赛车手。

当然，法拉利对此也负有一定的责任。多年来，他通过操纵媒体让意大利的赛车运动爱好者变成了法拉利车队无比忠诚的信徒。法拉利车队已经成为一种民族的骄傲，而他的公司及他本人都是意大利荣誉的代表。这种情况是一种优势，但有时也是一种诅咒。在公司形象日益高大的同时，媒体也变得越来越善变。法拉利车队在名不见经传时还能偶尔为赛车场上的失利获得一些同情，但是现在法拉利已经把自己打造成了一个行业巨头，他本来就拥有比其他公司都优秀的汽车，所以任何时候都应该是所向披靡的。在这种情况下，法拉利为自己的失败找借口的做法只会越来越让人反感。意大利媒体原本认为法拉利像自己所说的那样拥有最先进的技术，但车队在 1966 年赛季中的全面失利将媒体的最后一点耐心也慢慢磨尽了。

德拉戈尼必须离开，他易惹麻烦的性格会引起公司内部更多的混乱。公司在 11 月份换掉了德拉戈尼。这个行动在一定程度上也是因为法拉利对媒体的沉迷。他每天早上的读报时间越来越长，也越来越仔细，任何对公司不利的细微言论都会标记出来，然后采取相应的行动。如果情况严重的话，当事人会收到恐吓电话或是威胁匿名信；如果不是很严重，那么法拉利标出来后会在下一次新闻发布会上澄清，法拉利还会带着当时每个参会记者的档案。显然这次事件已经上升到非常严重的级别，法拉利必须采取某种行动来中和媒体的沮丧情绪。最终，媒体再次相信法拉利车队的 V12 将会在 1966 年赢取锦标赛冠军，他们也将在勒芒彻底击败来自美国的入侵者福特。然而这两个雄心壮志的计划最后都以苦涩而耻辱的失败告终，于是媒体又开始群情激愤。每天早晨，戈齐和法拉利都能看到通篇的红色标记，里面全部都是对车队的愤怒攻击，而作者正是意大利主要体育报纸和杂志的那些忘恩负义的记者。

  法拉利从中得到启发：如果能从媒体队伍里招募一个人来当车队的经理，那么这一切的批判都会停歇。既然这些喉舌团队一直坚持批判每一次的工程变革，并且对公司做出的每一次战略决定都那么爱指手画脚，为什么不让他们亲身体验一下呢？

  法拉利认识佛朗哥·利尼（Franco Lini）的时候，他还是一个年轻的记者。1949 年，他在《意大利汽车》（*Auto Italiano*）上对法拉利车队进行了报道，他也从那时候开始渐渐成为国内最著名的汽车记者。1966 年 11 月，利尼正在葡萄牙报道阳光海岸拉力赛（Rally Costa del Sol），他在酒店接到了一个电话留言，内容很简单，上面只写着"打电话给戈齐"。佛朗哥·利尼收到过很多类似的留言，这些留言一般来说都是为了表达某种抱怨（都是些无关紧要的事情）。利尼当时写了一些关于法拉利的文章，所以他觉得这又是一次类似的抱怨，就没有理会。回到罗马后，他又接到了一个电话，这次是法拉利亲自打来的。"你必须马上来摩德纳，坐夜班车过来。"这是法拉利对他提出的要求。

好奇的利尼并没有被吓到，他在第二天早晨到达了法拉利在市内的办公室。法拉利连胡子都没刮，头发也乱糟糟的，这说明昨晚他没有睡好。肯定出了什么事儿，利尼想。

两人进了办公室，法拉利锁上了门。利尼的身材不是很高大，这个时候他还以为法拉利不堪忍受媒体的连环攻击而打算杀人灭口了。法拉利走到桌子后面，一屁股坐在椅子上，然后问利尼："你每个月赚多少钱？"利尼如实回答了，他的收入不错，生活水平也很高。然后法拉利直截了当地说："德拉戈尼走了，以后车队经理的位子归你了。"他还向利尼承诺50%的涨薪和其他的一些福利津贴。一开始利尼以自己没有经验为由拒绝了，但法拉利还是坚持己见。于是两人又在卡瓦利诺待了一下午谈论此事，但还是没能达成一致。于是佛朗哥·利尼就回家了。最终两人是通过传真签署合同的。这项人事任命信息将在全国的电视上播出，合同期限为两年，利尼的任务就是要对处在一片混乱中的车队进行重组。弗戈艾里、罗基和其他工作人员正在没日没夜地工作，对笨重的312进行改进。新的3L方程式让赛车运动又充满了活力，法拉利即将面临六支车队的挑战，它们全部都拥有实力强劲的汽车。布拉汉姆有着出色的操控性能，杰克·布拉汉姆在前一年的比赛中赢得了他个人的第三次世界锦标赛冠军，今年他们将会带着改进后的车辆参赛；在固特异的资助下，丹·格尼将驾驶一辆新的英格尔（EAGLE）汽车参赛，拥有强大V12发动机的他也在跃跃欲试；而本田车队今年的参赛队伍里多了约翰·苏尔特斯；BRM正在设计一款全新的V12发动机以替代传奇般的H16；库伯-玛莎拉蒂的速度虽然不是特别快，但车辆的可靠性却非常出色；除了这些，还有装载了新型福特-考斯沃斯V8发动机的莲花49，不过这个车型要在赛季中期才会出现。

显然，利尼还需要一名先锋车手。班迪尼非常努力，他在状态最好的时候完全有希望取胜，而帕克斯虽然很有野心，但能力还不足。更何况，他超过 1.9 米的身高必须要搭配特别设计的长轴距底盘，这会产生额外的费用。当时因为大奖赛前线的激烈竞争以及福特在运动赛车上的挑战，公司的预算已经达到了极限。意大利的经济形势也不好，北方越来越粗鲁的工人们常常进行罢工。1966 年，法拉利公司也因为频繁的停工陷入了困境。在即将到来的夏天，情况还会更加严峻，就算是脾气再好的人也都会因为持续的潮湿天气而变得没有耐心。

当时洛多维科·斯卡尔菲奥蒂、尼诺·瓦卡雷拉和詹卡洛·巴盖蒂都愿意加入车队，三个人都是绅士赛车手，他们在跑车领域很有技巧，有时也能把大奖赛车开得很快。但法拉利很清楚，富裕的业余选手是完全不同的一群人，他们内心深处缺乏真正的专业驾驶精神，他想要的是像努瓦拉里那样，或者是，如果有可能的话，像方吉奥那样冷酷疯狂、坚持不懈、不顾一切的赛车手，他们为了胜利可以付出一切代价。他们虽然脾气差、放肆、自我、自私、独立，但他们能赢。他们的诉求从来都很简单，但面对雨天、油污或者是一辆低级又难以操控的汽车等恶劣条件时，也绝对不会动摇。

当时最出色的专业赛车手都已经和别的赛车队签约了，包括克拉克、格尼、希尔、苏尔特斯、斯图尔特、休姆和布拉汉姆。佛朗哥·利尼把注意力放在了一个 23 岁的新西兰赛车手身上。他名叫克里斯·阿蒙（Chris Amon），父亲是一个畜牧业的大农场主。阿蒙已经在欧洲参加了四个赛季的比赛，他既是一个有名的花花公子，在驾驶高级汽车时的速度也比较快。当时他正和布鲁斯·迈凯伦一起参加北美的加美系列（Can-Am series）大赛，通过和凡士通以及壳牌的接触，他得知法拉利车队对他很感兴趣。身材矮小的克里斯·阿蒙看上去总是睡眼惺忪，并不是那种很有男子气概的赛车手，但他很有才能，对于人才空虚的马拉内罗车队来说，他是一个不可多得的人才。于是他飞往马拉内罗和法拉利见了面,之后在1967年赛季和法拉利车队签约。因为对公司的政治氛围和吝啬的薪资方案不太了解,阿蒙答应不领工资,只收取奖金的50%作为报酬。指挥官再一次忽悠了一个充满热情的年轻人,让他不惜冒生命危险也要为业内最后一个"伟大的制造商"开车这一荣誉而战。但事实上,这到底是不是荣誉还有待商榷。

在这个赛季中,法拉利车队在代托纳二十四小时耐力赛中实现了开门红。比赛一开始,福特车和由通用汽车资助的查帕拉尔(Chaparral)赛车就斗得难解难分。当时查帕拉尔的赛车手是得克萨斯人吉姆·霍尔(Jim Hall,菲尔·希尔复出和他组队),之后的两败俱伤让法拉利获得了取胜的机会。阿蒙和班迪尼开着新的330P4很轻松地赢得了比赛,麦克·帕克斯和斯卡尔菲奥蒂开了同款车跟在他们之后获得第二名,佩德罗·罗德里格兹和让·贵切特开着老款的NART P3/4获得了季军,法拉利车在这场比赛中称霸赛场。激烈的角逐在之后的勒芒大赛中再次来袭。法拉利派出了六个月前在代托纳表现出色的两辆P4车型,但这一次他们将迎战强大的福特车队,车队的领头车是丹·格尼和他的搭档A.J.福伊特(A.J.Foyt),后者刚刚在两周前获得了印第安纳波利斯500的冠军,而格尼在公路赛事中的成绩更是远远胜过这位队友。在这次比赛中,格尼设定了一个特别明智的驾驶节奏,让法拉利车望尘莫及,同时也确保了新Mk IV福特GT车的软肋——脆弱的传动系统没有出问题。这是两支车队之间最后一次大的较量,帕克斯和斯卡尔菲奥蒂一直在奋勇抵抗,但在距离比赛结束还有一个半小时的时候,情况急剧扭转,最终他们落在格尼和福伊特的后面获得了第二名。这次比赛不仅是经典的福特-法拉利大战最后一次在勒芒上演,同时也是最后一次在主要赛车大战中出现时速超过250英里的车辆。快到极致的速度让FIA心生警惕,所以他们提出从1968年开始,参加各类耐力赛的原型车排量不得超过3L,如果是限量生产的赛车参赛，排量也不能超过5L。之后很多年，福特都将以约翰·威尔的Mirage原型车名义参赛（这款车一开始使用的是5L发动机，之后换成了3L的福特-考斯沃斯发动机），而法拉利也将开发3L排量的赛车。所以，自五年前唐纳德·弗雷从马拉内罗离开后展开的世纪大战就此结束。

赛季初期的两个非锦标赛赛事在英国结束之后，F1赛车的第一个重要赛事于5月7日在摩纳哥举行。阿蒙和班迪尼都将开着312车型参赛，这一车型搭载了由佛朗哥·罗基设计的36气门缸盖，车身更加精简，流线造型也更加突出，同时弗戈艾里还在车子的悬架和制动方面下了很多功夫（这位年轻的工程师同时还负责了330P4跑车的开发工作，这对于他那人手不足的工程师团队来说无疑是一项非常艰难的工作）。班迪尼尝试做了一把车队的首领，显然他也感受到了路易吉·穆索和埃乌杰尼奥·卡斯特罗蒂曾经感受过的那种压力。毕竟，作为法拉利车队的头号意大利车手和作为车队二号选手的感觉是截然不同的。突然之间似乎所有的意大利人都在期待着他的超然发挥，在他们眼中，意大利最好的赛车和最出色的赛车手都似乎拥有了超能力。这种沉重的包袱对班迪尼有多大的影响不得而知，但他在摩纳哥大赛的练习赛上带着前所未有的决心位列第二，而阿蒙只排在第13名。班迪尼在最后的比赛中起步非常迅猛，第1圈时超过了休姆的布拉汉姆领跑，之后斯图尔特、苏尔特斯和格尼都超过了他，他被迫排在第四。然后格尼的英格尔车燃油泵发生了故障，接着斯图尔特的活塞环和小齿轮也坏了。班迪尼超过苏尔特斯排在第二，前面休姆还在领跑。但班迪尼真的是用生命在驾驶，在比赛接近尾声时他依旧保持着第二的位置。当他绕过一个路障时——也就是1955年让阿斯卡里跌进海湾的那个——车子发生了漂移，随后撞破了一个障碍物接着又撞上了赛道边的几个草垛子，然后车子180度翻转后落在了赛道中央。油箱破裂后汽油洒到了火红的排气管上，车子迅速陷入了一片火海。当救援人员艰难地（没有防火衣）把火扑灭时，班迪尼已经被严重烧伤。休姆开过一片冒着黑烟的废墟后获得了一个淡而无味的冠军，而阿蒙也赶了上去获得了第三。

班迪尼被迅速送往医院，但是他已经受了致命的烧伤，在医院过了几天可怜的日子后就离开了人世。意大利再次陷入了一片哀痛之中，对法拉利和赛车运动的各种攻击也再次卷土重来。有人指责说班迪尼的车子不安全，简直就是一个装满了燃油的棺材。这种说法丝毫没有根据可言，挥发性燃料的先进包裹技术当时还没有发明，班迪尼所驾驶的312无疑已经用上了当时最好的包裹条件。也许法拉利在其他方面做得不够好，但至少他生产的赛车确实比标准要求得更加牢固和安全。

班迪尼的葬礼在米兰举行，成千上万的人到场哀悼他们逝去的英雄。连恩佐·法拉利都很伤心，他亲自去了葬礼现场，还到了班迪尼的公寓进行吊唁。但班迪尼的房间在七楼，而法拉利害怕坐电梯，所以这位69岁的指挥官是步行上楼参加吊唁的。

仅仅一个月之后，车队又遭遇了另外一个灾难。吉姆·克拉克和格拉汉姆·希尔驾驶着令人生畏的莲花49参加了荷兰大奖赛，车辆搭载的是强大的新型福特－考斯沃斯V8发动机。当时克拉克为了回避英国的税法而一直住在巴黎，所以他在这次比赛之前还从来没见过这辆黄绿相间的漂亮赛车，而他那出色的队友希尔则已经开着这辆车进行过很多试驾，车辆性能强大但是还有点不太稳定。为了开发这款发动机，福特英格兰分公司向考斯沃斯工程公司至少投入了25万美金；而为了开发底盘，公司可能也向科林·凯普曼的莲花汽车投入了同等的资金。车子从维修点出发时速度就快得惊人，希尔很轻松地就占据了领头的位置，而克拉克因为对赛车搭载的高转速发动机还不太熟悉所以暂时排在第八位。希尔的发动机在第 10 圈时坏掉了,而这时克拉克已经渐渐熟悉了新车,他一个接一个地赶超对手并在最后轻松地获得了冠军。福特的很多管理人员当时都来到现场见证了新车的这次首秀,克拉克的获胜让他们欣喜万分,他们激动地把冠军围在了赛道上。法拉利车队的阿蒙、帕克斯和斯卡尔菲奥蒂只分别获得了第四名、第五名和第六名,因此被看作是本次大赛的失败者。

佛朗哥·利尼非常清楚,除了他信赖的阿蒙,车队里再没有人拥有一流的驾驶技术。不得不说他的认识非常正确,当时马拉内罗方面一直认为他们的车辆非常优秀,由任何车手驾驶都可以获胜,这一怪异的理论也随着车队的成绩好坏而变来变去。当车队获胜时,人们就会说赛车手不过是无足轻重的人物,而失败时他们又觉得这一切都是因为赛车手速度太慢、胆小或者太笨拙。但务实的利尼发现帕克斯和斯卡尔菲奥蒂还无法驾驭动力强劲但难以操控的 312 赛车,所以他开始四处寻找新的赛车手。有三个人进入了他的视线。其中一个叫杰基·埃克斯(Jacky Ickx),是比利时一个著名汽车记者的儿子,他在驾驶小型方程式赛车时表现非常好,同时也展现出强大的潜力。另外一个是杰基·斯图尔特,这个年轻的苏格兰人在驾驶风格方面简直和伟大的克拉克如出一辙。第三个是一个傲慢的试车手,同时也是印第安纳波利斯大赛的明星,名叫马里奥·安德雷蒂(Mario Anderetti)。这三个人,尤其是安德雷蒂,都拥有法拉利在赛车手身上最期待的那种猛虎般的气质。安德雷蒂出生在意大利,他一开始住在的里雅斯特附近,之后和父母一起移民到美国。年仅 27 岁的他是美国赛车界冉冉升起的新星,这简直就是为法拉利量身打造的。但是安德雷蒂当时的全部注意力都放在印第安纳波利斯等赛事中,由于赛程的原因,他对 F1 的兴趣并不是很大。法拉利鼓励这位意大利年轻人回到家乡为"跃马"而战,不过后来法拉利很气愤地得知这位年轻人常说他人生中最了不起的一天就是他成为美国合法公民的那一天。埃克斯和安德雷蒂之后都加入了法拉利车队，两人也获得了很多重要赛事的冠军，但他们绝对不是"老头老板"所幻想的塔基奥·努瓦拉里的"化身"。而斯图尔特是一个实在人，他发现自己对马拉内罗的一切都不太满意，于是他选择继续留在英国人肯·泰瑞尔（Ken Tyrrell）的车队里。这个小车队之后生产了许多优秀的汽车，也让车队的明星赛车手获得了三次世界锦标赛的冠军。

克里斯·阿蒙竭尽全力也无法为法拉利车队赢得一个大奖赛的冠军，确切来说，他在任何车队都没能如愿。在赛车运动历史上，从来没有一位顶级车手像阿蒙这样倒霉。据一位身居高位的同僚透露，这位受人喜爱的新西兰赛车手参加了无数赛事，却总是遭遇各种各样的机械故障：油门线束故障、水管裂痕或者燃油泵破裂。他为法拉利车队效力了三个赛季，但是一次冠军都没得过。

法拉利车队不久后就把大奖赛夺冠的重任交给了他。比利时大奖赛是他加入法拉利车队后参加的第二次比赛，而厄运在这次比赛中再次降临。比赛刚在这个令人生畏的 8 英里赛道进行了第 1 圈，杰基·斯图尔特的 H16 BRM 就开始漏油，帕克斯开到了油污上，导致车子在"布兰奇蒙特"（Balanchimont）一个左转弯处以 150 英里的速度飞了出去，当时紧随其后的阿蒙亲眼目睹了这一恐怖时刻。帕克斯的车子猛地撞上路堤，把强壮的车手直接甩了出去，帕克斯就像破碎的布娃娃一样落到地上。阿蒙继续开着车，他认为帕克斯必死无疑，但还是勇敢地前进，最终获得了第三名。斯卡尔菲奥蒂也目睹了这一事故，心慌意乱的他茫然地开到了终点，最后只获得了第 11 名。帕克斯好不容易捡回了一条命，但腿部受了非常恐怖的伤，他短暂而头脑发热的 F1 赛车手生涯也就此结束了。他在恢复健康后继续参加了一些跑车的比赛，也一直是法拉利车队一个很有价值的工程师兼高级赛车手，后来他在去都灵的路上死于一起车祸。斯帕的经历让斯卡尔菲奥蒂受到了很大的影响，这次大奖赛更让他备受打击，所以最后只剩阿蒙还肩负着车队的荣耀。（可惜的是，可怜的斯卡尔菲奥蒂一年后在参加一个小型爬坡赛时不幸身亡。）

在这个充满了灾难的赛季中期，有一位英国车手加入了法拉利车队。他名叫罗杰·贝利（Roger Bailey），之前曾在福特的豪华旅行赛车部门工作。贝利是一名很有想法的赛车技术员，他被安排担任阿蒙的私人机械师，在一堆意大利人中间，只有他和阿蒙两个是英国人。虽然贝利一点意大利语都不会说，但因为他对高性能赛车有着独特的天赋，所以很快就融入了车队。他发现公司所有的赛车服都是一个尺寸的，小个子的人只能把袖口和裤腿卷起来，同时车间禁止吸烟的规定也没人遵守。跟过去一样，每次指挥官驾临的时候，大家都会迅速把烟扔到工具箱里，这就导致了一个奇特的现象，无数的扳手和螺丝刀在使用一段时间以后都会被烟熏黑。法拉利肯定对这一切了如指掌，但他对这一景象很是喜欢，所以也就任其发展。

现在定居美国的贝利已经是印第安纳波利斯赛车圈的著名人物，回忆起在法拉利工作的日子时，总是充满了幽默和喜悦之情。他回忆道，每天早晨他都会开着他那 50-cc 的摩托车沿着阿贝托内公路去上班，路边一望无际的葡萄园和果园里总是传来一阵阵刺鼻的杀虫剂味道。他也曾和皮耶罗·拉尔迪在卡瓦利诺慢悠悠地共进午餐，而皮耶罗总是时刻留意着劳拉的动向，生怕一不小心会遇到她。那个时候，车队如果在上一次的比赛中获胜，公司会以现金形式给机械师们发奖金。贝利逗趣说："戈齐会拿一沓钱给我们，有可能是阿根廷比索、荷兰盾或奥地利先令，我们拿到后就会去当地的银行换成里拉或者是英镑，然后就没几张了。"当时佛朗哥·戈齐经常出席各种赛事，还需要负责处理各种琐碎的事情，在一些偏远的场地，他甚至还帮贝利和其他成员煮过意大利面。当时的一切都充满了巨大的压力，到处都是怒吼的汽车和为了提升速度而不断疯狂改造汽车的人们，但是贝利在回顾这一切的时候只想到了汽车运动最简单、最让人满足的一面，而这一切如今已经被严苛死板的专业主义取代了。

"麦克·帕克斯在法拉利家后面的公园里有一个公寓，我想应该是位于利比里亚的马蒂尼（Martini Della Lierbria），当时莱娜和皮耶罗也住在那里。我们总是会在夏日温暖的夜晚看到法拉利进来。他得花上好几个小时从加里波第广场过来。所有人都知道这件事，但大家都心照不宣。另一方面，我跟劳拉的关系也不错，只要不见到皮耶罗，她都挺正常的。有一次我们在卡瓦利诺聊天时，她说非常喜欢英国的薄荷巧克力（After Eight），所以我每次回伦敦都会给她带一些。"

正是贝利陪伴着阿蒙克服了在 F1 中的坏运气，并陪着他到世界各地参加比赛寻求胜利。在 1968—1969 年的那个冬天，他们终于在新西兰和澳大利亚获得了成功。塔斯曼大赛要求参赛车辆必须是量产发动机型的 2.5L 私车，法拉利因此为阿蒙和新来的德里克·贝尔（Derek Bell）都打造了特别的车型。贝尔是一个耀眼的英国新秀，他之后在保时捷车队成为一名著名的耐力赛选手。塔斯曼大赛吸引了全世界各地无数优秀的赛车手参赛，而克里斯轻松赢得了比赛。"当时公司正处于非常艰难的时期，这次的胜利对工厂来说非常重要，"贝利说，"回到摩德纳后，公司为我们举行了盛大的庆功宴，法拉利送了我一块手表，表盘上有一个小小的跃马标识。但是克里斯什么也没收到！"

也是在这段时期，法拉利公司因其维修点的"启斯东警察"[1]而"声名远扬"。法拉利维修点的混乱程度全球闻名，连换轮胎或者加油这种简单的工作都是乱糟糟的，贝利说："这简直让人难以相信。我记得第

---

1 早期默片中一批愚蠢而无能的警察。

一次为跑车比赛工作前我们开了一个会,每个机械师都分到了不同的工作任务,包括右前轮、加油、左前轮等等,所有的任务都很明确,弗戈艾里把一切都安排得很完美。我的任务是换右后轮,但当车子在比赛中呼啸着开进来时,我发现至少有五个其他的机械师正在努力地拆右后轮胎。"1969年的锡布灵大赛中途紧急交换赛车手时,贝利想要给克里斯·阿蒙和马里奥·安德雷蒂的312P加油,他取出喷头,往驾驶室里面灌进了好几加仑的汽油!之后阿蒙在开车的时候,他的脚一直在承受液体晃动的特别考验,他感觉自己就像在驾驶一只漏水的小船。贝利说:"再也没有比法拉利维修点更混乱的维修点了。"

造成这一现象的部分原因是法拉利坚持要在同一时间参加各种不同的赛事,至少在精神上他希望法拉利无所不在。在这段时间里,法拉利车队不仅要参加F1和F2,同时也要参加塔斯曼系列大赛、加美系列大赛、主要的跑车耐力赛以及欧洲的各种爬坡锦标赛等等。佛朗哥·利尼告诉法拉利,弗戈艾里和他的工程团队的压力实在太大了,而且现在车队的财力和人力都不足以支撑这么大规模的赛车项目。但他的话就像旷野里的呼唤,没有引起法拉利的任何回应。法拉利有太多的自豪、太多的传统、太多的故作勇敢,所以他的想法无法切合实际。

公司的很多设备都是在公司刚起步时引进的,当时一台发动机和一个简单的底盘就足以应付很多工作。当然法拉利还有出色的铸造车间,还有罗基和弗戈艾里等一些才能出众的人,他们完全可以胜任各种设计和修改的工作,轻而易举地击败弱小的对手。

但是到了1968年,DFV"Cossie"的出现让老旧的V12发动机彻底变得过时。新发动机不仅动力大重量轻,还更紧凑更有助于提高车辆的可操控性。弗戈艾里也在不断努力,他在比利时大奖赛上为车子安装了可移动的侧翼,这也让法拉利车队成为第一支采用这一装备的大奖赛车队(不过美国的查帕拉尔公司早在几年前就已经采用这一技术了），但是这一小小的举措也无法力挽狂澜。

1968 年，埃克斯加入法拉利并为车队赢得了法国大奖赛，阿蒙在这次比赛中依旧不太走运，两位赛车手接下来的摩擦不断。冷漠的埃克斯不喜欢测试工作，所以大多数在摩德纳和蒙扎的试驾都是由阿蒙承担的。因为没有全尺寸的风洞试验室，也没有专用的测试赛道，车队面临了诸多困难。小镇边缘的试车场已经相当老旧，无法测试最新的超快速赛车，而远在 100 多英里之外的蒙扎又是个梦魇。据说伊莫拉（Imola）附近的旧赛道当时正在进行升级改造，但是还要好几年才能完工。法拉利在阿贝托内公路附近拥有大片的果园，这些地可以用来修建私人测试场。但是 60 年代末期的汽车技术日新月异，在预算有限的条件下，这个方案也不过是公司计划中的几百个方案之一。

1969 年，法拉利的车辆销售下滑超过 100 台，从 1968 年的 729 台下滑到了 619 台，这让财务状况更加吃紧。下滑的销量主要来自美国市场，这个市场占据了法拉利全球销量的 50%。美国国会正在制定方案，将对汽车的排放和安全设置严格的标准，这也会带来制造成本的上升。当时法拉利公司的规模处于中等水平，在稳定的经济环境和市场中运行得不错，但是缺乏进一步扩张业务的资金。法拉利坚持要参加一系列的赛车活动，而佛朗哥·利尼等人则建议他把重点放在 F1 大赛中，以便敬业但人手不足的工程师团队可以更加集中精力。

法拉利精心打造了自己的公众形象，现在他自己也成了这个公众形象的奴隶。他把自己塑造成意大利赛车事业的代表和汽车界的骑士游侠，在面对外国入侵者的时候不惜一切代价维护着国家的荣誉。这个虚构的形象深入人心，并引起了大众的盲目崇拜，这种崇拜在主要的运动赛事中闻所未闻。恩佐·法拉利已经成为一个标志，在一个急需国际社会认可的民族里，法拉利成了大家长。意大利在当时的国际社会中并不是一个欧洲强国，政府一片混乱，经济很不稳定，黑手党四处作乱，左翼政党也蠢蠢欲动，南部依旧深陷贫困状态，已经完全看不到战后意大利"经济奇迹"的影子。整个民族都渴望获得成功和知名度，所以法拉利车队取得的那些小胜利也能成为情绪的焦点。但是和所有情人间天真的爱一样，这种感情是善变的。每年的意大利大奖赛上，大批车迷都会聚集在现场，一边唱歌，一边挥舞着巨大的黄红相间的法拉利旗，这丝毫不亚于法国大革命时攻占巴士底狱的情景。每当法拉利车队胜利的时候，庆祝的场面都会非常疯狂；当然，在车队失利的时候，愤怒和沮丧的情绪也无处不在。当车队的表现开始持续下滑时，媒体也都无情地开展各种口诛笔伐。当时的主要媒体《米兰体育报》（Gazzetta dello Sport）还派了一个记者专门负责报道法拉利车队的各种动向。在一些比较成功的赛季，比如1964年赛季，报道都是非常正面的，并且对车队取得的成功有很多大胆夸张的描述。但在一些情况不太好的年份，比如1967年、1968年和1969年，车队只取得了一次大奖赛的胜利，媒体马上就变得气势汹汹，咄咄逼人地对着法拉利工厂尖叫。各种流言层出不穷，各种荒谬的故事也四处流传，媒体把法拉利工厂的一切描述成了夸张可笑的肥皂剧。

71岁的法拉利被自己所创造的这个形象深深地束缚住了，他也成为这些攻击的众矢之的。各种版本的故事都被描述得极其详尽，大家都想知道车队会开展怎样的复仇行动，而不是弗戈艾里和他的工程师团队会开展什么样的工作。戈齐花在新闻通稿上的时间越来越多，他不断地进行分析和回顾，然后编辑、修改、再编辑，仿佛这些文件是教皇训令和宣战书。戈齐会把文件准备好交给法拉利，然后法拉利会用他常用的蓝紫色墨水进行详细标注，之后再交给他的私人秘书瓦莱里奥·斯特拉迪（Valerio Stradi）去打印。公司的员工也常常要接受咨询，然后文件会一遍一遍地进行修改。在把新车引入计划的时间变更表交给媒体前，法拉利往往会花掉好几天的工夫进行准备和修改。

与媒体的周旋消费了法拉利越来越多的精力，而法拉利对个人形象的在意程度也远远超过了对公司运营的关心。

在法拉利各种耸人听闻的人生戏剧中，皮耶罗的存在还不为众人所知。媒体虽然对这一切了如指掌，但是什么也没说。有些人是因为害怕，有些则是出于古老的习惯，毕竟家庭事务往往被礼貌地归于"私人事务"。皮耶罗已经23岁了，他已经长成一个又高又瘦的小伙子，他身材高大皮肤黝黑，一双大眼睛总是若有所思的样子。他在远离工厂的地方过着正常的生活，在父亲的支持下，他过得很富足。1968年2月10日，他去弗利城外的切塞纳（Cesena）和弗洛莉安娜·纳兰（Floriana Nalin）结了婚。之后他们回到摩德纳居住，一年后生下了一个女孩，名叫安东丽娜（Antonella），这也是法拉利唯一一个孙辈。

如果皮耶罗的事情被捅出来，那么法拉利和菲亚特之间的谈判就会更加困难，也会让法拉利感到尴尬。所以，法拉利逐渐在和媒体无休止的战争中占据了上风。无论是批判的对象还是时代的英雄，法拉利都希望能占据主动权。在比赛中取得胜利是证明赛车手和工程师团队的最有利证据。无论获胜还是失败，法拉利在公众场合总是表现得落落大方，但他私底下的反应则要强烈得多。在那些鲜少获胜的赛季里，他在媒体面前表现得非常完美，不断抱怨国际规则的制定方，声称竞争不公平、自己面临资金不足和日益严峻的劳资问题，工作人员也一直加班加点，杀手锏就是扬言要退出这项运动。但是这些招数现在都不灵光了，时不时"退出比赛"的游戏也成了"狼来了"的故事，并在汽车媒体圈子内成了一个笑话。大多数人都觉得这种惺惺作态不过是为了获得更多的资金支持，或者是表达对国家的一种愤怒，认为国家对自己的车队没有足够的感激之情，政府应该更加专心致志地支持车队。很多了解恩佐·法拉利的人都很清楚，他是绝对不会退出赛车界的。原因很简单，他生活中几乎没有比汽车更重要的事了。

虽然法拉利在政治方面一直很低调，也从来不去罗马——他鄙视这个城市——但现在的他已经成为一个公众人物，且在摩德纳有很大的影响力。玛莎拉蒂和雪铁龙建立了联盟关系，所以现在奥斯家族已经不怎么插手了，这就意味着恩佐·法拉利依旧是这个城市的汽车之王。能和他争夺"摩德纳头号人物"的只有一个，那就是吉奥尔乔·菲尼（Giorgio Fini）。菲尼家族从一家小小的香肠店起步发展成一个食品业的巨头，旗下拥有一系列的公路餐厅和食品加工厂，也包括摩德纳最著名的餐厅和老牌的皇家酒店（已改名为皇家菲尼酒店），后者就位于法拉利家对面。还有一个摩德纳人的名气也在不断增长，他是一名享有全球知名度和粉丝团的歌剧天才，他的名字叫作鲁契亚诺·帕瓦罗蒂（Luciano Pavarotti）。

菲尼和帕瓦罗蒂的知名度越来越高，渐渐与法拉利齐名，而法拉利也一直和两人保持着良好的关系。他和吉奥尔乔·菲尼都被授予了"行业骑士"的称号，这个称号的对象是那些在商业上成就出众的意大利人。菲尼比法拉利要年轻得多，他年轻时就曾经在自家的餐厅为法拉利服务过，但法拉利对待菲尼是平起平坐的。当菲尼在得克萨斯休斯敦的医院做了心脏手术后，他收到一封来自法拉利电报，上面只写了两个字："保重！"

虽然知名度逐日上升，但是法拉利的固定日程并没有受到影响。只是现在工厂门口总有狂热的粉丝群在等着他，所以他和佩皮诺只好从后门走。他的用餐地点也很固定，只在卡瓦利诺的私人包间或镇上他所喜爱的类似餐馆，比如菲尼、奥雷斯特斯（Orestes）和比安卡餐厅。他一般会在那儿和一些非赛车相关的人员一起吃饭，比如本茨（Benzi）或者是吉奥科莫·科菲（Giocomo Coughi）。科菲虽然腿部有残疾，但是能力很出众，他帮法拉利管理着财务和法律方面的事务。

除了劳拉和莱娜之外，女人依旧是法拉利不可或缺的一部分。菲尔玛当时已经淡出了他的生活，但还是有很多女人迷恋着法拉利。随着年岁的增长，女人也渐渐取代汽车成为了法拉利最爱的私人话题。不过无论是汽车还是女人，两者的存在都是为了展示法拉利的成功，而不是为了别的。要不是这样，他怎么会对这两个话题都如此鄙视。可以肯定的是，法拉利是一个好情人，但他对女人的感情浅薄如纸；而他的崇拜者们称法拉利对汽车有着深厚的感情，这也值得商榷。在各种装腔作势和叫嚣的背后，法拉利的内心深处其实是很自卑的，所以汽车只是他达成目的的手段，只是一个为强化个人形象而保护自己的工具而已。法拉利的一个密友曾经说过："对于恩佐·法拉利来说，只有三样东西最重要，那就是名誉、财产和威望。除了这些之外的一切都不重要。"

见到法拉利本人可不是那么容易的事。伊朗国王是法拉利的固定客户，可就算是他这样的著名人物在进入法拉利那间神社一般的办公室前也得耐心等待。法拉利在这种场合一般都会讲一些有趣的故事以及他对那些有钱客户、商人和记者的观察结果，如果一些记者在外面说了公司的坏话而得罪了公司，那他们就会被叫到马拉内罗受到法拉利的训斥。法拉利的大办公桌上鲜有文件，抽屉里则放着大量的小纪念品，他会根据客人的级别高低送出礼物。一些层级比较低的客人收到的可能是钥匙扣或带跃马标记的别针（法拉利一直想把跃马作为公司的商标，但这个图案的所有权归德国西部城市斯图加特所有），中等客户则会得到漂亮的丝巾，上面也印有跃马标志，而最尊贵的客人则会得到最新出版的法拉利自传《My Terrible Joys》，法拉利常常对这本自传进行修改和重印。

有一位欧洲最著名的法拉利进口商曾回忆，他有一次和一个有钱的伯爵一起拜访法拉利。伯爵先生特别迷恋法拉利神话，作为忠实客户的他已经买了六辆法拉利,他唯一的希望就是能得到一本法拉利的自传。

法拉利的回答是:"不可能。"他把手伸进抽屉拿出了一条丝巾,然后盯着伯爵问:"你有情人吗?"伯爵受了惊吓,没有回答,于是法拉利又重复了一遍:"我问你有没有情人,有还是没有?"最后伯爵只好回答说:"有。""那就好。"法拉利说着又从抽屉里拿出了另外一条丝巾。

抽屉里的这些物什有时候也被拿来开展小小的贿赂。有一天早晨,罗杰·贝利开着克里斯·阿蒙的 500-cc 菲亚特去上班,他在位于阿贝托内公路北部几公里的弗尔米吉村开车超速,被两个当地警察追到了公司。法拉利把他们叫到了办公室,在一通大吼大叫之后,法拉利说:"罗杰·贝利是我们车队最好的车手克里斯·阿蒙的机械师,他非常有价值,如果你们罚他就等于罚克里斯·阿蒙,也就是涉及我和法拉利车队,你们不能这么做。"之后法拉利就给了他们一些钥匙扣、别针之类的小东西,这些东西也许能在大街上卖点钱吧。这件事情也就这么解决了。

法拉利的固执己见和故步自封让佛朗哥·利尼心灰意冷,他在 1968 年底离开车队回到了媒体界。60 年代最黑暗的时期已经过去了,很多人到了恩佐·法拉利的这个年纪已经退休颐养天年,但法拉利却要为自己和陷入困境的公司实现一次伟大的复兴。

1965 年法拉利和菲亚特的合同明确规定,双方要共同生产迪诺系列发动机以及各种汽车产品线,很明显双方想要建立一个更加紧密的联盟关系。当时 SEFAC 已经陷入了困境,如果公司想要继续生产豪华汽车就必须有大量的资金投入,毕竟在这个市场中,保时捷、梅赛德斯-奔驰、捷豹、兰博基尼以及 BMW 都在不断进步。不管法拉利喜不喜欢,路跑车都是他最爱的赛车事业的核心,没有车辆销售带来的利润，F1 赛车事业以及相对没那么重要的跑车事业都将失去资金来源。

菲亚特是当时意大利最有影响力的行业巨头，同时在整个欧洲的经济中也发挥着至关重要的作用。阿涅利家族因为和政府的关系较好，所以它们通过关税壁垒让意大利国内进口车的价格变得非常高，这样一来菲亚特直接垄断了整个国家的汽车业。但因为没有参加过国内的赛车活动，菲亚特车的质量和工程水平都比较落后，其产品在出口市场的表现也非常弱。公司曾尝试几次想要把车卖到美国市场，但都因为产品竞争力不足而失败了。显然，菲亚特的国际形象有点问题，如果想要在欧洲共同体中提升销量，这一情况必须改变。这样一来，收购马拉内罗的跃马标识就变成了最好的解决方案，毕竟这家公司既有名望又有一定的神秘感。

同样地，对于法拉利来说，如果他想要继续赛车事业，能够获得行业巨富乔瓦尼·阿涅利源源不断的资金支持以及加入他那富可敌国的菲亚特 SpA 公司也是最好的选择。

谈判是何时以及如何开始的并不清楚，法拉利大概在 1967—1968 年就开始了和阿涅利的非正式联盟谈判，而具体的法律事务大概是到 1969 年才敲定的。基于之前和福特的谈判以及后来阿涅利的言论，可以肯定恩佐·法拉利一直在努力坚持自己的控制权。作为一个白手起家的男人，他非常自傲，绝对不是那种随随便便就范的人。虽然在规模上法拉利公司只是一个小公司，但在知名度上却是一个行业巨人，是汽车行业的奢侈品牌，足以媲美可可·香奈儿、卡地亚、古驰或者是克里斯汀·迪奥，名气也远远超过土里土气的菲亚特。

所以双方的联盟其实是各取所需，法拉利需要资金挽救事业，而阿涅利是都灵的贵族，为了寻求最高贵的地位和尊荣，他宁愿冒险进入乱糟糟的内陆地区。最后他在摩德纳大约花了 70 亿里拉（约合

1100 万美元）找到了自己想要的一切，这比当初梅科姆和福特的报价都要低。当然，短期内菲亚特公司对法拉利公司的持股数不会超过一半。这次交易对法拉利来说实在太有吸引力了，他亲自去都灵签署了最终合约，要知道他在过去的几十年里都没有再去过都灵，平常都是要求别人来摩德纳签约的。

1969 年 6 月 21 日，双方正式宣布成立联盟。菲亚特的声明带着些隐晦色彩："菲亚特总裁乔瓦尼·阿涅利博士和工程师恩佐·法拉利召开了一系列会议，法拉利公司在过去成功地开发了很多法拉利车型，双方认为过去几年中彼此的技术协作和支持都非常成功，所以双方将进一步深化合作并在年内成立一个联盟。"就在不久前，法拉利还在叫嚣着要在 9 月的意大利大奖赛后退出赛车界，但和菲亚特建立联盟后，这种无谓的装可怜已经没有意义了，大量的机会在等着他，而对于这个老人来说，这也是一种复仇的方式。吉诺·兰卡蒂在书中对此事的评论或多或少都能体现出法拉利的理念："所有的一切都是为了洗刷 1918 年的耻辱，那个时候菲亚特拒绝了法拉利。"显然法拉利一直没能忘记自己五十多年前被菲亚特拒之门外的情景，这个长达半个世纪的伤口一直未能愈合，而如今他用一种奇特的方式把这一切给解决了。但是真的解决了吗？

不管方案如何，这都是一次伟大的合作。菲亚特支付了几十亿里拉后获得了当前法拉利公司 40% 的股权，恩佐·法拉利持有剩下 49% 的股权，这一部分将在他死后归菲亚特公司所有。而法拉利的好朋友宾尼法里纳获得 1% 的股权，依旧活在阴影中的皮耶罗·拉尔迪则获得了 10%。这一安排跟之前打算和福特签订的合同相差无几。法拉利依旧对赛车项目拥有绝对的控制权，而菲亚特则负责乘用车方面的业务。

虽然 308GTB/GTS、328GTB/GTS Boxer、512BB Boxer、400i Automatic 等经典的路跑车型都出自法拉利公司，但事实上这些车型

的诞生跟恩佐并没有什么关系。最后一辆真正属于法拉利的路跑车是365 GTB 代托纳。联盟之后生产的车型大多数其实更像限量生产的菲亚特（或者是量产的法拉利），而不是之前的快速汽车。事实上，在菲亚特－法拉利联盟刚刚成立的时候，阿涅利曾经考虑过要把法拉利的产量扩大到捷豹的水平，也就是每年 2 万台，但投资和市场等诸多原因决定了马拉内罗工厂只能进行小规模的扩张。工厂 1971 年的产量超过了 1000 台，到了 70 年代末，这个数字又超过了 2000。1988 年恩佐·法拉利去世时，工厂的总产量是 4001 台，远远超过了和菲亚特签约时的 619 台。

落后的小马拉内罗工厂即将进入一个新的时代。在路跑车方面，菲亚特可以随心所欲，法拉利对这块毫不在意，私底下的他依旧对那些为了面子而购买这些车辆的客户充满了蔑视。他对赛车的热情依旧高涨，有了菲亚特的资金支持，他已经准备好要向莲花、福特、保时捷、BRM 以及一些新兴车队发动一系列的进攻，意大利媒体界的豺狼们也将无处可逃。这将是一次真正的复仇！

17 / 第十七章

妻子劳拉

现在法拉利的小金库里装满了菲亚特的资金，他已经准备好要向那些在过去三年中对他不断嘲讽的人讨债了。为了征战 F1 和跑车比赛而研发的发动机和底盘已经准备就绪，而菲亚特也即将提供新的资金资助一系列动力强劲的路跑车的开发，以期恢复市场份额。在 1970 年法拉利即将迎来 72 岁生日之际，他展望未来看到了重生的希望。

克里斯·阿蒙选择在复兴的前夜离开了车队。弗戈艾里已经设计了一款强有力的车型——全新的 3L 平铺式十二缸发动机赛车。1969 年夏天，克里斯在摩德纳对其进行了测试，但最初的结果不尽如人意，车子的很多关键零件都在试车中损坏，而且漏油就像浸湿的海绵般严重。阿蒙觉得厄运又找上自己了，于是他去了英国加入了马奇车队（March），这个车队使用的是所向无敌的考斯沃斯发动机。其实如果他一直留在马拉内罗的话，他很有可能已经赢得了世界锦标赛冠军，也能抹去他"很有才能但是运气很差"的这个标签。

克里斯的位子在空缺整整一年后被冷漠的埃克斯取代，这个爱生气的黑发青年有着女子般出色的外表以及一颗勇敢的心。和他一起入驻车队的还有詹克劳迪奥·"克雷"·里加佐尼（Gianclaudio "Clay" Regazzoni），一个说意大利语的瑞士人。来自边境城市提契诺州的他拥有比较粗犷的驾驶风格，因为在赛道上的勇猛表现而成了一个 F2 明星。他常常被和英国车手克里斯·兰伯特（Chris Lambert）的死亡联系起来，同时还被指和其他好几个赛车事故有关，所以他被视为一个不祥的车手，尤其在英国媒体中口碑非常差，而他浓眉大眼、留着大胡子的形象更让人觉得凶神恶煞。当时还有一个叫伊尼亚齐奥·古因提（Ignazio Guinti）的罗马人也加入了法拉利车队，年仅 28 岁的他拥有出众的才华，很多人都觉得他有望问鼎世界锦标赛冠军。可惜的是，一年后古因提驾驶法拉利 312 PB 跑车参加布宜诺斯艾利斯一千公里大赛时不幸身亡。大家都觉得这个受人喜爱的年轻人拥有出色的驾驶技巧，只可惜他却没有机会向大家展示。

阿蒙离开后，弗戈艾里和他的工程师们对平铺式十二缸发动机进行了改进，到年底时完成了一款全新的 312B F1 赛车。这款车外形非常独特，它有着长长的前脸，后轮上还装着三个鱼鳍形的扰流板。这款车无论在造型还是功能上都非常令人惊叹，一般的汽车只在四个赛车轮胎上装上金属管悬架，这款车型却体现了经典意大利风格的魅力。艾克斯和里加佐尼将开着这辆优秀的新型赛车在 1970 年蒙扎的意大利大奖赛中获得一系列重要的胜利。

菲亚特的人手接管了路跑车的设计、制造和销售等日常工作，法拉利终于从他所厌恶的工作中解脱了出来。客户车辆对他来说不过是达成目的的手段而已，随着年岁的增长，法拉利越来越愤世嫉俗，那些空虚的贵族带着大笔的钱财来到公司，拿到车时感觉像是得到了上天的恩赐，这让法拉利很是不屑。

菲亚特在装配线改造、生产领域扩大、铸造车间现代化改造方面投入了大笔资金，同时还在阿贝托内公路边的果园里建了一个名叫费奥拉诺（Fiorano）的大型试车道。这个试车道周围安装了电视监控和遥控装置，是当时世界上最先进的车道，车队的工作人员再也不用像以前那样辛辛苦苦地跑到蒙扎或摩德纳赛车场去进行一些特别的测试。另外，斯卡列蒂车身厂也被渐渐吸纳进了新公司，到20世纪70年代中期，公司在城市边缘的艾米利亚古道上建起了自己宏伟的新大楼。SEFAC过去的日子已经一去不复返，公司正在逐步成为菲亚特公司的一个现代化子公司，老法拉利的传统和品牌形象已经成为了一个过去的影子。

不过赛车部门的情况并没有什么大的改变，恩佐·法拉利依然对它有着绝对的领导权，工作也依旧充满了各种抓狂、恐吓和极致的投入。弗戈艾里通过自己的努力打造出了一款成功的312平铺式十二缸发动机（这个发动机同时也被成功应用于3L的312 PB跑车上，不过法拉利车队从1973年开始就不再参加耐力赛而是集中精力对付F1赛事），一举成了行业内的明星。他能顶住法拉利车队巨大的压力就足以说明他是一个非常灵活的人，虽然劳拉·法拉利怀疑他投机取巧，但是车队上上下下都很喜欢他。他有点情绪化，但性格激烈的他却非常敬业，在激烈的比赛中常常处于一种接近疯狂的状态。英国著名车手布莱恩·雷德曼（Brian Redman）第一次见到弗戈艾里是在1968年纽博格林举行的埃菲尔雷南大赛（Eifelrennen）上，60年代末的他正处于事业上升期。那是一个F2大赛，当时雷德曼充满了热情，他在弯弯曲曲、绿树成荫的赛道上不断加速追赶着领头车辆。在第1圈，有一块石头飞到了他的护目镜上，受伤流血的他把车开进了维修点。弗戈艾里对此非常惊讶，雷德曼居然为了这么小的一个问题而停了下来，这让弗戈艾里非常生气，但他还是派一个机械师从备件里去给雷德曼拿了一个新的护目镜。最后只找到了一副适合明媚天气使用的深色镜片护目镜，而当时天气阴沉沉的，艾菲尔山脉上还飘着几朵积雨云。雷德曼戴上新眼镜出发了，但他很快发现自己在一些森林覆盖的区域几乎什么也看不见，并且这段路上还有很多接二连三的危险弯道。

但雷德曼没有放弃，他继续前进着，按他自己的话说就是"像个疯子一样，像是被魔鬼附身了"。比赛结束时，他获得了第四名。这是一次伟大的尝试，雷德曼在比赛中每前进一步都是在拿生命做赌注。不过，弗戈艾里漠视了他所取得的成绩。显然，弗戈艾里觉得雷德曼停下来换护目镜是因为他不打算为了赛车搭上自己的性命或者让自己的身体受到损伤。弗戈艾里的这种态度也让雷德曼对车队失去了热情，一年后他拒绝了车队让他参加 F1 的邀请。不过雷德曼在 1972 年回到了法拉利跑车的队伍，并赢得了斯帕、采尔特韦格（Zeltweg）、第戎和纽博格林一千公里大赛。那个时候，车队已经发生了两个大的改变。来自瑞士的赛车手，也是车队原来的爬坡赛选手彼得·斯切提（Peter Schetty）当了车队的经理，他的管理没有弗戈艾里那么夸张，而赛车手的收入也有所增长。当时法拉利的老对手，来自都灵的阿尔法·罗密欧再次进军跑车领域，法拉利没有办法，只能支付跟对手一样的薪酬。雷德曼回忆说，1972 年他拿到了 2 万英镑外加一些其他费用和一部分奖金。赛车手们终于真正地将为强大的法拉利车队开车的殊荣攥在了手里。

1973 年，法拉利停止了包括爬坡赛、塔斯曼系列赛、加美大奖赛等在内的所有跑车比赛，因为这些赛事分散了车队在大奖赛上的精力。优雅的 312 以及尺寸更大、动力十足的 512 跑车永远地停了下来，有些被拆成了零件，有些则被卖给了一些个人车主。1971 年，其中一辆 512 跑车以 28000 美元的价格卖给了美国商人罗杰·彭斯克（Roger Penske）。

彭斯克是一个赛车商人，他把汽车运动视作一个为他庞大商业帝国做宣传的发布平台，在他旗下有包括汽车经销商、轮胎分销商、卡车租赁业务以及柴油发动机业务在内的各种生意。他买下这辆车是因为他觉得这辆车在赛车手兼工程师马克·唐纳修（Mark Donohue）的改造下可以成为比赛赢家。不过他实在太没眼光了。他结束了和加埃塔诺·弗洛里尼（Gaetano Florini）的谈判后，法拉利邀请他见一面，但他要去米兰赶飞机，所以就拒绝了会面匆匆离开。这让整个工厂的员工都很震惊，也让法拉利非常生气。能和法拉利见上一面，聆听他的教诲，这种机会可不是谁都有的，而他居然拒绝了，这简直就像错过了跟教皇的见面。所以工厂方面之后对彭斯克一点也不上心，不过这也是常有的事。跟好多其他的客户一样，彭斯克惊讶地发现原来说好的新车其实做工非常差，根本没法拿来参赛。还有一位富有的私人客户以25000美元的价格也买了一辆512M，结果他发现这辆车完全是车队用过的旧车，根本不是他预订的新车。于是他把车子退回马拉内罗并要求工厂进行修复，然而工厂只是将车子稍微修复了一下，却要求他支付2000美元的账单。彭斯克和唐纳修把法拉利车拆开，对底盘和悬架进行了调整及替换。V12发动机被送到加利福尼亚交给了TRACO的工程专家，后来这个随随便便生产出来的发动机居然在动力上提升了40马力。在所有参赛的法拉利跑车中，这一辆可能是准备最充分，也是最快的一辆。在代托纳二十四小时耐力赛中，弗戈艾里检查了这辆车，而当时公司派出的是更轻便灵活的312P，但速度却比不上它，当时弗戈艾里就说这是他见过的最好的一辆法拉利。不过这辆车只参加过4次比赛，其中三次都获得了冠军。当时保时捷在主要耐力赛的竞争中渐渐占据了主导地位（很大一方面也是因为法拉利的退赛），所以彭斯克的512M虽然很强大，但无法和来自斯图加特的917匹敌，这些超级快速的赛车几乎在勒芒、代托纳以及他们参加的所有赛事中都刷新了记录。

虽然菲亚特的资金源源不断，法拉利也减少了一些跑车的赛事日程并集中精力对付F1，但恩佐·法拉利的生活依旧没有什么改变。他每一天都重复着一样的内容：去理发店、开车去迪诺的墓地、上午在摩德纳办公室办公，然后去工厂。如今，空荡荡的大房子里只有他和劳拉两个人住，两人只占据了其中几个阴暗简陋的房间，房间里都贴着脏兮兮的绿色墙纸，上面布满了灰尘，家具还是几十年前的那些，都已经褪色了，没有抛光也没有修理。大楼里的很多空房间里放着一些旧物和很多奖杯（很有可能包括1936年那次错过的范德比尔特杯，还有一个卡地亚打造的巨型大碗，简直可以让努瓦拉里整个坐进去），另外还有各种书籍和照片。据一个去那里拜访过的人说，房间里还有整箱的劳力士手表。"那个地方看上去就像一个坟墓。"一个经常去加里波第广场拜访法拉利家的密友如是描述法拉利的家。

过了70岁生日后，劳拉·法拉利的行为变得更加怪异。有人曾看到她在卡瓦利诺的餐桌上偷面包，然后又给服务员小费。有一次，她在艾米利亚古道上遇到了一个认识很久的女性朋友，结果她居然想要对方的裙子，并说恩佐没有给她足够的钱买衣服。这种情况实在太诡异了，因为对方比她矮一个头，衣服尺码估计比法拉利太太要大两码。但劳拉在维塞尔巴避暑时认识的一个男人却说劳拉在亚得里亚海边的时候表现得很正常。劳拉·法拉利的真实情况究竟如何？疯癫还是正常？这一点长期以来连认识她的人都争论不休，这也充分说明（完全基于目击者的陈述）她确实是一个情绪极不稳定的女人，精神状况随着年岁的增长也越来越不正常。

20世纪70年代中期，劳拉的身体渐渐变得非常虚弱，她的大部分时间都在床上度过。一些比较友善的传记作家称她"腿脚不便"，却找不出病因。劳拉在去世前的几年确实行动不便，这也让很多人猜测可能是慢性梅毒的后遗症。

下面这个故事可能并非百分百真实，但也能从侧面反映出法拉利和劳拉之间的关系。据说情绪低落的劳拉有一次跳进了帕纳罗河（Panaro River）企图自杀，法拉利的一群机械师把她救了上来。回到公司后，这些人被叫到了法拉利的办公室，法拉利愤怒地告诉他们："如果她再跳河，谁都不要救她！"虽然我们并不知道劳拉是否真的想溺死自己，但这个故事足以说明法拉利和妻子之间的紧张关系已经众人皆知。

几十年以来，法拉利本人以及他越来越庞大的粉丝团都一直说法拉利车队除了和赛车高度关联的项目，一般都不接商业广告。确实从1966年以来，法拉利车队的车子上除了跃马标识以外几乎没有什么其他图案，但与此同时，车队外部赞助商的队伍却一直在持续增长。到了1973年，埃克斯所驾驶的312B3车上出现了很多著名品牌的商标，例如固特异（一年前凡士通的财务举步维艰，固特异取而代之）、马瑞利电机、费罗德刹车片、冠军火花塞、壳牌石油、豪雅表以及一些其他供应商的商标。赞助已经变成了一个消耗巨资的活动，为了让像法拉利那样的主要车队为自己公司代言，各种燃油、轮胎和点火器公司不断对其开展各种贿赂工作。一些烟草公司也发现赛车运动是一个非常有效的广告和促销手段，乐富门（Rothman）、雷诺兹（R. J. Reynolds）及菲利普·莫里斯（Philip Morris）等烟草公司在70年代中期为赛车行业注入了大笔资金。面对这些投资，恩佐·法拉利反复强调法拉利车队的车辆将会一直保持"纯洁"，绝对不会允许在参赛车辆漂亮的车身上贴上难看的香烟、马桶、性用品或者金融机构的广告。但是同很多时候一样，法拉利在公众场合和私人场合有着截然不同的态度。

争论的焦点也无非是钱的问题。当时菲利普·莫里斯欧洲公司想借法拉利车队为公司旗下的万宝路（Marlboro）做宣传，于是他们和法拉利进行了几次认真的谈判，讨论全面赞助事宜。如果这些谈判确实存在，那么法拉利所谓的保持纯洁宣言就完全是自相矛盾了。而且据说这个项目进展得很顺利，两个公司差点就实现了合作。1970年初，万宝路欧洲公司的总裁阿里亚多·布奇（Aleardo Buzzi）参加了一系列的会议，详细讨论万宝路全面赞助法拉利车队的方案。就在快要谈成的时候，布奇的老板突然发现为了方便公司内部财务结算，赞助费只能以里拉支付，但法拉利要求以美元或者瑞士法郎支付。如果赞助费到账的话，他们就会被存在摩纳哥或日内瓦的银行里，或是分开存在两地。当万宝路的工作人员表示他们只能支付里拉的时候，法拉利站起来看一下手表然后说：“各位先生，我的妻子病得非常严重，我得去看她了，所以今天的会议就到此结束吧。”这跟他多年前和福特的唐纳德·弗雷的那次谈判如出一辙，法拉利离开了谈判桌，再也没有回来。万宝路在十年之后才出现在法拉利大奖赛车的车上，而且赞助的是车手而非车辆。

埃克斯在1970年里把世界锦标赛冠军的头衔输给了乔臣·林特（在蒙扎意大利大奖赛前的练习中，该车手不幸遇到车祸身亡，但他之前已经获得了足够的分数，所以他在去世后仍获得了这一荣誉），这说明法拉利的赛车手、312B和车辆设计者都在持续走下坡路。弗戈艾里为1971年的车辆重新设计了后悬架，但除了埃克斯、里加佐尼和马里奥·安德雷蒂（在美国赛事日程允许的条件下作为车队的三号车手出战）一开始取得了一些成绩外，车子在之后的赛事中表现一直下滑。这款车型最大的问题就是操控艰难，而且每次弗戈艾里调整悬架，车辆的重心和空气动力性都反而更差，车子的速度也更慢，赛车手们非常沮丧，媒体和粉丝的叫嚣声也日益响亮。

漂亮精致的费奥拉诺赛道在1972年赛季来临之前开放了测试，而这时的第二代赛车——312 B2在各方面都是一种技术退步。在选择参赛车辆时，埃克斯和安德雷蒂都选择了老一代车型，不过好脾气的里加佐尼是一个老派的赛车手，他觉得两种车他都能开得很好（他对赛车的热情有时到了不合时宜的地步，在德国大奖赛最后一圈把杰基·斯图尔特顶出赛道，跟在埃克斯之后获得了第二）。除了在纽博格林包揽了冠亚军外，车队在这个赛季的其他比赛中持续遭遇了机械故障、车祸，或者直接被打败。法拉利很沮丧，并不断指责弗戈艾里，而当时弗戈艾里为了改进这个奇怪的车子已经到了崩溃的边缘。车辆的马力没有问题，甚至比所向无敌的考斯沃斯还多出 30 马力，但这一优势在实际赛道上完全体现不出来。年中，弗戈艾里被降级，负责处理公司内的一些特别工程项目。修改赛车的重任交给了一个名叫桑德罗·科伦布（Sandro Colombo）的年轻人，他是公司刚刚从伊诺森蒂（Innocenti）那边挖来的。这个新来的同事（和伟大的吉奥阿基诺没有任何关系）开展了一系列大胆的工作，其中包括委托约翰·汤普森位于英国的 TC 原型车公司生产了三台特别的底盘。但对于意大利的忠实支持者来说，这是不能接受的。原来他们认为虽然法拉利的车子常常失败，但至少它们是意大利车。但现在这些红色的车辆用的是美国的轮胎，通过德国的燃油喷射系统加油，车身的金属和其他材料都是英国生产的，开车的还是比利时、瑞士和美国的赛车手。什么时候才是个头啊？

现在看来，这一切都将在车队遭遇 1973 年的一连串惨败之后结束。BRM 现在的管理者是不按常理出牌的路易斯·斯坦利（Luise "Big Lou" Stanley）和他那漂亮多金的妻子，他们给里加佐尼开出了更高的薪酬，所以里加佐尼离开了法拉利车队。里加佐尼在 BRM 车队的队友是奥地利车手尼基·劳达（Niki Lauda），一个身材瘦小的龅牙，来自威尼斯一个非常有钱的家庭。为了学习赛车，尼基借了一大笔钱参加各种赛事，但进步非常缓慢，于是他加入了落后且资金不足的 BRM 车队成为了三号车手。这位意志坚定、全情投入的 24 岁赛车手将在年底之前开出远超对手的超快速度，这也引起了恩佐·法拉利的注意。

当时法拉利拥有非常成熟的人脉，不仅科伦布和弗戈艾里等人会向他报告赛事前线的情况（为了回家后的日子好过些，他们经常会对信息进行"编辑"），同时还有数不清的供应商、游荡者、记者以及原法拉利车队的忠实粉丝向他传递各种流言蜚语、最新消息、含沙射影、小道消息以及竞争对手的内部机密。这种信息大部分都是为了讨好法拉利或者满足领导的自我膨胀，总的来说都是为了达成一些不可告人的个人目的。不过他们从来不敢说车辆的不是。

一次又一次的失败让都灵方面和法拉利本人都意识到，车队如果想在即将到来的1974年赛季保持荣誉以及商业价值，那么公司务必要开展一些大动作。埃克斯和他的小个子队友亚瑟·梅萨里奥（Arthur Merzario）在1973年的运气一直不好，成绩也非常差，所以两人在赛季末双双离开了车队。埃克斯是一个非常出色的车手，拥有着钢铁般的意志，但是现代大奖赛中的车辆都配备了非常灵活而先进的底盘和双翼，如果底盘不好，无论车手多么勇敢多么有技巧，也是无法取胜的。过去的一些超级明星，例如摩斯、方吉奥以及努瓦拉里，他们能够凭借自身的能力把一辆二流的赛车开出一流的水平。但在超高技术时代，车手在比赛中的影响力大约只占20%（剩下的80%来自赛车），不管赛车手的技能和勇气如何出众，平庸的车辆都是无法取胜的。

科伦布被调离了赛车部门，告别了痛苦的现状回到原来的工作岗位上。名为B3的新项目只是对312进行修改和提升，弗戈艾里没日没夜地工作，魔鬼式的工作强度估计也只有他能受得了。从法拉利车队成立之初开始，荷兰的石油巨头壳牌就一直是车队的赞助商，但壳牌在这时停止了对车队的支持。这一决定并不是因为公司对法拉利不满意，而是公司对意大利产业的整体调整。壳牌意大利分公司把所有的股份转让给了一家名叫阿吉普（Agip，意大利国家石油公司）的本地企业，而作为业务转移的重头戏，阿吉普将替代壳牌成为意大利最出名的赛车队的赞助商。不过法拉利车队最重要的变化还是体现在人员方面。这种变化并不是指优秀赛车手尼基·劳达的加入，而是卢卡·迪·蒙特泽莫罗（Luca di Montezemolo）的到来。卢卡是阿涅利家族的一员，出身显贵的他是一名律师，并在赛车圈迅速积累名声，同时也是继塔沃尼、乌戈里尼和德拉戈尼之后法拉利车队的又一名车队经理。不过相比他的前任，强大的卢卡对车队有着更正面的影响，他最终获得了更高的权力。和74岁的车队名义主人法拉利（至少在公众场合还是这样）相比，蒙特泽莫罗截然不同，他拥有很多筹码，在车队内的影响力仅次于法拉利本人。他为车队带来了"稳定"，这正是法拉利车队最需要的。

当然，法拉利车队复兴的核心赛车手还是尼基·劳达。自约翰·苏尔特斯离开后，还从来没有人对车队有多这么大的影响力，他也是恩佐·法拉利遇到的第一个新兴赛车手。法拉利在过去总是利用赛车手对这项运动无比的热爱，让他们为了所谓的荣耀、名誉和自我实现而为法拉利车队卖命。那些充满激情的赛车手不顾一切地迷恋F1比赛的魅力和气势，只要能在地球表面各种最危险、最不可思议的道路上飞驰，他们浑身就充满了激情。但是，现在这个赛场上出现了一群截然不同的人，代表人物就是杰基·斯图尔特。在面对一场比赛的时候，他们首先会衡量这场比赛值不值得冒险，然后根据结论决定自己的驾驶方式。1968年法拉利曾经邀请斯图尔特加入车队，但是被对方拒绝了，老一套的说辞以及所谓的"公司能提供更好的车辆，这样你就有机会赢得世界锦标赛冠军"的言论对这些新兴赛车手是行不通的。劳达也是类似的选手，他非常有钱（很少有穷人能参加F1，因为加入这项运动需要很多钱），也是纯粹的职业赛车手。他十分看中金钱，在处理一切问题的时候都很商业化，比如赛前必须签订合同和准备支票，一切就绪了他才会参赛。和斯图尔特一样，他对这项运动也非常投入，虽然他和所有曾经坐在单座赛车上的赛车手一样勇猛无比，但对他来说赛车并不是全部。尼基·劳达绝对不会为了一些虚幻的东西而冒生命危险，意大利北部灰尘漫天的小镇上那个代表意大利赛车的老人出于自我满足的需要想要这个赛车手为他卖命是绝对不可能的。

劳达和很多曾经的候选人一样都是秘密去往马拉内罗的。意大利媒体的狗仔队长期坚守在卡瓦利诺和法拉利工厂门口，一旦尼基·劳达的身影出现，几分钟之后这个消息就会传遍整个意大利。为了避免这种情况发生，劳达和蒙特泽莫罗相约在摩德纳高速的西出口见面，然后直接去费奥拉诺试车道。在试车场上，这位勇敢自信的奥地利赛车手开着最新的 312 F1 赛车试跑了几圈。之后劳达被安排和"老头儿"（现在大家都这么称呼法拉利，当然是背地里）见面，在场的还有弗戈艾里和皮耶罗·拉尔迪，因为劳达只会说英语，所以皮耶罗帮忙翻译。法拉利问劳达觉得车子怎么样，劳达很直接地回答"不怎么样"，车子严重转向不足，简直没法开。此时皮耶罗深吸一口气，脸上闪过痛苦的表情，然后他对劳达说："你不能这么说。"毕竟，没有人敢当着法拉利的面批评他的车。多年以来，法拉利一直觉得自己的车辆是神圣的，所有的失利都是因为车手的驾驶技术不过关或是竞争对手的招数太过卑鄙，这些都跟车辆本身无关。

劳达请皮耶罗·拉尔迪自己斟酌着翻译，主要就是说车辆的前悬架需要一些调整。于是法拉利问弗戈艾里这个调整需要多长时间，弗戈艾里回答说一个星期，然后法拉利对劳达说："如果下周你的速度能提升一秒以上，我就录用你；如果不能，一切免谈。"这件小事被劳达记在他的私人传记《我的故事》（*Meine Story*）中，结局是皆大欢喜的。弗戈艾里在一个星期以后调整好了车辆，劳达回到费奥拉诺又跑了一次，成绩比上次快了一秒以上，于是他获得了这份工作。劳达的队友里加佐尼（刚刚从 BRM 车队回到法拉利）则是截然不同的赛车手。他是一个老派的国际赛车明星，身材健壮，狂野而外向的他开起车来简直不要命。劳达冷静自制，里加佐尼则很开放直接，所以后者更受法拉利粉丝们的热爱；劳达很注意保持身材，生活方式比较简单，而里加佐尼不知疲倦地参加各种社交活动，所以他在这方面的知名度很高。两人甚至在外形上也截然相反。尼基很瘦，他有一双淡蓝色的冷漠眼睛，脸上的微笑带着几分讥诮；而里加佐尼身材粗短，国字脸的他还留着黑色的大胡子，笑起来总是露出一排牙齿。

弗戈艾里重回设计部门，出色的劳达将会驾驶着他新设计的车辆征战赛车场，同时蒙特泽莫罗的到来让拜占庭式政治氛围浓厚的车队渐渐回到稳定的状态，一切都在慢慢好起来。而且现在车队不再四处参加各种运动赛车项目，以上三个出色的人才可以集中精力对付唯一的目标——F1赛事。可能有人会认为这时的恩佐·法拉利本人就该退出历史舞台成为背景了，但实际情况并非如此。他依旧深入车队的各项事务，也是各种纠纷的协调者。赛车手的选择，和赞助商的谈判，和FIA打交道以及公众信息的发布等最终还得由法拉利亲自把关。法拉利车队例行的年度发布会已经发展成一个大型的集会，主要内容就是发布车队最新的F1赛车。成百上千来自世界各地的媒体记者每年此时都将齐聚摩德纳，亲身感受法拉利的精彩表演。他冗长而华丽的演讲丝毫不亚于卡斯特罗，内容一般是当前车队的一些大事和庆祝活动，同时也会对过去以及当前的竞争对手开展优雅而有理有据的谴责。虽然车队的职业化风潮已经渐渐替代了原来的宫廷式作风，但法拉利依旧是这里的国王，无论有没有穿衣服，他都开心地享受着大家的敬意。然而，那些在车队盘桓良久的不良因素还远未被打压殆尽，它们不久就会卷土重来。

但至少在即将到来的赛季中，车队还是表现得像一个现代化的车队。劳达一到马拉内罗（他还是利用私人飞机经常在马拉内罗和萨尔茨堡的家之间往返）就被法拉利车队在赛车方面的各种资源征服了。

铸造车间已经在过去的20年中生产了上百台原型发动机，数量庞大的工程师及机械师团队、私家试车道、动态评价室等都让劳达惊讶万分，他不禁惊讶，为什么法拉利车队有如此多的先进设备还会输！

劳达在1974年赛季中的表现非常不错，他在马德里附近詹姆拉（Jamara）举行的西班牙大奖赛上获得了冠军，同时还赢得了在赞德福特举行的荷兰大奖赛。在英国大奖赛上，他一开始也保持领先，但后来车子爆胎了。之后他发生了两次车祸，一次是在纽博格林的德国大奖赛上（他的队友里加佐尼获得了冠军），车子开到第1圈就发生了事故；而另外一次事故发生在加拿大的摩斯港，幸好两次事故都没有大的损伤。总的来说，这一年是承上启下的一年，车队的未来看起来充满了希望。蒙特泽莫罗给车队带来了巨大的影响，他平息了公司内部的各种争斗，在和法拉利打交道的过程中也不卑不亢。"老头儿"的嗅觉依旧非常敏锐，以前那些人怕丢了工作，常常向他报告一些不实的、粉饰太平的信息，现在他得到的都是真实的消息，这可以帮助他做出更加理性的判断。蒙特泽莫罗不怕丢工作，虽然他还没有能力让车队完全在一个频道上工作，但他至少可以确保大家的方向是一致的。

然而这时法拉利失去了他长期以来的老朋友——忠心耿耿的司机佩皮诺·维德利。1975年，瘦小的佩皮诺因病去世，留给了法拉利无可弥补的伤痛。佩皮诺从20世纪20年代开始就一直陪伴在法拉利身边，他是真正从早到晚都陪着法拉利的人。多年以来，佩皮诺都是一大早去接法拉利，然后随时等待他的召唤，直到深夜法拉利结束一切社交活动才回去休息。没有人比他更清楚法拉利的生活习惯，但他从不泄露主人的秘密，一直安安静静地在幕后工作着。不过法拉利对于他的这种忠心从来没有什么感激之情。有一个法拉利的老朋友讲过一件事：有一次半夜，法拉利在奥雷斯特斯酒店吃饭，这家位于摩德纳城中心的酒店一直是法拉利很喜欢去的一个地方，维德利和往常一样自己单独吃了饭然后到外面等他，就站在菲亚特车旁边。等法拉利喝了很多酒跌跌撞撞地走出餐厅时，佩皮诺刚好去了洗手间，法拉利顿时勃然大怒地吼道："佩皮诺这个混蛋，有事的时候永远找不到他！"

1974年冬天，弗戈艾里和他的团队一直都在努力工作，随后诞生的新机型不仅是弗戈艾里的代表作，同时也代表了法拉利F1赛车的最高水平。这款平铺式十二缸发动机可以稳稳地输出440马力的动力，这就意味着比十年前设计的第一款十二缸3L F1发动机足足多出了100马力。因为底盘进行了升级，而且五速变速箱被横向安装在发动机后面，所以车辆的操控性有了大幅的提升。这种布局方式不仅使车辆更加紧凑，同时也降低了车辆的重心，克服了早期312车型严重转向不足的缺点，也非常契合劳达那种精细的驾驶方式。新车名叫312T（T代表横向变速器），车身设计非常圆润，也很有肌肉感，在一群狭长的英国车面前显得格外生动独特。车辆的颜色也发生了史无前例的变化，位于赛车手头部后方安有一个高耸的进气口（这种设计一度非常流行，但在1977年被FIA禁止），口子被涂成了白色，上面还带有红绿两色的条纹，这使得整辆车看上去很像一个迷你的潜艇。这些代表意大利国家的颜色让媒体和车迷们都无比震惊，他们认为纯红色的法拉利是永恒的经典。这一改变无疑是由菲亚特推进的，他们总喜欢在自己的产品上打上意大利技术的烙印。

经过一段时期的磨合，劳达的312T表现非常出色，他在摩纳哥一路领先取得了冠军。有了菲亚特的资金支持和蒙特泽莫罗的管理，车辆的赛前测试比以前严格了不少，这也使得参赛的法拉利车辆准备得比较充分。车队从1975年春天开始变得更加精简高效，其成果也是显而易见的。一周以后，劳达在比利时的佐尔德（Zolder，斯帕因为之前的严重事故而从1970年起取消了这一站的比赛，直到赛道的安全性得到提升才会重新进行）再次获得冠军，之后一路赢得了安德斯多普（Andersdorp）和保罗·皮卡（Paul Picard）的法国大奖赛。劳达的第一次失利发生在纽博格林，当时车的轮胎坏了。之后在蒙扎的比赛中，受人喜爱的克雷遥遥领先获得冠军，让粉丝们为之疯狂，劳达则获得了第三名，赢得了世界锦标赛冠军——这也是自1964年以来法拉利车队获得的第一个冠军。沃特金斯·格伦是赛季的收官之战，劳达在这次比赛中表现也很出色，他再次获得了胜利，但里加佐尼在比赛的最后阶段为了能让队友获胜而公然阻挡世界冠军艾默生·菲蒂帕尔迪（Emerson Fittipaldi），他也因此受到了惩罚。

在这个赛季中，法拉利车队取得了非常了不起的成绩，这是车队自1961年菲尔和特里普斯联合击败英国车队以来获得的最大一次胜利，令人无比开怀。整个意大利都在庆祝，马拉内罗再次成为焦点，恩佐·法拉利也再一次拥有了圣徒般的地位。所有关于赛车运动和民族荣耀的一切都很完美。

法拉利车队1976年的总体形势甚至还会更好。312T车型在弗戈艾里的不断调试下输出功率已经达到了500马力，比最强大的竞争对手考斯沃斯还高出20马力。虽然车身比竞争对手略微重一些，但在劳达这样出色的赛车手手中，法拉利赛车完全可以打败最强大的竞争对手。还有一个好消息传来，最有实力的一个竞争对手、两次世界锦标赛冠军得主艾默生·菲蒂帕尔迪离开了迈凯伦车队，他得到了巴西一个咖啡业老板的巨额资助，会在不久的将来组建自己的车队。代替艾默生的是一个名叫詹姆斯·亨特（James Hunt）的年轻英国赛车手，绰号"电流"（hunt the shunt），因为他开车速度极快。之后他开着新的迈凯伦M23成为全球闻名的赛车手。车队面临的唯一不利条件就是蒙特泽莫罗的离职，这个对车队稳定性做出卓越贡献的队长即将回到菲亚特担任高级职务（不过他之后依旧和法拉利的赛车事业保持着密切的关系）。蒙特泽莫罗离开后，接替他的是原蓝旗亚拉力车队的经理——丹尼尔·奥德托（Daniel Audetto），他同样也和阿涅利家族颇有渊源。奥德托和蒙特泽莫罗一样都是菲亚特的官方代表，不过相比前任，他的管理风格更加随意，也更加适应车队内部的各种政治小把戏。

奥德托和劳达行事风格迥异，前者是非常享受F1魅力的上流人士，而劳达在赛季中的生活方式和苦行僧无异。跟蒙特泽莫罗相比，劳达觉得这位新来的经理没什么实用价值，并且将车队管理得非常混乱。虽然事实并非如此，但两人截然不同的风格打破了蒙特泽莫罗努力构建的车队内部平衡，随后也导致了车队业绩的下滑。

蒙特泽莫罗的管理风格直接而坦率，而新来的奥德托则彬彬有礼、小心谨慎。如今的法拉利再次自欺欺人地认为只要开的是法拉利车，任何人都可以获胜，劳达和里加佐尼只不过是其中的两个，还有很多出色的赛车手都可以做到这一点。他的这种理念也得到了意大利媒体的响应，因为劳达在上一年度的出色表现，意大利媒体又变得不可一世，他们期待着法拉利车队能赢得之后的每一场赛事。在这种奇怪的连环式自欺欺人中，他们不断附和法拉利的各种言论，这反而加深了法拉利对他们的偏见。在车队一帆风顺的时候，这种"你侬我侬"的关系让双方都感到很满意；可一旦车队遇到麻烦，媒体马上就会变成一个个尖叫的泼妇，就像一个个尖酸刻薄、吵闹不休的妻子在不断指责失去工作的丈夫。要不是蒙特泽莫罗的开诚布公，法拉利肯定会重蹈覆辙。

一开始的一切都很顺利，劳达在英特拉格斯（Interlagos）举行的巴西大奖赛和南非的比赛中都获得了冠军，队友里加佐尼之后在长滩获得了胜利。虽然里加佐尼赢过了劳达，但大家都认为只有迈凯伦的亨特才是劳达获得锦标赛冠军的最大阻碍。

4月底，劳达回到自己在萨尔茨堡城外霍夫（Hof）的湖滨豪宅为即将在詹姆拉举行的西班牙大奖赛做准备。他在驾驶一辆重型的拖拉机时被机器压住，断了两根肋骨。几天以后，他勇敢地参加了比赛，但因为胸部的剧烈疼痛而把冠军拱手让给了亨特。虽然劳达在比赛中表现出了出色的毅力和忍耐力，但马拉内罗方面还是指责他不应该在关键时候去开拖拉机。

之后劳达的成绩再次回升，他赢得了蒙特卡洛和佐尔德的胜利，但英国车手亨特的分数和他非常接近。法拉利拒绝万宝路的赞助后，他们转而赞助了迈凯伦车队，现在的迈凯伦车队早已不再是法拉利口中的"小车行"，而是一支资金雄厚的专业赛车队。在9月的德国大奖赛之前，亨特又在法国大奖赛和布兰兹·哈奇（Brandz Hatch）赛道上获胜，总分排在第二。劳达在纽博格林赛道上的运气从来都不怎么样，1973年他曾驾驶着BRM在这个赛道上发生车祸伤到了手腕。他对纽博格林赛道颇有微词，和退役的杰基·斯图尔特一样，他认为大赛的救援人员根本无法覆盖全场14英里的赛道，这无疑进一步增加了赛车手的风险。纽博格林赛道两边都安装了不锈钢围栏，同时还有无数的消防员和急救人员预备着，这一切都让新兴的赛车手心生恐惧，他们随时都有可能拒绝在这个最危险的赛道上比赛。还有一些其他的原因让纽博格林之后逐渐退出了国际比赛的舞台，其中一个原因就是在该赛道上安装摄像头的复杂程度和费用都非常高，但现在安装摄像头已经是赛车运动的大势所趋。

比赛当天的天气非常不好，下雨的可能性很大，车队的经理和赛车手们陷入了两难，他们不知道该选择正常的干燥路面使用的轮胎，还是应该使用特别为湿滑路面打造的复合版本轮胎。劳达和很多竞争对手一样选择了雨天轮胎，但刚开了不到一圈，他就发现巨大的赛道后半段全是干的，而且天也放晴了。他只好开进维修点换了轮胎，等他再次回到赛道上时已经落后相当大一段距离。于是他开始玩命地往前冲，虽然当时赛道上还有一些水洼和潮湿地带，但意志坚定的奥地利车手全速往前追赶，谁也阻止不了。在靠近伯格威克紧急右转弯处有一个大的左转弯，劳达全速通过时车子突然向左驶离了赛道，随后冲破隔离带撞在了一面石头墙上。剧烈的碰撞导致赛车的油箱破裂，劳达的头盔也因此脱落，车轮旋转着再次滚回赛道，整个312T迅速陷入一片火海。美国布雷特·朗格车队（Brett Lunger）的苏尔特斯撞到了燃烧的车辆，之后劳达刚刚超过的三辆车的车手，包括朗格、英国车手盖伊·爱德华兹（Guy Edwards）和队友亚瑟·梅萨里奥以及赛道巡逻人员一起展开营救。在这四个人奋不顾身的营救下，劳达最终脱离了火海。这位世界冠军被人从冒着烟的车辆残骸里救了出来，但他被严重烧伤且失去了意识。

劳达吸入了大量的浓烟和有机玻璃燃烧时释放出来的毒气，脸上被严重烧伤，肺部也可能受到了致命的伤害。三天后，当劳达在医院里醒来时，他发现一个牧师正在对他进行临终祷告仪式。意大利媒体在过去的三天也一直在播放一条新闻，称劳达这个世界冠军已经去世了。马拉内罗难得的宁静也被打破了，媒体一直在追问劳达的事故是否是车辆的机械故障引起的，因为有一个观众用私人摄像机拍下了当时的现场。根据录像显示，法拉利车的轮胎在撞毁之前是往左偏的，如果劳达只是失去了对车辆的控制，那么车辆在当时的左转弯时应该朝向右侧才对。劳达醒来后也看了这段录像，但他表示这段录像能显示的信息并不多，只是当他以120英里的速度撞向那堵墙时，他感觉车尾部分有一定的下沉。

外界都在疯传这次的事故是车辆出了问题，还说劳达的烧伤是因为车子的质量有缺陷。这些言论让法拉利极度愤怒（这里再重申一下，法拉利的车辆无论过去还是现在都是当前技术条件下最坚固结实的车辆）。法拉利又一次赌气说要退出比赛，但跟之前的很多次一样只不过是逞口舌之快，不过法拉利真的没有参加之后的奥地利大奖赛。然而在两周以后，里加佐尼还是出现在了荷兰大奖赛的开幕式上。

当时欧洲体育界流传着一些疯狂可怕的流言，很多刊物都在报道一个耸人听闻的故事：劳达的整张脸都被烧坏了，可能要花好几年做整容手术，否则将无法出现在公众面前，更不要说开车了。就算是再理性的人对劳达回归赛场也持怀疑的态度，几乎没有人相信他还会在这个赛季内出现。所以大家可以想象一下，当劳达坚毅地告诉法拉利说要参加9月12日的意大利大奖赛时，媒体界该有多么震惊。这就意味着劳达在发生几乎让他丧命的车祸之后，居然在短短六周内就要重回赛车场。这再次说明，强大的意志可以克服一切身体上的弱点。就算法拉利不同意，劳达也是不会听的。（后来法拉利称自己当时确实也表示劳达的回归太过仓促了。）

不管怎么样，尼基·劳达真的参加了蒙扎的比赛。他头上缠着绷带，伤口还在渗血，他受伤后的皮肤非常敏感，还用特殊的垫片保护着。很多人都以为他这次不过是惺惺作态的表演，不会有什么实际成绩。但劳达是一个非常有竞争力的职业赛车手，他有着不撞南墙不回头的决心，并坚决要捍卫自己的冠军头衔，不让竞争对手詹姆斯·亨特有机可乘。他这么做就必须承受巨大的痛苦以及再次受伤的危险，所以这绝不是一次逢场作戏，而是他的意志和脆弱的身体之间的一次艰难斗争。

脸色阴沉、生性多疑的卡洛斯·鲁特曼（Carlos Reutemann）也参加了意大利大奖赛，大家都叫他"乐乐"（Lele）。他原来在布拉汉姆车队开车，后来通过秘密谈判，在赛季末加入了法拉利车队以代替里加佐尼。法拉利车队的成员也都认为劳达的赛车手生涯已经结束，所以鲁特曼应该会在1977年的车队中占有一席之地，不过两位主角对这些猜测一无所知。卢卡·迪·蒙特泽莫罗对于鲁特曼的加入可谓功不可没，但从"乐乐"加入车队的那一天起，为车队效力了整整六个赛季的里加佐尼就注定了悲剧。他曾经是一个非常优秀的二号人物，偶尔发挥好也能获得几个冠军，他很多时候都准备着全力配合劳达，为车队争光。但是法拉利、奥德托或者是蒙特泽莫罗觉得这位好人缘的瑞士车手已经过了黄金时期，在他自己还没有意识到问题所在的时候，已经被马拉内罗抛弃了。里加佐尼和法拉利的见面与交谈都没发现什么问题，但很多例子都表明法拉利说的话根本不可信，唯一可信的只有他的行动。

亨特获得了蒙扎大赛的冠军，为自己又加了一个满分，而劳达的车子坏了，他忍着剧痛艰难地获得了第八。里加佐尼发挥平平，获得了第六名。一个月后在纽约举行的沃特金斯·格伦大赛中，虽然劳达的情况有所好转，获得了第三名，但冠军还是被亨特夺得。锦标赛冠军的头衔将在赛季的最后一场大赛中决出，也就是在富士山赛道举行的日本大奖赛。意大利媒体再次哭声一片，他们抱怨劳达过早返回了赛场，让法拉利车队多了一个不稳定因素，这样一来车队表现肯定好不了。事实上，他们完全忽略了迈凯伦车队的崛起以及法拉利车队在蒙特泽莫罗离开后对赛车测试的麻痹大意。

劳达的身体在去日本时其实还远远没有康复，他在赛季结束后需要进行数不清的整容手术对烧伤的脸部进行修复。但眼前他面临的最大挑战则是热情奔放的亨特，两人在世界锦标赛的排名只差三分。比赛当天的天气非常恶劣，赛道上阴云密布、暴雨如注，大奖赛历史上很少有开赛时遇到如此糟糕天气的先例。将会有三名赛车手在这次比赛中争夺世界锦标赛的冠军，分别是排在第一名的亨特、排在第二名的马里奥·安德雷蒂以及转瞬间就跌到第三名的劳达。比赛开始了，场地上黑漆漆的一片，大家冲向第一个弯道时场上几乎什么也看不见，劳达险些撞上护栏。他在跑了两圈之后实在挺不住停了下来。就算劳达拥有山一般的勇气，那种勇气也是有极限的。媒体的喋喋不休、车队内的氛围以及痛苦的"遵医嘱"都让劳达感到厌倦，于是他把车停了下来。他从来都是大大方方的人，弗戈艾里建议他把退赛归咎于车辆故障，但是他拒绝了。劳达实事求是地告诉媒体，他放弃比赛是因为承受不了当时的情况，如果他的伤势还不足以让媒体相信的话，那么也不再是他的问题。

亨特在大雨中坚持不懈地跑完了全程，最后获得第三名，于是他以一分的优势赢得了世界锦标赛的冠军。整个意大利媒体再次陷入混乱，劳达在东京机场打电话把这个情况告诉了法拉利。"老头儿"没说什么，但是劳达知道他非常不高兴。在法拉利心目中，任何赛车手无论在何种情况下都不能放弃一辆运行完好的法拉利车，奥地利车手劳达非常清楚，马拉内罗方面对他的"审讯"避无可避。

法拉利在公众场合对劳达明褒实贬，他假惺惺地支持劳达在富士赛道上的决定，然后又对他车祸后很快回归蒙扎赛道的决定表示不赞同。媒体也对此大做文章，他们不断地指责劳达，说因为他坚持要参加蒙扎的比赛而打破了车队的部署，破坏了车队的节奏。媒体叫嚣着说因为劳达这种极度自私的行为而导致法拉利车队和国家失去了世界锦标赛的桂冠。（由于法拉利车队积分最高，所以车队还是获得了所谓的制造商锦标赛冠军，但这个荣誉无法和锦标赛冠军媲美。）

为了应对此事，法拉利在日本大赛结束后一周召开了他著名的新闻发布会。会上云集了无数欧洲媒体的记者，每个人都想在这个闹得沸沸扬扬的事件中分一杯羹。跟往常一样，"老头儿"法拉利掌控着全场，他时而风趣，时而愤怒，时而挑衅，时而谦卑。有一次一个作家直接称呼他为指挥官，然后法拉利大声说："听好了，我并不是什么指挥官，我更愿意被称作法拉利，只有在理发店的时候，我才不会反对别人叫我指挥官，因为到处都是指挥官不是吗？但是如果他们叫我法拉利,那就不是那么回事了懂吗?所以,如果你叫我恩佐的话,我会闭上眼睛想象你是一个漂亮的女孩,那样我会更开心。"这种断章取义、顾左右而言他的桥段常常出现,大家都对此心知肚明。发布会一开始,就有人问劳达在富士山的退赛是否有类似的先例。然后法拉利说:"有啊,我知道,有一个赛车手,他的名字叫恩佐·法拉利,你不会相信我,因为你太年轻了。那是1924年,当时我要开四号车去参加里昂大奖赛,我当时非常紧张,然后我勇敢地对自己说:'我已经开过这个赛道,我要回家了——但是我做不到。'

"我克服了一切紧张情绪回到了比赛中。别忘了,我是1898年出生的,在1918年我还做了两次胸腔手术。我受了很多苦,但上帝没有放弃我。和劳达一样,我也曾问过我自己,如果我的孩子出生了,那我还要不要继续参加比赛呢?我选择不参加,但是劳达选择继续。就算这样会对法拉利车队造成影响,我也要支持他的决定。"

通过情感战术、扭曲事实和模糊推理,聚集在新闻发布会上的媒体们都认为法拉利十分支持劳达的弃赛决定,但在私底下,在由安德托、皮耶罗·拉尔迪、弗戈艾里、佛朗哥·罗基、佛朗哥·戈齐等人组成的决策小圈子内,大家都知道,在他们的领导眼中,尼基·劳达已经犯下了不可饶恕的罪恶。劳达自己也很清楚,他本来就是一个头脑清晰的务实主义者,他深知马拉内罗方面肯定不会彻底原谅他的过错。

1976年的扫兴事件过去后,法拉利车队迎来了新的摇钱树,那就是卡洛斯·鲁特曼,但是大家都知道他的意志力比不上劳达。忠实的后备选手里加佐尼离开了车队,车队对于他的离开没有做任何的解释,只是说他在开车的时候总是把自己而不是车队利益放在首位(事实上里加佐尼常常帮自己的队友阻挡对手,然而这些都被忽略了)。

无耻的媒体和法拉利如一丘之貉,他们马上就开始吹捧鲁特曼,同时等待着对劳达的最终宣判。如果亨特或者菲蒂帕尔迪愿意的话,法拉利很可能签下他们代替劳达，但情况并非如此。劳达还是留在了法拉利车队里，但是法拉利认为劳达受的伤实在太过严重，绝对无法继续参加赛车比赛。（这个想法又是法拉利通过二手信息总结出来的结果，他完全不知道在这位奥地利明星车手的体内到底藏着怎样的钢铁意志。）

由于车队内部的斗争和矛盾，1977年赛季从一开始就注定了悲剧。法拉利安排劳达担当车队经理的职务，出发点是想把劳达当作偶尔的替补选手，而且万一他又对赛车上了心，竞争车队也不会把他挖走。让法拉利没有想到的是，劳达不仅没有失去对赛车的信心，还决心要证明自己，就算车辆312T2依旧没有什么改变（只是在车身两边打上了大大的菲亚特标识），他依旧可以为法拉利赢得胜利。现在鲁特曼被贴上了车队头号车手的标签，但劳达从一开始就看不起这个阿根廷车手，当媒体问劳达，鲁特曼是他的对手还是队友时，劳达轻蔑地回答说："都不是！"

车队的管理也发生了变化。奥德托不再担任车队经理，包括劳达在内的一些人都说他是被开除的，也有人说他只是被菲亚特调去负责拉力赛车队。不管是什么原因，总之车队经理一职将由法拉利的一个多年好友——罗伯托·诺赛托（Roberto Nosetto）担任。罗伯托已经在法拉利车队工作了20年，他对公司非常忠诚，不过他更忠实于自己对绿色这种颜色的迷信。他浑身上下都是绿色的，这种怪癖不仅和法拉利制服的颜色不统一，也让他成了公司内的笑柄。同时他对数字7也很迷信，如果他要租赁的车子的车牌带有这个数字，他一定会拒绝。随着赛季的推进，劳达对他的厌恶之情也较之前更甚，他是这样评价罗伯托的："除了一团绿色，什么也不是。"

法拉利车队内的政治斗争依旧非常激烈，考斯沃斯发动机在不断进步，而平铺式V12发动机则显得越来越落后，为了对其进行改进，弗戈艾里承受了巨大的压力。同时，柯林·凯普曼正在开发一种名叫地面效应（ground effect）的先锋技术。几年前，通用汽车的工程师们曾为查帕拉尔的加美大奖赛车开发过一套电扇，据说可以把车子吸在赛道表面。凯普曼认为这有利于车辆的路控性，于是在他的莲花78两侧装上了反向翼子板，造成有效的向下空气动力。虽然凯普曼的新车遇到了磨合的问题，但一年以后诞生了革命性的莲花79，这款车不仅帮马里奥·安德雷蒂赢得了世界锦标赛冠军，同时也改变了赛车的技术理念。法拉利当然完全不在意这个趋势，因为他自始至终都相信出色的马力比出色的路控性能更重要，所以弗戈艾里和他的员工（依旧没有风洞试验室）只好对平铺式十二缸发动机不断进行调整，并且祈祷着最好的结果。

让车队众人没有料到的是，劳达获得了重生。他在这个赛季的第二场比赛，也就是南非的比赛中获得了胜利（之前鲁特曼也获得了巴西的胜利），之后他又获得了六次亚军和两次冠军，并赢得了自己的第二个世界锦标赛冠军。到了荷兰大奖赛的时候，赛季已经过去了三分之二，劳达已经让意大利各方对他持怀疑态度的人都相信他已经完全恢复了状态。现在，轮到他报仇了。他秘密地和伯尼·埃克斯顿（Bernie Ecclestone）签订了合同。伯尼曾经是伦敦东区一个精明又雄心勃勃的汽车销售员，现在是布拉汉姆车队的经理。在法拉利毫不知情的情况下，劳达在1978年为布拉汉姆车队效力。

法拉利精心编织的情报网很快就向马拉内罗报告劳达和埃克斯顿之间似乎发生了什么。法拉利的反应很激烈，两人每次在练习环节见面时他都会对劳达大声辱骂，并且威胁说谁要是离开车队的话都不会有好下场。劳达的朋友兼私人机械师埃尔曼诺·科吉（Ermanno Cuoghi）也正在考虑跳槽。他是六人工作组的领头人，从劳达加入车队的那一天起就是他的机械师，他打算在沃特金斯·格伦大奖赛后就跳槽去布拉汉姆车队。一天半夜，科吉接到法拉利打来的电话问他会不会离开车队，科吉说要等回到意大利时和妻子商量一下，法拉利可不会理会这种模棱两可的回答，当场就开除了科吉。第二天早晨，当劳达在赛道上遇见科吉时，他发现老朋友的眼中含着泪水。

劳达在沃特金斯·格伦谨慎地获得了第四名，并顺利地获得了他个人的第二个世界锦标赛冠军。但是现场一点也不喜庆，诺赛托穿着他一贯的绿色衣服简单宣布了新的冠军，而对赛后的庆祝只字不提。对于科吉的遭遇，劳达感到非常愤怒，他开车去了多伦多并在一个酒店里窝了两天。之后他发电报给法拉利草率地宣布，因为健康方面的原因，他不会参加在安大略湖摩斯港以及日本举行的年内最后两场赛事。

奥地利车手劳达做了别人想也不敢想的事情，他公然触怒了赛车界最强大的男人，并在自己获得胜利的那一刻就离开了法拉利的红色赛车。马拉内罗方面无法忍受这种羞辱，法拉利更是被这个冷酷的职业车手气得要爆炸，他愤怒地召集媒体揭露劳达的"无耻和赤裸裸的背叛"。但这并没有带来什么好处。几十年来，法拉利对赛车手们总是予取予求，但这一次形势来了个大逆转，之后好多年法拉利都没法原谅或忘记这一记响亮的耳光。

但依旧有无数热情满满的年轻人排着队想要加入法拉利车队填补劳达的空缺。就在劳达离开前，车队还签约了一个三号车手作为劳达在加拿大大奖赛中的临时替补。几年前，詹姆斯·亨特曾在魁北克的一次小型方程式比赛中遇到过一个瘦小奔放的法国车手，回到欧洲以后，他对这位超快速、年仅25岁的车手非常赏识，于是就安排了迈凯伦车队对他进行了一个测试。这个车手有着一张娃娃脸，看上去还像个十几岁的孩子，他的名字叫吉尔斯·维伦纽夫（Gilles Villeneuve）。在加入迈凯伦车队之前，法拉利曾经让他在摩斯港进行过试跑，那次他像恶魔一般开得非常快，然后连车带人从赛道上翻了出去。这对他来说也是家常便饭。但他其实是一名虎将，恩佐·法拉利很快就会发现这个来自遥远的魁北克的赛车手不仅有潜力帮他洗刷掉尼基·劳达带来的痛苦回忆，还可以和努瓦拉里、阿斯卡里等传奇车手媲美，他就是法拉利最想要的那种赛车手。

18 第十八章
死亡和重生

1978 年对于恩佐·法拉利来说，是死亡和重生并存的一年。实力不凡的吉尔斯·维伦纽夫加入了车队，而劳拉却于 2 月 27 日与世长辞。

法拉利和劳拉结婚 55 年，两人的婚姻长期以来都是妥协的产物而不是爱的结合，但当妻子离世的时候，法拉利还是感到无比伤心和悲痛。劳拉对公司各项业务的深入程度也远远超过外界想象。两个人在五十多年的纠葛中不断奋斗，不断远离意大利下层阶级的生活，并成长为全国的著名人物。他们是爱人、朋友和盟友，同时也是对手和敌人，更是并肩作战的战友。法拉利尽了最大努力让劳拉躲在私人王国里，劳拉除了在 60 年代曾出现在赛车场上，其他时候都安静地待在幕后，心甘情愿地配合公司的工作，并把自己的活动范围局限在摩德纳范围内。

劳拉去世后，她的一切依旧和她在世时一样神秘，她的健康状况和与丈夫之间的关系一直是外界讨论的重点。但可以肯定的是，劳拉晚年的行为确实不太正常，随着时间的流逝她也越来越深居简出。在身体允许的条件下，她比较喜欢待在亚得里亚海边度过炎热的夏天，法拉利周末时也常常会过去度假。劳拉去世时享年 78 岁，法拉利在两个星期后孤独地度过了自己的 80 岁生日。而劳拉的死因也一直是个谜，很多和法拉利家关系密切的人则一直认为劳拉死于慢性梅毒。大家都知道劳拉在晚年的时候行动不便，法拉利自己也是一样（不过法拉利的行动不便可能只是因为年事已高，他在过去40年中唯一的运动就是上下汽车）。劳拉死后葬于圣卡塔尔多的家族墓地，她的墓穴紧挨着儿子迪诺，对面则是一排弧形的大理石坟墓，恩佐的母亲、父亲和哥哥都在此长眠。

法拉利一度孤零零地住在位于加里波第广场的大房子里，他已经决定通过法律程序将莱娜·拉尔迪、皮耶罗、皮耶罗的妻子弗洛莉安娜和孙女安东丽娜的身份合法化，但这还得花上好几年。在那之前，法拉利一直都过着独来独往的生活，只是偶尔和朋友安静地一起用餐，开一些商务会议以及过问一下赛车队的事情，他不想和这个世界失去联系。他和新赛车手迪诺·塔利亚祖齐（Dino Tagliazucchi）（如今是费奥拉诺赛车道的守门人）两人经常去维塞尔巴海边度假，法拉利在那儿还会通过电话详细了解车队的情况。

新的车队经理名叫马可·皮奇尼尼（Marco Piccinini），他油嘴滑舌但也忠心耿耿，即将成为车队的重要人物（别人因为他的忠诚而称他为"阁下"[1]），大多数周末他都会拿着电话守在大奖赛现场。据一些人回忆，法拉利车队在加利福尼亚长滩举行的街道赛中通常把维修站安排在老旧的博瑞克斯酒店（Breakers Hotel）附近，这样皮奇尼尼就可以用公用电话亭随时向老板报告最新情况。但是两人的交谈内容仅限于练习赛和资格赛，从不涉及正式比赛。随着全世界范围内电视信号的普及，大多数的大奖赛都会有实况转播，法拉利可以随时看到赛场信息。他在大多数时候都会独自一人观看比赛，有时候也会邀请朋友一起看。无论车队表现如何，法拉利在看比赛时从来没有流露出什么情绪，他的朋友说道："他只是一言不发地坐在那里，无论成功还是失败，他都没有任何反应。"

---

[1] 天主教对高级教士的尊称。

法拉利对于赛车比赛一直有自己的看法，他认为比赛本身并没有什么意义。对他来说，规划和准备阶段才是赛车的意义所在，在车辆的创造方面、人员在管理车队的组织方面、以及在和媒体、赞助商、推广人之间无止境的纠缠方面才是应该关注的地方。对于恩佐·法拉利来说，车子启动发动机从起点线开出去的时候，比赛就已经结束了，因为从那时起一切就都掌控在赛车手的手里了。当比赛进行的时候，法拉利可能待在费奥拉诺赛道隔壁巨大的农场里（这里常常用来招待一些重要的客人，或者召开公司大会），也可能待在维塞尔巴的海边别墅里。在车子开出去之后，法拉利就失去了对它的控制权，这也许是他从来不去比赛现场的一个重要原因。

但是作为法拉利车队首领的法拉利如果能亲自出席比赛，那必定有不少益处。那样他就可以亲眼看到赛车手和工作人员的表现，也不再需要通过弗戈艾里和皮奇尼尼的转述。蒙特泽莫罗是有史以来第一个敢对法拉利说实话的人，车队也因此获益良多。法拉利如今和赛道之间的连接者是皮奇尼尼，他所传递的信息又开始变得扭曲并带有目的性，为了确保内部的安宁，比赛结果常常被"修正过"才传给法拉利。皮奇尼尼是一个虔诚的天主教徒，他和梵蒂冈方面联系密切，同时和金融界的关系也不错。据说法拉利的很多私人资产都存在皮奇尼尼父亲在摩纳哥的银行里，所以皮奇尼尼在车队的影响力没法跟菲亚特支持下的蒙特泽莫罗相提并论。也有传言说，皮奇尼尼曾经涉足赛车手和赛车制造商领域，但最后都以失败告终，他凭着父亲和法拉利的关系才获得了法拉利车队的这份工作。法拉利本人并没有明确的宗教信仰，所以他和一些老员工经常乐此不疲地嘲笑皮奇尼尼的宗教信仰，讲一些关于教堂的无耻笑话，对皮奇尼尼的信仰进行百般诋毁。皮奇尼尼很善于处事，所以他对这一切都泰然处之，一直勇敢地坚持自己的信仰。20世纪80年代早期，F1赛车界即将迎来一次大洗牌，而马可·皮奇尼尼在这次大清洗中成为法拉利的无价之宝。

菲亚特向马拉内罗投入了大量的资金,各种扩张随处可见。工厂的制造车间在 1978 年进行了大规模的扩建,一直延伸到了工厂后面并和新的穆索大道(Via Musso)连接。公司计划在未来把赛车团队整个搬到卡瓦利诺餐厅的西部,同时卡瓦利诺本身也要进行扩建。法拉利公司自 1970 年被菲亚特兼并以来,在规模上扩大了一倍,到了 20 世纪 80 年代中期,公司的面积已经是二战时期的六倍。

菲亚特非常强势地想在美国继续扩大自己的业务,但这个野心并没有实现,反而导致了法拉利在这个关键市场上的销量停滞不前。新泽西港口的码头上堆满了全新低价的 308 双座跑车和 Spider 车型,这两个车型在全球的销量并不尽如人意。

希奈蒂家族的进口车生意当时也有很大缩水,法拉利的美国经销商只剩下了一家。双方争执不断,差点就要闹上法庭,但在菲亚特的干预下,法拉利和希奈蒂之间的持续纠葛变得避无可避。这两个男人之间的关系在 70 年代中期时乱成了一锅粥,各种口头协议、模棱两可的合同、霸王条款和非正式承诺比比皆是。菲亚特关闭了曼哈顿展厅,希望一切都实现正规化,而希奈蒂的生意则转移到了更加偏僻的康涅狄格州的格林威治。

菲亚特一直想把法拉利发展为旗下的一个国际品牌车型,其在法拉利内部的影响力也在稳步上升,不过法拉利本人依旧牢牢地掌控着赛车部门。法拉利对于金钱向来很谨慎,他拒绝了弗戈艾里等人建立风洞实验室的提议,于是每当公司要进行风洞试验时都必须赶去都灵的宾尼法里纳。同时,公司的工程技术人员认为费奥拉诺赛道的距离太短,而且没有高速弯道,这就意味着无法进行最新的地面效应研究。但是扩建赛道就要采购新的连接设施,法拉利不愿意花这个钱。整个团队只能继续利用老旧的设施工作,或者像以前那样开车去遥远的伊莫拉进行测试。法拉利没有买下工厂周边的土地，所以在这些土地上建起了几家陶瓷厂，里面飘出来的各种灰尘会落到赛道上，导致车队每次进行重要测试时都要先打扫赛道。

虽然法拉利的精神状态依旧非常好，但是他的身体已经日渐老迈，腿脚不便的他身体也逐渐消瘦，原来丰满的两颊变得凹陷进去，整个脸上只看得到那个大大的罗马鼻子。他的头发已经全白，数量也越来越少，两只眼睛深深地陷入了眼窝，虽然它们依旧闪着精光，但这双智慧的双眼也支撑不了多久了。如今，法拉利车已经传遍了五大洲，法拉利本人也成为全民偶像，按照意大利文化来说，他已经超越了自己的生命本身而成为一个民族的瑰宝。他对赛车运动影响巨大，各种国际协会在制定规则和长期制度的时候都会事先征求他的意见。如果法拉利车队在大奖赛中罢赛的话，那么门票的销售额至少要下跌一半。

甚至收藏法拉利车也变成了一种类似宗教信仰的行为，法国人皮埃尔·巴蒂诺特（Pierre Bardinot）就是一个例子。他在位于巴黎以南几百英里一个叫奥布松（Aubusson）的地方建了一个375英亩（约2276亩）的法拉利车型展厅和一个3公里赛道，展厅内收藏着很多昂贵的法拉利车，他还专门为这些车聘用了车辆维修和保养团队。巴蒂诺特有幸从法拉利公司买到了一些特别的限量车型，但大家都觉得他的这种爱好是出于严重的恋物癖。法拉利本人对巴蒂诺特的收藏没有任何兴趣，也从来没去参观过他的展厅，而他自己也是在去世前几年才开始收藏车辆的。就算到了80岁高龄，过去的荣光依旧照耀着法拉利追逐新的梦想。1978年，热情的吉尔斯·维伦纽夫帮助法拉利实现了这些梦想。如果说有谁能够和之前的塔基奥·努瓦拉里相提并论的话，那一定是这个来自魁北克的冰雪车手。法拉利很快就对这位车手青睐有加，他开放务实，对于各种车辆都有强烈的驾驶欲望，并且具有很强的车辆控制力，在任何情况下都不会轻易放弃。吉尔斯永远都是稳扎稳打地开着车，而且他还是一个非常无私的车手，如果队友需要获得好成绩，他会义无反顾地提供协助。他在为法拉利车队效力的第一个赛季发生了好几次事故，还因为热情过度而开坏了好几辆车，这让法拉利有点不高兴，甚至想过要解雇他，但是吉尔斯的热情、忠诚以及快速驾驶的能力让他留了下来。吉尔斯·维伦纽夫是法拉利最后几个喜欢的车手之一，他和之前的努瓦拉里、盖伊·摩尔、彼得·科林斯和斯特林·摩斯一样都是法拉利心中不朽的优秀赛车手。

1978年赛季的情况不容乐观。鲁特曼向来不是一个乐观的人，对于维伦纽夫的加入，他感到有点不高兴。因为各种政治背景，皮奇尼尼在第一个赛季时并没有完全掌控整个车队。维伦纽夫在家乡蒙特利尔赢得了加拿大大奖赛的胜利，他在危险的圣母院赛道上，在家乡人民的面前为车队赢得了荣誉，也奠定了自己在下一个赛季中的地位，他也成为了魁北克人心目中的英雄。鲁特曼则走进了一个死胡同，他一直抱怨弗戈艾里的312T3底盘有问题，相对英国那些地面效应好的车辆，这款车的路控性非常差。平铺式的十二缸发动机已经征战了九个赛季，但还是完全不适应最新的地面效应技术，所以公司正在考虑设计新的发动机。但是不管怎么样，一个老是抱怨的赛车手在马拉内罗是不受欢迎的，所以这位阿根廷车手注定要被踢出局。

乔迪·施科特（Jody Scheckter）是法拉利车队的主要车手候选人之一。这个沉默寡言的南非车手之前在赛车圈以快速但经常撞车而出名。他之后加入了沃尔特·沃尔夫（Walter Walf）车队并在连续几个赛季中都表现出色，一雪之前的耻辱。施科特是一个高度敬业的独行者，他很少跟媒体打交道，也从来不参加各种社会活动或者赞助活动。退役后他曾解释说，当时他的主要任务就是获胜，所以觉得那些社交事务会分散他的精力，并非故意失礼。但当时施科特在大家的心目中就是一个坦诚孤僻却意志坚定的车手。

施科特也和劳达以及其他车手一样秘密地和法拉利进行接触，他也是悄悄到马拉内罗后在同一个高速出口下来，然后从后门进去和法拉利见面。施科特和他的新老板都没有说什么客套话，面试环节两人也开门见山，法拉利直接问他："你想要多少薪水？"施科特对充当翻译的皮奇尼尼说："我还太年轻，不应该开口谈价钱。"这种勇敢的回答方式让法拉利放下了戒备，但他很快发现这个赛车手也不会买"法拉利神话"的账。施科特在价目方面其实是有备而来，两人就薪酬福利问题你来我往，法拉利那用所谓的"荣誉"来引赛车手上钩的把戏早就过时了，任何顶级车手加入的前提都是真金白银的薪酬。

施科特的要求很高，但法拉利出价很低，这也是预料之中的事。南非车手要求车队预付六位数的工资，他自称其他车队开出了"非常有竞争力"的薪资，法拉利只好答应了。之后在关于奖金的谈判中两人又陷入了僵局，施科特要求获得奖金的20%，但法拉利只同意10%。通过两人的争论，施科特发现"老头儿"对整个F1行业的薪酬水平都非常清楚，他知道没有赛车手能拿到奖金的20%，所以施科特接受了10%的方案。而后法拉利又使出了最后一招，施科特要求所有的费用以"元"（Dollar）进行结算，法拉利同意了，但支付给施科特的却是加元（Canadian Dollar），这就造成了20%的差价。施科特当然不肯，于是法拉利只好妥协，最后两人达成了协议。

作为一个F1的老牌车手，乔迪·施科特一开始对搭档维伦纽夫并没有给予绝对的信任，他反倒觉得年长的鲁特曼会是一个更好的搭档，于是他和鲁特曼约好在法国南部见面讨论此事。结果施科特发现鲁特曼在马拉内罗的高压下变得特别紧张和谨慎，他坚持要在一个公园的停车场秘密见面，还必须在车上谈，免得被人看到。这让施科特明白，鲁特曼在法拉利车队各种政治斗争的打压下已经无法担当重任，于是他被迫仍旧和维伦纽夫进行搭档，但之后两人的相处非常融洽。

一开始媒体普遍认为我行我素的施科特、哈巴狗一样的维伦纽夫再加上喜怒无常、不择手段的法拉利的三人组合简直就是一剂毒药。但事实并非如此。不知道是不是因为开车风格截然不同，两个赛车手相处得非常融洽，同时恩佐·法拉利对这一切也乐见其成，坐观两人在1979年的出色表现。弗戈艾里对312 T4进行了不少改进，车辆的地面效应变得非常好，同时法拉利发动机的动力和扭矩表现也相当不错，这使得两位赛车手在接下来的比赛中不断获胜。在夺得一连串好成绩和三次冠军后，施科特获得了世界锦标赛冠军，维伦纽夫也获得了三次大奖赛的冠军（还有一次在英国举行的非锦标赛赛事的冠军），但是排名没有他的队友高。施科特完全有能力获得这个冠军，而他稳定的法拉利车也功不可没。在他参加的17次比赛中，只有两次没有跑完全程，并且都不是车辆本身的原因（一次是和另一辆车相撞，另外一次则是轮胎被扎坏了）。

在意大利大奖赛上，施科特更是所向无敌，他和维伦纽夫分别获得了冠亚军，也就是在这次比赛后，他赢得了自己的第一个锦标赛冠军，这次冠军也是法拉利生命中看到的最后一个锦标赛冠军。维伦纽夫发扬了高度的体育精神屈居第二，当时在维修点的很多人都觉得他完全有机会冲击冠军，但是他心甘情愿地跟在队友后面，没有发起任何挑战。这种团队精神和体育精神非常伟大，和1956年卡斯特罗蒂与穆索在同一赛道上的竞争形成了鲜明的对比，当时两个赛车手都互不相让，最后还导致了车辆的损坏。而法籍加拿大车手维伦纽夫就凭这一点而获得了法拉利长久的喜爱和感激之情。

大家都说维伦纽夫对法拉利车队非常忠诚，骨子里就是一个意大利人。实际情况当然不是这样，施科特说："吉尔斯其实不是很喜欢意大利，所以他平时都住在摩纳哥，如果需要测试或者开会的时候才会坐直升飞机过来。但我很喜欢意大利人以及他们的生活方式，我和我的妻子在摩德纳有一套公寓，虽然我不会讲意大利语，但意大利还是给了我家的感觉。作为一名冠军车手，大家都把你看作自己的家人。相信我，当你走进一间餐厅吃饭，所有人都站起来为你鼓掌的时候，你会感激他们对这项运动的无比重视。

"我和吉尔斯都尽量避免卷入工厂的政治斗争中去，虽然那几乎是不可能的。弗戈艾里是个疯子，但他非常有才能，我们常常争吵不休。至于法拉利，人们在他身边的时候总是不由自主地感到紧张，而我试着保持职业化的心态，一直告诉自己我加入车队是为了赢得比赛，没有其他任何目的。我想这就是我和吉尔斯的区别，他总是想挑战圈速，而我则想赢得比赛。法拉利最不爱听的就是别人说他的车子不好，尤其是发动机。我记得有一次我在比赛中遇到了他，我说考斯沃斯的动力在一些特定赛道上比我们的车强劲。当时皮奇尼尼负责翻译，他告诉我：'不能这样说，绝对不能告诉老板考斯沃斯的动力比法拉利强。'

"但恩佐·法拉利是一个很特别的人，你会尊重他所做的一切。他和赛车手之间的关系非常商业化，我记得在我获得了世界锦标赛冠军后，他什么都没说，没有信件也没有电话，什么表示都没有。然后大概几个星期以后，我在费奥拉诺遇到了他，他走到我身边向我打了个招呼说："你好，冠军！"这是我唯一一次从法拉利口中听到这个称呼。到赛季末，公司举行年度晚宴，包括机械师、试车员和工程师在内的很多人都收到了奖品。我的奖品是装在一个木架子上的跃马，其中一条腿还断了之后重新焊上去的。"

施科特和维伦纽夫在法拉利车队一直效力到1980年，此时国际大奖赛领域开始呈现一片混乱，各种政治阴谋和风暴横行，马拉内罗的小小纷争相比之下真的不算什么。这种混战其实已经酝酿了十年之久，或者说，自从各种重大赞助和有利可图的电视项目出现后，这种纷争就已经开始了。一切当然都是为了钱。英国的迈凯伦、布拉汉姆、莲花和威廉斯车队等新秀的名气越来越大,但没有主要厂商支持他们,而他们急需扩大自己在国际汽车联合会(FIA)中的影响力。当时联合会主要由法国人控制,FIA 旗下的 FISA(Federation Internationale Sportive Automobile,国际运动汽车联合会)管理着全世界的赛车运动,这个组织越来越落伍,从不涉足电视和商业赞助领域。但 FISA 和一些欧洲汽车厂商的老牌车队关系密切,例如保时捷、梅赛德斯-奔驰、标致、雷诺、菲亚特、阿尔法·罗密欧,当然还有法拉利,这些厂商都会造车参加 FIA 发起的各种比赛和拉力赛。一切本来都运作如常,但英国的新秀们成立了 FOCA(F1 制造商联合会),领头人就是伯尼·埃克斯顿,他在赛车界声名鹊起后当上了布拉汉姆车队的老板。他领导下的组织倡导更加切合实际的规则、更低的成本和更高的收入,并提出车队应该在 FISA 获得更多的话语权。

法国和他们在 FIA 的同盟指定了一名叫让·马里·巴里斯特(Jean Marie Balestre)的法国人去维护国际组织的尊严。这将是一次老牌显贵和新兴"车行"之间的谈判,两者之间的争论持续了长达五年的时间。而巴里斯特面对对方的无礼行为只会发布严厉的声明并征收罚款,这种可笑的形象多年来饱受赛车媒体界无尽的嘲笑,意大利人都叫他"疯狂的教皇"。之后一本意大利杂志刊登了一张照片,照片中的巴里斯特穿了一件德国的制服,这让情况变得更加糟糕。于是流言四起,有人说他曾经在二战中为德国效力,还是维希政府的官员,甚至还坐过牢。他解释说当时纳粹怀疑他是间谍,但其他人却说他是因为偷盗而入狱的。这种争论持续了好几年,但是因为证据缺乏,所以巴里斯特依旧担任着这个职位。

两个组织在各种问题上都争论不断,而讨论的重点都和涡轮增压、水冷式刹车、可调整底盘、地面效应风洞等高新技术相关。这些问题的解决结果将关系到车队和巴黎的老组织谁会在未来的 F1 比赛中取得主导地位。法拉利最喜欢坐收渔翁之利，法拉利和皮奇尼尼在两大势力的对战中受益颇多。著名汽车记者奈吉尔·罗巴克（Nigel Roebuck）曾经在读者众多的英国杂志《汽车运动》（*Autosport*）上写过一篇专栏，称根据20世纪80年代早期的一份调查报告显示，30%的大奖赛观众都是冲着法拉利车队去的。双方关于规则和各种政策的制定争论不休，但因为法拉利车队巨大的票房影响力，双方都对恩佐·法拉利礼遇有加。由于历史原因以及法国和意大利在文化上的共同点，法拉利大多数时候都是站在FISA一边，他们都不喜欢日益壮大的英国车队，那些新兴车队将是法拉利车有力的竞争对手。不过法拉利和皮奇尼尼都很明智地保持了置身事外，他们只是利用法拉利这个名字的影响力让事态朝着有利于车队的方向发展。法拉利处理过无数次这样的纷争，他知道其中涉及的都是一些被赛车这项极限运动吸引的大人物，他可不想让这种纷争毁了自己最爱的大奖赛。

所以法拉利在FIA和FOCA的纠缠中扮演了一个不偏不倚的仲裁者角色，就好像是一位冷眼旁观家中小辈争吵的大家长，任何一方走错一步就会被他利用。

现代F1赛车的速度日益加快是有目共睹的事实，地面效应技术进一步提升了车辆的转弯速度，原来一些必须刹车的弯道现在完全可以直接开过去。还有一些车队正在开发涡轮增压的1.5L发动机，虽然还不太稳定，但产生的动力非常强大。他们还在车身下部装上了所谓的裙边，这可以让两翼和底盘之间的连接更加稳固紧密。但这些又被禁止了，所以又引起了口舌大战。组委会强制规定了车辆底盘的最低离地高度，于是可调节底盘应运而生，车子开上赛道时底盘会降下来，而进入维修点检查时又可以升上去。刹车冷却液、喷水头、可移动翼子板、油箱容量限制、涡轮增压等都是双方斗争的产物。现在各个车队普遍使用昂贵的客车来充当移动办公室，里面常常充斥着各种争论和抵制。皮奇尼尼也永远都处在这些纷争中，他一般都选择支持FISA，然后观望埃克斯顿和对手谁能获胜。虽然表面上大家是因为各种规则的制定而争论不休，根本上其实是争夺 F1 的控制权以及比赛所带来的百万赞助费和电视转播费。恩佐·法拉利非常清楚这一点，无论谁输谁赢，他都能让自己从中获利。法拉利一直坚持说自己的赛车会保持"纯洁"，不会接受跟赛车无关的赞助，但事实上法拉利车上已经开始出现万宝路香烟、奥利维特办公设备、浪琴表等商标。车队解释说这些赞助属于赛车手，跟车辆无关，但这些品牌支付的高达六位数的赞助费有很大一部分流入了车队的口袋。大量的资金以美元、法郎、英镑、里拉等形式流入了这个行业，而法拉利在过去几十年中只获得过壳牌和倍耐力之类的小额赞助，现在这么大规模的资金怎么能不让他心动？更何况法拉利本身就是一个非常注重商业价值的人。到 20 世纪 80 年代中期，一些主要车队的均车赞助费已经高达 500 万美元，车手的薪水也水涨船高，达到了 100 万美元的年薪。虽然法拉利车队的薪资往往比不上行业内的其他车队，但为了能留住像施科特和维伦纽夫那样的赛车手，车队也被迫把薪水提高到了 50 万美元。

施科特和维伦纽夫的组合让车队保持着稳定的发展，但之后一件跟赛车无关的事情却让法拉利非常震惊。1979 年 10 月，有一群盗墓者进入了圣卡塔尔多墓地并想要偷走迪诺·法拉利的遗骸，虽然这群人后来被吓跑了，但他们几乎完全打开了金属棺材，还留下了好几个塑料袋，这说明他们真的打算带走遗骸并以此要挟法拉利。这种犯罪行为简直不可思议，法拉利对此没有对媒体说什么，只是在墓地门口装上了沉重的不锈钢大门。三年后，法拉利出版了一本修订版的自传，他在里面写道："我从来没有想过出名后要付出的代价，但事实上我生命中的每一刻都在为此付出代价，其中就包括 26 年前我亲手安葬了儿子迪诺。发生那么多事情以后，我感觉自己很孤独，我竟然还活着，这个事实让我很有罪恶感。当你明白了生命的脆弱性,你就会明白,生活每时每刻都伴随着痛苦。"

让法拉利感到震惊的除了盗墓事件,还有1978年夏天卡洛·布斯(Carlo Bussi)的神秘失踪。他是弗戈艾里和罗基在发动机设计部门的一个密友,来自意大利著名家族的他同时也是一个非常受人尊重的忠诚员工。布斯是在撒丁岛度假时神秘失踪的,一开始大家都以为这是一起绑架事件,但之后没有收到绑匪的任何信息。这个年轻人再也没有出现,这起失踪案也至今未被侦破。

虽然现在位于啄木鸟餐厅上面的很多房间还空着,但法拉利在加里波第广场的大房子又热闹起来了。法拉利熟悉的邻里环境发生了很大变化,摩德纳现在已经拥有了150000人口,并且还在不断增加。1975年时,菲尼家族把酒店搬到了艾米利亚古道西边一公里处的新地址,而原来的皇家菲尼酒店则变成了一家银行。见证了很多历史故事的摩德纳大酒店也变成了银行,亚历杭德罗·德·托马索(Alejandro de Tomaso)把酒店搬到了位于一片中世纪城墙中间的摩德纳老城区中心。奥斯家族的房子也不见了,另外还有人想把特伦托与的里雅斯特大道上的老法拉利车队的房子改造成一个复合式的停车场,当然还是一处历史景点。皮耶罗带着妻子和女儿搬进了法拉利的那个大房子,莱娜也搬了过去,她单独住在独立的一侧。皮耶罗现在已经是法拉利的合法儿子了,法拉利在1975年承认了他的身份,并在新闻发布会上称他为"跟我有着密切关系的一个年轻人"。法拉利兑现了自己对母亲的承诺,劳拉去世后,法拉利就开始着手办理皮耶罗的正式领养手续,皮耶罗也在两年后正式改名为皮耶罗·拉尔迪·法拉利。作为皮奇尼尼的高级助理,皮耶罗也在车队中发挥着越来越重要的作用,他主要负责赛车手相关的行程安排以及和赛车场的谈判等。皮耶罗也是公司高级顾问团的一员,其他成员包括弗戈艾里、皮奇尼尼、埃尔马诺·德拉·卡萨（Ermano Della Casa）、佛朗哥·戈齐以及法拉利的私人助理瓦莱里奥·斯特拉迪，另外还有一些技术专家。

尽管有了世界冠军以及公认的近几十年来最出色的赛车手，法拉利车在 1980 年 F1 比赛中的成绩还是一塌糊涂。在车队最擅长的车子动力方面，英国人开发了新的地面效应技术，他们的车子因此变得所向无敌。法拉利车队当年一共参加了 14 次比赛，施科特和维纶纽夫的最好成绩不过是三次第五名，其间还发生了无数次机械故障。

更糟糕的是，法拉利长期以来的忠实员工克雷·里加佐尼在长滩发生了车祸，他在每小时 150 英里的速度下撞到了一个水泥墙，造成了腰部以下的终身瘫痪。但是这位勇敢的瑞士人没有放弃，他在经过了长时间的治疗后又开始驾驶手动的梅赛德斯-奔驰路跑车，驾车水平居然不亚于车祸前的水准。据说当他第一次坐着轮椅出现在马拉内罗时，法拉利问他的第一个问题居然是："你还有'那方面'的能力吗？"

施科特在大奖赛的赛场上已经奋斗了十余年，他在年中宣布自己将在沃金斯·格伦大赛结束后退役。他以和平的方式离开了法拉利车队，这在所有为法拉利车队服役过的世界冠军中并不多见。（阿斯卡里、方吉奥、希尔、苏尔特斯和劳达可都是在冲突中离去的，只有霍索恩和施科特是因为退役而和平离开。）

施科特离开后，维纶纽夫 1981 年开始和一位名叫迪迪尔·派朗尼（Didier Pironi）的法国车手搭档。这位圆脸车手来自一个非常富有的家庭，据说非常傲慢（他解释说自己只是比较害羞，但媒体和赛车界的同行并没有因此改变想法）。弗戈艾里设计了一款非常出色的 1.5L 涡轮发动机，新来的哈维·波斯尔思韦特（Harvey Postlethwaite）开发了一款新底盘，这两者将法拉利从黑暗的全金属时代带到了塑料零部件时代。波斯尔思韦特于 1981 年夏天加入法拉利车队，他是一位非常宽厚爽快的设计师，科班出身的他曾经在马奇、沃尔夫、菲蒂帕尔迪和赫斯基思（Hesketh）车队负责悬架、空气动力和碳纤维底盘的设计。公司将波斯尔思韦特招进来是希望弗戈艾里能专心负责126 C涡轮发动机的生产，以提升车队在新兴路控技术和制动技术方面的竞争力。法拉利的设计团队原来都是清一色的意大利人，波斯尔思韦特成了第一个加入的"盎格鲁"，之后还会陆续有其他国籍人员加入。波斯尔思韦特很快就发现法拉利公司的运作方式和其他公司大不一样。公司雇员非常多，每个人的能力也非常出众，同时还配有非常先进的电脑。整个赛车部门共有两百多个专职专家，这些人全部都有丰富的F1经验，并对"老头儿"无比忠诚（至少表面上是这样）。不过让波斯尔思韦特失望的是，公司没有建立风洞试验室的计划，也不打算对费奥拉诺试车道进行扩建。

"很快我就发现车队的很多事情都不是通过正规渠道而是通过各种小道消息和'老头儿'的影响力来解决的。公司的正式会议上几乎从来没有争论和指摘。"波斯尔思韦特回忆说，"法拉利对乘用车业务不感兴趣也没有什么控制力，事实上他一直很鄙视那些购买乘用车的人，他叫他们'傻瓜'，但正是这些人支撑了这个赛车团队。我的工资是菲亚特付的，并不是法拉利。"

这个英国工程师加入工程团队后才发现法拉利在新兴技术方面简直可以说是一张白纸。"法拉利对底盘、空气动力和制动系统都不感兴趣，他还活在过去，还认为动力是车辆唯一重要的东西，对其他东西则毫不在意。"波斯尔思韦特说，"BMW当时生产了一款涡轮增压的四缸F1发动机并获得了小小的成功，法拉利马上坚持要让弗戈艾里也开始生产这种机型。因为他听说BMW的工程师在测试的时候已经做到了1100马力，而我们的V6发动机只有800马力左右，所以他坚持要让我们马上开始这项工作。我们告诉他情况并不是这么简单的，BMW的成功很大程度上是因为有先进的燃油喷射计量系统，但是他完全听不进去。"

这种情况也导致波斯尔思韦特和弗戈艾里之间的关系变得剑拔弩张。据说当时FISA正在考虑把涡轮增压发动机的容量从1500-cc调整为1200-cc，如果消息属实，那么四缸小排量发动机似乎是切实可行的。所以公司马上启动了154C项目，但这个项目却让莫罗·弗戈艾里的不堪回首，并直接导致他离开了自己忠实、热诚地服务了很多年的法拉利车队。弗戈艾里认为四缸发动机是切实可行的，尤其是在1200-cc方程式的条件下，但波斯尔思韦特和包括皮耶罗·拉尔迪在内的其他一些朋友和熟人都认为四缸发动机没有前途。弗戈艾里一直以来都不太看得上皮耶罗，他私底下称皮耶罗"是个好人，但也是个白痴"，这导致双方的分歧更加严重。法拉利本人也曾抱怨弗戈艾里的知名度已经威胁到了自己的地位，而弗戈艾里则认为从技术角度来说法拉利在十年前就已经"死了"，而法拉利自己也一直活在过去，他对1925年以来的事情记得很清楚，但对1975年以后的事情却鲜有提起。不过法拉利的记忆力还是那么惊人，他在技术高层会议中曾无数次打断他们，说某某提案其实在几年前甚至几十年前就已经有过类似的设计，然后助理会去公司的大型档案室拿回来一些工程制图，这些图多出自兰普雷迪、科伦布或者是罗基之手，而且非常详细，这足以证明老板的记忆力多么强悍。

新的126C V6项目承载了巨大的希望，但弗戈艾里却迅速失去了热情。他从1960年开始就一直用超常的热情为车队卖力工作，而如今45岁的他再也承受不了无止境的阴谋诡计和权力斗争。他还会继续努力前进，但原来的他可以为了马拉内罗跃马的荣耀夜以继日地工作，而现在这种热情已经消失殆尽。他私底下是这样评价自己二十多年来的老板的："一个出色的商人，但作为一个男人，他只能得零分。"

维伦纽夫和派朗尼的组合很轻松地过了磨合期，两人相处融洽，但在社会关系上却截然相反。维伦纽夫完全是开放简单的"汉堡薯条"型人格，他不会为名声所累。派朗尼则相反，冷淡而略带神秘感的他驾驶方式也很蛮横。在速度方面很明显斯维伦纽夫更快，但是派朗尼的排名也不低。维伦纽夫野蛮的驾驶方式让发动机不堪重负，不过他还是取得了不错的成绩，获得了摩纳哥以及在詹姆拉举行的西班牙大奖赛的胜利，而在英国、奥地利和荷兰比赛中则发生了事故。他的冲动引来了很多批评，但法拉利越来越喜欢他，而且经常把他和自己最喜欢的车手盖伊·摩尔相提并论，称两人都是"厚脸皮的大胆之徒"。

鲁莽的维伦纽夫和斤斤计较的派朗尼在1982年赛季开上了波斯尔思韦特设计的126C2车型。这款车采用了蜂窝纤维成形技术，但因为法拉利公司没有树脂成形技术，无法生产这种复杂的底盘，所以车子是在比利时生产的。原来波斯尔思韦特打算采用更加先进的碳纤维复合材料，但考虑到法拉利车队的设备（以及理念）都太落后，这种技术上的跳跃式发展还不太可行，所以就采用了一个保守的方案，等整个设计团队跟上步伐之后再全面切换到最先进的模式。同时，弗戈艾里对V6动力系统做了大量的修改，对油门响应速度也做了改进，因此就算新的发动机不能超越涡轮增压领域最先进的雷诺发动机（这款发动机虽然动力十足，但是不够稳定），也至少可以和它保持在同等水平。

法拉利车队在近三年的比赛中都使用了全新的米其林子午线轮胎，但成绩平平，于是他们又用回了固特异的轮胎。固特异赛车部门的负责人利奥·梅尔（Leo Mehl）和法拉利相交多年，两人的交往可以追溯到1974—1979年期间固特异初次和法拉利进行接触之时，他对法拉利的回忆充满了温情："法拉利非常专一，他是我们在大奖赛领域最可靠的伙伴，至少我感觉是这样的，不知道是否和他的形象相符。他从来都不是那种很难取悦的人，这和其他使用我们轮胎的车队不太一样。

我记得有一次，我们的轮胎出了很大的问题，那次比赛中所有的法拉利车都因轮胎的问题而排名不佳。我感觉这次有麻烦了，但几天以后我在马拉内罗遇到法拉利时，他居然微笑着对我说：'我想你那天应该很难过。'我羞怯地表示了同意。然后法拉利说：'你得这么看，这个赛季到目前为止你的轮胎平了两次，胜六次，输两次，但是我的车子平了四次，赢两次，输六次，这么看你还是比我们强一点的。'

"和其他车队比起来，法拉利车队确实轮胎消耗量比较大，但其价值也更高。"

法拉利车队在随后的南非大奖赛上遭遇了机械故障，派朗尼在保罗·理查德赛道进行测试时发生了严重的事故，车子撞入了观众区——还好当时没有人——他的膝盖也被擦伤了。维伦纽夫在巴西大奖赛上一开始保持领先，但他在一个转弯口和巴西车手尼尔森·皮奎特（Nelson Piquet）纠缠时，车子发生故障导致了事故的发生。最后派朗尼落在大部队之后带着痛苦回了家。这位法国车手在长滩（Long Beach）再次发生了车祸，而维伦纽夫则获得了第三名。在意大利观战的法拉利非常生气，因为当时的冠军不是别人，正是尼基·劳达。他已经重返赛车场，并代表英国迈凯伦车队出战，实力丝毫不亚于过去。

FISA 和 FOCA 之间的斗争越演越烈，英国人没有涡轮增压技术，于是他们竭尽全力想要维持动力相对不足的考斯沃斯的竞争力。他们的刹车是用水来冷却的，于是他们就想在参赛车辆的最低重量上玩小把戏。他们在起点线时先把车辆（威廉斯、布拉汉姆等）上的水箱装满，这时候车子的重量就是达标的。比赛开始后，他们就会把水放掉，这样车辆就会变得更轻更快。人们对这类刹车造假抗议声不断，于是 FISA 宣布巴西大奖赛冠军尼尔森·皮奎特和亚军柯克·罗斯伯格（Keke Rosberg）的成绩无效。FOCA 的十支队伍随后在伊莫拉的圣马力诺大奖赛中集体罢赛。每到赛程周末，法拉利口中的"主流制造商"和"车行"们都会争吵不休。

多年以来恩佐·法拉利都会在测试环节和资格赛时出现在蒙扎或伊莫拉试车场，后者如今为了纪念法拉利死去多年的儿子而改名为迪诺。而这一年也是法拉利最后一次亲自莅临伊莫拉赛道，之后他几乎一直待在摩德纳，再也没有出过远门。

由于英国车队都在家生闷气没有参赛，所以赛车场上清一色的FISA车队，微醺的法拉利车迷们觉得法拉利车队即将迎来本赛季的第一场胜利。吉尔斯·维伦纽夫已经是当地的一个英雄人物，他两年前曾在托萨的急转弯出过一次重大事故，情况非常严重，他的法拉利车撞得支离破碎，几乎成了一堆废铁，但他本人居然毫发无伤，还站在事故现场抽烟。

参赛车辆里面还有两辆快速但脆弱的雷诺车。比赛刚开始时雷诺车一路领先，但后来勒内·阿尔努（René Arnoux）和阿兰·普罗斯特（Alain Prost）驾驶的车子都坏掉了，法拉利的车占据了前两位。粉丝们沉浸在一片喜悦中，此时维伦纽夫还领先派朗尼大概几个车身的距离。在这种情况下，车队一般都会要求队友之间保持现有的排位，因为互相争夺会让两辆车都陷入危险的境地。比赛进入最后几圈，派朗尼几次做出攻击的姿态想要占据领先地位，但维伦纽夫都夺了回来，他以为派朗尼是假装的，目的是为了取悦观众而让比赛不那么沉闷。最后一圈时，派朗尼再次开到和维伦纽夫平行的位置，两辆车进入托萨后，派朗尼超过维伦纽夫到了第一的位子。这一次他不想再将荣誉让给队友，赛道后半部分都是弯弯曲曲的赛道，超车已经不可能了，所以这一排位一直保持到比赛结束。

维伦纽夫非常愤怒，他脸色阴郁、一言不发地站在领奖台上，拒绝跟自己的队友说话。他向弗戈艾里和其他人抱怨说，自己还以为派朗尼在"表演"，结束后还会回到第二的位子上去，这也是车队的惯例。皮奇尼尼向来拥有外交官一般的辞令手段,他告诉媒体,车队在这种情况下并没有设置什么特别的排名,派朗尼超过维伦纽夫是完全没问题的。但弗戈艾里可不这么认为,皮奇尼尼的言论让他也非常愤怒,他抓住这个罗马来的车队经理不放,这也间接导致了13天后悲剧的发生。

派朗尼也在为自己开脱,他逢人就说他觉得在比赛中大家都是公平的,他只是抓住时机超越了队友。这种解释毫无意义,包括皮耶罗·拉尔迪和弗戈艾里在内的很多人都坚持认为在比赛进入最后几圈时,队友之间应该保持当时的顺序,而不应该超车。他们再次举出过去的例子:维伦纽夫和彼得·科林斯在遇到同样情况的时候都很自觉地让队友施科特和胡安·曼努埃尔·方吉奥获胜。如此一来,两位队友之间的关系出现了裂隙,导致了之后一系列事件的发生,这让恩佐·法拉利在剩下日子里见到的都是一个分崩离析的F1队伍。

伊莫拉比赛和佐尔德比利时大奖赛中间只间隔了两个星期的时间,维伦纽夫和派朗尼的不和在车队内部已经是人尽皆知。维伦纽夫的怒气还未平息,而派朗尼也拒不认错。比利时大奖赛的赛道位于列日市(Liège)北部的山区,那里风沙漫天、松林密布,地势起伏又危险,两人在练习赛中都憋着一口气想要超越对方。在确定发车位子的资格赛中,派朗尼的圈速比维伦纽夫快了十分之一秒,但维伦纽夫坚决不让队友比自己强,他猛地冲出维修点,不要命地向前赶。他在赛道后半段想要超过德国赛车手乔臣·马斯,两辆车一起进入了弯道。带着一贯的鲁莽,"无耻大胆"的维伦纽夫想要甩开对手,结果法拉利的前轮撞到了马斯·马奇821的右后轮,导致法拉利车直接从赛道上滚了出去,车子头朝下落到了沙地边缘,维伦纽夫当场死亡,而后一系列激烈的碰撞又导致死者的身体受到了更多的伤害。一时间整个赛车界一片震惊,这个时代最有才华、最具魅力、最有人气的赛车手吉尔斯·维伦纽夫去世了，连马拉内罗的铁血老人也被惊动了。很多带浪漫气息的人士认为法拉利对吉尔斯·维伦纽夫怀有很深的感情，这当然是一种夸张的说法，法拉利见过太多热切的年轻人死在赛车场上，这让他心如磐石。他对"生命的脆弱"有着最深的体会，对于那些开着法拉利车甘愿冒生命危险的赛车手，法拉利并没有什么特殊的感情。法拉利在一些特殊的场合确实曾公开表示很"爱"维伦纽夫，但这只是一种夸张的表示，包括弗戈艾里在内的很多人都表示法拉利对于这位明星车手的离世并没有表现出太多的私人情感，他唯一关心的只是派朗尼能否顶替他的位子并向世界锦标赛冠军发起冲击。

除了公众一片哀戚，波斯尔思韦特设计的底盘也受到了指责，因为底盘在事故中断裂了。等到一切好不容易平息后，派朗尼似乎也在不断朝世界锦标赛冠军的头衔迈进。为了纪念逝去的队友，派朗尼在佐尔德使用的车辆被车队收回了，但他还是在两个星期以后的摩纳哥大赛中获得了亚军，之后又在底特律获得了第三名，然后是蒙特利尔站，为了向当地的英雄致敬，圣母院赛道已经改名。目前法拉利车队正在寻找用以替代维伦纽夫的另外一名车手，在找到这个人之前，派朗尼承担着车队全部的荣誉。之后发生了很多灾难，这位法国赛车手的职业生涯也就此结束。派朗尼的发动机在蒙特利尔的比赛中一开始就熄火了，热切的新手里卡尔多·帕莱蒂（Riccardo Paletti）从后面撞上了他的法拉利，事故导致可怜的意大利车手死亡，派朗尼自己倒是没受伤，而是开了一辆备用车继续比赛。他开的这辆备用车没有经过任何调试和测试，但他还是获得了第九名。派朗尼在一个星期之后再次发生事故，这是在法国南部保罗·里卡赛道上举行的一次练习赛，悬架发生断裂导致车辆损毁，不过他本人再次侥幸没有受伤。

此时，公司聘用了法国专家级车手帕特里克·塔姆贝（Patrick Tambay）取代维伦纽夫的位子。无论在赛道上还是生活中，塔姆贝的举止都堪称完美，他被视为最完美的队友，绝对不会威胁到自我主义严重的派朗尼，而派朗尼现在很有可能获得世界锦标赛冠军。另外，塔姆贝还是一个非常出色的试车手，如果有新的发动机和底盘需要测试，他可以沿着费奥拉诺或者是保罗·里卡空无一人的赛道不停地奔驰。塔姆贝的加入无疑又在民族主义盛行的意大利媒体界引起了轩然大波，他们不停地叫嚣着"为什么"：为什么不选择米切尔·阿尔伯雷托（Michele Alboreto）、里卡尔多·帕特雷斯（Riccardo Patrese）或者埃利奥·德·安吉利斯（Elio De Angelis）等意大利车手，而要选择另一个法国车手？法拉利总是很容易被媒体激怒，他解释说塔姆贝是他能够找到的最佳车手，关于此事他不想再听到任何批评。法拉利的言下之意已经表达得很清楚，媒体也都明白了过来——承载着民族荣誉的是红色法拉利汽车而非坐在驾驶座上的那个人。

新的组合效果不错。新队友并没有威胁到派朗尼的地位，他赢得了荷兰大奖赛，而塔姆贝则因为发动机不太灵光只获得了第八名。在英国大奖赛上，两人分别获得了第二名和第三名，之后在保罗·里卡的比赛中，两人不敌阿兰·普罗斯特和勒内·阿尔努，获得了第三名和第四名，当时对手开的是出色的雷诺涡轮增压车型。此时的世界锦标赛冠军对派朗尼来说已经是煮熟的鸭子，但媒体的指责声也日渐高涨。维伦纽夫死后，派朗尼的人气急剧下滑，媒体都在指责他开车不够努力，认为他所有的目的只是为了获得好名次，以便能获得较高的总分，而不是为了获得赛事的胜利。派朗尼是一个自尊心很强的人，怎么能容忍自己的名誉受到这样的攻击，于是在霍肯海姆（Hockenheim）举行的德国大奖赛上，他坚定地想要证明自己的速度和勇气不亚于赛道上的任何人。

比赛前一天德国南部雨水肆虐，森林环绕的巨型赛道带着些许不祥的气氛，整个赛道一直笼罩在雨中，能见度非常差。虽然派朗尼在前一天已经确定自己肯定能获得第一，但他还是决心全力冲击。当他在霍肯海姆的一个长直道上飞驰时，模糊中突然出现了普罗斯特的雷诺车，来不及转向的他直接撞上了普罗斯特的车尾。这次事故和维伦纽夫的事故惊人得相似，只不过这一次派朗尼的车是车尾先着地，这也救了他一命。之后他的法拉利车头整个掉了下来，车手的腿部都受了重伤。

派朗尼被迅速送往医院，之后迎接他的将是漫长而复杂的康复期。他再也没有回到 F1 的赛场，而是选择参加了海上摩托艇比赛。（1987 年，他在一次激烈比赛中死于怀特岛。）当法拉利听说霍肯海姆发生的事故后，只说了一句话："再见了，锦标赛冠军。"

法拉利根本没有意识到，他对派朗尼的这句评价代表了一个时代的终结，之后在他的有生之年再也没能看到法拉利车手挑战世界锦标赛冠军。他会看到自己的车子参加了 78 次大奖赛，但只获得了五次冠军以及十几个亚军。而其他的车队，尤其是他最憎恨的迈凯伦"车行"则在赛场上所向披靡。自梅赛德斯－奔驰时代过去后，还没有哪支车队能有这样的实力。在 1982 年赛季剩余的日子里，帕特里克·塔姆贝都独自承担着为法拉利车队而战的重任，直到最后两场比赛车队才有了美国车手马里奥·安德雷蒂的加入。1983 年，法拉利车队除了塔姆贝之外还有另外一个法国赛车手——活跃的勒内·阿尔努。这个赛季对车队来说表现还不错，两位赛车手一共获得了 4 次冠军。在维伦纽夫和派朗尼上演戏剧的伊莫拉圣马力诺大奖赛上，塔姆贝获得了冠军，这对广大法拉利车迷来说无疑是一个激动人心的时刻。而阿尔努在加拿大、德国和荷兰都赢得了比赛，一时间成为了炙手可热的人物。但是突飞猛进的成功也注定了塔姆贝的悲惨命运。1984 年，广受欢迎的意大利明星车手米切尔·阿尔伯雷托加入车队取代了塔姆贝。但是塔姆贝离开后，法拉利车队的两个车手都不擅长试车，而当时的车子如果想要正式参赛就必须经过几千英里的试跑。塔姆贝的开发测试能力很强，而阿尔努和阿尔伯雷托对此都不擅长，并且对这项苦差事也不感兴趣。

很多人认为法拉利开除塔姆贝意味着他判断力的下降。他对车队的日常工作了解得越来越少，大多数时候都依赖皮奇尼尼的汇报。但他其实依旧是车队的中心，是一切政策的最终决策者，也是外界眼中最神秘的公司首脑。他每一次去工厂都会有无数忠实的粉丝追随到马拉内罗，目的就是一睹伟人的风采。阿贝托内公路两边站满了各种医生、政治家和各种行业巨头，他们像坎特伯雷的朝圣者一般，手心冒汗、两眼放光地等着能见法拉利本人一面。在那些天真无知的粉丝心目中，法拉利的成就已经接近了神。而法拉利会坐在司机身旁从这里经过，并像君王一般向人群招手，躲在墨镜后面的脸上没有一丝笑容。但对于围观者来说，看到他就已经是上天赐予的礼物。

在热火朝天的工厂内部，各种政治斗争依旧如火如荼。皮奇尼尼在 FOCA 和 FISA 的斗争中左右逢源，而双方的较量也到了白热化的地步，都希望能找到一个契机停止这一切。"阁下大人"皮奇尼尼的表现堪称完美，就算是在炎热的夏天，他也会穿着长款双排扣羊毛大衣四处参加各种会议。他很艺术化地获得了双方的好感，而法拉利也同时站在埃克斯顿和巴里斯特的边上。有一个深入参与了这个纷争的人回忆说："皮奇尼尼非常神奇，他可以同时和所有人做朋友。每个人都有自己的立场，但只有皮奇尼尼和法拉利可以同时站在两个立场上。"

整个赛车团队依旧充满着各种尖酸刻薄的言论，弗戈艾里公开表示自己对皮奇尼尼非常鄙视，又因为作为技术团队负责人的波斯尔思韦特威胁到了他的地位，所以他对波斯尔思韦特也很不爽。皮耶罗·拉尔迪·法拉利依旧没有进入到公司的核心，他想要掌权的话必须等到他父亲去世或者健康状况恶化。

法拉利工程师兼指挥官依旧对公司有着绝对的掌控权。他已经过了自己的85岁生日，各种头衔、荣耀、礼物堆满案头，演讲次数也越来越多。他在国际赛车界的地位早就已经无人能及，但是和不断下滑的赛车业绩相比，这些名誉上的嘉奖都没有什么意义。他像聚光灯一样把自己的意识集中起来，在面对强大的英国对手时，他依旧能对下属施加巨大的压力并让他们努力奋斗。

1984年车队只有阿尔伯雷托在比利时获得了一次冠军，而阿尔努也尽了最大的努力。TAG车队的迈凯伦成了当时F1赛道上的新星，英国人在一个沙特富商的支持下在底盘上安装了保时捷设计的发动机。这个发动机是一项非常成熟的新技术，它在动力和燃油经济性方面都有不错的表现。在FISA和FOCA的激烈斗争中产生了一个燃油方面的潜在规定，即车辆在一次比赛中使用的燃油不能超过220L，而这就要求赛车拥有出色的燃油控制系统，并在有限的燃油消耗前提下实现最大的动力。保时捷设计的发动机在这方面无疑是最出色的，这个事实让法拉利无比纠结。保时捷这家来自斯图加特的公司在全球的耐力赛中已经占据了法拉利原来的地位，并且很多专家都认为高效的保时捷911和928在工程和技术方面已经超越了法拉利的路跑车。而弗戈艾里和皮耶罗长期以来的紧张关系在这时也到了一触即发的地步。皮耶罗已经升任车队的总经理，他也多次公开顶撞情绪化、完全投入的弗戈艾里。皮耶罗还经常去科尔蒂纳的豪宅度假，这让弗戈艾里觉得他就是个纨绔子弟。1984年底，弗戈艾里被"提拔"为一个新的高级调研项目的总监，负责一些外观的设计，而皮耶罗的好朋友波斯尔思韦特则单独负责F1的技术事宜。高傲的弗戈艾里觉得这让他很没有面子，就像当众甩了他一个耳光。

1985年的情况进一步恶化。不仅TAG保时捷赛车进一步提升了速度，本田车也在英国威廉斯车队的驾驶下来到了大奖赛的场地。这个日本公司在60年代初曾经进军过F1，不过当时成绩一般，如今回来复仇了。在一次据说花费超过3亿美元的活动中，本田发布了自己的V12发动机。这个发动机拥有难以计量的动力，也比法拉利的发动机更可靠。阿尔努只坚持了一场比赛就被瑞典车手斯蒂凡·约翰逊（Stefan Johansson）取代了，而阿尔伯雷托赢得了加拿大和德国大奖赛[在简化版的纽博格林赛道举行，被人称为"绿党环"（green party ring）]。之后他进入了低迷期，参加了34次大奖赛却一次也没能夺冠。

阿尔伯雷托和约翰逊在整个1986年都持续着徒劳无功的状态，这让法拉利非常沮丧。于是他开始寻求其他的帮助，他雇用了备受尊重的英国设计师约翰·伯纳德（John Barnard），这让整个赛车界都震惊不已。约翰·伯纳德是一位沉默寡言的机械工程师，他为查帕拉尔设计的发动机赢得了1980年的印第安纳波利斯500（他并没有因此而获得大众认可），之后又设计了杰出的TAG保时捷-迈凯伦发动机。毫无疑问，伯纳德是整个赛车界最有创造力的工程师之一，他肯定能为苦苦挣扎的法拉利带来一些东西。但其实伯纳德一开始拒绝了皮奇尼尼和其他人的邀请，表示不愿意离开英国去马拉内罗。之后法拉利全权委托他建立一个法拉利设计中心，地点就在伦敦西南部的伯纳德家附近，这对于法拉利来说是一个非常反常的行为。公司在这个新机构的命名上又玩了个文字游戏，设计中心名叫GTO，也就是"吉德福特技术办公室"（Guildfort Technical Office）的缩写，这同时也跟法拉利的一款车型名字相同。当时有人说伯纳德的年薪高达50万美元，同时还有大量的项目经费。

这一行为加上一系列的其他活动直接导致了莫罗·弗戈艾里和恩佐·法拉利这段关系的终结。在所有法拉利工程团队的负责人中，弗戈艾里设计的机型和获得的成功是最多的，他在过去的二十多年里也一直把马拉内罗当作自己的家，但他最终还是离开了。弗戈艾里还不到

50岁，精力依旧充沛的他很快就被兰博基尼的工程团队录取并负责开发公司的新发动机。兰博基尼当时已经被克莱斯勒收购，他们热切地想要进军F1。之后和弗戈艾里一起工作的是一个名叫丹尼尔·奥德托（Daniel Audetto）的前法拉利员工，工作地点位于摩德纳东部工业园一间原来的铜床厂里。

伯纳德的加入也给波斯尔思韦特带来了麻烦，他被降级了，整个团队内再次构筑起了一个竞争体系。皮耶罗·拉尔迪·法拉利已经和波斯尔思韦特建立了非常稳固的关系，所以他反对伯纳德的加入，米切尔·阿尔伯雷托也表示反对，他说设计总监在遥远的英国工作就好像是"外科医生通过电话给患者做脑部手术"。

伯纳德新上任的第一项工作就是取消了印第安纳波利斯车辆的开发项目。当时法拉利再次盯上了这个赛事，并想专门为这个赛事设计新的底盘和发动机。伯纳德认为现在F1赛车项目都自身难保，任何分心都会导致情况更加严峻。在伯纳德的坚持下，法拉利放弃了最后一次在主要赛事中获胜的机会。但无论是约翰·伯纳德还是其他人都对迈凯伦车队无计可施，他们不仅拥有所向无敌的本田发动机，还拥有两个一流的赛车手——精干的阿兰·普罗斯特和队友埃尔顿·塞纳（Aryton Senna），后者是一个年轻勇猛、喜怒无常的巴西赛车手。这两人可以说是所向披靡。而在法拉利的车辆方面，伯纳德尽了最大的努力，但是1987年初的车子依旧无法和对手匹敌。阿尔伯雷托在圣马力诺和蒙特卡洛都获得了第三名，但跟冠亚军的距离非常大。之后车队更是不断遭遇发动机、变速箱和底盘故障。当年6月，皮耶罗·拉尔迪·法拉利和波斯尔思韦特发起了一场秘密行动，他们聘请了法国的空气动力学家让·克劳德·米吉奥特（Jean Claude Migeot），让他协助波斯尔思韦特打造F1赛车。这款新赛车将采用波斯尔思韦特设计的复合底盘，同时悬架也进行了新的设计。伯纳德则纠结于一款完美的电控变速箱，但成功的希望非常渺茫。整个团队都在漫无目的地挣扎着。秘密行动在皮耶罗的领导下进展得很顺利，但最后还是被法拉利发现了。父子之间爆发了一场大战，最终皮耶罗被免去车队总经理的职务并被派到一个无关紧要的岗位上，手中的权力也很小；波斯尔思韦特则被开除，米吉奥特也结束了他在车队短暂的工作生涯。这次事件导致父子之间产生了更深的嫌隙，之后一直未能愈合。

如今的法拉利孤身一人，他和莱娜·拉尔迪的爱情早已褪色，和皮耶罗的妻子和女儿也从来没有亲近过。八月节的时候，法拉利发现加里波第广场的大宅子里又只剩他一个人了。整个摩德纳成了一座空城，他过去常去的地方都已经变得面目全非，他所剩无几的朋友都住到了山上或者海边。他甚至还带着明显的哭腔对自己的司机迪诺·塔利亚祖齐说："不要离开我。"这个伟大的男人在面对尊重和爱的时候往往选择前者，现在他必须为自己这种无情的选择付出代价。

1987年，FISA和FOCA通过所谓的"大协同"解决了争端问题。让·巴里斯特仍是FISA名义上的首领，但实际控制权却掌握在英国人伯尼·埃克斯顿手中，巴里斯特成了伯尼手中操控的傀儡。法拉利和皮奇尼尼依旧游刃有余，他们把自己放在一个非常有利的位置，表面上和各方都是朋友，而精神上则支持FISA和他们的新领导。本田和保时捷研发的新型涡轮增压发动机动力非常强劲，短时内可达到1000马力。法拉利公司计划开发新的低功率、低成本但可靠性更强的产品来打击对方。FISA计划修订比赛规则，拟把发动机限制为3.5L以下的非增压发动机，并计划在年中把涡轮发动机淘汰掉。这种转换的成本非常高，很多小的FOCA车队都难以承受这种突然的转变，因为他们已经在涡轮技术上投入了大笔资金。于是大家对这个新规则产生了分歧，而法拉利依旧是墙头草，对两边都支持有加。相关的讨论会议在巴黎召开，与会的大多是一些小的制造商，法拉利派出的代表团在会上表示支持小车队们的意见。就在同一天,巴里斯特和埃克斯顿在原来的费奥拉诺赛道和法拉利进行了会晤,双方就未来实行3.5L方程式规则达成一致。法拉利本人对此也表示支持,在巴黎发生的一切只不过是无谓的表面功夫而已。

1987年赛季即将结束的时候,法拉利车队看到了希望的曙光。约翰逊的位子已经被一位名叫杰哈德·伯格(Gerhard Berger)的德国车手取代了。他是一个性格活跃,脾气温和的赛车手,在日本铃鹿和澳大利亚阿德莱德(Adelaide)举行的秋季赛中两次夺冠(阿尔伯雷托获得了亚军)。伯纳德和波斯尔思韦特的冲突也已经被很好地解决了,意大利媒体又开始幻想1988年法拉利车队战胜令人讨厌的本田-迈凯伦车队的场景了。

虽然法拉利对公司的乘用车业务不闻不问,但保时捷的传奇之作959却引起了他的注意。这是一款双涡轮增压的四轮驱动汽车,最高时速可达200英里,远远超过了公司最先进的Testarossa车型。这种情况促使法拉利决定生产一款双涡轮增压车型F-40(纪念斯库德里亚·法拉利公司成立40周年),这也是一款最高时速达到200英里的双座跑车,内饰方面跟真正的赛车差不多。这款车的诞生让法拉利非常高兴,当原型车开上费奥拉诺试车道时,法拉利对他的一个朋友说:"这款车的速度非常快,会把你吓尿!"

法拉利在F40项目上无疑做出了巨大贡献,这款准赛车车型奠定了法拉利成为"世界上速度最快的汽车生产商"(很多保时捷和兰博基尼的忠实车迷肯定会反驳这一点,但从各方面来说,F40在这个圈子里拥有超强竞争力)的基础。同时法拉利对乘用车业务还有一个重大影响,只可惜这个影响是负面的。1987年,也就是F40正式上市的那一年,菲亚特的管理团队想要设计一款四门的法拉利车,定位是豪华的自动档V12 400i双座跑车。法拉利对此非常愤怒,他认为这是暴殄天物的行为，所以坚决反对。因为他的强烈抗议，项目被迫取消。

　　1988年2月18日，恩佐·法拉利迎来了自己的90岁生日，公司为他在马拉内罗工厂最新的装配车间里举办了一个盛大的生日会，聚会所用餐饮则由卡瓦利诺提供，总共邀请了1770位宾客参加。法拉利坐在车间靠角落的一张桌子旁，同桌的还有皮耶罗、马可·皮奇尼尼、佛朗哥·戈齐、德拉·卡萨、工厂几乎所有的高级经理以及菲亚特的詹尼·拉泽利（Gianni Razelli）。在这次盛大的宴会上，当地的各种美食和红酒应有尽有，整个房间都铺上了红色的地毯，红白色的彩带装饰着工厂的大柱子，桌布则是黄色的，代表了法拉利的家乡摩德纳。宴会使用了12个巨大的生日蛋糕，上面的装饰都是法拉利的商标。"老头儿"自己的蛋糕则是特别定制的，上面装饰着车队在30年代成立时使用的三角形跃马商标，中间插着一根生日蜡烛。

　　这场宴会对法拉利来说无疑是特别的，他已经变得越来越隐世，很少出现在公众场合。法拉利的腿脚越来越不灵便，这让他几乎哪里也去不了。加里波第广场上的大房子如今就像一个巨大的坟墓，皮耶罗和妻子弗洛莉安娜、他们十几岁的女儿安东丽娜以及母亲莱娜常常不在家。父子之间的裂痕依旧，除了商务场合，两人鲜少一起在公众面前露面。

　　不过法拉利依旧关注着车队的表现。伯格和阿尔伯雷托在1988年赛季都留在了车队，但是迈凯伦－本田车队的MP4/4车型一直都在提升，不仅在发动机和底盘上远超其他竞争对手，还获得了万宝路香烟的赞助。他们的主要赛车手普罗斯特和塞纳虽然依旧不太合拍，但两人还是留了下来。然而如此强劲的对手并没有对法拉利车队在1988年的胜利造成太大困扰。车队和上一年度一样所向披靡，从4月的巴西大奖赛到8月7日的匈牙利大奖赛，车队连续获得了10次胜利。因为本田车发生了机械故障，伯格在巴西和摩纳哥的比赛中都获得了第二名。要不是这样，法拉利车队的最好成绩也只能是第三名和第四名了，这就意味着车队成绩将远远落后于红白色的本田车。

整个马拉内罗笼罩在一片颓废的气息中。老头儿的情况很不稳定，他已经无法独立行走，并且他的肾脏也已经不堪重负，赛道上的失利让他更加虚弱。如今的摩德纳已经发展为一个新兴城市，还是整个意大利最富有的地方之一，这座城市对于法拉利神话的依赖程度越来越低。城市中陶瓷、机械工具、食品和服装等产业都欣欣向荣，其知名度丝毫不亚于著名的赛车。在过去，法拉利赛车能在清晨的薄雾中以时速 180 英里的速度从阿贝托内公路上驶过开往福尔米吉村；而现在，公路两边建起了很多新工厂，路上都是熙熙攘攘的卡车。摩德纳已经从一个偏僻的小镇发展成了一个大的商业中心，原来的试车场被改造成了一个公园，周围建起了很多高层住宅楼，只有原来的控制塔还矗立在一片废墟中。而法拉利车队的诞生之地，位于特伦托与的里雅斯特大道的车队原址也即将被推翻重建成一个复合停车场，同时也将是赛车队在市中心的办公室。一些历史学家和汽车爱好者坚决反对改建，他们认为这个地方是意大利汽车工业的代表性地标，但他们还是没能阻止计划的执行。很多人指责说这是皮耶罗的过错，但事实上法拉利本人也是认可的。

马拉内罗正在建一个法拉利博物馆，这个计划其实在很早之前就已经决定，但是因为决策不力，这个项目停滞了好久，如今终于再次启动了。博物馆选址已经定在了迪诺·法拉利大道上的一处，但实际的建造工作并没有开始，只是放了几辆车在那里。第一代 Tipo 125 车型将被复刻，瓦莱里奥·斯特拉迪也正在跟全世界的法拉利俱乐部（多达 478 个）联系，希望寻找更多的早期车辆。不过，法拉利旧车的价格一直在飞涨，GTO 的价格更是高达每辆 500 万美金，而在法拉利本人去世后，这个价格又翻了三倍。50 年代和 60 年代的样车一般情况下要卖到每辆100万美金或更高，这导致博物馆的展品收藏变得异常昂贵。更糟糕的是，公司几乎没有老的赛车，因为大多数的赛车都被扔在公司外面生了锈，或者已经被拆成了零件。法拉利委托摩德纳的一家建筑公司负责建造博物馆，但是几个月过去了，根本没有建成任何房子，公司只好向其讨要25万的预付款。建筑商说他们原本计划在另外一个地方建楼，所以在这个地点什么也没做。这一纠纷导致博物馆的建设工作更加滞后，很多法拉利迷们都觉得这个博物馆在30年前就应该建了。

现在的法拉利几乎不再见任何访客，除了几个负责工厂和车队日常事务的管理人员以及一些关系密切的生意朋友，比如忠诚的佛朗哥·戈齐、菲亚特的切萨雷·罗米蒂、皮耶罗·福萨罗（Piero Fusaro）和詹尼·拉泽利、负责工厂乘用车业务的皮耶罗、负责菲亚特拉力赛业务的切萨雷·菲奥里奥以及一直和法拉利车队保持着密切联系的卢卡·迪·蒙特泽莫罗，还有运势不佳的马克·皮奇尼尼等。当春天过去，摩德纳闷热潮湿的夏季到来时，"老头儿"大多数时间里都待在床上。

他还不得不错过和一个意大利重要人物见面的机会，这就是比他还要有名的人物教皇约翰·保罗二世。1988年，约翰·保罗二世访问波河平原并参观了法拉利工厂。这次访问是由天主教神父加拉索·安德里奥利（Galasso Andreoli）促成的，他来自附近的巴吉奥瓦拉（Baggiovara），不仅是法拉利的好朋友，也是钣金工人联合会的牧师。法拉利在晚年时被戏称为"北方的教皇"，他有很多神职人员朋友，其中就包括"飞翔的神父"塞尔吉奥·曼陀瓦尼（Sergio Mantovani）。这位神父从50年代末和60年代初就开始开法拉利车，嘴里还经常叼着他的经书。还有一位马拉内罗地方教区的神父也陪同教皇一起参观了工厂，他就是艾里奥·贝罗伊（Erio Belloi）。从1983年开始，每当法拉利车队获胜，他都会敲击教堂的大钟以示庆贺。

约翰·保罗在一个晴朗的夏日抵达了工厂。法拉利因为卧病在床而无法起身迎接最尊贵的客人，所以接待工作就由皮耶罗替他出面完成。皮耶罗带着教皇参观了工厂的各个车间，之后教皇还坐上了公司最新款的跑车并在费奥拉诺跑道上跑了几圈。教皇预祝车队在接下来的加拿大大奖赛中大获全胜（结果车子在比赛中全都坏掉了）。

显然，无法亲自出席教皇的来访让法拉利感到非常失望，他之后的健康状况也每况愈下。不过教皇还是通过电话跟法拉利聊了几句，不知道两人在电话里说了什么，可能是关于天主教堂欢迎法拉利加入之类的吧，也有可能教皇还听了法拉利的忏悔。这位年迈的摩德纳人长期以来都说自己没有"主的恩赐"，现在却正通过电话向教父忏悔。

然后路易吉·希奈蒂出现了。他是摩德纳的固定访客，他的儿子正在摩德纳边上的一家小公司里在生产几款限量版的法拉利车，于是希奈蒂从巴黎过来看看儿子。8月初的一天，因其他事务访问马拉内罗工厂的希奈蒂想着是否可以见一下他的老朋友，但却被告知法拉利的身体状况非常差，已经无法见任何人。

他正打算开车离开去菲尼酒店的时候，有人过来告诉他必须留下来。因为法拉利要见他。

希奈蒂默默地等了很久，一小群人从一个办公室里涌了出来，中间就是法拉利。他被两个身强力壮的年轻人搀扶着，显然他已经无法独自行走了。在希奈蒂眼中，法拉利的面容跟他1946年来访时看到的并没有什么变化，但脸色却变得非常憔悴，一点笑容也没有。跟二十多年前一样，法拉利还是戴着墨镜掩盖住他的双眼。路易吉·希奈蒂是一个非常坚强的人，他看着自己的朋友兼对手慢慢靠近，仿佛切身感受到了无力的肢体。突然之间，一种想要把过去全部忘记的冲动淹没了他。他走向前去，坚定地对法拉利说："我可以拥抱你吗？"恩佐·法拉利默默地张开双臂，两个人拥抱在一起，彼此心里可能都回顾了一下两个人相处的这一辈子。有那么一瞬间两人都热泪盈眶，但很快就被很好地掩饰了，接着两人开始谈起了生意，讨论的是一辆老款 F2 赛车。

希奈蒂答应把自己的车子借给法拉利，用于在博物馆展出。他很清楚，在全世界法拉利收藏家的狂热追捧下，这辆车至少可以卖个 100 万美元甚至更高。他向法拉利提出了一个交易，要求法拉利向四个慈善机构捐款 4 万美元，其中包括对摩德纳穷苦孩子的捐款，因为摩德纳这样的地方都是共产党执政，并没有私人慈善机构。法拉利没有同意，他说自己最多捐 3 万元，一分也不能多了。希奈蒂不禁觉得好笑，眼前这个男人已经 90 岁了，身体也已经颤颤巍巍，但居然还在为了一点小钱讨价还价，这个老家伙至少价值 4000 万美元吧。希奈蒂思索着，想要再坚持一下。但交易永远都是交易，这就是一贯以来的法拉利。于是希奈蒂最后一次领教了意大利人最擅长的讨价还价功夫，两人最终达成了协议。希奈蒂说了再见，不过这一次的见面却使两人在心灵上贴得更近了。

最后一刻来得很平静。1988 年 8 月 14 日星期天的凌晨，法拉利在加里波第广场的家中去世。据说当时陪在法拉利身边的是皮耶罗和弗洛莉安娜。天主教堂为法拉利做了临终祈祷，当然法拉利本人对此一无所知。

加拉索·安德里奥利神父为法拉利施了临终礼并主持了葬礼。这场葬礼是纯私人的，所以只有家族里几个直接成员参加。外界都猜测法拉利家族可能会举行一个大型的葬礼或者大规模的哀悼活动，但这一切都没有发生。不管这是否符合法拉利本人的意愿，也不管他的儿子是否觉得安排合理，总之，当恩佐·法拉利去世的消息传出来时，法拉利本人已经长眠在了圣卡塔尔多的墓地中，在他父亲的旁边。

（法拉利死后一个月，摩德纳古老的大教堂里举行了法拉利的葬礼弥撒，包括菲亚特的乔瓦尼·阿涅利在内的许多人都出席了。）

一切都结束了，法拉利见证了汽车运动全部的历史，最后却不得不匆匆结束了一切。几个月以来，法拉利的健康状况一直在恶化，大家也都知道他时日无多。虽然他的意识依旧清晰敏锐，但他的身体却在长期的高压下残破不堪。

全世界的很多社论作家开始对恩佐·法拉利的一生做总结撰文，其中很多人把他描述为汽车界的先锋，但他不是；也有人认为他是伟大的赛车手和工程师，但他也不是。法拉利，正如他自己经常说的那样，是一个鼓动者，他至死都遵循着自己的这一信条。

这个男人的核心品质只有一条，那就是不屈不挠的钢铁意志；他的目的也只有一个，那就是要那些带着自己名字的赛车赢得比赛的胜利。从1930年开始的长达60年的时间里，法拉利没有一天不在思考这个问题。无论成功还是失败，法拉利都孜孜不倦地努力着，从未想过放弃。他对自己设定的目标矢志不渝，至少在赛车领域是这样的。法拉利在坚持目标这一点上无人能及。

菲亚特SpA公司在法拉利去世后仅仅两天就宣布将获得法拉利所持有的40%的股份，另外10%则归皮耶罗·拉尔迪·法拉利所有。之后公司将会扩大产量，业务也将进一步趋于稳定，最后一丝手工生产的痕迹将被抹去，就连强大的发动机——原法拉利车队的核心和灵魂也将变得不再纯正。公司之后很多乘用车的动力系统都是由博洛尼亚的摩托车制造商杜卡迪（Ducati）公司生产好，然后再运往马拉内罗。法拉利公司现在已经和过去彻底说再见了。

恩佐·法拉利去世三周后，F1赛车队们又聚集在蒙扎进行意大利大奖赛的争夺。迈凯伦－本田车队依旧所向披靡；伯格和阿尔伯雷托参加了之前的比利时大奖赛，斯帕赛道已经进行了翻新，但两人的车子都在比赛中坏掉了。蒙扎的这次比赛一开始，就连狂热的法拉利粉丝也失去了夺冠的信心。但是普罗斯特后来因为机械故障而退赛，这让塞纳一路遥遥领先。永远都是陪衬的伯格和阿尔伯雷托也努力向前推进着，估计能获得第二名和第三名。此时冲动的巴西选手做了一件愚蠢的事情，他在超越法国的最后一名选手让·路易斯·施莱瑟（Jean Louis Schlesser）时，两人的车轮撞到了一起，车子开出了赛道。这简直就是上天的恩赐！伯格立马追上去获得了冠军，阿尔伯雷托则获得了亚军！法拉利车在家门口又大获全胜，这多么不可思议和震撼人心！伯格在终点被一大片挥舞着红色、黄色和黑色旗帜的人群包围了，大声尖叫着的法拉利车迷们打开了横幅，上面写着："法拉利，无论生死，我们都永远追随着你！"马可·皮奇尼尼感觉法拉利车队已经迎来了一个全新的时代。在那个短暂的令人心醉的时刻，在欢乐的人群中，人们觉得仿佛看到了法拉利的重生。本田车队依旧是赛季内最强大的车队，谁也无法撼动他们的实力，法拉利的胜利给他们造成了一些危机，但在接下来的两年里本田依旧独领风骚。皮奇尼尼关于新时代的预测可能是对的，但那只可能是对过去虚空的再现而已。

  恩佐·法拉利，汽车界最后一个伟大的巨人走了，但永远无可取代。

备注

第二章

法拉利的档案

我们所能找到的关于恩佐·法拉利早期生活的资料都来自于他自己的作品。这些资料大多源于他 1962 年的自传《My Terrible Joys》，该书由博洛尼亚 Licinio Capelli 出版社出版，但其中很多资料都不是很完整且令人费解。法拉利在该书出版两年后曾出过一个名为《Due Anni Dopo》的修订版自传，之后在 1970 年和 1974 年又出版了一个带有许多插图的大幅面自传，名为《Le Briglie del Successo》。他最后出版的自传是《Ferrari 80》。

这些自传都是一个自我主义男人的回忆录，他天生具有华丽的文笔，这种写作方式在他年轻的时候非常流行。这种满是华丽辞藻的写作手法非常具有艺术性和目的性，大多数时候都带有一定的欺骗性，目的就是为了塑造一个虚构的谦逊形象，表达自己罕见的同情心，向人们展示令人啼笑皆非的幽默。法拉利这些书里所讲述的内容都不足为信。

外界普遍认为法拉利的很多作品都是他本人所写，但事实上很多都是他人代笔完成的。《My Terrible Joys》一书由米兰记者詹尼·罗吉代笔，他为了撰写这本书在法拉利身边待了将近一年，获得的报酬是一辆 250GT 跑车。但不幸的是，罗吉之后在肯尼亚做一个有关野生动物的节目时被野象所伤而死。而法拉利的其他作品很多都有着老练的文笔，许多内部人士都知道这些书实际出自法拉利忠实的助手佛朗哥·戈齐之手。

已故瑞士汽车记者汉斯·坦纳（Hans Tanner）在 1959 年出版了一部非常有价值的著作，名字就叫《法拉利》，是根据对法拉利的所有相关采访的笔记写成的。该书由著名英国历史学家道格·奈（Doug Nye）进行了多次修订，到如今已经出版了六次。虽然书中对法拉利早期个人生活的描述也仅限于法拉利自己提供的有限信息，但《法拉利》是目前记录法拉利事迹最翔实的一本著作。据说坦纳的一小部分资料来源于卡洛·马里亚尼（Carlo Mariani）的《历史的注脚》（*Footnotes to History*），这是一本讲述壳牌赛车燃油发展沿革的书，其中对年轻时期的恩佐·法拉利也有一些描述。

家族的汽车

在第一版《My Terrible Joys》中，法拉利一直回避他家有三辆汽车这个事实，因为他一直努力把自己的家庭刻画为一个贫苦工人阶级之家，而三辆汽车这个事实显然跟这个形象不符。直到后期的各种传记中，法拉利才逐渐透露他父亲当时有好几辆车，这无疑和他之前所说的自己在 1908 年去博洛尼亚看赛车时才第一次接触高级汽车是自相矛盾的。

法拉利父亲的生意

出于一些未知的原因，法拉利在 1985 年接受瑞士 *Hors Ligne* 杂志采访时完全颠覆了自己之前对父亲工厂规模的描述。之前他一直说父亲的工厂有15—30个工人，但在这次采访中，他的表述又截然不同了："我的父亲是一名机械师，他开了一个很小的车行，雇用了5—6个工人。"鉴于法拉利家里拥有汽车，同时他自己也经常提到童年过得非常舒适，所以法拉利家庭应该十分富有，因此我们更愿意相信前一种说法。当然无论法拉利选择哪种说法都不会引起太多的争议，因为很有可能人员的数量会随着工作量的大小而产生波动。还有一个情况我们也必须考虑在内，那就是法拉利在1985年已经87岁了，他的记忆力很有可能已经衰退了。

年轻的记者

1977年，意大利著名电视记者吉诺·兰卡蒂出版了一本名叫《法拉利其人》（*Ferrari Lui*）的法拉利传记。为了向读者展示一个汽车界的传奇人物，书中记载了不少趣闻和逸事，里面就曾提到法拉利向《米兰体育报》投稿一事。兰卡蒂的处理手法非常老到，他还尝试和法拉利这个据说没有朋友的男人建立起一些私人的友情。兰卡蒂深知真实的评价会让他付出惨痛的代价，不仅马拉内罗方面，整个意大利都可能如此，所以他在书中对法拉利的描述也不过是管中窥豹而已。尽管如此，我们依旧可以从这本书中获得很多有价值的信息。兰卡蒂在20年的时间里时而会获得法拉利的青睐，于是他描写了自己在这一时期和法拉利的无数私人会议。

法拉利的母亲

同样是在1985年接受*Hors Ligne*的采访中，法拉利还有一个匪夷所思的说法："我很早就是一个孤儿……"是什么导致他说出这样的话也许只有意大利人才能懂了。他这么说指的是他父亲去世后，他就成了一名"孤儿"。他的母亲阿达尔吉萨一直活到九十多岁才在摩德纳家中去世，法拉利对母亲也一直非常孝顺。据法拉利公司的一些高级管理人员称，法拉利的母亲有时会在早晨来到公司，打断他们的会议问道："我的小男儿怎么样了？"但是法拉利在书中对此丝毫没有提及。鉴于传统意大利男人都对母亲怀有深深的依恋，这一点似乎很奇怪。路易吉·巴兹尼也曾指出，罗马天主教堂认为对圣母马利亚的崇拜非常重要，这也由此和信教的教义产生了无法弥合的分歧。恩佐·法拉利认为在公众场合完全没必要提到母亲，因为他觉得这属于他的"私人"生活，所以他把母亲、事业及他的公众形象分得很开。这和母子之间的感情没有关系。

接触赛车运动的早期

瓦雷里奥·莫雷蒂（Valerio Moretti）在《领航员恩佐·法拉利》（*Enzo Ferrari, Pilota*，1987）中对法拉利从1919年至1931年的赛车手生涯做了详细的研究。其中有一张米兰汽车商朱塞佩·德·维奇（Giuseppe de Vecchi）的照片。当时是1911年，他坐在一辆旅行车里，即将参加在摩德纳举行的常规赛。他身边站着乌戈·西沃其，但是看不出当时13岁的恩佐·法拉利是否在场，也不能确定他是否知道这个比赛。如果法拉利的说法属实，那么他应该是通过参加两个更早的赛车活动而开始接触赛车的，这和媒体的描述无论如何搭不上边。

第三章

蒙扎试车场

蒙扎试车场由建筑师阿尔弗雷多·罗塞利（Alfredo Rosselli）设计，这项工程由一个巨大的4.5公里（2.79英里）椭圆形倾斜跑道和一个包含一系列超快速无倾角弯道的 5.5 公里（3.41 英里）公路赛道组成。两部分赛道连接在一起组成一个总长 10 公里（6.21 英里）的超快速大型赛道，可以用于主要的大奖赛赛事。赛道会根据不同的赛事风格选择路段，所采用的车辆类型不同，圈速也随之变化。时至今日，蒙扎赛道依旧是世界上最具有挑战性也是最著名的两三个赛道之一。该赛道于 1922 年 9 月 3 日正式开放，首次获得胜利的车手是菲亚特的明星车手彼得罗·勃迪诺。恩佐·法拉利曾在这里对阿尔法·罗密欧的车辆进行过测试，但没有在这里参加过正式比赛。

2L 方程式

恩佐·法拉利和大奖赛赛事的第一次亲密接触是在 1922—1925 年之间，也即所谓的赛车黄金时期（根据赛车的发展方向和侧重点不同划分了很多个黄金时期，这是其中之一）。方程式赛车由法国汽车俱乐部发起，当时这个机构控制着全世界的赛车运动，这个规则非常简单：任何发动机在排量上都不能超过 2L（122 立方英寸），车辆的最低重量不能低于 650 公斤（1433 磅）。包括英国、法国、意大利、德国、西班牙和美国在内的世界主流厂商就是通过这个方程式而生产出了真正意义上的轻量级高性能汽车。1912 年，瑞士工程师欧内斯特·亨利（Ernest Henry）为标致品牌的跑车开发了一种新技术——双置顶凸轮轴和每缸四气门发动机（这项技术至今仍被看作是最佳组合）。这项技术广为应用后，梅赛德斯、菲亚特、米勒、杜森博格、日光、拜洛、布加迪及其他很多品牌车辆都开始使用一种新的增压器装置，这种装置由一战期间的飞机引擎发展而来。增压器几乎同时在欧洲和美国出现，它使得 2L 发动机的输出功率提高到了 140 马力，速度也随之提升至每小时 140 英里。另外，杜森博格兄弟——弗莱德和奥古斯特在 1921 年开发了四轮液压制动器，这进一步提升了车辆的性能。他们还设计了更加圆润的车头、流畅的车身和加长的车尾，车辆在流线型方面也有很多的提升，只有底盘方面依旧使用世纪初的货车式钢板弹簧和定轴。这种注重马力、忽略车辆操控和路控性能的做法在很多方面都对恩佐·法拉利的赛车理念有着非常深远的影响。

可恶的竞争对手

因为法拉利参加了一些小的比赛，所以他遇到了一些深爱此道的绅士车手或者是有排名的业余选手，这些人都将赛车视为消遣而非职业。其中两个法拉利的竞争对手后来对法拉利的赛车制造事业有着非常重大的影响。爱德华多·韦伯（Edoardo Weber）在好几个比赛中都和法拉利同场竞争，他之后回到家乡博洛尼亚开始生产著名的双喉化油器，这个化油器在60年代燃油喷射技术出现之前一直都是法拉利的重要标志之一。韦伯是一个法西斯分子，他在1945年被游击队处决。几年以后，伟大的设计师宾尼法里纳（原名乔凡·巴提斯塔·法里纳，他父亲也是一名车身制造商，为了和父亲的名字加以区分，他将名字改为了宾尼法里纳，意为"小法里纳"，他的侄子则是著名的冠军车手朱塞佩·尼诺·法里纳）和法拉利也成为了好朋友，他在1922年的奥斯塔－大圣贝纳迪诺爬坡赛（Aosta-Gran San Bernardino）中以绝对优势击败了法拉利。两人在1952年结成了生意同盟，之后他们合作打造的法拉利车可能是所有法拉利车中最漂亮的几款。

赛车安全

相比于现代赛车手所采取的各种安全保护措施，很难想象在恩佐·法拉利参加赛车的原始时期居然能有赛车手存活下来。在20世纪30年代之前，人们认为摩托车赛车所用的防撞头盔不仅很热，还显得懦弱，所以接受度很低。直到30年代中期，美国和英国的比赛才开始使用头盔。但欧洲的主要大奖赛车手直到 50 年代初才开始佩戴头盔，安全带更是闻所未闻。当时人们普遍认为车辆发生事故时，迅速逃离才是最安全的做法。鉴于当时的大油箱根本没有什么保护措施，很容易破裂，而驾驶座也没有任何加固措施和倾斜杆，这种理念也有一定的道理。在车辆发生事故时，服装也起不到什么作用，不过当时有部分赛车手穿着皮夹克，以便在摔到地面上时能对皮肤有保护作用。另外一些车手则会穿亚麻的连体裤，这样显得比较时尚，同时也能防止泥浆和油渍弄脏内衣裤。当时不仅没有防护服和车辆防撞措施，赛道也没有任何防护，两边还有树、沟渠、石墙、里程标记、峡谷、房屋和随时可能闯入的各种农场动物。这种情况下还能保持较低的死亡率无疑是个奇迹。

法拉利的赛车记录

历史学家格里菲斯·博格森明确指出，恩佐·法拉利对自己的赛车手生涯有夸大的嫌疑，他说根据 ACI 的官方记录，恩佐·法拉利一共参加了 21 次比赛，其中 9 次获得了胜利。

这位著名的历史学家称："他参加的大多数都是些微不足道的小型赛事或爬坡赛。"但我们留意到，瓦雷里奥·莫雷蒂在《领航员恩佐·法拉利》中对法拉利早期的赛车手生涯也有详细的描述。他指出，法拉利在 1919 年至 1931 年间总共参加了 38 个比赛，其中包括在法国里昂举行的法国大奖赛，但法拉利在这个比赛中弃赛了。莫雷蒂说法拉利一共获得了 10 次冠军及 3 次亚军，全部来自意大利范围内的小型赛事和爬坡赛。意大利记者朱里奥·施密特在 1988 年出过一本专门描写法拉利早期赛车手生涯的书《咆哮的科西嘉：领航员法拉利》(*Le Corse Ruggenti: La Storia di Enzo Ferrari Pilota*)，书中说法拉利至少参加了 41 次比赛。莫雷蒂的研究范围最广，所以我们觉得他的数字是最可信的，而在这 41 次比赛中，有 3 次比赛法拉利虽然参加了，但实际并没有参赛，分别是 1922 年的蒙扎大赛、1923 年的穆杰罗大赛和 1924 年的里昂大赛。参赛记录中还包括 6 次爬坡赛、直道赛和拉力赛等，但没有一场比赛是经典的一对一角逐。莫雷蒂和施密特都没有提到 1930 年的蒙特卡洛大奖赛，但我在采访勒内·德雷福斯时，他非常肯定地说法拉利在这个比赛的参赛名单中，但他最后并没有出现在赛场上。还有一些历史学家则表示法拉利在 1930 年的一千英里耐力赛中和朱利奥·弗雷斯蒂（Giulio Foresti）搭档获得了第九名，但施密特和莫雷蒂都没有提到这一成绩。造成这种疑团的原因是还有其他四个名叫"法拉利"的人存在，这四个人毫不相干，但他们在 20—30 年代都以业余选手的身份参加过赛车比赛。他们分别是朱塞佩、吉罗拉莫、巴尔多鲁和瓦雷里奥·法拉利，而这些人都没有取得过什么显著的成绩，但可以确定的是他们中的一人曾经取得了 1930 年一千英里耐力赛第九名的成绩。不管恩佐·法拉利实际到底参加了多少赛事，我们可以确定非常核心的一点，那就是他所参加的都是一些非常小型的意大利比赛，其中最显著的成绩是取得了 1920 年塔格·弗洛里奥大赛的第二名以及 1924 年阿赛博杯的冠军。除了这些，他的参赛范围都是一些地区性的爬坡赛和当地的公路赛事。法拉利只进军过一次主流大奖赛，那就是里昂的比赛，但他最后弃赛了，这也是多年来颇有争议的一个话题。他的这些参赛成绩最多可以让他跻身半职业赛车专家的行列，充其量也不过是一个二流的选手。

阿尔法·罗密欧的生产情况

可能很多人都认为阿尔法·罗密欧在恩佐·法拉利成为赛车手、销售代表和车队经理期间已经是当时的汽车巨头，事实并非如此。博格森指出，阿尔法·罗密欧在 1920—1939 年的 20 年中，其平均年产量只有 473 台，其中很多车还只是简单的底盘而已，车身需要由专门的定制厂家生产。公司只有 1925 年的产量超过了 1000 台，达到 1115 台跑车，其中著名的 P2 跑车只生产了 6 台，这些车最终在 30 年代都流入了一些私人运动员手中。到 1936 年，公司开始转向生产航空引擎及军用车，车辆的生产仅为 10 台。如今的阿尔法·罗密欧隶属于一个以菲亚特为首的政府背景财团，每年都会生产成百上千的中小型轿车。

第四章

赛车方程式

20 世纪二三十年代的跑车比赛主要以自由方程式的形式展开（也就是美国南部那些库存车参赛者后来提到的"什么车都可以"的比赛），而大奖赛则需要按照 AIACR 设定的规则来进行。AIACR 由法国人控制，它是各国汽车俱乐部的联合体，最初由首次正式大奖赛——1906 年法国汽车俱乐部组织的法国大奖赛发展而来。如今，国际汽车运动的控制中心依旧在巴黎。20 世纪 20 年代初期，2L 级车辆（如阿尔法·罗密欧的 P2）的速度不断提升，于是 AIACR 在 1926 年和 1927 年赛季中将发动机的排量缩小到 1.5L（91 立方英寸），但因为德拉赫、菲亚特、布加迪和阿尔法·罗密欧都不赞成这个发展方向，最终没有实施下去。该项运动的资深人士于是提议 1928 年按照自由方程式的形式展开比赛，不对发动机排量做限制，但要求参赛车辆的重量在 1200—1650 磅之间，车上乘坐两人依旧是强制条件。讽刺的是，单座车在 1923—1930 年的美国是允许参赛的，当时推出了以产量为基础的"垃圾方程式"以节约成本，但参赛车辆必须配备随车机械师。这种做法除了让无辜乘客增加伤亡危险之外没有任何好处。与此同时，印第安纳波利斯也再次对随车机械师做出了要求，但 AIACR 之后又取消了这一规定。在 1932 年之前，双座跑车这一规定依旧是强制条件，但不需要有实际乘客。很多类似的参赛规则都非常复杂，尤其是法国人制定的那些规则，常常非常可笑又自相矛盾，很多时候对参赛者有诸多要求，但对巴黎的神秘裁决人却没有任何要求。1931 年，AIACR 又发布了一条疯狂的规定，规定所有大奖赛的赛程至少为 10 个小时！这简直就是严重的倒退！（这里为法国澄清一下，最早提出这种荒谬赛程建议的是文森佐·弗洛里奥）。之后欧洲赛车界一片混乱，这种情况一直持续到 1934 年，最终各方达成了一个看似比较合理的规则，要求所有参赛车辆的重量都不能超过 750 公斤（1650 磅），并尽量减少车手、轮胎、燃油及其他液体的重量。这个想法本质是希望降低车辆的速度，因为当时大家都认为这么轻的车辆不可能搭载大尺寸的发动机。但是德国人，一定程度上也包括阿尔法·罗密欧和法拉利车队，都利用这个规则设计并生产了一些前所未有的超快速赛车。

赛车的颜色

大奖赛车在 20 世纪 70 年代主要赞助商出现之前一般都采用国家的代表色，这一传统源自早期波兰的一个车手兼运动员布朗斯基伯爵（Count Zbrowski），他在 1903 年提出了这个建议。红色最开始是美国的代表色，但很快这个颜色给了意大利，而美国的颜色变成了白底蓝色条纹，另外还有英国绿、法国蓝、德国白（在 30 年代变成了银色）和比利时黄，等等。直到 60 年代末期，这些颜色都是大奖赛中固定的颜色，之后各种赞助商的出现改变了这一局面。如今，只有意大利还保留这这个传统。

1930年的一千英里耐力赛

塔基奥·努瓦拉里和阿齐里·瓦兹的角逐曾无数次出现在小说和历史材料中，1955年柯克·道格拉斯（Kirk Douglas）的电影《赛车手》中对此也有展现。据说努瓦拉里当时在黎明时分摆了瓦兹一道，他在接近终点布雷西亚时故意关掉了车灯，让对手以为自己遥遥领先，之后在其以为成功在望时，努瓦拉里突然加速超过了呆若木鸡的瓦兹获得了冠军。但这并不是事实的全部。

乔瓦尼·鲁拉尼在记录一千英里耐力赛历史中明确表示努瓦拉里在赛事初期就拥有绝对优势，他比瓦兹晚出发10分钟，因此他在任何一次加油时都可以轻易获取对手的进展情况。瓦兹的轮胎在博洛尼亚南部两次被扎破，因此损失了不少时间，当他冲向终点时，他很清楚自己已经落后了。（当时赛事的评判标准是谁的用时最短，这跟出发时间无关，所以努瓦拉里比瓦兹晚10分钟出发非常有优势）。瓦兹赛后也曾说过他和机械师卡纳维西（Canavesi）在距离终点还有至少120英里时就发现努瓦拉里了，他的阿尔法·罗密欧1750的三个前大灯非常引人注目，那个时候他就知道自己已经输了。记者吉诺·兰卡蒂曾经采访过努瓦拉里的机械师乔凡巴蒂斯塔·古伊多蒂（Giovanbattista Guidotti），这个全程目击者表示当时努瓦拉里在超越瓦兹时确实曾经关掉车灯，但时长大概只有一分钟。古伊多蒂还表示当时两位车手对于对手的情况都了如指掌，努瓦拉里关掉车灯是为了欺骗瓦兹，让瓦兹以为自己已经停止了驾驶。

但是他为什么要这么做呢？根据比赛规则，努瓦拉里只要跟在瓦兹后面就能获胜。显然，努瓦拉里的火爆脾气在其中起了推波助澜的作用，促使他想要在最后关头超越并羞辱对方，就算胜负已定，他也要做第一个经过布雷西亚尖叫人群的那个车手。古伊多蒂之后作为试车手在阿尔法·罗密欧工作了很长时间。瓦兹很快在几个星期之后的塔格·弗洛里奥大赛上报了一箭之仇，这次他远远超过了努瓦拉里。瓦兹离开阿尔法车队后先去了玛莎拉蒂效力，之后又去了布加迪，直到1934年才再次回归。

车队

　　法拉利车队并不是欧洲第一支私人车队，因为它或多或少都和阿尔法·罗密欧有着密切的联系，这一点非常特别。比较典型的就是1927—1928年对努瓦拉里和瓦兹的安排，两人开着埃尔托·布加迪的车辆以完全独立的方式参加了比赛。天平的另一端则是工厂派出的强大车队，车队雇用的都是职业赛车手，使用了各种各样的财务方式，而且很多赛车手是工程或销售领域的员工，其他的则是一些独立的合约人，获得的报酬是固定工作或奖金提成，也有些两种报酬兼有。当时很多富裕的运动员都会从制造商那里买车，价格比较合适，他们又会花钱对车辆进行保养，车队成立初期的业务就是以这种方式展开的。当时的很多随车机械师，例如佩皮诺·维德利、朱利奥·兰博尼等人，也都是工厂的员工或独立车队成员，主动想要承担超级危险的工作，全程陪同赛车手跑完整个赛程。他们其实并不发挥什么作用，到了20世纪20年代晚期，赛车的可靠性已经很高了，所以紧急的轮胎和火花塞的更换，或者维修工作都并不需要机械师。他们的存在，只是让车辆在发生车祸时多一个可怜的受害者。他们唯一参与的就是分享荣耀和奖金。在主要的开轮式赛车中，机械师最后一次出现是在1937年的印第安纳波利斯500大赛。截至当时，已经有好几百个机械师葬身赛车场，而机械师的存在并没有什么合理的理由，只是对传统的无条件的传承而已。

玛莎拉蒂

20世纪20年代末和30年代的玛莎拉蒂汽车公司相比恩佐·法拉利的公司要正规得多。玛莎拉蒂兄弟，包括卡罗、宾多、阿尔菲耶里、埃多尔和欧内斯托都是博洛尼亚人，他们和汽车行业的联系可以追溯到世纪初。大哥卡罗曾代表菲亚特和比安奇参加赛车活动，于1911年去世，而宾多和阿尔菲则在伊索塔·弗拉西尼工作。在第一次世界大战期间，兄弟俩开始以家族的名号生产火花塞，20年代中期，阿尔菲为迪亚托设计并打造了包括直列八缸大奖赛车在内的好几款赛车。迪亚托公司在1926年退出赛车界，之后玛莎拉蒂兄弟接手了相关的赛车业务，他们在博洛尼亚附近的维齐奥桥有一个小车行，在那里他们开始生产赛车并对车型进行改进。公司的海王星三叉戟标识一直沿用至今，这也是他们家乡的标志。

阿尔菲耶里是众兄弟中公认的首领，他性格友善并在工程方面有着广博的知识，所以很受人们欢迎。1932年初，阿尔菲耶里在墨西拿发生车祸，最后死在手术台上，年仅44岁。他的去世对公司来说无疑是一个非常重大的打击。当时公司每年生产的单座车和跑车的数量非常少，余下的兄弟虽然都非常勤奋聪明，但缺乏商业头脑，这无法让公司继续发展壮大，使得公司依旧是一个生产少量超级汽车的小工厂，同时继续小型火花塞的生产。

截至1957年，玛莎拉蒂生产的"街道"跑车不超过130辆，公司首款上市销售的车是3500GT。到1936年，公司的年产量已经下降到了9辆，一年后，当时在世的三兄弟宾多、欧内斯托和埃多尔把公司的一大部分都卖给了摩德纳的奥斯家族。奥斯父子和玛莎拉蒂兄弟签订了一个为期10年的管理合同，之后玛莎拉蒂兄弟回到家乡博洛尼亚成立了OSCA（Officina Specializzata Costruzione Automobili，汽车生产和修理公司）。他们的高性能车在小排量级别中的表现非常出色，之后年事已高的玛莎拉蒂兄弟又在 1967 年把公司卖给了奥古斯塔（MV-Agusta）。在此期间，奥斯家族一直是法拉利的竞争对手，但因为之后在阿根廷的投资失败，他们于 1957 年被迫退出了大奖赛。

相比法拉利公司的各种勾心斗角，在奥斯家族管理下的玛莎拉蒂公司则是一个令人愉快的工作场所。20 世纪 60 年代初，公司开始大量生产豪华旅行车及少量跑车。但好景不长，奥斯家族 1966 年开始和法国雪铁龙公司合作，之后在 1975 年被阿根廷人亚历杭德罗·德·托马索（Alejandro de Tomaso）收购。托马索非常擅长运营濒临破产的公司，在收购玛莎拉蒂之前，他已经先后收购了摩托车公司贝内利（Benelli）、摩托古兹（Moto Guizzi）以及微型车生产商伊诺森蒂（Innocenti）。公司在之后遭遇了一连串变故，玛莎拉蒂双涡轮以及与克莱斯勒的合作项目都比较失败，最终导致其在 1989 年被菲亚特公司吞并。和早期的很多著名公司一样，玛莎拉蒂最终沦为一个被用在毫无个性可言的乘用车上的简单商标，而且讽刺的是，未来它还有可能和竞争对手法拉利共用部分资源。

关于玛莎拉蒂早期的复杂历史和荣耀可以参见路易吉·欧司尼的《玛莎拉蒂：1926 年至今全史》（*Maserati: A Complete History from 1926 to the Present*，Libreria dell'Automobile，1980），其中还有大量佛朗哥·泽加里收藏的历史照片。

第五章

的黎波里丑闻

很多关于 20 世纪 30 年代意大利赛车界的记录中都没有提到 1933 年和 1934 年的丑闻，但在各种滑稽可笑的荣誉背后，这件事情确确实实发生过。历史学家在描述这一事件时一般也不会提到一些著名人物，比如努瓦拉里、瓦兹和乔瓦尼·卡涅斯特里尼，但无疑这些人也参与了此事。汉斯·坦纳潜心多年研究意大利赛车相关的课题，他对此事做了详细的研究，并在1965年的《人车志》上发表了非常详细的文章讲述此事。克里斯·尼克松（Chris Nixon）在《银箭》（*The Silver Arrows*）（鱼鹰出版社，1986）一书中对此事也有所提及。正如我们之前所说的，没有证据表明恩佐·法拉利曾经参与此事，但他几乎每天都在关注意大利赛车的各种情况，所以他对此一无所知肯定也是不可能的，更何况他最好的赛车手还是同谋之一。1985年，克里斯·尼克松曾根据英格兰银行估计的大致汇率来计算当时意大利主要赛车手们赢得的奖金，因为30年代的里拉汇率非常不稳定，所以暂定当时里拉对英镑的汇率为93.75 : 1（每英镑大概能兑换5美元）。也就是说，瓦兹（意大利最有名的赛车手）在1934年大概赢得了97.5万里拉，这些钱在1985年的价值大约为89万美元，就算按现在的标准来看这也是一笔不菲的收入。这个数额是由1935年的《体育杂志》报道的，其中还不包括瓦兹私底下从的黎波里大奖赛丑闻中获得的灰色收入，也就是说这个不苟言笑的意大利人在这个赛季中至少赚了100万美元。

Tipo B 原型车

维托里奥·加诺的这款出色设计其实是老款8C-2300的衍生品，这是欧洲第一辆真正意义上的单座大奖赛车。这辆车采用了类似直列八缸的2.6L顶置凸轮轴发动机，缸体是两个四缸合金单元，中间通过一个齿轮结构相连来驱动凸轮轴、油泵和两个罗茨式增压器。这款发动机的动力据说可以在5600转时达到215马力，但是一些历史学家对此表示质疑。他们认为180马力更符合实际。

这款车的独特性在于它有两个驱动轴，两者在发动机背后成30度角组成一个 Y 字形，之后通过伞齿轮连接到后轮上。有人猜测加诺的这种布局方式可能是为了降低簧下的重量，而不是为了降低车辆的重心。这种独特的双轴布局方式可以减少摩擦带来的效率损失，并且在操控性能方面也有所改进。P3 是一款非常轻巧的车，开惯了笨重布加迪的路易斯·齐隆对车进行了试驾，他说这辆车"轻得就像一辆自行车"。1934 年德国车崛起后，Tipo B P3 搭载了 2.3L 排量的发动机，虽然车子的动力和扭矩增加了，但传动装置承受的压力也随之增加了，1935 年之后，这款老旧的车型就再也没有出现在赛车场上。但毋庸置疑的是，这辆车仍是整个时代最出色的设计之一，这也充分展示了加诺的创造力。

意大利空军

伊塔洛·巴尔博是一名飞行先锋，他在 1933 年的黎波里大赛之前带领一队水上飞机穿越了大西洋。巴尔博崇尚战略轰炸，但贝尼托·墨索里尼则认为空军应当作为技术联队为其高度机械化（轻装甲化）、机动化的部队提供支持。1933 年的意大利空军拥有菲亚特 CR-32 双翼飞机，这在西班牙内战中发挥了重要作用，但是英国和德国也同时开发了非常先进的飞机。1935 年墨索里尼进军埃塞俄比亚，他的部队拥有 400 架轰炸机和战斗机，但因为对手的实力非常弱小，所以这并不能体现这支部队的真实战斗力。不过墨索里尼有足够的资本吹嘘他的战斗机数量以及后续的战机，其中还有一些最早的喷气式飞机，这些机型都非常出色，只不过因为战败，致使它们的实力被低估了。

特罗斯·杜森博格

这个名称的由来是"迪迪"·特罗斯在 20 世纪 20 年代和 30 年代早期驾驶着当时最先进的杜森博格车在美国获得了很多比赛的胜

利，其中包括印第安纳波利斯以及其他美国开放赛道和泥道赛事。但事实并非如此。打造这款车的两位专家——斯基尼·克莱蒙斯和奥古斯特·杜森博格之前都是哈里·米勒的机械师，杜森博格在几年前就已经离开了自己的家族企业（E.L. 科德于 1926 年成立）。他的兄弟弗莱德是真正的汽车天才，但在 1932 年，他开着一辆大功率的 SJ 路跑车从宾西法尼亚约翰斯顿附近的利戈尼尔山下来时不幸遇难。最初特罗斯的车辆是为 1932—1936 年印第安纳波利斯的"垃圾方程式"而打造的，这个比赛允许大功率的量产发动机参赛。车辆的发动机使用的是 1920—1927 年杜森博格 Model A 的动力系统，排量为 269 立方英寸（阿尔法·罗密欧的 8C 蒙扎和 Tipo B P3S 的排量是 158 立方英寸）。克莱蒙斯－杜森博格特别车型被送往意大利由冠军火花塞公司进行改进，之后又回到了特罗西手中。当时有很多米勒和杜森博格的印第安纳波利斯车辆被运送到欧洲按照高速公路赛事的标准进行一些改造。在布鲁克兰（位于伦敦郊外的韦布里奇，如今的希斯罗机场附近）、巴黎附近的蒙丽瑞以及蒙扎都有巨大的椭圆形倾角赛道。车子最初是一辆双座跑车，但回到特罗西手中以后变成了一辆单座车，并且和其他美国人打造的车子一样，没有四速变速箱和大型刹车，而这两样在椭圆赛道上都是必不可少的，所以这辆车只能参加公路赛。1934 年，特罗西把车子卖给一个美国侨民惠特尼·斯特雷特（Whitney Straight），惠特尼开着这辆车在布鲁克兰参加了好几次比赛，平均时速达到了 138 英里。车子的颜色依旧是意大利的代表色红色。之后有一些英国的绅士赛车手也开着这辆车参加了一些比赛，这些人包括障碍赛选手杰克·杜勒、巴迪·费瑟斯通豪和迪克·西曼，迪克后来成为战后英国最出名的大奖赛车手。这款车型在战后进行了修复，最后被英国一位著名的汽车记者丹尼斯·詹金森买走。

第六章

塔基奥·努瓦拉里

尽管大多数关于塔基奥·努瓦拉里的记载都说他遇到过一系列可怕的事故，也获得了很多了不起的成就，但事实上这些都是无意义的简化版故事，他本人非常复杂，也非常难以捉摸、以自我为中心（似乎没有哪位出名的赛车手具有谦虚的品格），但令人惊讶的是他也非常自律。他的驾驶技术高妙，尤其是侧移控制——现在所说的四轮漂移，完全是他的原创，没有任何先例可循。对于很多外行来说，努瓦拉里简直就是在虐待车辆，但他的成绩非常好，要知道他的车往往非常落后，而他那种超级灵活的驾驶方式却无与伦比。如果不是因为这些，他根本无法获得1933年勒芒耐力赛的冠军（和雷蒙德·索默搭档），也无法完成1930年和1933年的一千英里耐力赛。这些经典的长距离赛事，要求赛车手具有极大的自制力和耐心，而30年代的车辆技术还没有那么成熟，要保证精密的机械部件不出问题并非一件容易的事情。努瓦拉里的衣服很多，他会根据场合的不同，有时候戴着红色或者蓝色的飞行帽，穿着皮背心和高领毛衣，而在一些非正式的场合，他会穿白色的亚麻连体服。直到1938年加入汽车联盟后，他才戴上了乌龟胸针并在上衣右胸口印上了自己名字的首字母。

法拉利-阿尔法·罗密欧双引擎

这款双引擎车整体非常重而且拥有沉重的轮胎，所以对于法拉利和巴兹来说，这款车注定是法拉利所有车型中的异类。轮胎依旧是其致命的弱点，在努瓦拉里跑出每小时200英里的速度后，车子很快就被卖掉了，而齐隆驾驶的那辆车则报废了。根据历史学家道格·奈（Doug Nye）的说法，努瓦拉里的那辆车卖给了英国绅士赛车手亚瑟·多布森（Arthur Dobson），法拉利在上面安装了两台小型的2.9L阿尔法发动机。多布森和费尔雷航空的首席飞行员克里斯·斯塔尼兰（Chris Staniland）共用此车，他参加了英国赛车手俱乐部的500公里大赛，在布鲁克兰的高倾角赛道跑出了每小时132英里的速度。之后车辆几经易手，最后被分成了两半，后半部分的发动机被拆下来装到了另外一个英国车型上，余下部分则被运到新西兰装上了GMC的卡车发动机。后来据说一个新西兰的狂热爱好者对这辆车进行了修复，但必须注意的是，双引擎车型200英里的时速非常惊人，它需要搭载两个阿尔法发动机，合计排量达到6.3L才能达到这个速度。而加利福尼亚的天才弗兰克·洛克哈特型在七年前曾生产了一款小型后置发动机汽车，这款拥有流线型车身的车搭载了一款3L的V16发动机，并在奥蒙德比奇沙滩跑出了每小时225英里的速度。这款车的排量虽不到双引擎的一半，时速却比双引擎还快25英里。可惜的是，洛克哈特在一次驾驶这款斯图兹黑鹰（Stutz Black Hawk）过程中不幸在路基上撞破了一个轮胎，他也因此丧命，没有留下任何官方的记录。据测这款车在最佳状态下的最高时速可以达到200英里，比当时最快的陆地纪录快了整整100英里。

德国赛车运动

没有人能准确计算出纳粹党在20世纪30年代向梅赛德斯-奔驰和汽车联盟车队投入了多少资金。1947年，一群英国专家发布了一份报告（卡梅伦·C. 厄尔对"1934年和1939年德国大奖赛车的发展调查，包括对奔驰的全球陆上速度记录介绍"，以及1947年英国调查目标分委会的技术信息和文件资料）称："纳粹党清楚地知道，汽车运动对提升德国工程师的国际声望有着极大的作用。在认识到这项运动对德国的潜在价值后，希特勒同意每年拨款50万德国马克（41600英镑）奖励那些能生产出成功大奖赛车型的公司。这笔巨款不仅足以支付各种大奖赛车队的生产和维护成本，同时作为奖励，相关公司还能获得政府的大量装备合同。克里斯·尼克松指出，卡梅伦·厄尔曾采访汽车联盟的前技术总监——威廉·沃纳，根据他收集到的信息，当时公司每年的花费达到了250万马克，远远超过政府补贴的数额。尼克松计算出当时纳粹对汽车联盟和梅赛德斯-奔驰的投入大概是每年322500马克，按照1980年的标准换算成美元大约是200000美元。著名历史学家、作家卡尔·路德维森在编纂《梅赛德斯-奔驰赛车》（邦德·帕克赫斯特书店，1971）期间，对梅赛德斯-奔驰在战前的各种赛车档案做了详细的研究。他说德国交通部大概每年会投入45万马克进行大奖赛车的生产，同时对前三名还有2万、1万和5000马克的特别奖金。纳粹对赛车投入的确切数字始终有很多争议，但不管怎么样，汽车联盟和梅赛德斯-奔驰都在这个项目上投入了大量的资金，也获得了各种政府项目的回报，同时两者在纳粹党内部也有一定的地位。

车队的各个成员虽然在公众场合都对党派表示绝对的忠诚，但私底下对纳粹的态度却各不相同。比如鲁迪·卡拉乔拉就拒绝入党，他从1937年就搬到了瑞士的卢加诺。纳粹在战争期间取消了他的报酬和养老金，当时有流言说他是希腊人或意大利人，而非合法的德国人（虽然他们家族已经在莱茵河的雷马根居住了好几百年）。和他相反，傲慢的、有着一头金发的伯恩德·罗泽迈尔则成了日耳曼人的偶像，在他1938年初去世时，纳粹党卫军还授予他SS级体育先锋（SS-Obersturmführer）的荣誉。而包括汉斯·斯塔克和赫尔曼·朗在内的另外一些赛车手则在NSKK担任一些名誉上的职务，完全没有实权。众所周知，罗泽迈尔和包括纽鲍尔在内的一些人会在私人聚会上模仿希特勒的演讲，但在战后，一些幸存下来的人都表示自己没有政治倾向（就跟大多数的其他国人一样）。虽然德国有严重的民族情结，但车队还是会雇用一些外国车手,如意大利人法吉奥利、瓦兹和努瓦拉里,也包括出色的英国车手迪克·希曼,但车队的核心依旧是德国人。汽车联盟的赛车(还有大众、保时捷的跑车以及一些国防军用车辆)出自费迪南德·保时捷之手,战后他因为战争罪被法国人监禁了两年,但有些人认为这是对他当年作为德国同谋对法国汽车巨头罗伊斯·雷诺监禁的一种报复。

伊塔洛·巴尔博

赛车界很狭隘地把伊塔洛·巴尔博视作的黎波里大赛的主办人,也认为是他建造了世界上最好的赛车设施。他其实也是一个实打实的军事专家,长期以来都和法西斯有着千丝万缕的联系。他在家乡费拉拉作为墨索里尼的年轻对手首次亮相,却在1921年转变成一个狂热的法西斯分子,带领一群冷酷无情的法西斯民兵穿过意大利中部,取缔了当地的社会主义政府和工会首领,并杀害了很多反对自己的人。如果说除了墨索里尼本人之外,还有谁能够说服农民,让他们相信法西斯是未来的发展趋势,这个人就是伊塔洛·巴尔博。墨索里尼掌权后,他被任命为空军元帅,之后又成了的黎波里的领地(战前意大利在非洲拥有大片领地,最终全部丢失)总督。巴尔博在1940年死于托布鲁克,死因至今仍是个谜。普遍的说法是他的飞机被意大利陆军的狙击手误击,但也有人认为他死于车载炸弹。真相也许永远无法得知。但伊塔洛·巴尔博依旧和齐亚诺一样,是墨索里尼统治时期最鲜明的人物之一。

第七章

维弗雷多·里卡特

恩佐·法拉利离开阿尔法·罗密欧后,里卡特继续开展了一些雄心勃勃的项目，其中包括一款名叫 Tipo 612 的大胆设计，如果没有战争的话，这款十六缸 3L 的大奖赛车很有可能在性能上和德国车一较高下。车子的双增压发动机在测试中能达到 500 马力，就此而言，车子对梅赛德斯－奔驰和汽车联盟来说也还是有竞争力的。另外，里卡特在命运多舛的 512 项目中也功不可没，这是一款中置发动机的 1.5L 小排量汽车，但车子最终没有完成并参加赛事。科伦布很有可能深入参与了 512 的设计，也许就是这款车或者相似的一款车在法拉利第一次同科伦布见面讨论阿尔菲塔（Alfetta）时就拒绝了。正如之前所说，阿尔法·罗密欧的工程团队在战争来临前正紧锣密鼓地准备赛车，512 在意大利参战后的第三个月进行了首次测试，而阿蒂利奥·马里诺尼（Attilio Marinoni）在米兰—瓦雷泽高速公路对 158 进行试车时不幸殉难，当时距离宣战仅仅过了几天。（法拉利的说法正相反——当然不可能对里卡特有利——这位资深的机械师车手并不是因为 512 的车辆故障而丧生。根据格里菲斯·博格森的推测，他的 158 车很有可能安装了 512 的悬架，但不管怎么样，马里诺尼的车辆确实在高速行驶中撞上了一辆卡车。）

阿尔法在战争期间的赛车活动要归功于墨索里尼的信心，他认为战争很快就会结束，欧洲马上就会恢复和平。但显然他错了，1941 年里卡特和他的团队深深地沉浸在博格森称之为"巨著"的项目中，他们要设计打造一款二十八缸的涡轮增压 Tipo 1101 航空引擎，预计功率大约为 2500 马力。要不是盟军在 1942 年 10 月开始对阿尔法展开了为期一年的轰炸，这个发动机也许会成为历史上最强大的航空动力系统之一。在战争期间，里卡特也开展了一些汽车项目，包括一款中置发动机的豪华旅行车以及一款名为加泽拉（Gazzella）的跑车。他在公司一直工作到战争结束，然后回到西班牙从事毕加索汽车的设计工作。毕加索品牌的技术非常先进，项目还带有政府背景，之后项目的失败也并不是车辆的问题，而是因为公司内部的管理混乱和利益纠纷。（这一情况又给了法拉利一个机会诋毁里卡特："不过，事实上新的毕加索从未在比赛中打败过法拉利，如今已经被人遗忘了。我们偶尔还能在一些卡车上发现这个名字，不过这些车和其他更为著名的车型很像。"）事实上里卡特在 1958 年就已经离开了毕加索公司，在转向卡车业务之前，公司一共生产了 125 辆汽车。毫无疑问，意志坚定的维弗雷多·里卡特是一个颇具争议的工程师，但他也是一个非常有才华和创造力的设计师，只不过他的才能多年来一直被法拉利和其他反对者抹黑。1974 年 8 月 19 日，里卡特在家乡巴塞罗那去世，享年 77 岁。

加莱阿佐·齐亚诺，科特拉佐伯爵

在很多人眼中，齐亚诺都是一个可怜的人物，他和墨索里尼的女儿艾达结婚后，于 1936 年出任外交大臣。他最开始对柏林－罗马轴心国表示支持，但后来却反对意大利参战。1943 年他加入大法西斯委员会，投票反对自己的岳父，并最终为此付出了生命的代价。1944 年 1 月，他在维罗纳被墨索里尼控制的德国傀儡政府萨罗共和国处决。齐亚诺是一个真正的汽车爱好者。路易吉·欧司尼称齐亚诺在 1936 年举办了以自己名字命名的"齐亚诺杯"，据说当时他还冲进了法拉利的维修点，给了乌戈里尼和巴兹一些建议。当时努瓦拉里的 12C 在赛事一开始就坏掉了，所以他认为应该把布里维奥或者皮塔库达的车子给努瓦拉里。这个建议被采纳了，塔基奥接过皮塔库达那辆既老旧、速度也慢的 8C 继续比赛。他高超的技巧，把汽车联盟的罗泽迈尔和瓦兹逼得无路可走，最后对方的车子都坏掉了。努瓦拉里赢得了冠军，而布里维奥和德雷福斯紧随其后，这让阿尔法·罗密欧车队包揽了前三名。

加诺的开除

虽然维托里奥·加诺被阿尔法·罗密欧开除了,但这丝毫不影响他作为史上最伟大的汽车设计师的声誉。正如科伦布所描述的那样,阿尔法的政治氛围一团乱糟,预算也超级紧张,这种情况下他根本不可能设计出什么新机型。更何况,科林·凯普曼、约翰·伯纳德、哈里·米勒、埃多尔·布加迪、莫罗·弗戈艾里等所有著名设计师在职业生涯中都曾经有过失败的作品。加诺在阿尔法开始走下坡路也不足为奇,而他在蓝旗亚又获得了新生。

和美国的联系

在1936—1937年最黑暗的那段时期,阿尔法最耻辱的一次失败当然是1937年的范德比尔特杯。当时人气极高、才华横溢的雷克斯·梅斯开了一辆颇有年头的8C打败了努瓦拉里和法里纳驾驶的新法拉利12C。梅斯从各个方面来说都是一个非常出色的赛车手,他在赛车界(最初是公路赛)中的表现也非常了不起。但他开的老旧车型能那么快速是有原因的。努瓦拉里赢得了1936年的范德比尔特杯后,有一个富裕的美国印第安纳波利斯车主、好莱坞的比尔·怀特购买了车队的一辆参赛8C。据原赛车官员和机械师弗兰基·戴尔·罗伊(Frankie Del Roy)说,怀特还说服了当时陪他看车的阿蒂利奥·马里诺尼去美国待几个星期。马里诺尼到达美国后受到了热情的款待。各种美酒佳人不断,作为回报,他说了很多关于阿尔法和法拉利车队机械师的秘密。于是梅斯在之后的范德比尔特杯中获得了令人惊讶的第三名,仅次于汽车联盟的罗泽迈尔和梅赛德斯-奔驰的迪克·希曼,并且此前还参加了1937年的印第安纳波利斯500。比赛规定车上需要坐两个人,但梅斯在跑了24圈后就因为车辆过热而退赛。因为在范德比尔特杯上的出色表现,1937年底梅斯被邀请前往意大利为阿尔法·罗密欧开车（这份邀请直接来自阿尔法·罗密欧还是法拉利车队就不得而知了）。在前往欧洲的途中，这位微笑的加利福尼亚人在纽约稍作停留时被告知他必须要有一件燕尾服。梅斯没有晚礼服也不想去购买，所以他转了一圈又回家了。如果雷克斯·梅斯真的去了意大利，那他将会是第一个加入法拉利车队的美国人，比后来的菲尔·希尔早了20年。梅斯在范德比尔特杯上开过的那辆8C最后一次出现是在50年代末的洛杉矶格伦代尔大街上，当时它作为广告出现在怀特餐厅门口。

梅赛德斯－奔驰165

关于20世纪30年代梅赛德斯－奔驰和汽车联盟之间的各种争斗已经有了太多的记载，这里也无须赘述。在《梅赛德斯－奔驰赛车》一书中，卡尔·路德维森对梅赛德斯－奔驰1.5L汽车的开发有详细的描述。战争时期，很多来自阿尔法、奔驰和汽车联盟的车子（还有很多欧洲的高级汽车）都被藏了起来，大多数都保留到了战后。汽车联盟所在地后来成了苏联的领地，所以很多车子都被运往苏维埃技术学校进行拆卸。而梅赛德斯－奔驰W154则要幸运得多，被很多热心人士悄悄保留了下来。165车型在战争末期被悄悄运出德国，鲁迪·卡拉乔拉就曾经开了其中一辆参加1946年的印第安纳波利斯500。战争期间车子无法通过官方渠道运输，所以在最终回到戴姆勒－奔驰之前，这些车子一直在各个私人收藏家手中来来往往。如今在斯图加特博物馆里，这些车都是最珍贵的藏品。阿尔法158当时则被藏在一个奶牛场里，隐藏在一堵墙后面，1946年该车重返赛车场，给了老对手恩佐·法拉利一次迎头痛击。

第八章

唐·乔瓦尼诺·鲁拉尼·瑟努斯齐，米兰的卡尔文扎诺·帕奇基奥伯爵

国际汽车界还有一个如雷贯耳的名字——"约翰尼"·鲁拉尼，他在该行业的职业生涯几乎可以和恩佐·法拉利媲美。鲁拉尼是意大利贵族出身，在很早之前就已经是一个赛车爱好者，到了 20 世纪 30 年代，他已经成了意大利汽车界的名人。他不仅是受人敬重的记者，同时也是业余赛车手、车队老板及赛事官员。

多年来他有不少著作问世，包括努瓦拉里传记和赛事历史。鲁拉尼是意大利赛车当局一个非常高效的高层管理者，他还创立了初级方程式赛车，这类比赛在 20 世纪 60 年代为最优秀的公路赛车手提供了一个国际化的训练平台。鲁拉尼和法拉利的交往将近五十年，虽然他在公众场合的措辞非常谨慎，但私底下他对恩佐·法拉利却颇有微词，对法拉利以及他那些谄媚者修改历史的行为也感到非常不齿。

公司名称

在阿尔法·罗密欧的限制条件解除后，恩佐·法拉利马上用自己的姓名取代了公司之前的名字。到 1943 年，公司的销售手册上都添加了"法拉利车队"的标签，尽管公司直到 1946 年才正式更名为"法拉利汽车制造公司"（Auto Costruzione Ferrari）。1960 年公司重整为公共实体，名称也随之变更为法拉利赛车制造厂（Società Esercizio Fabbriche Automobili e Corse Ferrari）。公司的标识一直都包含跃马图案，只不过在 1946 年将从 1932 年开始使用的外围盾形换成了如今的四方形。

意大利的军事力量

人们通常都错误地认为墨索里尼部队的机械化装备非常落后。虽然在德国人接手之后，意大利人基本已经停止了生产工作，但他们的飞机和坦克无论在设计还是制造工艺上都是非常优良的。早在1933年，意大利的马奇 MC72 就是当时世界上最快的军用飞机之一，并在一年后著名的施耐德纪念杯赛中，时速达到了 441 英里。卡普罗尼-坎皮尼还拥有试制的喷气式飞机 CC2，1941 年就飞上了天，但是跟亨克尔和梅塞施米特的飞机相比，这款飞机显得笨重又缓慢。马奇 C2002 原本是一架安装高效活塞发动机的战斗机，不过后来换上了戴姆勒-奔驰的 DB601 直列发动机。1942 年，所有新飞机引擎的设计几乎都停滞了，因此意大利的飞机也被看作过时的机型。意大利军方所使用的汽车大多数都是在 30 年代以"殖民"车的形式开发出来的，这些车非常适合非洲领地的崎岖道路。它们中的大多数都是由菲亚特生产的，不过阿尔法·罗密欧也生产了一款 6C-2500 四驱车，这款车前部使用的是螺旋弹簧而后部则使用扭杆，搭载加诺设计的 6C 赛车同款双顶置凸轮轴发动机。从设计的角度来说，这些出色的汽车比盟军使用的农用吉普车要先进得多，但在战争环境中，这些车的操控和保养都非常复杂。

意大利军队的大多数坦克和装甲车都是由菲亚特制造的，这些军备在战争开始时就已经非常落后了。它们大都在非洲战争中损毁或被缴获。

第九章

早期的法拉利车——数量有多少？

就算是最投入最专业的汽车历史学家也无法获得法拉利公司的档

案（假如有的话），所以我们很难计算出公司在早期到底生产了多少辆车。

安吉洛·蒂托·安塞尔米、洛伦佐·博斯卡雷利（Lorenzo Boscarelli）和詹尼·罗格拉蒂（Gianni Rogliatti）曾经编撰了一部非常出色的作品《Tipo166：早期法拉利赛车》(*Tipo 166: The Original Sports Ferrari*，1984)，书中详细列出了1947—1950年期间法拉利公司生产的路跑车。作者和大多数历史学家一样无法获得公司的内部数据，只能根据意大利官方和汽车俱乐部的数据进行测算。因为早期的车都有很多复刻版，有些甚至被复刻了三四次，所以我们无法精确计算出实际的数字。有些历史学家直接说1947年公司生产的车只有3辆，但安塞尔米说实际的数据并不清楚，当然应该不会超过5个底盘。恩佐·法拉利是一个十足的改装家，他持续不断地对自己的产品进行着调整，比如把发动机从这个车装到那个车上、更换变速箱、把赛车改成路跑车或者把路跑车又改成跑车等等。最乐观的估计是在公司生产汽车的前四年，也就是1947—1950年，其生产的全部赛车和路跑车数量加起来不会超过90台，其中还包括单座原型车。

法拉利的财务状况

战争结束时，恩佐·法拉利不仅拥有摩德纳市中心的法拉利车队，同时在马拉内罗的阿贝托内—布伦内罗公路两侧也拥有大量的产业，他那设备精良、占地超过40000平方英尺的工厂就坐落在那里。法拉利当然是个富人，比很多同胞都富有，但他的这些财富是从哪里来的呢？在战争期间，是谁提供了资金让他建起工厂？有些人说是他的妻子劳拉，钱都是劳拉给的，但这个可能性并不是很大。罗莫洛·塔沃尼在车队担任了很长时间的经理，也是法拉利的熟人，如今他是蒙扎赛道的管理人，他说因为一些法律手续上的问题，法拉利把马拉内罗工厂（也许是一部分）放在劳拉名下，也许这就是大家对劳拉在财务方面的角色有所争议的原因。很明显，法拉利在被阿尔法·罗密欧开除时获得了一笔巨大的资金，但这笔资金是否足以承担新建一个工厂的费用还有待商榷。法拉利是否有富有的秘密合伙人？这也是有可能的，因为当时他跟意大利北部的很多富人都有密切的联系，此外，他可能在法拉利车队运营期间也存了一大笔钱。加上他本人的生活非常简朴，这些存款加上一定的贷款和政府的支持也许可以提供足够的建厂资金。虽然1947年他通过车床生意赚了一些钱，但是在没有任何客户和赛车收入的情况下，Tipo125和159应该也把他的钱花得差不多了。50年代中期公司发生的财务危机在早期的公司运营中没有任何征兆。

法拉利 vs. 玛莎拉蒂

这两家公司一直都是激烈的竞争对手，同时在1947—1948年也都生产过新款的参赛跑车，所以比较两家的新车型应该比较有趣。必须指出的是，玛莎拉蒂A6GCS第一次参赛是在1947年9月，而法拉利166SC实际上直到1948年春天才引入。这款车型几乎是上一年度原始125和159的升级版，它对玛莎拉蒂构成了强有力的威胁。

	法拉利166SC	玛莎拉蒂A6GCS
发动机	60度V12，单置顶凸轮轴	直列六缸，单置顶凸轮轴
排量	1995.02cc	1978.7cc
压缩比率	8∶1	11∶1
化油器	三韦伯32DCF	三韦伯36DO4
最大功率	125马力，7000转	130马力，6000转
轴距	98.4英寸	92.5英寸
重量	1499磅	1478磅
变速箱	五速手动	四速手动
最高速度	112英里/小时	115英里/小时

两个车型都是全包围铝制车身的双座车，车架也很相似，都是由 GILCO 公司生产的椭圆形结构，也都采用了四轮鼓式液压制动。玛莎拉蒂使用的是螺旋弹簧独立前悬架，法拉利采用的也是独立悬架，但只有一个简单的横向钢板弹簧。这两款汽车使用的都是钢板弹簧悬架的固定后车轴，法拉利的车子更加坚固，玛莎拉蒂则在操控方面略胜一筹。两款车似乎都有变速箱方面的困扰，一部分原因可能是战后初期意大利缺乏高品质的合金材料。无论是 166 还是 A6 赛车，它们都是各自品牌后续一系列定制车身旅行车的基础。法拉利的车身由图林车身厂打造，而玛莎拉蒂的车身则由宾尼法里纳生产。从纯技术角度来说，两款车旗鼓相当，当然从效果来说 166 比 A6 要成功得多。两款车的主要区别在于车辆的可靠性，而这种可靠性决定了车辆能否在勒芒或者是一千英里耐力赛中胜出。法拉利把主要的精力都放在了车辆制造上，而奥斯家族当时不仅在扩张车床业务，还开展了电动卡车业务，这些无疑都给 A6 系列赛车带来了持续负面的影响。

第十章

美国的第一辆法拉利

美国的第一辆法拉利车是底盘编号为 016-1 的 166SC（Spider Corsa）。1948 年路易吉·希奈蒂以 9000 美元的价格把这辆车卖给了布里格斯·坎宁罕。1949—1950 年，坎宁罕和他的朋友开着这辆车参加了一系列赛车比赛，包括沃特金斯·格伦、布里奇汉普顿（Bridgehampton）、长岛等业余公路赛。这辆车并没有压倒性的优势。在 1949 年的沃特金斯·格伦大赛中，坎宁罕开着它参加了塞内卡杯的比赛，在蜿蜒崎岖的 6.6 英里公路赛道上获得了亚军，仅次于乔治·韦弗开的一辆战前玛莎拉蒂单座车。之后在同一天，他又参加了一个99英里的"大奖赛"，仅次于迈尔斯·科利尔，对方开了一辆改装过的英国赖利轿车，使用的是落后的平头式福特V8发动机。

令人悲伤的是，之后迈尔斯的哥哥、美国早期赛车界的中坚塞缪尔·科利尔开着这辆Spider在1950年的沃特金斯·格伦比赛中不幸身亡。这辆小型车在一个大的转弯口滑出了赛道，翻倒在内场上，这位有才华又有人气的车手当场死亡。这是美国赛车界发生的第一起死亡事故，心灰意冷的坎宁罕随后打算把车子卖掉，但发现根本没有买家，所以车子最后被放在加利福尼亚的汽车博物馆中展出，并于1987年出售。如今，166SC被存放在佛罗里达州那不勒斯的全新博物馆里，由塞缪尔·科利尔的侄子迈尔斯·科利尔二世管理。

底盘编号为022-1的汤米·李的卢索（豪华或者高级）Barchetta于1948年在都灵车展展出，这辆车在坎宁罕的车子到达美国后不久也到了美国并在之后的很长一段时间内都待在加利福尼亚（一度为白胎壁轮胎）。李是洛杉矶的凯迪拉克经销商，也是一个汽车爱好者。在20世纪20年代，他雇用了一个名叫哈利·J.厄尔的年轻艺术家对售卖给好莱坞客户的凯迪拉克车辆进行改装。之后因为他业绩出众，凯迪拉克在1927年直接雇用了他，让他负责拉萨尔（Laselle）的设计并对凯迪拉克的全系列产品线进行优化。后来他被任命为通用汽车的首位"艺术和色彩"总监，也是汽车业第一位造型方面的工作人员。1940年，厄尔升任为通用汽车的副总裁，专门负责造型工作，之后他的隐藏式盖板和备胎、曲线形的后窗以及第一个"硬顶敞篷"车身都成为量产汽车的标杆。汤米·李在战后初期赞助了好几辆印第安纳波利斯汽车。他的那辆法拉利车如今在私人收藏家手中。

和法里纳的联系

法里纳家族有很多出色的成员,他们在法拉利神话中扮演了非常重要的角色。早期最出名的是朱塞佩·尼诺·法里纳博士,这个都灵人坚韧而喜怒无常,在战争前后为法拉利和阿尔法·罗密欧车队开车期间非常敬业,并在1950年成为世界上第一个锦标赛冠军。都灵有一个历史悠久(始于1896年)的著名车身厂,名叫法里纳车身制造厂,老板是两兄弟,朱塞佩·尼诺·法里纳的父亲就是这两兄弟里的哥哥。1930年,他的叔叔吉奥·巴提斯塔·法里纳从家族企业分离出来成立了著名的宾尼法里纳公司。这家公司多年来为法拉利打造了很多出色的车身。乔凡一开始为他的公司起名为宾尼·法里纳,之后在1958年将两个词合并为一个词"宾尼法里纳"。他的儿子塞尔吉奥·宾尼法里纳接手了都灵的设计和车身制造公司。而法里纳车身厂则在早期为法拉利公司生产了一些用于166和212底盘的定制车身,但和其他的法里纳公司,即尼诺、宾尼和塞尔吉奥相比,它就不那么出名了。

早期乘用车的生产

图林车身厂在早期大约生产了100个法拉利车的车身,其中包括大约36台著名的Barchetta,此外还有很多意大利的著名车身公司也为法拉利生产了很多令人惊艳的车身,例如两家法里纳、维纳雷、吉亚、贝尔托内、斯卡列蒂、扎盖托等。在1950—1960年这段时期,意大利设计的汽车可能是有史以来最性感漂亮、最吸引人的。虽然恩佐·法拉利没有什么创造力(那些漂亮的车身都是由很多其他的车身制造公司生产的),但他的V12路跑车拥有感性的声音和出色的性能,这无疑激发了设计师高度的创作热情。大多数情况下,这些路跑车装载的都是未经调试的赛车发动机,人们需要根据道路行驶的条件来对车身进行一些改造,例如更宽的车架、更柔软的悬架、相对柔和的刹车等，同时还要在米兰或都灵装上一个漂亮的车身。从性能上来说，这些车在实际道路上驾驶起来是非常困难的，如今更像是汽车雕塑，而不是可靠实用的交通工具。至于公司实际生产和销售的车，历史学家也很难给出一个确切的数字。很多情况下，同一个底盘可能会装好几个不同的车身，有时候是因为车子发生了事故，有时候则是因为要出国卖给新的客户。另外，法拉利还经常把赛车改成路跑车，这让情况更加复杂。以下是法拉利早期产量的最佳估算（仅含客户车辆）：1948年，5辆；1949年，21辆；1950年，26辆；1951年，33辆。50年代，乘用车的生产逐渐增加，1957年公司的年产量突破了100台，那一年马拉内罗工厂一共生产了113辆汽车。

必须知道的是，经典的法拉利公司在菲亚特介入之前生产了三款重要的车型：纯F1和F2的单座跑车、轻量级的开放式和封闭式双座跑车以及卖给客户的豪华旅行车，最后一种车型的发动机和驾驶系统也是在赛车的基础上发展出来的。历史学家们曾经想要统计这些早期车型的准确数字，但情况非常混乱，因为很多车都有多种用途，有些已经出售给客户，有些则损毁或失踪。

第十一章

法拉利路跑车

到1990年法拉利共生产了55000辆左右的乘用车，其中大都是在菲亚特公司取得公司控制权之后20年内生产的。在此之前，路跑车不过是菲亚特赛车的变体，其结构略有失衡且产量不高，车身还是定制的。直到60年代末，这些车的主要动力装置仍是科伦布和兰普雷迪最初研制的"长款"和"短款"V12发动机的变体。关于这些汽车的文献资料一直是著名汽车历史学家长期研究的对象，针对这些车有多部著作。由于本书记载的是恩佐·法拉利的生平，因此不宜详细阐述公司生产的每一款车型——尤其是法拉利并不关注具体车型，他关注的是它们能否提高自己的名气并最终给自己带来荣誉。

知情人士坚称，1980年之后公司生产的路跑车只需经过法拉利例行公事般的批准，而他也公然表示对购买者的蔑视。不过这些车型仍然具有巨大的价值和神秘感，尤其是公司被菲亚特收购之前采用V12S底盘生产的车型。有兴趣详细研究法拉利路跑车者，建议阅读后文推荐书目。（还有一些书对法拉利系列的具体车型进行了精彩阐述，但无法在此一一列出。）

科伦布和兰普雷迪V12

这两款发动机在数十年内为法拉利汽车奠定了基调，而且至少在象征意义上是这个知名品牌的核心与灵魂，对这两款发动机进行比较或许会增加读者的阅读兴趣。请记住，这两款发动机都设计了多种排列方式和排气量。科伦布发动机包括增压和自然吸气式两种，而兰普雷迪发动机从未配备增压器。它们都是60度V12发动机，而且很多工程师声称兰普雷迪发动机是从科伦布的早期设计方案衍生而来。不过要将排量增大一倍需要付出巨大的努力——这一点体现在1950年的第一款兰普雷迪3.3L"长款"发动机中。这两款发动机都采用单双置顶凸轮轴和双火花塞汽缸盖。科伦布发动机于50年代初失宠，1955年随着250GT车型重获新生。这款发动机的3L型简直完美无缺，多款车型的输出功率都大大超过300马力，成为多款上佳路跑车的基础配置。还有一些型式采用4L排气量。兰普雷迪发动机的排气量在1969年的加美系列赛事中达到了惊人的6.2L，但其最有效的排气量范围还是4.1L—4.9L，对应的最大输出功率为390马力。这两款发动机都搭配五速非同步齿合变速箱，而且通过韦伯四喉化油器充注汽油和甲醇类赛车燃料。在赛车应用中，这两款发动机性能都极为可靠且没有内在弱点，但它们在道路应用中性能不稳定，交通拥挤时容易发生火花塞变脏和过热现象。它们在天气寒冷时很难启动，气门导管周围存在漏油现象（因此排气时会冒烟），而且修理和保养成本高得令人咋舌。但这两款发动机仍被视为设计和美观上的里程碑。

"薄壁异形"法拉利赛车

这些赛车的独特之处在于它们属于出售给私人买家的极少数法拉利赛车之列，而且在没有工厂帮助的情况下在赛事中取得了好成绩。英国实业家兼赛车手盖伊·安东尼·范德维尔实际上拥有三个"薄壁异形"底盘——他的家族拥有美国克利维特"薄壁"轴承的欧洲专利，这种轴承对于早期科伦布 V12 发动机在高转速时的可靠性至关重要。第一辆范德维尔赛车是早期的 125GPC 1.5L 增压式大奖赛车型，他在 1949 年英国大奖赛之前获得了这款车。由于车的表现非常拙劣，那辆车很快被退回工厂并更换了一辆二级增压、轴距略微加长的新款车。阿斯卡里驾驶第二辆车参加了在银石赛道举行的 1950 年国际杯赛事，但车子由于打滑摔出了赛道，同时这辆车还被发现在润滑和设计上都有缺陷。行事鲁莽、言语耿直的范德维尔再次将车辆打包送往了马拉内罗工厂，一年后他取回这辆车时，车子的发动机换成了兰普雷迪设计的早期 4.5L 单火花塞 V12 发动机，悬架则是最新的法拉利德·迪昂后悬架。在英国老牌赛车手瑞吉·帕内尔的操控下，这辆车在多项赛事中表现出色，还获得了法国大奖赛的第四名。但范德维尔仍不满足，于是他拆掉了法拉利鼓式制动器，安装了固特异设计的盘式制动器（大多数一线赛车都采用这种制动器，但法拉利多年来拒绝改变）。定型的"薄壁异形"赛车交付于 1952 年，采用长轴距印第安纳波利斯底盘，而意大利原产车身被范德维尔赛车车间生产的更清洁、空气动力学性能更好的型式取代了。这辆车与其他赛车一样涂了英国赛车通用的绿色，而且发动机罩上写着"薄壁异形"——这让自以为是的皇家汽车俱乐部感到十分不悦，俱乐部认为这种卑劣的商业行为只适合出现在未开化的美洲殖民地。这辆车在冈萨雷斯、塔鲁菲、法里纳和麦克·霍索恩等著名赛车手的手中大放异彩。经历了上述一些变故之后，范德维尔对恩佐·法拉利越来越孤僻傲慢的性格日益不满，于是他在1954年开始另立门户生产"范沃尔"牌的赛车。1958年和1959年，他生产的2.5L大奖赛车在斯特林·摩斯和托尼·布鲁克斯的手中明显快于"血红色"的法拉利赛车——托尼·范德维尔一直这样称呼法拉利赛车。他于1967年去世。

第十二章

兰普雷迪和科伦布

毫无疑问，吉奥阿基诺·科伦布和奥雷利奥·兰普雷迪的早期设计取得了动力学方面的成就，这为法拉利车的声名鹊起做出了很大的贡献。但他们两人都感到非常苦恼，不仅因为法拉利对他们不公平，而且他们对自己所做出的贡献也存在争议。多年以后，他们曾在体育报道和访谈中相互攻击，不过谨慎的性格决定了他们还不至于公开批评法拉利本人。1953年10月，科伦布在为玛莎拉蒂设计了250F赛车和强大的450S跑车之后加入了布加迪，负责开发独特的251型大奖赛赛车，这个车型采用的是横向安装的直列八缸发动机。这款车和另一款小型跑车以及一款4L军用发动机都不太成功。1956年，他去都灵为卡罗·阿巴特工作，在那里为小型菲亚特600的动力系统设计了强大的 750-cc 双凸轮版本。他因此与 MV 摩托车公司建立了长期的关系，后来他又成为独立设计顾问。他之后开始从事电动汽车、变速箱和燃油喷射系统的研制，最后于 1987 年去世。兰普雷迪 1955—1977 年期间一直在菲亚特担任发动机设计主管。其间，他为菲亚特和蓝旗亚设计了多款重要的乘用车发动机——著名的蓝旗亚公司于 1969 年通过收购被纳入菲亚特旗下。1972—1982 年间，兰普雷迪还曾在阿巴斯公司工作，为菲亚特拉力赛赛车设计竞赛级发动机——这些发动机赢得了 1977 年、1978 年和 1980 年的世界拉力锦标赛冠军。兰普雷迪从菲亚特辞职后继续担任顾问以及都灵理工大学的讲师。他于 1989 年去世，被誉为意大利历史上最伟大的工程师之一。

可能有人说兰普雷迪对恩佐·法拉利的贡献大于科伦布（如果不算战前的 158 型阿尔法·罗密欧的话），但他在修订版的法拉利回忆录中却无足轻重。在《My Terrible Joys》一书——毫无疑问是法拉利所有著作中最坦率的一部——法拉利只提到兰普雷迪两次，其中对他描述最详细的一段是："奥雷利奥·兰普雷迪曾与我共事七年，现已转投菲亚特。他无疑是法拉利公司有史以来最有创造力的工程设计师之一。从 1.5L 十二缸发动机开始，他陆续研制了 3L、3750-cc 和 4L 发动机；随后又陆续研制了 4200-cc、4.5L 和 4900-cc 发动机——这些都是十二缸发动机。他接下来将注意力转移到了四缸 2L、3L 和 3.5L 发动机上，之后他研制了直列六缸发动机，最后是二缸 2.5L 发动机。"法拉利理所当然地选择性忽视了一个事实，那就是兰普雷迪造就了首次为公司赢得大奖赛冠军的赛车，而且在 80 年代末出现的迈凯伦－本田赛车之前，Tipo 500 赛车一直是大奖赛事的主宰。但他对科伦布更仁慈一些，或许因为他是老加诺兄弟会的成员，而且与兰普雷迪不同的是，科伦布离开时公司并不在最萧条的时期。他把科伦布称为"我的老朋友"，对他的能力"有信心"，而且认为他是十二缸发动机"之父"。不过，与这两人对法拉利神话的实际巨大贡献相比，他们在法拉利的著作中都没有得到足够的认可。虽然两人有着巨大的差异，但直到现在我们都可以说没有兰普雷迪和科伦布就不会有法拉利汽车。

四缸大奖赛车

兰普雷迪设计出简单而实用的 Tipo 500 赛车之后，又为何在 2.5L 625、553 和 555 赛车的设计上严重跑偏仍然是个谜。625 赛车本质上仍是 Tipo 500，只不过用略微加大的径超程 2.5L 发动机取代了老款 2L 四缸发动机而已。这款发动机的输出功率可达 245 马力左右，而且仍采用老式竖直底盘。兰普雷迪研制的 Tipo 553 Squalo 更低、更宽，油箱安装在底盘侧面以降低重心。这款车十分轻盈（重约 1300 磅），而且响应性极佳。但如果由法里纳这样的老前辈来操控，他就会觉得这款车不够稳定、不易操控，因此它的人气还不及简单的 Tipo 625。而另一方面，冈萨雷斯很喜欢这款新车型而且驾驶几次效果也很好。但 Squalo 总体上不受待见，大多数车队车手只要有机会都会选择 625 赛车。几种型式的四缸发动机在这段时期内与多种底盘搭配进行了试验，在此基础上诞生了 Tipo 555 Supesqualo——它与上代 Squalo 相似，只不过经过改造的底盘刚度更高，同时管状结构用的管子也更小一些。这款车因转向不灵和可靠性不佳受到诟病，而且这辆车虽然是当时外观最吸引人的大奖赛车之一，但与速度更快、操控性更好、准备更充分的梅赛德斯-奔驰赛车相比简直不值一提，以至于车队整个 1955 年赛季都被对手压得喘不过气来。在此期间，法拉利工厂还生产了多款不着边际的汽车，包括路跑车和卡车，但没有比单座跑车更糟糕的了，为此奥雷利奥·兰普雷迪丢掉了饭碗，不再受宠于恩佐·法拉利。但他应当对此完全负责吗？只要马拉内罗工厂生产出成功的车型，老板就会毫不犹豫地往自己脸上贴金，但他肯定不会让自己和表现糟糕的 Squalo 扯上关系。当兰普雷迪继续研制四缸发动机时，法拉利当然再也不能无动于衷了。法拉利不得不赞同兰普雷迪拟定的总体路线，因此他本人必须承担重大责任。但由于当时资金紧张，他也许并没有别的选择。可能研制类似于蓝旗亚的 V8 型发动机或类似于梅赛德斯－奔驰的直列八缸发动机的成本超出了公司的预算。所以不管自己喜不喜欢，兰普雷迪的四缸发动机都是唯一的选择，而且车辆的最终失败也并不完全是车本身的原因，梅赛德斯－奔驰带来的巨大冲击也是重要因素之一。在冈萨雷斯和霍索恩的操控下，四缸发动机赛车的威力在大多数时候都和玛莎拉蒂 250F 相当，要不是为了要和梅赛德斯－奔驰 W196 一较高下而过度超载，这款车也许也会名留青史。这款车失败的另外一个原因就是维托里奥·加诺突然出现并设计出了更加优异的蓝旗亚 D50 赛车，而法拉利已经认识加诺 35 年了，一直对他非常尊敬，这样一来法拉利对兰普雷迪就更加愤怒和失望了。

第十三章

迪诺·法拉利和 V6

对于之后给法拉利带来数个世界冠军的 V6 发动机，年轻的迪诺·法拉利到底在其设计过程中发挥了什么样的作用？恩佐·法拉利很忠实地在 1961 年写下了这些文字："我清楚地记得，迪诺曾无比耐心仔细地阅读各种笔记和报告，他每天都会去马拉内罗。关于机械效率的问题，他最终得出结论，发动机必须为 V6 型，我们同意了他的意见。"而法拉利在此没有提到的是，迪诺所阅读的"笔记和报告"应该就是来自加诺、马西米诺和维托里奥·贝伦塔尼的研究，这些人很可能已经得出了采用 V6 的结论。当然，历史学家们的意见也各不相同，坦纳和奈两人的书中并没有在这个问题上得出结论，但他们表示"马西米诺、加诺以及从某种程度上来说法拉利的儿子迪诺，他们一起提出了V6发动机的概念"。艾兰·亨利（Alan Henry）在他的《法拉利：大奖赛车》（*Ferrari: The Grand Prix Cars*）中的说法则比较委婉，他说："在回忆录中，恩佐·法拉利表示迪诺提出F2应该使用V6发动机，但大家可能都会觉得，这个年轻人向法拉利提出这个方案时，经验丰富的加诺肯定在背后提供了很大的支持。但可以肯定的是迪诺·法拉利确实在工程方面有着活跃的思路和丰富的头脑，他可能已经到达了一定的高度，并将自己的才能都发挥了出来。但是如果他没有去世，那么他最终能取得什么样的成绩还有待验证。在公众场合，法拉利对这个话题非常热络，他始终认为自己唯一（原话如此）的儿子迪诺在V6发动机的设计中发挥了关键的作用，这让很多人都感到有点过分，毕竟加诺丰富的经验在其中也是功不可没的，法拉利这么说完全就是对加诺的不尊重。"历史学家麦克·劳伦斯在他的《1945—1965年大奖赛车名录》（*Directory of Grand Prix Cars 1945-65*）中对法拉利的做法并不推崇，他明确表示："神话的制造者法拉利常常提起他死去的儿子阿尔弗雷迪诺，认为他在新式发动机的开发中发挥了重要的作用，并说使用V6的布局完全就是儿子的主意。但事实上，兰普雷迪在离开法拉利之前就已经开始了V6发动机的设计，而加诺在蓝旗亚负责的项目也包含一款非常好的V6发动机。最终为了纪念法拉利的儿子，这款发动机被命名为'迪诺'。"意大利历史学家皮耶罗·卡苏奇对法拉利有过非常多的描写，他在一些场合也表示V6发动机其实是由兰普雷迪设计的。他在《恩佐·法拉利：五十年伟大历程》（*Enzo Ferrari: 50 Years of Greatness*）（阿诺尔·蒙达出版社，1982）一书中这样写道："据说V6发动机的理念源自迪诺·法拉利，但这款发动机事实上是由奥雷利奥·兰普雷迪设计的，之后则由维托里奥·加诺进行了完善。"其他历史学家则很艺术化地将迪诺的角色定义为"建议"使用 V6，并没有表明他在项目中是核心人物。在加诺、兰普雷迪和马西米诺这三个工程巨头面前，这位二十出头、毫无工程经验的年轻人要提出这样的理念都非常不现实，就算他天赋异禀也会让人觉得非常荒谬。

这款发动机最终出现在赛道上时是一款紧凑的 65 度 V6 发动机，两边各有三个铝合金缸体的气缸，缸盖上有两个顶置凸轮轴，每个气缸配两个火花塞。F2 使用的是 1.5L 版本的发动机，这款迪诺发动机在 9200 转时大约可以产生 190 马力的动力。而 F1 使用的机型采用的则是 2.5L 的排量，使用航空燃油（1958 年赛季强制使用），在转速达到 8500 转时产生的动力高达 270 马力。从原始动力的角度来说，迪诺发动机确实是一款顶级水平的 F1 发动机，但承载发动机的底盘却非常落后。

神秘失踪的车

恩佐·法拉利对于淘汰的赛车并没有统一的政策，大多数车都被损毁、清除或是肢解。早期的一些样车，比如 Tipo 500、375 等倒没有被扔掉，但在 Squalo、Superaqualo 和蓝旗亚 D50 出现后，它们就被锁进了库房落灰，可以用的零件都被拆了下来或者融化重铸，其他部分则等着生锈。出色的蓝旗亚 D50 汽车后来被改装成操控极其困难的法拉利 801，这批车已经全部损毁，如今只留下一辆样车存放在都灵的汽车博物馆里。之后的 Tipo 156 也是同样的遭遇，这款像鲨鱼鼻子一样的汽车曾经让菲尔·希尔在 1961 年夺得了世界锦标赛冠军。之后几年法拉利变得大方了一点，有时会把过时的赛车送给他喜欢的赛车手或像法国人皮埃尔·巴蒂诺特那样的收藏家，这位巴蒂诺特先生还拥有专门的机械师团队和私人跑道。多年来，法拉利经常说自己有多么喜爱和尊重自己的汽车，但这种情感的表现却只是让车队的机械师们拆卸底盘和熔化铝合金零件。为什么？"因为这些旧车对他来说已经没用了，他的脑袋里只有新车。"一个曾经在法拉利公司任职的工程师如是说，而菲尔·希尔则半开玩笑地对我说："可能他认为这些车会让他蒙羞。"

关于此事，法拉利自己则夸夸其谈，他在70年代曾写文章称自己将退出赛车界并对车辆有着深厚的感情："我实在不忍心看到车子受到虐待。"但如果真是这样的话，他怎么会让机械师在铸造车间里把车子肢解？其残忍程度不亚于纳粹集中营，就像一场汽车的大屠杀，而这一切就发生在他办公室的窗外。

第十四章

罗伯特·戴利在离开《纽约时报》后写了很多畅销书，比如《城市王子》《龙年》等，他也是20世纪50年代中期对大奖赛有深入报道的几个美国记者之一。1956年，他在意大利科蒂纳举行的冬奥会上见到过阿方索·德·波塔哥伯爵，当时波塔哥和三个朋友都是雪橇新手，都参加了雪橇比赛的角逐。在波塔哥的带领下，这支西班牙雪橇队获得了第四名，差一点就可以获得铜牌。戴利对这位出色的西班牙人非常感兴趣，之后对他进行了好几次采访，并将访谈内容发表在杂志上以及他那本关于国际赛车的巨著《残忍的运动》（*The Cruel Sport*）中。后来他写的小说《最快的那个》（*The Fast One*）也是以波塔哥为原型人物。另外还有一个名叫肯·普迪的美国作家对大奖赛在美国的流行也功不可没，当时他在《花花公子》杂志上发表了很多有关赛车的文章。普迪是一个非常出色的记者，他深深迷恋着大奖赛以及跟大奖赛相关的人物，于是不可避免地，恩佐·法拉利本人以及他的红色赛车也成了故事的一部分。1966 年，约翰·弗兰克海默执导了著名的大片《大奖赛》，里面有个人物就是以法拉利为原型的。1956—1966 年的十年中，这些记者和热情满满的汽车媒体不断对法拉利进行夸张的报道，他们对法拉利神话的缔造有着巨大的影响力，而很多美国人对此也深信不疑。

路易斯·科迪埃·科林斯和彼得·科林斯曾经有过一段短暂甜蜜的婚姻，如今住在康涅狄格州的她被简单地叫作路易斯·金。她在汽车界比较受欢迎，不过现在她主要活跃在房地产业，赛车界的不少老朋友都和她签订了合同。她也为一本描述科林斯和霍索恩的书提供了协助，而这本书的名字也非常契合实际，叫作《我的伙伴》。

斯特林·摩斯和方吉奥及努瓦拉里一样，被视为大奖赛历史上最出色的赛车手之一，他本应在很多比赛中赢得世界锦标赛冠军。1954 年他仅次于方吉奥获得亚军，1955 年和 1957 年的情况也一样。霍索恩在 1958 年只赢得了一次比赛，而摩斯赢得了 4 次。但霍索恩因为获得了好几次亚军积累了足够的分数，所以最后还是摘得了锦标赛冠军。另外，法拉利车在 1958 年只赢得了两项赛事，而范沃尔车总共赢得了六次，车子也远比法拉利出色。从 1957 年的英国大奖赛开始，范沃尔车在全部的 14 个比赛中赢得了 9 个冠军，而法拉利车只赢得了两次。但是，范德维尔依旧对朋友斯图亚特·路易斯·伊凡斯的去世非常伤心，他自己的健康状况也不断恶化，于是在 1959 年 1 月宣布解散车队。车队退出的时机非常合适，因为他们并没有后置发动机的计划，将发动机放在赛车手前方的理念已经彻底过时了，法拉利也因此经历了一段非常艰难的时期。

类似麦克·霍索恩的高速公路事故并不罕见，大奖赛明星车手们在欧洲空旷道路上的开车速度也是名声在外的，很多人都发生过严重事故。方吉奥曾在几年前和一辆农用车相撞后侥幸逃生，而尼诺·法里纳在赛道上经历了无数次事故后于1966年死于阿尔卑斯山，他的莲花-科蒂纳在尚贝里撞上了一根电线杆。60年代期间，麦克·帕克斯是法拉利公司一名非常出色的试车员兼工程师，1972年他在前往都灵的高速公路上发生车祸不幸遇难。还有无数其他的赛车手遭遇了类似的车祸，但都没有霍索恩遇难的那次那样惨烈而恐怖。

政府在1957年夏天禁止了一千英里耐力赛的举行，但是大赛的元老艾莫·马吉伯爵依旧执迷不悔。他在新闻发布后迅速苍老，之后几乎再也没有离开过自己的家去拜访赛事的赞助方——布雷西亚汽车俱乐部的老朋友们。有人建议将这个比赛改为拉力赛性质并限制车速，这让他非常愤怒："我绝对不会考虑任何改变，在赛车比赛中，跑得最快的那个人就是冠军，义无反顾的人绝对会打败那些犹豫不前的人。赛车就是这样。一千英里耐力赛也会一直持续下去，永远也不会改变。"（见彼得·米勒的《马吉博士的一千英里耐力赛》，圣马丁出版社，1988）。讽刺的是，最后这个比赛还是改变了。比赛从80年代中期开始再次举行，参赛车辆中历史最悠久的一辆车甚至可以追溯到1957年或者更早。车速在原来的路线上有所降低，新版本的赛道据说比老赛道更加安全，这个比赛再次在意大利流行起来。皮耶罗·塔鲁菲是这个比赛的最后一位冠军，他死于1988年并一直认为自己是靠实力取胜的。但我们可以肯定的是，当时特里普斯只是严格遵守了法拉利的规则，让这位年长的车手开着颤颤巍巍的汽车获得了胜利。

第十五章

很多人在体验过法拉利公司的生活后选择了离开神圣的马拉内罗，这一点毫不奇怪。在经历了一段短暂而辉煌的赛车手生涯后，托尼·布鲁克斯于 1961 年退出了赛车界并在韦布里奇成功经营一家汽车经销店，这家店位于萨里，毗邻传说中的布鲁克兰赛道且一直持续经营至今。罗莫洛·塔沃尼如今担任着蒙扎赛车场的总经理。卡洛·吉蒂来自失败的 ATS 公司，他为阿尔法·罗密欧设计了不少赛车，退休后他在米兰开了一家自己的汽车咨询公司。菲尔·希尔直到 1967 年才退役，不过他在职业生涯末期主要开的是跑车，退休后他回到故乡圣莫妮卡开了一家著名的经典汽车修复公司，并作为评论员兼作家依旧活跃在这项运动中。奥利弗·根德比恩退休后在比利时过着优雅的生活，而丹·格尼则在 1970 年离开了赛车界，之后他把精力放在了赛车生产上，他的公司名叫"全美赛车手"，经营得非常成功。他的伊格尔汽车曾多次赢得包括著名的印第安纳波利斯 500 英里大赛在内的比赛，之后他和丰田汽车合作生产了一系列原型赛车。60 年代中期，在为本田车队赢得了墨西哥大奖赛的冠军后，里奇·金瑟尔也停止了驾驶。他是真正地退休了，之后好几年他都开着一辆房车到处旅行，最后在加利福尼亚半岛定居。感谢我的同伴记者皮特·里昂，让我在做这个项目研究时能找到他。里奇在欧洲度假时死于心脏病，享年 59 岁。斯特林·摩斯在古德伍德车祸后一直没有复原，之后也没有参加任何正式的比赛。其实他也是可以参赛的，但他是一个完美主义者，他认为除非自己的健康处于一个最佳状态，否则他是不会参赛的。他很清楚，自己的视力和反应力都已经下降了，所以他不能再参赛。只差一点点，他就可以打败所有的赛车手成为冠军。他现在退休住在伦敦，在一些老式的比赛中常常能看到他的身影，偶尔他也会开开赛车。佛朗哥·罗基从法拉利车队退役后仍然活跃在摩德纳的汽车界，他的最新项目是一个制作精美、高度原创的W12三联四缸发动机，这款发动机呈放射状安装并以一个曲轴来驱动。

离婚

一个匿名知情人士透露，为了将一些资金转移到国外，恩佐和劳拉·法拉利还曾经办过假离婚。我无法考证此事，因为其他和法拉利关系密切的人对此一无所知。很可能情况是这样的：两口子在加里波第广场大吵一架，然后劳拉去了法国里昂，带走了数百万资金。这笔资金应该是存在了宾尼法里纳位于摩纳哥的银行。据说就是因为这个关系，车队雇用了马克·皮奇尼尼。这个银行家的子孙热切地想要进入赛车行业，他在之后的十年里也成为法拉利王国非常重要的一个成员。我必须再次强调，事件的真实性并没有得到过任何确认，但是据说法拉利确实和摩纳哥的皮奇尼尼银行有着广泛的业务往来。而"离婚"如果真的曾经发生过的话，那么知道的人确实是少之又少，而劳拉在那个时期也确实曾经去过里昂。但评论家们也指出，如果法拉利真的想要把资金从意大利秘密转移出去的话，他完全可以通过欧洲和北美的忠实经销商。从另一方面来说，劳拉正是在这段时期得知了皮耶罗·拉尔迪的存在，两人也很有可能处于分手的边缘，但当时意大利人普遍信奉天主教，离婚几乎是不可能的。不管真实情况究竟如何，它都已经随着法拉利的去世而灰飞烟灭了，虽然信息来源非常可靠，但我们在这里也只能把它看作流言而已。

锦标赛

多年来，国际汽车联合会（FIA）为跑车、F1、F2和F3、爬坡赛和豪华旅行赛车比赛、拉力赛等设定了无数的锦标赛冠军，这个头衔将授予在一个赛季中获得最多积分的厂商。在法拉利去世之前，法拉利车至少获得了 14 次跑车和豪华旅行车的冠军，同时还获得了 6 次 F1 的冠军。从 1950 年到 1989 年期间，正式的国际锦标赛分数都记录在大奖赛比赛中，法拉利一共参加了 442 次比赛（总共举办了 469 次），获胜次数为 97 次，也就是说在长达 39 年的时间里，法拉利平均每年获胜 2.5 次。公司总共派出了 1072 辆车、77 位赛车手参加了比赛。这是一个了不起的纪录，不是因为获胜的频率，别忘了工厂有八个糟糕的赛季（1957 年、1962 年、1965 年、1967 年、1969 年、1973 年、1980 年和 1986 年），而是因为除了少数几次例外，法拉利几乎参加了赛程上所有的大奖赛。批评家可能会认为这仅仅是数字上的压倒性优势，但除了法拉利，还没有任何其他的赛车队有这样坚定的决心来参赛。就凭这一点，法拉利也足够担得起"伟大"二字。

第十六章

福特和法拉利

这两个汽车巨头之间的斗争常常被认为实力对比悬殊，但事实并非如此。福特汽车虽然确实资金雄厚，但法拉利拥有更多赛车方面的经验以及更加紧凑灵活的组织架构。对于像福特这样的大公司来说，要推进一个具体的项目，比如为勒芒大赛设计特别的车型，就比我们想象的要复杂得多。而另一方面，法拉利在这方面有三十余年的经验，同时还有一个专注于赛车事业的团队随时准备着接受各种临时特别任务。所以法拉利在 1964 年能轻而易举地获胜，当然来自马来内罗的 P3 和 P4 本身也是具有超强竞争力的。如果法拉利能和福特一样重视空气动力和操控性能，那么他很有可能会赢。事实上，福特的胜利主要来源于成熟的美国赛车组织，比如谢尔比美国公司以及霍尔曼－莫迪车队（Holman-Moody），还有一些英国的职业赛车队，他们都是福特汽车公司的签约车队。尤其是谢尔比的工程师菲尔·雷明顿，他发明了一系列方法将沉重的福特车在常规维修中更换红色热盘式刹车的时间缩短到了一分钟以内。以上这些，加上另外一些小细节，比如在1966年比赛的前一天晚上，福特租了一辆波音707汽车把备用的风挡玻璃从美国运到了现场，这些都是两者的差别。然而，也请大家不要忘记，在菲亚特、壳牌、邓禄普和凡士通等公司的支持下，法拉利绝对不像他的支持者说的那样一贫如洗。法拉利车队如果能有更好的规划，再拥有一点运气以及更好的人事管理制度（比如公司完全不应该因为一些小小的内部斗争而让苏尔特斯离开了车队），应该也是不遑多让的。但是很可惜，在1967年的勒芒大赛中，开着Mk IV的丹·格尼和A.J. 福伊特最终赢得了胜利，这也结束了两大巨头长期以来在耐力赛中的技术对抗。

约翰·苏尔特斯和英国大师们

离开法拉利车队后，"大约翰"·苏尔特斯为库伯－玛莎拉蒂和本田车队开了一段时间的车，之后就成立了自己的F1车队。但这个车队一直无法走上正规化道路，苏尔特斯不得不在70年代中期将其放弃了，现在他已经在英格兰的萨里退休。苏尔特斯是在50—60年代期间走出英联邦的诸多出色的赛车手之一，除他之外还有杰克·布拉汉姆，他获得了三次世界锦标赛冠军，如今已经退役；杰基·斯图尔特，也获得过三次冠军；吉米·克拉克，他在1968年车祸去世前获得了两次锦标赛冠军；此外还有丹尼斯·休姆和格拉汉姆·希尔，两人也都获得过锦标赛冠军。以上这些出色的赛车手，加上新西兰车手克里斯·阿蒙、布鲁斯·迈凯伦，在斯特林·摩斯退役后主导着整个赛车运动，直到

70年代中期艾默生·费迪帕尔蒂和尼基·劳达崛起。虽然苏尔特斯只获得过两次世界锦标赛冠军，但他史无前例地将自己在摩托车赛场上的成功转移到了汽车比赛中。1959—1971年期间，英联邦赛车手获得世界锦标赛的次数不下11次，只有美国车手菲尔·希尔（1961）和澳大利亚车手乔臣·林特（1970）打破了英国车手的垄断地位。1971年以后，英国车手的影响力逐渐减弱，而在50年代中期，主导赛车界的主要是意大利和阿根廷车手，比如法里纳、阿斯卡里、方吉奥、冈萨雷斯、卡斯特罗蒂和维洛雷西等。在汽车运动中，没有一个国家能一直占据霸主地位，而如今巴西和法国车手的表现非常出众。意大利人依旧没有占据主导，虽然国人无时不刻不在期待着本国选手能开着法拉利车获得冠军，但依旧没人能刷新阿尔伯托·阿斯卡里在1953年夺冠的记录。最近几十年里，没有任何一个意大利赛车手在代表法拉利车队出战时能获此殊荣。米切尔·阿尔伯雷特在80年代曾代表车队英勇奋战，但结果并不如人意。在本书创作期间，也就是1990年，法拉利车手的主要成员是法国车手阿兰·普罗斯特和让·阿莱西，意大利车手依旧碌碌无为。

阿达尔吉萨·比比妮·法拉利

虽然没有任何书面材料证明法拉利的母亲曾极力要求将皮耶罗·拉尔迪的存在合法化，但是我采访了60年代和法拉利家庭关系密切的一些人，包括莫罗·弗戈艾里、罗莫洛·塔沃尼、佛朗哥·利尼、塞尔吉奥·曼陀瓦尼神父等，他们都表示这是事实。阿达尔吉萨很有可能比劳拉更早知道皮耶罗的存在，而法拉利跟大多数意大利儿子一样，和母亲的关系非常密切，他在很多家庭事务中都会听从母亲的意见。这个协议的具体内容显然已经淹没在历史的尘埃中，但是根据我们的推测，1978年劳拉去世后，恩佐·法拉利实现了母亲的心愿，他在法律上承认皮耶罗·拉尔迪为自己的合法儿子。

法拉利和阿涅利

恩佐·法拉利和乔瓦尼·阿涅利在生意场上认识已逾 30 年，但两人并不是好朋友。按照传统的意大利文化，阿涅利对法拉利从来不吝赞美之词，尤其是 1988 年法拉利去世之后。但是两人的关系实际上一直非常紧张，1988 年，就在法拉利去世后不久，阿涅利曾在私底下对李·艾柯卡说，和法拉利交往或者做生意都是一件非常艰难的事情。这一信息的来源是艾柯卡的一位朋友，他不愿透露自己的姓名。我认为阿涅利的回忆是非常准确的。

保时捷和法拉利

虽然本书的目的并不是按年代一一记录恩佐·法拉利参加过的比赛，但是我们必须指出，保时捷在福特退出后几乎立刻就成为法拉利车队强大的竞争对手。保时捷的 917 跑车搭载了 4.5L 平铺式的十二缸发动机，法拉利在 60 年代中期也曾采用过这种布局方式。917 在耐力赛中拥有绝对优势，法拉利用 512 系列来对抗 917，但是完全无法和来自斯图加特的对手竞争。法拉利在 60 年代早期也曾开发过搭载 3L 平铺式十二缸发动机的小型 312PB，但当时他已经打算要退出跑车比赛了。如果他当时没有退出的话，他将会遭到来自保时捷以及法国航空公司马特拉的巨大挑战。所以我们必须再次强调，法拉利在耐力赛中的成功都是在主要厂商没有参赛的情况下取得的。当福特和保时捷这样的大公司在技术上全面投入时，来自马拉内罗的法拉利很难与之抗衡。这也是 1973 年法拉利选择退出这一领域的原因之一，因为把车队精力集中放在 F1 上更为实际。

第十七章

在基尼·劳达为法拉利开车的四年中，他一共获得了 15 次冠军、12 次亚军，其中领先的次数超过 23 次，还获得了两次世界锦标赛冠军。虽然出于各种各样的原因，他在法拉利车队的日子并不顺风顺水，但是他说他对意大利有着深厚的感情，也非常喜欢摩德纳人和马拉内罗人。和很多赛车手一样，他觉得法拉利工厂的政治氛围让人无法忍受，所以他选择了离开。关于在法拉利车队的情况，他在自己的两本书中都有详细的描述，一本是《记录至上：我在法拉利的日子》(*For the Record: My Years with Ferrari*)（Orac 出版社，1977）和《尼基·劳达，我的故事》(*Niki Lauda, Meine Story*)（Orac 出版社，1986）。1984 年，劳达在迈凯伦车队又获得了一次世界锦标赛冠军（在 1980—1981 年退役两年之后）。现在他成功运营着一个名叫"劳达航空"的包机公司并定居在伊比萨。

资料来源和推荐读物

任何人都没有时间更没有耐心去一一统计关于恩佐·法拉利及其汽车的书籍、故事、小册子、专题论文等究竟有多少。可以说,很多资料都是重复的,而且基本上都源自意大利人路易吉·欧司尼、皮耶罗·卡斯奇和乔安尼·罗莱提、英国人道格·奈、艾伦·亨利、丹尼斯·詹金森和L.J.K.斯特莱特以及美国人约翰逊·汤普森、迪恩·巴彻勒、斯坦·诺华克、卡尔·路德维森和皮特·莱昂斯等优秀汽车记者与历史学家所开展的研究。但他们的很多研究都涉及法拉利各款汽车的分类和描述,以及对大量法拉利赛车记录的整理。针对法拉利个人生平的严肃研究少之又少。由于很多专业记者都是通过法拉利才有机会测试车辆、接触档案、参观工厂、进行访谈等,因此他们多少对他心怀感激,也很少有人在法拉利的有生之年过度批评他。法拉利对自己的公众形象非常重视,绝不容忍与官方传记相背离的报道存在,因此几乎没有关于他"私人生活"的文字记载,只是偶尔有文章会提到他非常任性、有很强的控制欲,而且在竞争中表现得十分凶狠,甚至可以说是无情。意大利体育媒体经常批评他的赛车和他对车手的选择,但几乎从未对他进行过人身攻击。虽然从20世纪60年代中期开始,他的情人和私生子被媒体广泛报道,但直到10年之后皮耶罗才见诸报端。在尼基·劳达1977年的自传《纪录至上》

(*For the Record*)中提到皮耶罗之前，很少有人知道他的存在。

关于恩佐·法拉利个人生活的书很少，这些鲜有问世的书籍包括吉诺·兰卡蒂的《法拉利：一段记忆》(*Ferrari: A Memory*，1989)，一部措辞温和而谨慎的个人传记；朱利奥·施密特所著的《轰鸣赛车》(*Roaring Races*，1988)；而瓦雷里奥·莫雷蒂所著的《领航员恩佐·法拉利》(*Enzo Ferrari，Pilota*，1987)则记述了法拉利的早年生活和短暂的赛车手生涯。每一位作者对法拉利赛车生涯的记述都略有出入，但这些书都是非常宝贵的资料。吉奥阿基诺·科伦布去世前在《法拉利传奇的起源》(*Origins of the Ferrari Legend*，1985)一书中从自己的角度阐述了早期法拉利汽车的开发历程。虽然科伦布对他与兰普雷迪之间的不快以及他与法拉利之间的最终冲突只是轻描淡写，但这仍算得上佳作。卡洛·吉蒂与皮耶罗·卡苏奇合著《吉蒂大奖赛》(*Chiti Grand Prix*，1987)从个人角度记述了法拉利的生平，不过其中也略去了自己参加1962年大叛变事件的原因——当然是政治方面的原因。《汽车季刊》(*Automobile Quarterly*)对法拉利经营的细致回顾系列《法拉利和他的汽车》(*The Man，the Machins*，1975)斯坦·格雷森编，包含了多篇佳文，尤其是格里菲斯·博格森关于他的两篇精彩介绍。虽然后来的研究结果表明这份材料中的部分内容已经过时，不过它作为综述仍有一定的价值。以不愉快的方式离开法拉利的尼基·劳达在两部自传《纪录至上》(*For the Record*，1977)和《我的故事》(*Meine Story*，1986)中提出了一些相当坦率的观点。这两部自传都是最先揭露恩佐·法拉利较为粗鲁和无情一面的著作。20世纪60年代末和70年代初，短期效力工厂车队的德里克·贝尔的自传（与艾兰·亨利合著）《我的赛车生涯》(*My Racing Life*，1988)中披露了一些逸闻趣事。安吉洛·蒂托·安塞尔米关于首批量产法拉利赛车的佳作《Tipo 166：早期法拉利赛车》(*Tipo 166 The Original Sports Ferrari*，1984)中包含了对法拉利一些早期同事的个人访谈。当然，法拉利自己的著作（详见第二章注释）也很有价值，但其中有很多省略之处。

多位作者都撰写过法拉利汽车史，但其中开创性的著作无疑是《法拉利》，原作者为汉斯·坦纳（1959），后由道格·奈进行了修订。该书从乘用车和赛车两个方面阐述了公司的运营历程，也是相关资料的主要出处。但关于法拉利大奖赛历史的最佳著作当属艾兰·亨利所著《法拉利：大奖赛车，1948—1989 年》（*Ferrari: The Grand Prix Cars, 1948—89*，1989）。该书生动有趣，包含大量逸闻趣事，也被视为汽车研究领域的瑰宝。另外几部关于法拉利的传记声称包含了这个主题，但基本上只是简略带过，不过这几部传记仍然值得一读，包括路易吉·欧司尼和奥古斯托·康斯坦蒂诺合著《法拉利:分类目录》（*Ferrari: Catalogue Raisonné*，1987）、路易吉·欧司尼所著《法拉利：40 年》（*Ferrari: 40 Years*，1985）以及皮耶罗·卡苏奇所著《恩佐·法拉利：50 年伟大历程》。彼得·莱昂斯所著《法拉利和他的汽车》（*Ferrari: The Man and His Machines*，1989）也很好地阐释了这个主题，而 L.J.K. 斯特莱特所著的《法拉利》（*Ferrari*，1975）则提出了一些有趣的观点。

关于法拉利赛车史的详细资料可以参考吉安尼诺·马尔佐托所著《法拉利的一千英里耐力赛》（*La Ferrari alla Mille Miglia*，1987）、彼得·米勒所著《马吉伯爵的一千英里耐力赛》（*Conte Maggi's Mille Miglia*，1988）和多米尼克·帕斯卡尔所著《勒芒赛道上的法拉利赛车》（*Ferraris at Le Mans*，1984）。这类著作当中最有名的则是路易吉·欧司尼所著的《法拉利车队》（*The Scuderia Ferrari*，1979），其中讲述了1930—1938 年间车队的活动，收录了佛朗哥·泽加里收藏的珍贵照片。凯文·德斯蒙德所著的阿尔伯托·阿斯卡里传记《双影人》（*The Man with Two Shadows*，1981）则披露了上世纪 50 年代初法拉利赛车运作的秘闻。

关于法拉利路跑车的著作有数百部之多，大多只不过是漂亮照片的堆砌。虽然其中没有包含较新车型，但沃伦·菲茨杰拉德和理查德·F.梅里特 合著的《法拉利：跑车和高级跑车》(Ferrari: The Sports and Gran Turismo Cars，1979)、迪恩·巴彻勒所著《法拉利高级跑车和竞速车》(Ferrari Gran Turismo and Competition Machines，1977) 和詹尼·罗格拉蒂所著《法拉利汽车》(The Ferrari，1973) 都深入地考察了法拉利打造最具独创性路跑车的那个时期。安托内·普卢尼特和彼得·万合著的《梦幻法拉利》(Fantastic Ferraris，1988) 以及博拉登和罗西合著的《法拉利 363GTB/4 代托纳》(Ferrari 363GTB/4 Daytona，1982) 则是以有趣的笔调和仰慕的心态考察马拉内罗工厂所生产乘用车的两部代表作。

由于法拉利的命运在很多情形下都与其他知名品牌息息相关，因此关于保时捷、布加迪、阿尔法·罗密欧、OSCA 和玛莎拉蒂的很多著作对考察法拉利也有一定的价值。《阿尔法·罗密欧分类目录》(The Alfa Romeo Catalogue Raisonné) 就是一条主线。当然，路易吉·欧司尼和佛朗哥·泽加里合著的精彩玛莎拉蒂传记《玛莎拉蒂：1926 年至今全史》是这类著作中的佼佼者，而 H.G.康威所著《布加迪》(Bugatti，1989，最新版) 以及理查德·冯·弗兰克伯格和卡尔·路德维森合著的保时捷传记《保时捷：期待卓越》(Porsche: Excellence Was Expected) 也属于佳作。欧司尼所著 OSCA 传记和格里菲斯·博格森所著布加迪家族个人回忆录深入地揭示了 20 世纪 30 年代汽车制造业者的心情和气质，马克·迪斯所著米勒赛车精彩传记《米勒王朝》(The Miller Dynasty，1981) 也是如此。

研究法拉利的学者都一定会在关于国际赛车运动的大量书籍中寻找背景资料，包括迈克·劳伦斯所著简洁而内容丰富的《1945—1963 年大奖赛赛车名录》(Directory of Grand Prix Cars, 1945—63,

1989）；L.J.K. 斯特莱特的佳作《倍耐力赛车史》（The Pirelli History of Motorsport，1981）；大卫·霍格斯所著《哈姆林大奖赛百科书》（The Hamlin Encyclopedia of Grand Prix，1988）；尼格尔·罗巴克所著《F1 赛事》（Formula One，插画由米切尔·特纳绘制，1983）；威廉·博迪和布莱恩·拉班合著的《赛车史》（The History of Motor Racing，1977）；艾兰·亨利所著的《五十大著名汽车赛事》（Fifty Famous Motor Races，1988）；G.N. 吉奥加诺所著《1894—1916 年赛车镜头》（A Motor Racing Camera, 1894—1916，1979）；还有约翰·达格代尔所著从个人角度考察赛车运动的《三十年代伟大赛车》（Great Motorsport of the 30's，1977）。尼格尔·罗巴克所著的《大奖赛伟人》（Grand Prix Greats，1986）及其姐妹篇《F1 内幕》（Inside Formula One，1988）很好地从个人角度诠释了这项运动及其参赛选手，而乔·西沃德所著《世界赛车图集》（World Atlas of Motor Racing，1989）则栩栩如生地介绍了世界各地的主要赛道。作者还推荐阅读詹尼·鲁拉尼所著的《赛车史》（History of the Racing Car，1972）。

如果说有哪个汽车品牌的著作与法拉利一样多甚至比它更多，那或许就是梅赛德斯-奔驰了。由于该品牌在 20 世纪 30 年代和 50 年代都对赛车运动（包括法拉利）产生了巨大的影响，因此很多佳作都对它大书特书。代表作之一是克里斯·尼克松所著《赛车银箭》（Racing the Silver Arrows，1986），该书在研究的基础上全面地考察了 1934—1939 年间梅赛德斯的大事件。卡尔·路德维森所著的《梅赛德斯-奔驰赛车》（The Mercedes-Benz Racing Cars，1971）是关于这个主题的首部技术专著，而乔治·蒙克豪斯所著《梅赛德斯-奔驰与赛车运动》（Motor Racing with Mercedes-Benz，1945）、《赛车》（Motor Racing，1947 年）和后期画刊《1934—1955 年间梅赛德斯-奔驰大奖赛剪影》（Mercedes-Benz Grand Prix Racing, 1934-55）在文字和摄影上都是巅峰之作。杰西·亚历山大是20世纪50—60年代的最佳赛车摄影师之一，他的著作《回首》(*Looking Back*，1986) 对赛车爱好者而言是一次精彩的视觉盛宴。

大奖赛技术方面的代表作可以参照劳伦斯·波默罗伊所著、L.J.K.斯特莱特改编的两卷著作《大奖赛赛车》(*The Grand Prix Car*)。塞西尔·克拉顿、西里尔·波塞摩斯和丹尼斯·詹金森合著的《赛车设计和开发》(*The Racing Car Design and Development*，1956) 也是一部标准的参考书。米切尔·弗罗斯蒂克和理查德·霍夫合著的《世界赛车史》(*A History of the World's Racing Cars*，1965) 也不错，但其在技术方面不如前几部阐述得那么详尽。

车手自传对考察法拉利赛车史也非常有用，这些自传不仅阐述了法拉利的经营背景，也从总体上考察了赛车运动。赫尔曼·朗所著《大奖赛车手》(*Grand Prix Driver*，1953) 和鲁道夫·卡拉乔拉所著《大奖赛车手的生活》(*A Racing Car Driver's Life*，1954) 考察了上世纪30年代的赛车情景，勒内·德雷福斯和比弗利·拉伊·金姆斯的佳作《我的双重人生》(*My Two Lives*，1983) 也是如此。卡罗尔·谢尔比所著《眼镜蛇故事》(*The Cobra Story*，1965) 详细阐述了他与法拉利的纷争，利奥·莱文所著关于20世纪60年代福特赛车的传记《尘埃与荣耀》(*The Dust and the Glory*，1968) 也是如此。迈克 L. 肖恩所著《1963—1965年眼镜蛇与法拉利的战争》(*The Cobra-Ferrari Wars, 1963—65*，1990) 深入考察了这个对手。乔安尼·鲁拉尼撰写了塔吉奥·努瓦拉里的传记《努瓦拉里》(*Nuvolari*，1959)，但切萨雷·德·阿戈斯蒂尼所著传记(意大利文)更加详尽。冈瑟·摩尔特所著《胡安·曼努埃尔·方吉奥》(*Juan Manuel Fangio*，1969) 则是关于这位阿根廷伟大冠军的佳作，而方吉奥的自传《我的赛车生涯》也是如此。作者还推荐阅读克里斯·尼克松所著《罗泽迈尔》(*Rosemeyer*，1989)。

关于车手的具体传记资料可参考鲍勃·卡特和鲍勃·芬戴尔合著的《伟大车手百科全书》(The Encyclopedia of Auto Racing Greats, 1973) 以及布莱恩·拉班所著《优胜者》(Winners, 1981)。G.N. 乔加诺编撰的《1885年至今赛车百科全书》(The Encyclopedia of Motor Cars, 1885 to the Present, 1982) 是这个领域的标杆,而菲尔·德拉科特编撰的《赛车百科全书》(The Encyclopedia of the Motor Car, 1979) 也很有价值。

道格·奈所著《赛车怪事多》(Racing Car Oddities, 1975) 阐述了赛车界的一些怪事,其中包括法拉利与阿尔法之间的恩怨,而克里斯·尼克松所著的《公路竞速》(Road Race) 详细介绍了包括一千英里耐力赛在内的一些知名国际公路赛事。罗伯特·戴利所著《风驰电掣》(Cars at Speed, 1962) 有些骇人听闻,但基本准确地从记者的角度考察了20世纪50年代末激烈的赛车运动。对法拉利工厂感兴趣的读者可以阅读迈克尔·德雷格尼新著的《法拉利内幕》(Inside Ferrari)。

除上面列出的书籍外,《卡瓦利诺》(Cavallino)、《法拉利王国》(Ferrari World) 和《法拉利车主俱乐部通讯》(Ferrari Owners Club Newsletter) 等法拉利专题杂志,以及《人车志》(Car and Drive)、《道路与赛道》(Road & Track)、《汽车周刊》(Autoweek)、《汽车季刊》(Automobile Quarterly) 和《汽车杂志》(Automobile Magazine) 等其他杂志中也刊载了无数个关于恩佐·法拉利的故事。另外,通过威斯康星州奥西奥拉的汽车书籍国际出版社(Motorbooks International)可以获取大量书籍。这些杂志和英国、德国以及意大利出版的多种其他杂志都对本书的撰写提供了很大的帮助。对这个复杂而且往往令人困惑的主题,很多历史学家和新闻从业者都在认真地进行记录和分类,作者在此表示衷心的感谢!

致 谢

在以下人士的大力支持下，本书才得以问世，作者谨向他们致以诚挚的谢意。特别要感谢 Bernard Cahier, Luigi Chinetti, Jr., Mauro Foghieri, Ray Hutton, Franco Lini 五位，他们为本书的诞生付出了巨大的努力。

同时，也要感谢以下各位朋友和相关人士：

Jesse Alexander, Richard Anderson, Frank Arciero, Daniel Audetto, Roger Bailey, Bill Baker, Derek Bell, Giberto Bertoni, Bob Bondurant, Tony Brooks, Dr. Stephen Brown, Aleardo Buzzi, Leopoldo Canetoli, Luigi Chinetti, Sr., Gabriella Coltrin, David E. Davis, Jr., René Dreyfus, Dott. Giorgio Fini, John Fitch, Gaetano Florini, Lewis Franck, John Frankenheimer, Professor Donald Frey, Olivier Gendebien, the late Richie Ginther, Franco Gozzi, Larry Griffin, Augusto Guardaldi, Dan Gurney, Phil Hill, William Jeanes, Denis Jenkinson, James Kimberly, Louise Collins King, Michael Kranefuss, Frank Lubke, Karl Ludvigsen, Count Gianni Lurani, Peter Lyons, John Mecom, Jr., Leo Mehl, Kimberly Meredith, Dr. Michael

Miller, Eduardo Moglia, Don Sergio Montavani, Craig Morningstar, Stirling Moss, Stan Nowak, Alfredo Pedretti, Earl Perry, Jr., Fillipo Pola, Chris Pook, Harvey Postlethwaite, Chuck Queener, Brian Redman, Franco Rocchi, Gianni Rogliatti, Peter Sachs, Jody Scheckter, Steve Shelton, Dr. Nick Stowe, John Surtees, Romolo Tavoni, Nello Ugolini, Chick Vandagriff, Cris Vandargriff, Jacques Vaucher, Brenda Vernor, Dott. Corneli Verweij, Luigi Villoresi, Jean Pierre Weber, John Weitz, H. A. "Humpy" Wheeler, Kirk F. White, and Eoin Young.